第七卷

张奎良文集

黑龙江大学出版社
HEILONGJIANG UNIVERSITY PRESS

图书在版编目（CIP）数据

张奎良文集．第七卷 / 张奎良著．-- 哈尔滨 ：黑龙江大学出版社，2017.8（2021.7 重印）
ISBN 978-7-5686-0137-5

Ⅰ．①张… Ⅱ．①张… Ⅲ．①张奎良一文集②马克思主义哲学一文集 Ⅳ．① B0-0

中国版本图书馆 CIP 数据核字（2017）第 183195 号

张奎良文集·第七卷
ZHANGKUILIANG WENJI DI-QI JUAN
张奎良 著

责任编辑 高 媛
出版发行 黑龙江大学出版社
地 址 哈尔滨市南岗区学府三道街 36 号
印 刷 三河市春园印刷有限公司
开 本 720 毫米 ×1000 毫米 1/16
印 张 24.5
字 数 364 千
版 次 2017 年 8 月第 1 版
印 次 2021 年 7 月第 2 次印刷
书 号 ISBN 978-7-5686-0137-5
定 价 73.00 元

《张奎良文集》编委会

总　序

张奎良先生于1937年6月出生在辽宁省新民县，当代著名中国马克思主义哲学家，是黑龙江省唯一获得“20世纪中国知名科学家”这一荣誉的哲学学者，是改革开放以来马克思主义哲学实践转向的主要推进者之一，是马克思的东方社会理论与中国特色社会主义事业有机契合的倡始人之一。张先生1956年考入中国人民大学马列主义基础系学习，1960年大学本科毕业后被分配到黑龙江大学哲学系任教至今，长期从事马克思主义哲学的研究和教学工作，历任中国马克思主义哲学史学会常务理事和顾问、中国人学学会常务理事、黑龙江省哲学学会会长和名誉会长，对马克思的早期哲学思想、实践哲学、东方社会理论和晚年人类学笔记等领域有较深的研究，是学界公认的这些研究领域的国内著名专家。他具有传统知识分子那种拳拳的报国之心和强烈的社会责任感，因而他研究的特色总是把哲学的基本理论同现实结合起来，对历史的发展和中国特色社会主义建设从哲学的高度进行反思和总结，这构成了他的研究来源于生活、回应生活的重大问题的突出特色。张先生不仅具有深厚的马克思主义哲学造诣，而且具有敏锐的洞察力和开拓创新的思维，因而能够把对马克思主义理论的继承和发展在现实问题研究的基础上统一起来。他曾就马克思的异化理论、政治文明、以人为本、实践唯物主义与社会主义的必然关联、和谐辩证法等思想在国内率先提出过一些创新性的见解，在国内产生了很大的反响，推进了学界对马克思思想的研究。对于马克思晚年的东方社会思想的研究，他虽然可能不是提出的第一人，但他却是这一理论第一个完整系统的表达者，所以，国内学界总是把对马克思晚年东方社会理论的研究同张奎良的名字联系在一起，他对这一问题的研究具有开拓领域的奠基性质。通过这一研究，他在理论上说明了邓小平理论和马克思理论的内在逻辑联系，从而为中国特色社会主义的理论合法性找到了马克思理论的根据。他的研究曾4次获得国家社科基金资助，其成果2次获教育部全国高校人文社会科学研究优秀成果二、三等奖，2次获得黑龙江省社会科学优秀研究成果一等奖、1次特等奖。迄今共发表论文近200篇，其中，在《中国社会科学》上发表7篇，在《哲学研究》上发表14篇，被《新华文摘》全文转载的文章13篇。出版专著14部。正是由于他的这些研究贡献，1988年国家授予他有突出贡献的中青年专家称号，从1992年起享受国务院颁发的政府特殊津贴，1996年成为黑龙江省第一个社会科学博士点的博士生导师，2006年被授予"国家名师"称号，并最终进入了20世纪中国知名科学家的行列。

鉴于张先生突出的学术研究贡献和在国内学界的重要地位及影响，在张先生80华诞和从教56周年之际，在学校的大力支持下，黑龙江大学哲学学院决定把张先生的多年研究成果，以比较全面系统的形式展现出来，满足哲学工作者和广大读者的学习和阅读之需，以便更好地了解先生的学术思想、研究风格和学术贡献，把先生的研究在哲学学院代代传承下去。为此成立了《张奎良文集》编委会，对先生卷帙浩繁的学术成果进行全面梳理，按照年代和研究主题相统一的原则精选出有代表性的成果来反映先生的学术研究历程和内在逻辑。由于先生还在勤奋地耕耘，笔耕不辍，新的成果不断涌现，尤其是2016年先生的国家社科基金项目《马克思主义哲学的十大理论创新》结题之后，还将有一大批研究成果问世，只好把原计划的这套10卷文集分成两个阶段来编辑，先期的5卷文集编辑到2010年，2010年以后的成果于下一阶段编辑。

《张奎良文集》现在编辑的7卷，收录的是从1980年至2013年33年间的成果。1980年之前的成果，由于编辑主题的原因没有收录。第一卷收录的是1980年至1988年期间公开出版的论文和论著，共计42.3万字。从研究的主题看，主要是先生对马克思主义基本理论的理解，包括对马克思主义哲学基本概念和范畴、唯物辩证法尤其是马克思人学和异化理论的研究等内容。第二卷收录的是1989年至1993年期间的研究成果，共计58.3万字，主要内容是关于马克思晚年的东方社会理论以及与此相关的马克思晚年思想的研究，此外还收录了张先生在此期间撰写的3本论著的部分章节。第三卷收录的是1993年张先生撰写的《马克思的哲学历程》一书，全书共计53.5万字，编者尽可能地以原貌收录了全书。因为这是张先生早年的代表作，有很强的内在逻辑，阐释了张先生对马克思哲学思想发展过程的认识，以实践人学的主线贯穿了马克思哲学从早期到晚年的发展，在国内学界有较大影响，为了体现张先生的思想逻辑，没有再增加任何其他的内容。第四卷收录的是1994年至2003年的成果，共计41.9万字，以《当代中国的马克思主义》一书为核心，还收录了这一时期的30多篇系列文章，突出了邓小平理论与马克思晚年理论之间的内在逻辑渊源，以及由此涉及的当时中国特色社会主义经济、政治、文化建设等方面的问题。第五卷收录了2004年至2010年期间的成果，共计46.4万字，以《唯物主义：社会主义的思想来源与实践指引》一书为主体，还收录了相关的20多篇文章，力争体现出围绕着唯物主义与社会主义的本质关联、马克思哲学思想的当代价值、马克思哲学与社会主义和谐社会的构建，特别是和谐辩证法等诸多与当代中国特色社会主义实践密切相关的议题，张先生提出的有创见性的主张。第六卷收录了2010年和2011年的研究成果，全书共计33.8万字。在以往研究的基础上，张奎良先生致力于马克思主义哲学中国化问题，并出版了《马克思主义哲学中国化的基石与灵魂》一书，他认为，马克思主义哲学中国化是党的理论建设的最高纲领，他探讨了辩证法如何在建设中国特色社会主义过程中被中国化，他明确指出构建社会主义和谐社会是当代马克思主义哲学中国化的灵魂。本卷还收录了张先生2011年间公开发表于《哲学研究》《哲学动态》等重要报刊上的7篇学术论文，其主题涉及唯物史观、马克思晚年的多维历史观、人的本质以及马克思主义哲学中国化问题。第七卷收录的是2011年至2013年间出版的一部专著和多篇论文，主题是实践人学与以人为本，全书共计36.0万字。张先生将马克思的人学理想向社会主义延伸，开辟了社会主义社会人的价值和理想的实验园地，他从不同的视角全面地论述了以人为本的多方面含义，这是马克思实践人学和党的指导思想的提升与现实方针政策的结合的尝试，反映了张先生在这方面的敏感和哲学工作者的责任心。

这7卷的编辑，我们力图用历史和逻辑相统一的方法再现张先生的学术研究轨迹和思想原貌，但由于对张先生学术思想理解不够深入，加之编辑经验不足，在选择编辑过程中，尽管我们在两年多的时间内殚精竭虑，仍很难真实再现张先生深邃的思考底蕴和逻辑构思，不当之处，敬请学界同人指正和读者谅解。

李楠明、姜海波

2017 年 5 月

前　言

本卷文集主要由一本专著和一些论文组成，主题是马克思的实践理论和人本学思想。专著主要内容是对马克思的人学理论的研究。马克思的人学思想及其现实意义是张奎良先生一直关注并投入大量精力从事研究的课题。张先生认为人学是马克思哲学的兴奋点，哲学在任何意义上都不能绕过人学。理解人，关爱人，为人的解放和发展提供理论说明是马克思主义哲学肩负的神圣使命。张先生的人学研究不仅仅限于纯粹的理论思辨，而是有着强烈的现实针对性。

张先生对马克思的人学思想的研究始终坚持一个信念，不搞人学空论，而是和当下的实际相结合，因此，社会主义社会的人的问题成了研究的热点。所以张先生把人学研究的奠基性的工作初步完成以后，就立即转向对社会主义的人的存在和价值问题的思考和研究。张先生认为，社会主义是人的空前的大解放，它应该为人的生存和发展开辟一片新天地，充分体现人的崇高价值。但是社会主义半个多世纪的实践并未为人的全面发展展示美好的未来前景，提供的更多的是教训而不是经验，这首先就是理论上的失误和误导所造成的。长期以来我们对社会主义的研究一直是坚持斗争和专政的理念，根本谈不上人的全面发展问题。按照马克思的设想，社会主义社会的人的问题首先是个人的价值问题，这个问题社会主义应该比资本主义解决得更好，否则社会主义也就没有发生和存在的理由了。

在此基础上，张先生以人的价值问题为起点，全面地论述了哲学主题与人的解放，理性、自由与人的解放，社会主义人的价值和人的全面发展等问题，把马克思的人学理想首先向社会主义延伸，开辟了社会主义社会人的价值和理想的实验园地。这是人学理论和社会主义实践相结合所迈出的具有重要意义的一步。

张先生以党的十六届三中全会提出的以人为本的科学发展观为契机，开辟了社会主义社会人的价值研究。张先生认为科学发展观是对马克思的人学学说极大的发展和推进。以胡锦涛同志为总书记的党中央根据马克思主义的基本原理和改革开放20多年来中国社会发生的巨变，适时地提出了以人为本的科学发展观，把人第一次真正置于本体的地位，张先生认为，这是中国共产党以马克思主义为指导兑现社会主义对人的承诺的具体体现，也是古往今来全世界各民族普遍存在的人本思想的新升华。

张先生从不同的视角全面地论述了以人为本的多方面含义，这是马克思实践人学和党的指导思想的提升与现实方针政策的结合的尝试，反映了张先生在这方面的敏感和哲学工作者的责任心。此外，张先生还考察了以人为本在中国的生成和实践，特别是对中国从民到人的历史切换进行了详尽的探讨，最终得出社会主义社会就是以人为本的社会，以人为本是社会主义实践探索的归程的结论。

此外，本文集还收录了张奎良先生在不同时期发表的文章，这些文章主题涉及历史唯物主义、马克思的人学思想、马克思的世界历史思想以及马克思思想的当代现实实践意义等。这些文章都从不同侧面、不同角度丰富了张先生关于“实践人学和以人为本”主题的研究。因此，我们在编辑的时候，将这些文章一并收入本卷，以便读者可以参照阅读。另外，这些期刊上的文章具有时效性和现实针对性，因而更能显示张先生的人学理论的现实性和时代性。

为了保存历史原貌，同时也为读者能够实事求是地分析和鉴别，本文集除个别文字修改之外，均按照发表或出版时的原样刊出。

本卷编者

2017年6月

目录（2011—2013年）

实践人学与以人为本

总 前 言

发展中的当代中国人学思潮

当代中国马克思主义哲学研究领域的一大景观，就是人学研究的兴起，并且已经形成一种具有深远影响的人学思潮。改革开放以来，我国人学研究的一个基本特点，就是其研究进程始终紧随于我国社会主义现代化建设实践的发展，并反作用于社会实践。因而，我们应从社会主义现代化建设的社会实践出发，来考察和反思我国人学研究得以泛起的历史背景及演变的内在逻辑，从中进一步弄清人学与社会主义现代化建设的内在联系，同时对我国人学研究加以清理和总结。

一、背景—任务—实质

人学之所以在中国兴起，有其深刻的背景，人学研究的任务和实质就蕴含在这一背景之中。

人学兴起的哲学史根据。在哲学发展的早期阶段，"人"面临两种命运：一是人主要被淹没在自然、社会及宗教中，显得不独立；二是人被各种不同的哲学流派加以肢解，变成支离破碎的人。近代以来，情况发生了变化：一方面，先是由文艺复兴时期"人"的发现，再到现代西方哲学回归人的生活世界，把人本身从对自然、社会等客体的从属中相对独立出来并提升为主体，

进而把人学推到哲学的前台;另一方面,先是由马克思提出追求完整的人,到现代哲学人类学试图建立完整的人的概念,把被哲学肢解的人整合成完整的人,人作为整体的人被哲学加以强调。这种变化蕴含这样的道理:人在世界中具有相对独立的地位和本质,而且还使外部世界化为人的世界的主体,因而,哲学不仅要从外部世界理解人,还要从人自身的内在固有方面去认识人,这种认识是在为一切存在提供最终根据。由是,人学便是哲学的本质学,这种本质只是在当代才真正显示出来。实际上,历史越往后发展,人在历史中的主体地位和作用就越突出。既然如此,当代哲学就应该把作为主体的完整的人作为自己专门或主要的研究对象,确立一种新的哲学观和哲学史观,推动哲学的发展。

人学产生的科学史根据。近代以来,关于人的各种科学独立发展起来,积累了关于人的丰富的实证知识。但是,它们在开始时并不一定确保其内在联系,反而使人这一对象变得支离破碎。这不仅没有使我们接近对人的认识,反而使我们远离这一目标。对人的不同侧面加以认识而形成一系列的人的科学,是近代对事物进行分门别类研究这一科学发展的必然趋势决定的。科学发展到现代,呈现出新的趋势:一是整个科学及分支科学之间发生新的相互联系恰恰在人的身上;二是研究人的各门科学及其不同角度趋于结合,趋于综合的人的科学提供的关于人的不同侧面的实证知识,把人作为统一的整体来把握。对这种趋势的反映和反思,必须有一种关于人的统一的基础学说,来把关于人的各种科学之间的联系建立起来,既克服对人的片面研究的局限,又为一切有关人的科学的发展提供新的理论基础和方向。根据这一要求把已经积累起来的有关人的认识成果统一起来,那就必须回答这样一种本质性的问题:在这些成果的根底上,人究竟是什么。这就必须建立一门新的人学。

人学泛起的文化学根据。以个人主义为核心的文化把人主要理解为具有独立价值的个人,以整体主义为核心的文化把人主要理解为只有在整体的关系中才能存在的人。这两种文化模式在一定历史时期,都由于自身的局限而带来许多社会问题,甚至出现某种社会危机,其危机实质上就是文化危机和人性危机。这就提出以文化综合创新来克服以往文化之历史局限的任务。完成这一任务之最有效的方法,就是寻求和重建一种新的完整的人性,并通过这种重建来实现文化的综合创新。

人学兴起的时代或实践根据。真正的人学是时代的产物。西方资本主义社会进入 20 世纪,有四个基本事实支配着社会意识形态的发展:一是现代西方科技和工业的发展给人带来的积极和消极影响;二是两次世界大战的爆发和法西斯主义的出现;三是 20 世纪欧洲工人运动的挫折并陷入低潮;四是西方共同精神的瓦解。在当代中国,有三个基本事实支配着社会意识形态的发展:一是改革及社会主义市场经济体制的建立。社会主义市场经济是充分利用和规范人性来运作的,市场经济的表层是“物”的问题,深层却是“人”的问题。二是文化建设。文化建设的实质是提高国民素质,它是以人为本并解决人的问题的。三是当代中国的发展。我们所追求的发展是可持续发展。从哲学高度和深层来看,可持续发展的中心问题就是人的问题,发展的元价值在于追求人的发展。虽然中西方所提出的问题在层次上不同,但把这些问题提升到人的社会意识中来,核心都是人的本质、存在和历史发展问题,或者必须建立一种专门研究人的本质、存在和历史发展规律的理论,来为分析和解决当代人类实践发展提出的与人有关的重大现实问题,提供一种理论工具和方法论,这就是人学。我们今天生活在人的本质、存在和发展问题格外突出和尖锐的时代,也面临着各种抉择,在这种情况下,人的自我觉醒、自我反思和自我理解显得尤为迫切和重要。人是一切活动和关系的主体,人创造他的历史和存在。人造成怎样的存在取决于他如何做和做什么,人的未来也取决于自己的选择、决定和行动。而人如何做和做什么,如何选择和决定,又取决于人对自我的认识和理解。在对人是什么、人应是什么和人如何做这些问题的反思、追问及回应中,蕴含着人学产生的必然性。

由此在一定意义上可以说,如果不理解和关注人学,就不会深刻理解和关注这个时代。当代中国人学研究的任务和实质就是:作为哲学形态走入哲学研究前沿;作为学术思潮关怀人的生存发展;作为新兴学说建构完整人的图景;作为新哲学观考察视角发生转换。

二、进程—主题—观点

当代中国人学研究的发展进程大致可划分为萌发、生长和长果三个阶段。

（一）萌发阶段。“伤痕文学”的崛起及其对“文革”的反思、真理标准的讨论、改革开放、全党工作重心的转移和西方人道主义思潮的影响，共同促发了 1979 年后以人性、异化和人道主义为主题的全国性大讨论。讨论主要集中在“人性、阶级性和共同人性”、“社会主义和异化”、“马克思主义和人道主义的关系”三大问题上。其思路主要是从价值观、伦理学角度对我国“文革”十年中的非人性现象做人道主义的评判，其实质，是从哲学人性论上反思我国社会主义建设的历史，总结历史经验教训，以确立人在社会主义建设和马克思主义体系中的地位。这场讨论的最大成果，是认识到要把人当人看，应对“人”及人性这一曾被人们忽视的问题加以研究；社会主义建设应尊重人的价值，关心人的命运。

（二）生长阶段。“把人当人看”，意味着要进一步揭示作为主体的人的价值，从理论上说清人的主体性。1984 年，我国改革从农村转向城市，社会主义现代化建设全面铺开，它要求人们进一步思考人的现代化问题。首先是 1985 年开始讨论人的现代化问题。人的现代化，在当时首要就是人格从传统向现代的转型。对人的现代化问题的思考，必然与传统文化变革联系起来。围绕“文化变革与人的现代化”这一主题，当时许多学者集中讨论六大问题：价值观念变革；商品经济与道德建设；科学技术现代化与人的素质现代化的关系，以及人的全面发展；人的积极性、主动性和创造性；健康人格；人的思维方式变革。这种研究的根本特征，就是人们多从文化的角度反思现实以及人被失落的文化原因，注重文化对人格的塑造，其实质，是从现代化建设的高度反思文化与人格，从“文化与人”的关系上总结我国社会主义建设的经验教训，以确立“新人”在社会主义现代化建设中的主体地位。这种研究的最大成果，是意识到必须把人当主体看，社会主义现代化关键在人的现代化，马克思主义哲学应把“人”相对独立出来，对人本身进行专门深入的理论思考；应在社会主义现代化发展战略中，包含对人的素质、人格、人才和新人的设计。其次是1987年左右开始讨论人的主体性问题。当时哲学界集中讨论了四方面的问题:一是从哲学上说清人的主体性与主体性原则;二是人的自觉活动和社会历史规律的关系;三是选择论和决定论的关系;四是个人及其个性。人的主体性问题讨论之重要特征,就是人们多从历史观进而从本体论再从哲学体系的本质特征角度提出人及其主体性问题,将人的问题引到了哲学本体论和哲学体系之中。其实质,是从哲学原则上反思人的主体实践活动的原则和方式,并从人的主体性发挥状况方面总结我国社会主义现代化建设的历史经验教训,以启示人们正确理解和发挥其主体性。其最大成果,就是人们充分认识到,人的主体性是最根本的人性,是人的问题的实质和核心,因而人的主体性问题本质上是"人"的问题,要从理论上说清人,就不能不抓住人的问题的实质和核心。这里,由对人的主体性问题的思考进而使人们走向对人本身的关注,对主体性问题的深入讨论,引发某些学者率先思考人学的问题。于是,从1988年起,国内少数学者率先提出"人学"的问题。

(三)长果阶段。对人学真正展开全面深入研究,始于1990年。那时,许多与人的问题研究有关的专家学者感到有必要把"人"作为一种相对独立的对象来研究,以建立一门新的人学。这一阶段,讨论的焦点集中在三个根本问题上:

1. 哲学和人学的关系。有三种代表性观点。一种观点认为哲学包括人学,但不等于人学,人学只是哲学的一个分支,二者是整体和部分的关系。第二种观点认为哲学就是人学,哲学发展的方向是"类哲学"。第三种观点认为哲学在一开始并不就是人学,人学也不是哲学的一个分支,哲学的当代形态主要是人学。

2. 人学的对象。人学研究完整的人,已达成共识。但是在如何理解完整的人上出现了分野。一种观点认为,人学研究的是人的完整图景及其本质和发展规律;第二种观点认为,人学是研究完整的个人及其本质、存在和历史发展规律;第三种观点认为,人学是研究个人、群体、人类三者关系的历史发展规律的科学。

3. 人学概念及其性质。有的学者指出,人学有广义和狭义之分,广义的

人学指研究人的一切科学,狭义的人学指研究人的本质、存在和发展规律的学说,它具有哲学的性质。有的学者认为,人学是一种新世界观和哲学观,“人学”概念的提出代表一种新的哲学观念,一种体察世界的新视角。多数学者认为,人学不同于人的科学,后者是研究人的某一侧面而形成的一个学科群,人学则是在综合各门有关人的科学提供的关于人的知识的基础上,对完整的人进行综合研究,并提升出关于完整的人的本质、存在和发展规律的一般理论。“形成完整的人”是综合人学,具有综合科学的性质;提升出关于“完整的人的本质、存在和发展规律的一般理论”是哲学人学,它是人学最高、最根本的层次,具有哲学的性质。有的学者认为,我们对人的认识只能是历史性的认识,只有历史性地看待人的存在和人的自我认识,才能为科学的人学奠定基础,在这种意义上,人学实质上是一门历史科学。

这一阶段,逐步形成了一些有一定影响的人学研究组织、团体和学术中心,基本上形成了一支老中青相结合的人学研究队伍;有些地方积极编写人学教材,开设人学课程,招收人学研究方向的研究生,承担国家及地方人学研究课题。

三、总结—特征—走势

中国的人学研究在 1997 年、2001 年、2006 年呈现高潮。综而观之, 30 多年来的中国人学研究呈现出这样的整体图景:

研究的界域——人学不是把一切与人有关的问题都纳入进来,也不能被唯物史观所取代,更不等于倡导抽象人道主义,而是在综合和提升各门人的科学的基础上,建立一门以完整的人及其本质、存在和历史发展规律为研究对象的新的科学,这门科学应克服抽象人道主义的局限,达到对人的完整的科学理解。

在人学与人的科学的关系上,当代中国的人学研究一开始就比较自觉地界定了自己的研究对象,避免把人学泛化。近年召开的许多人学研讨会和发表的诸多人学论著,大都首先注意确定人学研究的对象和范围。有些对人学研究比较陌生的同志认为,人学就是研究与人有关的学问的总称,这是一种模糊认识。澄清这一模糊认识的关键,是要把人学同人的科学区别开来。人的科学指的是研究人的某一方面的各门具体科学以及由此组成的学科群,“凡是研究与人有关的学问”实际上属于“人的科学”的范畴,不属于人学范畴。人学,正如日本的细谷贞雄强调指出的,它所包含的意思与人的科学有别。人学之被倡导,其理论上的动机无非是把已经积累起来的、与人有关的知识由某一统一的原理重新加以组织,从而把人作为一个统一的整体来把握。近年我国兴起的人学,其深刻的学术动机之一,就是综合和提升各门人的科学所提供的关于人的不同侧面的知识,以达到对完整的人的理解,形成一门新的科学。这里,人学研究实际包含两个层次的基本内容:一是综合人学,以达到对“完整人”的研究;二是哲学人学,从完整的人中提升出关于人的本质、存在和历史发展规律的一般哲学理论,它主要研究人的本质、人的存在和人的历史发展规律范围内的问题。遗憾的是,由于大多数学者对各门人的科学了解不多,对如何综合各门人的科学的知识和方法知之甚少,所以对综合人学的研究稍显底气不足,缺乏人学的“学科”意识。

在人学与历史唯物主义的关系上,有一种观点认为,人是社会的人,是历史发展的结果,而且,既有的历史唯物主义理论体系就已经是关于人的十分完备的学说了,没有必要建立一门相对独立的人学。苏联的格列柯夫和Ц. А. 斯捷潘年也持这种看法。有的学者虽承认人学的相对独立存在,但认为它只是历史唯物主义的一个分支。上述两种观点都否认人学从唯物主义历史观中相对独立出来的可能性。我认为,相对独立于历史唯物主义的人学,作为一门学科是可能的。这可以从三层意义上来论证:其一,如前所说,人学有其明确而独立的研究对象。其二,人学对历史唯物主义具有相对独立性,能同后者区别开来。人不等于人类社会,人也不能完全被社会历史所溶解和淹没,人对于人类社会和社会历史具有相对独立性,因而人是不能完全被社会历史所说明的。历史唯物主义以整个人类社会历史发展规律为对象,它侧重研究社会的人和历史的人,是人的现实,它为达到具体而由人走向现实,它并不研究完整的人,人学则专门以完整的人及其本质、存在和发展规律为研究对象,二者不能互相取代。其三,人学是历史唯物主义的一个理论前提。马克思批判唯心史观和创立唯物史观,是从对人的重新科学理解开始的,在《德意志意识形态》中,马克思正是在把人的本质看作一切社

会关系的总和之后,在对有生命的个人及其社会历史发展过程做进一步分析的基础上,才发现和创立历史唯物主义的。恩格斯在《费尔巴哈论》中,也从"现实的人及其历史发展"出发看待历史唯物主义,指出只有在人的劳动中才能找到社会历史发展的锁钥,故而历史唯物主义是关于现实的人及其历史发展的科学。显然,只有在对人及其本质加以科学理解之后,才有可能创立历史唯物主义。唯心史观首先是在其理论前提——对人的理解上失足的。既然如此,人的问题就不能完全归结为社会历史问题,以对人的科学理解为首要任务的人学就是历史唯物主义的一个理论前提。近年我国人学研究之所以取得一定进展,其重要原因之一,就是得益于把人学看作相对独立于历史唯物主义的一门科学,而有的同志之所以看不到人学研究的深刻意义,就是因为忽视了人学对于历史唯物主义具有相对独立的地位和特殊作用。当然,人学虽相对独立于历史唯物主义,但它必须以后者为指导。

在人学与人道主义关系问题上,一种观点认为,研究人学就是研究和宣扬人道主义。按照这种认识,人学研究就很难进行下去了。这种模糊认识很大程度上是受 20 世纪 80 年代我国人道主义讨论的影响而形成的。在这场讨论中,一些人把马克思主义归结为人道主义,并且企图用人道主义和异化理论去否定社会主义公有制,认为社会主义公有制是人性的异化,因而是违背人道主义的。这种观点当时被称为精神污染。这一定论至今仍影响一部分人,以致认为我国 20 世纪 90 年代的人学研究是在倡导人道主义。这是对人学研究的一种严重误解。其实,人学研究虽包括人道主义研究,并在价值观意义上对人道主义加以某种肯定,但二者毕竟不同:人学研究完整的人及其本质、存在和历史发展规律,是一门科学,而人道主义是对人的本质和人的存在的关系的一种评价,是一种价值观;人学包括人道主义,但不归结为人道主义。实际上,我们所要建立的人学,恰恰是为了通过对人的完整科学理解以克服抽象人道主义对人加以片面错误理解的局限。

研究的内容——在理论层面上主要研究了人学的前提性问题,在现实层面上主要研究了我国现代化建设实践提出的重大而迫切的问题。研究的内容大都是理论和实践中的前沿问题,既具有面上的广泛性,又具有点上的高度和深度;不足在于对一些"前提性问题"还未达成应有的共识,对"人的科学”的综合研究还未给予应有的重视，对“完整的人”还未提供确切的理解，从人学角度重新理解本体论、认识论、辩证法、实践观和唯物史观，做得还不够。

实际上，在对既有成果的关系及学科建设上，人学不是抛弃，而是要从人学角度重新审视和理解以往有关的哲学成果，并在人学观念框架内加以重新定位。

无论说哲学就是人学，还是说人学是哲学的一个分支，或是说哲学的当代主题形态主要是人学，都涉及人学同本体论、认识论、辩证法、实践观、唯物史观的关系。在人学中，本体论、认识论、辩证法、实践观和唯物史观依然存在，并具有相对独立性，但那不过是与人和人学相关、受人学统摄的存在。本体论是以人为本体的本体论，而人这一本体具有科学因素和价值因素两个基本内容，这样的本体论之人学意蕴在于：它是一种信仰，以满足人对完满性的信仰和追求；它是一种终极关怀，使人不断实现对现象、现实之局限性的超越，追求终极和永恒的价值，不被世俗功利和当下一时所困扰，不被现象、现实的局限所遮蔽；它是一种客观精神，要求人避免主观臆断，追求客观实在；它是人的一种自我超越和发展的根本、基础，为人提供一种精神、理念、价值、信仰和追求，以克服自我之局限。认识论是以人为目的、以解决作为主体的人的主观性（或主体性）和客观性矛盾为基本内容，以人论为根据的能动的认识论，认识论的深层之最根本的基础和根据是人论，对认识能力、认识限度、认识范围、认识目的、认识过程和认识方式的解答，最终都取决于对人的哲学理解。辩证法本质上是批判的、革命的，这无非是表达人的批判、超越、发展的主体本性，辩证法的基本规律和范畴无非是人认识客体的思维方法和工具。实践观中的实践无非是人的实践，是人的存在方式，实践过程无非是人的内在本质力量的发挥过程，因而实践观无非是关于把外部世界改变成属人世界的观点。唯物史观无非是关于现实的人及其历史发展的科学，它所研究的内容无非是从人的能动的社会生活过程中揭示和抽象出来的。实际上，哲学研究的既往成果是人学建立和发展的思想史基础和思想资料，这些成果既服从于人学的主题，又作为部分因素和思想资料存在于人学之中。人学把新对象、新主题、新问题和新内容作为中心来思考，

而这正体现出人学的创新。马克思哲学有自己的对象、主题、问题和内容，所以才称为马克思的哲学，而以往哲学的合理因素在马克思哲学中是受“马克思哲学”支配的。

研究的方法——大致可概括为“我思”有余“集思”不足，“哲思”有余“科思”不足，“离思”有余“合思”不足。国内的人学研究大多以学者个人独立思考的方式来进行，并未真正采取集体合作和综合研究的方式；大多运用哲学研究的方式，未做详尽的实证研究；对人的问题的基础理论研究和现实研究往往是分离的。人学既不应限于对人的科学做综合研究，也不应囿于演绎式的纯学理研究，而要主张以对人的现实问题的研究带动对人的基本理论的研究。这就要求我们深入人的活生生的世界去捕捉时代的课题，既注重从外观即人的对象化的世界方面科学地研究人，又注重从内在即对人的内在结构的反思方面研究人。

研究的主体——有些学者往往用意识形态的眼光对待人学研究，从科学方面和“形而上”方面研究“人”相对注意不够，既“上”不去，又“下”不来；一些学者能坚持“百花齐放，百家争鸣”的方针，但有些学者由于对人学研究的背景、实质和意义了解不够，因而对人学作为一门科学不理解，低估人学探索的积极意义；一些学者认识到“人的科学”研究对人学研究的必要性，但对“人的科学”方面的知识准备不足；有些学者立足于当代中国的视野来研究人学，但缺乏应有的开放意识、世界眼光、战略思维和综合能力；有些学者多去争论抽象的人学概念，不大追问人学研究的精神实质、思想内涵和现实意义；一些学者也在研究人学，但对人学的基础理论缺乏真正系统而深入的研究。在对素质的要求上，人学研究者不能完全被利益、情感、经验、感觉、意志和表象所遮蔽，而必须切实掌握以高级理性为支撑的唯物辩证法。人是多种矛盾的统一体，是世界上最难理解和把握的对象，要准确把握和理解人，就必须运用唯物辩证法，而要真正掌握和运用唯物辩证法，就必须具有高度自觉的理性意识。仅凭自己的利益、情感、经验、感觉、感性、意志和表象来从事活动的人，在实际工作中容易做出违背唯物辩证法的事，而这样的人不可能真正理解“人”及人学理论。

研究的立足点——中国的人学研究始终是在改革开放和解放思想的大

环境支撑下步步深入的，这一环境对学者们思想上的解放作用是巨大的，它使人们由过去“谈人色变”到现在强调“以人为本”，由过去把人性论和人道主义看成资产阶级的专利到现在对此加以科学地研究，由过去排斥人的研究到现在兴起“人学热”，由 20 世纪 80 年代初开始对人道主义进行研究到 20 世纪 90 年代纵深向人学理论建构方向发展，由 20 世纪 80 年代初主要是从价值观上强调尊重人到 20 世纪 90 年代深入向从学理上说清人、从实践上塑造人的方向发展；中国的人学研究还反映了世界思想文化向关注人的生活世界和生存状态转向的大趋势，适合时代发展的潮流。当然，当代中国人学既不是完全重走近现代西方人学发展之路，也不是顺着中国传统文化之路“接着说”，而是立足于当代人类发展和当代中国社会发展的历史方位以及对现实中国人的科学理解，来吸纳中西方人学思想精华，因而它是以当代中国现实为根基、在同世界人学和中国传统人学对话的基础上发展起来的。在中国从农业社会向工业社会、由自然经济向市场经济转型过程中，中国学者也必将重演近代西方人学的某种历史剧。然而，中国毕竟面临着当代全球性问题，也具有自己特有的历史方位、特殊国情及其“中国问题”。在这种背景下，当代中国人学的内容和形式就不能重复西方人学的过去了，其人学历史剧必定具有自己的时代特色与中国风格。不仅如此，历史发展时序的差距和中国历史发展阶段的特殊定位，致使当代中国的人学研究难以达到以后现代主义思潮为语境的相同话语系统。中国传统文化中的人学思想是建立在小农经济基础上的，虽有许多合理因素，但从根本上并不完全适合社会主义市场经济体制的本质要求，因而不能作为当代中国人学研究的文化基础。我们只能立足于当代中国社会实践发展的时代要求，来建构当代中国的人学。

研究的倾向——中国人学研究一开始就是力求通过对完整的人的综合思考，寻求哲学、科学、文化和人文精神之本，重建符合时代精神的新哲学观、科学观和文化观，为当代哲学发展提供方向；就是走向人的现实生活世界，洞察人的生存体验，关心中国人的生存和发展状态以及人类发展的命运；就是既要从价值观上重视人，又要在学理上完整论说人，还要在实践上全面塑造人。过去，我国社会主义建设出现许多问题的一个原因，就是不了

解“人”所造成的轻视人和不能正确对待人。改革开放以来,人们逐步认识到应在价值观上把人当人和主体看,正确发挥主体的作用。近年我国人学研究的意图之一,就是唤醒对“人”的自觉尊重,充分正确发挥人的作用,但它必须通过对“人”的科学理解来为尊重人和充分正确发挥人的作用提供理论基础。人学研究的这种意图不可低估。改革开放以来之所以能取得很大成就,决策层之所以把“以人为本”作为科学发展观的核心,其原因之一,正是我国人学研究积极倡导要理解人、重视人和充分正确发挥人的作用。要真正尊重人和正确发挥人的作用,还要在实践上全面塑造人,即在人的内心深处进行人格上的真正彻底的塑造。改革开放以前,中国未曾经历过“文艺复兴”式的、旨在全面彻底塑造新型人格的人的革命,在人的内心深处实行全面彻底的人格塑造的任务至今尚未完成。在我国进入全面改革和社会主义现代化建设时期,人的素质与现代化建设要求不相适应的矛盾充分暴露出来了,因而,全面彻底实行人格塑造就成为当务之急。

研究的成果及其作用和影响——据中央党校哲学部资料室不完全统计,自 1985 年至 2001 年,我国发表的相关人学文章有 2900 多篇,出版的相关专著有 130 多部。2001 年以后,论著不断增多。这些论著在决策、实践和学术三方面产生广泛影响。第一,为人学学科建设奠定了基础。它提出的一些创新性观点,建立起了哲学与人的本质联系;提出了“人学”的一系列范畴,努力把马克思主义人学作为新兴学科来建设;确立了人学在马克思主义哲学中的合法地位;总结了以往人的问题研究的经验教训,认识到对人性的理解与对社会历史、对科学、对文化、对哲学理解的内在联系,从而强调当代哲学要对完整的人进行综合研究。第二,在理论建设上有助于深化对实践唯物主义、认识论、唯物辩证法、唯物史观、发展理论、文化问题和价值问题的研究。第三,在现实上反映了世界潮流和我国改革开放的时代精神,形成了一种关注人、尊重人和塑造人的人学思潮,确立了“以人为本”的观念,促进了人的解放、人的发展和人的塑造,推进和加强了当前我国市场经济体制建设、文化建设、素质教育、管理、干部人事制度改革、思想政治工作和人的现代化进程等。

研究的特征及其不足——中国的人学研究着重从哲学学理层次上把握

"完整的人",而在为时代和中国实践发展提供人学理念方面做得不够,在同其他学科交流合作方面也显得不够;着重从学术理论上探讨人的问题,而在使人学走出书斋,"下"到同平民大众的生活世界相结合从而被他们所掌握,"上"到同决策部门相结合从而为决策提供根据,做得还不够,致使哲学学术圈外的人士不知"人学"所云;多在学科边界、人学对象、人学观念比较模糊的情境下进行,这利于学者们打破"框框"束缚,大胆探求问题,但也使一些学者把远不是人学的问题当作人学问题来"经营";多以科学理性的方式和自觉的态度进行研究,但研究中的主观评判色彩、盲目自发的模仿倾向在不同程度上依然存在。

研究的趋势——如果把发展中的中国人学思潮放在知识经济时代来考察,必将发现, 21 世纪新的社会实践又进一步使哲学走向人,也使人进入哲学视野的中心。由此,人学就必须由 20 世纪末的"热身型"研究阶段转向"攻坚型"研究阶段,人学研究必须承载四大历史使命:一是清理与总结工作。即对相关的研究成果、理论前沿、前提性问题、学术动态进行系统深入的清理与分析。二是倡导与推动工作。即学界和社会要进一步积极推动和倡导人学研究;要在对时代精神的把握中,在对中、西、马文化精华的汲取中,在对人的科学的综合研究中,在对人的哲学理解中,提升并确定当代中国人学的核心理念。三是转型工作。就是实现人学研究范式的转变:由清理与总结以往的思想资源和经验教训,转向为建构人学大厦奠定根基;由推动与倡导工作,转向提升人学的核心理念,力图为 21 世纪中国发展提供价值支撑,并实行社会体系创新;由对"完整的人"的追求,转向建构"完整的人"的形象和塑造"完整的人"的人格,力求使人学作为一门研究"完整的人"的科学真正建立起来;由"我思"、"哲思"和"离思",转向"我思"和"集思"、"哲思"和"科思"、"离思"和"合思"相结合;由模糊走向精确,真正厘定人学的学科边界、人学的对象、人学的性质;由不知走向知,加强对各门人的科学以及对人的科学加以综合的方法的理解和把握,提高人的综合创新能力;由对人学的学理、学科的过于关注,转向人学的学理与思想并重,人学的基础理论与现实意义并重,尊重人、说清人、塑造人并重;由注重国内哲学学术领域的人学研究走向开放,既具有世界眼光和战略思维,能同世界对话,

又同其他相关学科结成联盟，还要使“人学”进入平民大众的日常生活世界、实际部门和决策领域，进入讲坛和教坛。四是与时俱进地追踪时代，进一步对全球化时代提出的人的问题，以及所要求的人性革命和生存方式革命加以准确的分析、把握和提升，从中寻求人学研究的生长点，开辟当代中国人学研究的新道路。这就要进一步关注以下问题：

——人的双重本性及其生成性本质。我们较为关注人的多种本质，但忽视人的本质根本在于其矛盾的双重本性及其生成性；我们较为关注人的未确定性，却没有把人的矛盾的双重本性理解为在历史运动过程中的不断生成：人是在其双重本性的实践、历史、矛盾的发展过程中生成自己、确立自己和实现自己的，其中包括实践生成、历史生成、矛盾生成和自我生成。

——哲学、人学、现实生活世界之间的关系。哲学是通过对人的理解而理解社会历史、人的生活世界和社会科学的，对这种重要的内在本质联系我们却研究得不够。

——人学在马克思哲学思想体系中的地位与作用。马克思哲学的本性是面向人的生活世界，马克思是通过对人的研究而建立起自己的哲学思想体系的，他把现实的人看作自己哲学的出发点，把人的解放看作自己哲学的主题，把每个人自由而全面发展看作自己哲学的最高价值原则，但学界对这一问题没有产生足够的重视。

——当代中国人发展的历史形态和生存方式。以往的人学研究或者关注形而上的抽象问题，或者关注意识形态层面的人的问题（以人为本等），而对当代中国人的具体现实问题关注与研究得不够，人学是哲学通往现实之路，人学应研究当代中国人发展的历史形态和生存方式。

——人的精神世界。

——以人为本的政治内涵与学术内涵。当前人们多关注以人为本的政治解读而忽视其学术解读。要深化以人为本的研究，必须注重对以人为本的学术解读，全面揭示以人为本蕴涵的哲学意义。

——人的能力及其在经济、政治、社会和文化发展中的作用。我国对人的道德给予充分研究，但对人的能力研究却相当薄弱。这正是当代中国人学研究的一个生长点。

——社会层级结构与人。这是一个根本性问题，对人的问题具有广泛的解释力，但学界对这一问题的研究是一个空白。加强这方面的研究，使人学发展具有更广阔的空间。

——人格塑造。“文革”十年对人的伤害促使人们在 20 世纪 80 年代初的人性、异化和人道主义讨论中去尊重人、关心人。自然，对“文革”非人性现实的最初反叛是从价值观上重视人。从价值观上重视人，表现在应把人当人看，应尊重和关心人，应重视和有效发挥人的作用。过去，我国社会主义建设出现许多问题，其重要原因之一，就是不了解人所造成的轻视人和不能正确对待人。如“大跃进”时期片面夸大人的能动作用，“文革”时期轻视人、伤害人、践踏人性，把人性等于阶级性等。改革开放以来，在对人的问题研究过程中，人们逐步认识到人在社会主义建设和马克思主义体系中的地位，进而把人当人看，把人当主体看，正确发挥主体的作用。要真正尊重人和正确发挥人的作用，除了在理论上要科学完整地理解人以外，还要在实践上全面塑造人。在中国历史上，这两大任务都未彻底完成。在中国思想史上，以往关于人的学说大都侧重研究人的某一本质方面。中国几千年封建社会造成了中国人的依附性和保守性人格。高扬“科学、民主”旗帜的五四新文化运动，主题就是“立人”，即塑造新型人格，然而，由于中国封建社会历史的包袱过于沉重，人的惰性太大，新文化运动进行的时间又短，更主要的是中国缺乏“立人”的经济基础和政治基础，所以，新文化运动对人格的塑造是不彻底的，人格并没有发生根本转变。从中国共产党诞生到中华人民共和国成立这 28 年，解决的主要问题是中国政治制度的变革，主要任务是武装革命。中华人民共和国成立后一段时期，党把主要精力放在抓党内政治斗争上，虽然相应地也进行一些诸如扫盲、发展教育事业等提高人的素质方面的工作，但由于受“左”的思想影响，始终把知识分子当作消极对象而从世界观上加以“教育改造”（爱其知识，但更恨其世界观），因而也谈不上有目的、有计划、有组织和有步骤地进行真正彻底的、旨在塑造新型人格的“革命”。党的十一届三中全会以后，中国进入全面改革和社会主义现代化建设时期，但在社会实践发展过程中，国民素质适应不了现代化建设需要这一问题日益突出。开始的改革主要是通过政策方针的调整及适当放权让利来调

动人的积极性，即使人的素质低，也会收到极大效果，所以，人的素质与现代化建设的不适应不大明显。然而，随着改革的深入，人的素质与现代化建设要求不相适应的矛盾就充分暴露出来了：农村改革过程中，发展现代化农业的问题提了出来，它要求农民懂得现代农业科学知识，懂得现代农业经济管理，然而我国农村人口却有相当一部分是文盲、半文盲，从根本上难以适应发展农业现代化的要求，从而阻碍农村进一步改革的步伐；个体、私营经济同样如此，起初一些个体、私营企业可以利用政策搞得比较出色，但随着商品经济的逐步建立及市场竞争的展开，不少企业纷纷倒闭。其中一个重要原因，就是从事经济活动的个体和私营业主对商品经济和市场竞争不适应，不注意提高人的素质；国有企业改革之所以困难重重，没有较大突破，其原因之一是企业人的素质适应不了建立现代企业制度的需要。上述情况表明，全面彻底实行人格塑造应成为改革及社会主义现代化建设的迫切要求。这就向当代中国的人学研究提出两大任务：从学理上全面而科学地论说完整的人；在实践层面上研究塑造新型人格的目标和方法。近年我国的人学研究已意识到它所面临的任务，并自觉实行三种转变：由过去片面理解人向现在全面理解人转变；由 20 世纪 80 年代初从价值观上重视人到 20 世纪 90 年代从实践上塑造人转变；从过去忽视或片面夸大人的作用向重视并充分正确发挥人的作用转变。

为进一步推进并深化当代中国的人学研究，我们组织和聚集当年我国人学研究领域的一些开创者及领军人物，编写了这套《马克思主义人学与当代中国》丛书，力求从各个层面对 30 年来我国的人学研究进行系统而深入的反思、梳理、分析、总结和评价，从而为学界认识我国人学研究的历史及其总体图景提供一种历史性的参考，为进一步深化中国人学研究奠定坚实的基础。

导　言

马克思的人学思想及其现实意义是笔者多年来一直关注并投入大量精力从事研究的课题。人学作为关于人及其相互关系的学说是马克思哲学的兴奋点，哲学要解释世界和改变世界首先要理解人及其实践，自然、社会和历史都是人的对象化活动的产物，体现世界终极本质的既不是神和思维，也不是抽象的物质自然界，而只能是从事实践活动的人自身。所以，哲学在任何意义上都不能绕过人学，理解人，关爱人，为人的解放和发展提供理论说明是马克思主义哲学肩负的神圣使命，马克思的唯物史观也不过是“关于现实的人及其历史发展的科学”①。基于这个基本认识，笔者自 20 世纪 80 年代开始就对马克思的人学思想倍感兴趣，推动笔者从事人学研究的不仅是理论的探求，十年“文革”后的中国社会现实需要也是一个重要方面。

号称文化而实际上是毁灭文化的“文化大革命”是一场任何人都难以理解的荒唐的内乱，这场内乱的根源就是人学理念的缺失和空场。当时的中国社会是谈人色变，人不仅是研究的禁区，而且人本身除了革命动力以外都被妖魔化，打倒“牛鬼蛇神”、进“牛棚”、剃“鬼头”成了日常用语。凡是经历那个时代的人无不为中国社会人的观念的淡薄和人所遭遇的空前灾难而顿足扼腕，也就是在那个时期中国错过了大好的发展机遇，被世界抛在后边。也难怪，人都成了鬼，成天被批判和游斗，还何谈经济的发展和社会的进步。因此“文革”结束后，从总结经验教训的角度，务须从思想上拨乱反正，正本清源。在这种情境下，批判斗争哲学，高扬人性和人的价值，无疑就成了正本清源的最切近的切入点。也就是在当时彻底否定“文化大革命”的氛围中，笔者开始了对人性和人的本质问题的研究。现在看，当初的认识还很肤浅，想一下子把人性问题说清，这无疑是不切实际的幻想。但出发点和初衷都是好的，是为了批判“文化大革命”，张扬人性，鞭挞一切非人化的理论和

① 《马克思恩格斯选集》第 4 卷，第 241 页。以下凡未标明引文书籍版本年代的，皆为当时最新版本；凡未标明出版社的，皆为人民出版社。

行径。表面看似乎达到了目的,但是理论上的存疑也相当多,现在也很难说清到底怎样定义人性,人性和人的本质的区别到底在哪里。不过在当时的特殊环境下,久违了的人性和人的本质的议论显得很新潮,由于笔者在这方面的研究起步较早,又符合当时的理论需要,所以还被一些刊物认可,总还没有陷于后来人性文章满天飞而被人厌烦的地步。现在把这方面的文章收进来无外是为了再现当时理论斗争的复杂背景,表明这些文章绝非无的放矢,而是有着强烈的现实针对性,这也是本书的重要特点之一。

1978 年是当代中国历史上具有转折意义的一年,不仅党的十一届三中全会召开了,中国开始了改革开放的新征程,学界也加大了拨乱反正的力度,在中国第一次设立了马克思主义哲学史这门新的课程。笔者作为开创这门课程的参加者之一,更深刻地体会到学习马克思哲学思想的重要性,由此笔者对人的问题的研究也随之系统地进入了马克思哲学研究的新视野。马克思是人学思想的集大成者和新的实践人学的开创者,在《〈黑格尔法哲学批判〉导言》《1844 年经济学哲学手稿》等著作中全面系统地表述了他的人学思想。思维一转向这里,仿佛进入了瑰丽无比的人学殿堂,一方面能够从马克思的严谨和丝丝入扣的论述中领略他的人学思想的博大精深,同时又能够从马克思的宽广视野中把握他的人学思想的方方面面。正是在对马克思原著的研学中,相继写出了人的自然和人的存在、冲突与分裂以及人的能动性和受动性的统一等各章节,奠定了理解人的自然存在的基础。但是,马克思这时所说的人已不是费尔巴哈的自然人,而是现实的、历史的、具体的人,人的现实性恰恰来自人的现实实践,实践是生成世界和人的否定性活动,只有用实践的观点才能深刻理解世界和人本身。因此本书很快就转向对人的实践基础的研究,探讨了实践与人的多重对应关系,寻踪马克思人学思想的发展轨迹,最后得出结论,认为实践人学是马克思哲学思想的最终归结。至此,对马克思人学思想的基础性研究就告一段落,这些研究今天看很初步,也很难说深入和完整,不过反映了当初笔者进入人学王国所走过的历程,其中对马克思的哲学的变革所带来的对传统人学的颠覆和新的实践人学的创生的研究,或许能给读者以一定的借鉴和启示。

笔者对马克思人学思想的研究始终坚持一个信念,不搞人学空论,一定要和我们当下的实际相结合，十分自然，社会主义社会的人的问题成了人学研究的热点。此前对人性和人的本质问题的研究带有很强的针对性和批判性，还没有进入社会主义社会人的本真的应然境界，而马克思在这一问题上又有很多精湛的思想，只有把这些精彩的讲解挖掘出来，又破又立，才能领略马克思人学思想的全部。所以当笔者把人学研究的奠基性的工作初步完成以后，就立即转向对社会主义人的存在和价值问题的思考和研究，笔者的见解很明确，社会主义是人的空前的大解放，它应该为人的生存和发展开辟一片新天地，充分体现人的崇高价值，是人的全面发展真正起步的一片沃土。但是社会主义半个多世纪的实践并未为人的全面发展展示美好的未来前景，提供的更多的是教训而不是经验，这首先就是理论上的失误和误导所造成的。长期以来我们对社会主义一直是坚持斗争和专政的理念，须知，斗争和专政并不是轻松的事，它们是需要付出成本的，斗争和专政与被斗争和被专政的双方都很累，根本谈不上人的全面发展问题。按照马克思的设想，社会主义社会的人的问题首先是个人的价值问题，不论承不承认，广大的人民群众都有自己的价值和地位，他们的生存、自由、财产和安全都应该受到保障，这是社会主义必须面对的课题，这些问题比资本主义解决得更好是毫无疑义的，否则社会主义也就没有发生和存在的理由了。正是出于上述认识，本书第四章以论人的价值尺度起始，全面地论述了哲学主题与人的解放，理性、自由与人的解放，社会主义人的价值和人的全面发展等问题，把马克思的人学理想首先向社会主义延伸，开辟了社会主义社会人的价值和理想的实验园地。这是理论和社会主义实践相结合所迈出的第一步，也是最有意义的一步，从此开始，我们就可以深入地研讨社会主义社会应该如何兑现自己对人的承诺了。

党的十六届三中全会提出的以人为本的科学发展观开辟了社会主义社会人的价值和发展的新纪元，是对马克思的人学学说极大的发展和推进。按照马克思的人学理想和党的为人民服务的最高宗旨，把人当作本体论和价值论意义上之本是不成问题的。可是长期以来，在哲学之本的问题上，一直为物本论所困扰，谁要敢说以人为本就被认为是大逆不道。以胡锦涛同志为总书记的党中央根据马克思主义的基本原理和改革开放30多年来中国

社会发生的巨变,适时地提出了以人为本的科学发展观,把人第一次真正置于本的地位,这是中国共产党以马克思主义为指导兑现社会主义对人的承诺的具体体现,也是古往今来全世界各民族普遍存在的人本思想的新升华。以人为本在理论上和实践上都具有重大的意义,当然也有进一步推进和发展的空间,本书第五章从不同的视角全面地论述了以人为本的多方面含义,这是马克思实践人学和党的指导思想的提升与现实方针政策的结合的尝试,虽然还有不同的理解和争议,但笔者在这方面的敏感和哲学工作者的责任心,还是溢于言表的。实际上,早在 1994 年,笔者就曾在《哲学研究》第 2 期上发表文章,探讨马克思以人为本的哲学发展轨迹,当时被认为是不合时宜的与对唯物主义的冒犯而屡遭商榷。现在党把以人为本的科学发展观确定为长期的重要指导方针既有现实的需要和底蕴,也是对改革开放以来广大理论和实际工作者的从各方面发出的以人为本(科技以人为本、教育以人为本、管理以人为本等)的呼声的认同。

本书最后考察了以人为本在中国的生成和实践,特别是对中国从民到人的历史切换进行了详尽的探讨,最终落实到社会主义社会就是以人为本的社会,以人为本是社会主义实践探索的归程,以此为题终结全书,了却笔者多年来研究社会主义与人的发展的关系的心愿。仅以上述作为本书的导言,期望读者的批评指正。

第一章　人性与人的本质

一、马克思的人性观

什么是人性？马克思主义怎样看待人性？这是哲学上一个复杂的问题。在我国,由于以阶级斗争为纲的影响,长期以来人性一直被简单地等同为阶级性,这个定论不容置疑,人性问题已没有研究的余地,由此遂成为理论研究的一大禁区。粉碎“四人帮”以后,人性研究有所进展,提出了阶级社会中有无共同人性的问题。但是,问题提出的深度和论证的方式都还没有完全摆脱某些陈旧观念的束缚。马克思说:“理论只要彻底,就能说服人[ad hominem]。所谓彻底,就是抓住事物的根本。”[①]人性问题的根本在于对人性概念的理解和人性与阶级性的关系问题。本节试就此做一初步探讨。

(一)人性和人的本质不是一回事

过去把人性视为阶级性,并非偶然,除了极“左”思潮的干扰以外,理论上的直接原因就在于混淆了人性和人的本质的区别,把它们看成了一回事。人们往往这样思考:什么是人性？人性就是人的本质,马克思对人的本质早有定论,认为“在其现实性上,它是一切社会关系的总和”[②];而在阶级社会里,社会关系的基本方面是阶级关系,于是,人性也就归结为阶级性了。多年来这个逻辑畅通无阻,人们对它都深信不疑,以为人性就是阶级性。

现在倒要刨根问底:为什么人性就等同人的本质呢？把人性理解为人的本质有什么根据呢？

笔者认为,过去把人性混同于人的本质,这是以讹传讹,它在理论上并无根据。相反,我们倒可以找出许多理由来证明人性和人的本质是不同的。

首先,人性和人的本质的表示方法不同。在马克思的德文原著中,人性

① 《马克思恩格斯选集》第1卷,第9页。

② 《马克思恩格斯选集》第1卷,第56页。

为 Die Humahitat,而人的本质一词则为 Das Wesendes Menschns。这就是说,它们并不是同一词汇的不同的翻译方法,而是两个意义完全不同的词。因此,把人性等同于人的本质未必符合马克思的原意。

其次,人的本质和人性概念的含义不同。在马克思的著作中,人的本质一般是指人与动物相区别的根本特征,是人之所以为人的本质特性。马克思和恩格斯多次指出,不应抽象地理解人的本质,把它看作某种精神上的抽象物。人的本质在任何意义上都是劳动和社会性。恩格斯说:“人类社会区别于猿群的特征又是什么呢? 是劳动。”[①]劳动“是整个人类生活的第一个基本条件”[②],“劳动创造了人本身”[③]。马克思也指出:“可以根据意识、宗教或随便别的什么来区别人和动物。一当人们自己开始生产他们所必需的生活资料的时候(这一步是由他们的肉体组织所决定的),他们就开始把自己和动物区别开来。”[④]因此,马克思称赞黑格尔抓住了人的“劳动的本质”[⑤],认为劳动是“人的能动的类生活”[⑥]。他又特别重视人的社会性,认为“人是最名副其实的社会动物”[⑦],人的本质就是“一切社会关系的总和”。马克思强调劳动和社会性,反对从理性和自我意识上去理解人的本质,这正是在人的本质问题上唯物主义的表现。

人性概念与人的本质不同,它反映了人的精神方面的特性。虽然人性也表明了人与动物的不同,但这并不是它的出发点。人性是在人已经与动物有根本区别的前提下,进一步表明人的思想、感情、欲望和意志特点的概念,是人的一系列善良美好特性的总和。如果说人的本质和人性都从不同的方面反映了人的实在特性的话,那么,人的本质概念是第一层次的概念,而人性则是第二层次的概念。把它们相互混同是没有理由的。

最后,正因为人性和人的本质两个概念含义不同,表达方法不同,彼此

① 《马克思恩格斯选集》第 3 卷,1972 年版,第 513 页。
② 《马克思恩格斯选集》第 3 卷,1972 年版,第 508 页。
③ 《马克思恩格斯选集》第 3 卷,1972 年版,第 508 页。
④ 《马克思恩格斯全集》第 3 卷,1956 年版,第 24 页。
⑤ 《马克思恩格斯全集》第 3 卷,第 320 页。
⑥ 《马克思恩格斯全集》第 3 卷,第 274 页。
⑦ 《马克思恩格斯全集》第 12 卷,1962 年版,第 734 页。

不能互相代替,所以马克思总是同时使用这两个概念。不仅在同一本书中,比如在《神圣家族》和《1844 年经济学哲学手稿》中,马克思同时使用这两个概念,而且有时在同一句话中,两个概念也同时出现。在《1844 年经济学哲学手稿》中,马克思就曾写道:“共产主义是私有财产即人的自我异化的积极的扬弃,因而是通过人并且为了人而对人的本质的真正占有;因此,它是人向自身、向社会的即合乎人性的人的复归。”[①]在这里人的本质和人性概念就同时出现在一句话中,被用来表明不同的意思:前者说明共产主义社会已经克服了异化,因异化而丧失的人的自由、有意识活动的类本质已经被人重新占有;而后者则进一步说明,在人都能占有自己本质,特别是不再把劳动看成是谋生手段的情况下,人人都能自觉劳动,人与人的关系中已不存在剥削和压迫,那时的人都表现出自己的最好的品质,特别合乎人性,这就叫向合乎人性的人的复归。

由此可见,对于马克思来说,无论是从内容上还是从形式上,他都把人性和人的本质区分开来,并没有把它们看作一回事。因此,过去依据人性和人的本质的等同而推论出人性即是阶级性,是站不住脚的。

(二)马克思所理解的人性

既然人性不应视为阶级性,那么人性是什么呢?马克思认为:

1. 人性是对自由的追求

人作为有生命的自然存在物,它“同动植物一样,是受动的、受制约的和受限制的存在物”[②]。但人和动植物又不同,具有主观能动性。人的全部生命力量、生命活动都要挣脱自然和社会对自己的限制和压迫,力求认识规律、驾驭对象,争得更多的思想和行动的自由。这是人发自心灵深处的呼叫,也是人的全部生活的实质。

因此,人总是倾向于把自己“当作普遍的因而也是自由的存在物来对

① 《马克思恩格斯全集》第 3 卷,2002 年版,第 297 页。
② 《马克思恩格斯全集》第 3 卷,第 324 页。

待”[1]。如马克思所说，“自由的有意识的活动恰恰就是人的类特性”[2]。

2. 人性是对对象的需求

马克思认为：“人只有凭借现实的、感性的对象才能表现自己的生命。”[3]对外界对象的需要是人维持生命、延续后代的基本条件，也是人的不可遏抑的本性。马克思揭露资本主义社会压抑人性，“甚至对新鲜空气的需要在工人那里也不再成其为需要了”[4]。他特别谴责资产阶级经济学家“把工人变成没有感觉和没有需要的存在物”[5]，认为这是从劳动者那里剥夺去一部分“生命和人性”[6]。所以，马克思总是把需要和人的本性联系在一起，在《德意志意识形态》中，他明确指出，对人来说，“他们的需要即他们的本性”[7]。

但是，这种需要绝不是什么“饮食男女”之类的需要。“饮食男女”是包括人在内的一切动物共有的先天遗传性的机能。马克思多次指出，单纯的“饮食男女”是“动物的机能”，只能成为“动物的东西”[8]，“庸人所希求的生存和繁殖……也就是动物所希求的”[9]。因此，“饮食男女”只是人的本能，而不是人的本性。人之所以为人，并不是因为他有“饮食男女”等自然属性，相反，恰恰在如何对待自然属性上，人与动物分道扬镳了。动物的行为总是听任自然本能和冲动的支配，而人不仅有本能，还有克制和理性。把人的自然属性也看成人性，这只能模糊人的思想境界，把人降低到动物的水平。

唯一能成为人性内容的就是对劳动和社会性的需要。马克思说：“个人在他的正常的健康状况、体力、生活状况、技巧和熟练程度之下，也有从事劳动的欲望。”[10]又说，真正的人就是“社会的即合乎人性的人”[11]。只是在分工

---

① 《马克思恩格斯全集》第3卷，第272页。
② 《马克思恩格斯全集》第3卷，第273页。
③ 《马克思恩格斯全集》第3卷，第324页。
④ 《马克思恩格斯全集》第3卷，第340页。
⑤ 《马克思恩格斯全集》第3卷，第342页。
⑥ 《马克思恩格斯全集》第3卷，第342页。
⑦ 《马克思恩格斯全集》第3卷，1956年版，第514页。
⑧ 《马克思恩格斯全集》第3卷，第271页。
⑨ 《马克思恩格斯全集》第1卷，1960年版，第409页。
⑩ 马克思著，刘潇然译：《政治经济学批判大纲》第三分册，人民出版社1972年版，第249页。
⑪ 《马克思恩格斯全集》第3卷，第297页。

和私有制的条件下,劳动才异化为人的谋生手段,人才有超尘出世之想,变得越来越孤寂。到了共产主义社会,劳动和社会性将实现对人的本性的回归,成为人们生活的第一需要。人对劳动和社会性的需要,反映了人性和人的本质的联系,它表明,人性总是确保人的本质,使人成为人的。

3.人性是对外部世界的实践和改造

动物的生存凭借本能,而本能是无意识的,它不能解决动物的需求与自然界的矛盾。为了解决这个矛盾,动物在漫长的历史发展中形成了对外部世界的适应性,这是一切动物的根本特性。而人则与动物不同,人为了争取自由和满足需求,单靠本能和适应性是不够的。人之所以为人就在于他的生命活动中,本能和适应性所起的作用越来越小,而主观能动作用越来越大。人不仅仰仗大自然的恩赏,而且能够根据自己的要求去改造外部世界,使之成为自己生命活动的一部分。马克思把人的这种特性称为人的普遍性,认为这种普遍性正是表现在他"把整个自然界——首先作为人的直接的生活资料,其次作为人的生命活动的对象(材料)和工具——变成人的无机的身体"①。

人性的这三方面内容并不是孤立的互不相关的,它们紧密联系,互为因果,成为人的最基本的特性。人之所以为人而与动物相区别,首先就因为人不仅有本能,而且有超出本能的一系列需求和欲望。但是人的需求和欲望总是受到来自自然和社会两方面的压迫和限制,使人处在极端不自由的状态,成为盲目必然性的奴隶。摆脱自然和社会的束缚,争得思想和行动的自由,以便满足人的需求,就成了人的根本特性。但是,人的需求的满足,自由的争得,既不能消极等待,也不能靠理论的思辨,只能靠改造客观世界的实际行动,靠人的有意识有目的的能动实践。人的这种实践性也是人的本性之一。

依据对人性的这种理解,可以判定,一个社会是否合乎人性,主要看它在多大程度满足了人的需要,给人提供了多少自由。一切阶级压迫社会都从根本上剥夺了劳动群众的需求和自由,因而都是不符合人性的。马克思

① 《马克思恩格斯全集》第3卷,第272页。

说，“专制制度必然具有兽性，并且和人性是不相容的”[①]，资本主义社会的“一切生活条件达到了违反人性的顶点”[②]。只有共产主义才是人“向社会的即合乎人性的人的复归”[③]。恩格斯也认为，只有共产主义社会才使个体“生存斗争停止了。于是，人在一定意义上才最终地脱离了动物界，从动物的生存条件进入真正人的生存条件”[④]。只有这时，每个人才“都能自由地发展他的人的本性”[⑤]。

（三）人性是善

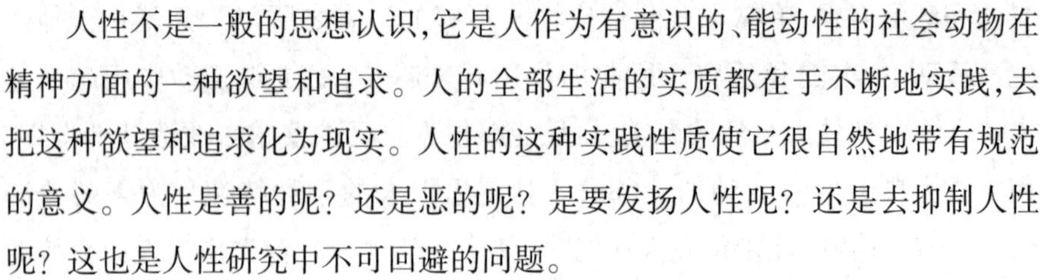

人性不是一般的思想认识，它是人作为有意识的、能动性的社会动物在精神方面的一种欲望和追求。人的全部生活的实质都在于不断地实践，去把这种欲望和追求化为现实。人性的这种实践性质使它很自然地带有规范的意义。人性是善的呢？还是恶的呢？是要发扬人性呢？还是去抑制人性呢？这也是人性研究中不可回避的问题。

在马克思的著作中，人性概念一向包含有两重含义。其一是指人对自由和需要的追求，以及为此而对周围世界的实践和改造；其二是指人不可不择手段地去实现自由和需要，在处理人与人之间的关系时，要遵循人道的原则，要表现出一系列优秀的品格和高尚的特性。

在后一种意义上，人性是善，它针对兽性而言，是对兽性的克服和否定。恩格斯说：“人来源于动物界这一事实已经决定人永远不能完全摆脱兽性，所以问题永远只能在于摆脱得多些或少些，在于兽性和人性的程度上的差异。”[⑥]人和动物一样，都有“饮食男女”等自然本性。但是如何实现“饮食男女”呢？在这一点上人和动物又有原则的不同。动物出于自己的本能，在“饮食男女”上都是“无法无天”、无所顾忌的，由此就表现出动物所共有的自私性、排他性、放纵性、野蛮性、残忍性、贪婪性等，这就是我们通常所说的兽

---

① 《马克思恩格斯全集》第 1 卷，1960 年版，第 414 页。
② 《马克思恩格斯全集》第 2 卷，1957 年版，第 45 页。
③ 《马克思恩格斯全集》第 3 卷，第 297 页。
④ 《马克思恩格斯选集》第 3 卷，第 633 页。
⑤ 《马克思恩格斯全集》第 2 卷，1957 年版，第 626 页。
⑥ 《马克思恩格斯全集》第 20 卷，1973 年版，第 110 页。

性。人则与动物相反，人要生活就要劳动，劳动中必然要形成多方面复杂的社会关系。恰当地协调这种关系，使人不至于在无谓的斗争中同归于尽，是人生存和延续的必要条件。在长期的劳动和社会交往中，人类逐渐摸索，不断实践，终于建立和完善了调整人们社会关系的一系列行为规范。人和动物的不同，恰恰就在于人抑制或克服了动物的兽性，把"饮食男女"等动物所固有的本能置于理性的支配之下，纳入人们的行为规范，由此就形成了与动物兽性相对立的人性，公正、无私、信义、忠贞、克制、同情、恻隐、勇敢、良心、礼让、文明。道德就是人性另一方面的含义。马克思、恩格斯多次指出，资本主义及以前的一切社会形态都违反人性，这就表明，在他们的心目中，人性原是人的优美善良的特性，只不过被私有制和阶级压迫所异化罢了。

值得注意的是，马克思还把平等也看作人性的内容之一。他在《黑格尔法哲学批判》中，把中世纪说成是"人类史上的动物时期，是人类动物学"①。因为中世纪盛行等级制度，而这种制度恰恰是动物世界通行的原则。在马克思看来，一切动物，它们的地位都不是后天争取的，而是先天规定的。"动物生来就有它的地位、性情、生活方式等等。"②

封建社会的等级制度使人们仅仅由于出身就可以"与国家的最高活动符合一致"③。因此，贵族纨绔才"以自己肉体的生活史而自傲"④。这正是"动物世界观……贵族的秘密是动物学"⑤。由此看来，在马克思的心目中，等级性是兽性的原则。而人与人之间的平等则是人性的表现。

有的同志不同意人的本性是善，认为这是人性善论的复活，这显然是一种误解。人性善论的主要错误在于它把人性看成是先天向善的东西，否认了后天实践对人性善恶的决定意义。而我们这里所谈的人性是善，并未涉及人性的形成问题，它只是限于对人性概念含义的理解。所以，它和历史上的人性善论根本不是一回事。其实，只有把人性理解为善，才符合马克思的

① 《马克思恩格斯全集》第3卷，第102页。
② 《马克思恩格斯全集》第3卷，第131页。
③ 《马克思恩格斯全集》第3卷，第131页。
④ 《马克思恩格斯全集》第3卷，第132页。
⑤ 《马克思恩格斯全集》第3卷，第132页。

原意。马克思在《神圣家族》中评论法国唯物主义时曾指出:“并不需要多大的聪明就可以看出,关于人性本善和人们智力平等,关于经验、习惯、教育的万能……同共产主义和社会主义之间有着必然的联系。”[①]而对于人性本恶的观点,马克思则指责为“宗教的伪善”[②]。他写道,这种观点“把人身上一切合乎人性的东西一概看做与人相左的东西,而把人身上一切违反人性的东西一概看做人的真正的所有”[③]。这种看法和基督教的原罪说如出一辙,历来是宗教信仰的理论基础之一。

在日常生活中,人们也往往在善的意义上来理解和使用人性概念。当我们说一个人具有人性,就是指他具有一系列善良的品性;相反,当我们说一个人没有人性,就是指他不具备人的善良本质,甚至表现出兽性。人们往往用动物做比喻来骂人,大概也就是这个道理。马克思在《神圣家族》中把“用非常残酷的手段”“狠狠地把人弄死”称为“惨无人性”[④],由此也可反证出马克思所理解的人性就是善的意思了。

(四)在阶级社会里存在着共同人性

在人类的历史发展中存在着共同人性,这是无疑的。原始社会由于没有受到后来私有制和阶级对立的沾染,那里的野蛮人普遍地表现出高尚的共同人性。恩格斯指出,“凡与未被腐蚀的印第安人接触过的白种人,都称赞这种野蛮人的自尊心、公正、刚强和勇敢”[⑤]。在未来理想社会里,将消除人性的异化和分裂,出现“整个的人类之爱”。那么,在阶级社会里,是否存在着共同人性呢?

一般都认为,在阶级社会,人性发生了异化,表现为不同阶级的阶级性,因此,统一的共同人性不存在了。这种看法表面上似乎有理,其实深究起来,大有研究的余地。不能否认阶级性异化了人性,特别是剥削阶级的阶级

---

① 《马克思恩格斯全集》第2卷,1957年版,第166页。
② 《马克思恩格斯全集》第2卷,1957年版,第221页。
③ 《马克思恩格斯全集》第2卷,1957年版,第221页。
④ 《马克思恩格斯全集》第2卷,1957年版,第234页。
⑤ 《马克思恩格斯选集》第4卷,第95页。

性是对人性的泯灭。但是,这只是事情的一个方面,还要看到人性和阶级性还有并行不悖的另一面。

人性和阶级性是两个不同的范畴,它们的内容既有交叉,又有平行,不可完全等同。

人性作为区别于动物的精神方面的特性,主要是指人对自由和需要的追求和满足,以及在实践过程中所表现出的优美善良的品性。

而阶级性是指一定集团的人们在特定的经济地位上长期培养起来的阶级性格和阶级心理。如封建阶级的割据性、兼并性、残暴性、等级性,农民阶级的散漫性、保守性、狭隘性、落后性,资产阶级的竞争性、垄断性、奢侈性、虚伪性,无产阶级的公有性、进步性、团结性、组织性,等等。

试问,由于存在这些不同阶级的阶级性,原来的人性要素就不存在了吗?难道从此人们再也不追求自由、满足需求了吗?人类一系列优美善良的本性就丧失殆尽了吗?显然不可能。人性是人的特性,只要人作为人,人性就不可能完全丧失。阶级性虽然对人性有所异化,但它只能部分地抵消或削弱人性,而不可能完全毁灭人性。马克思说:人永远是这一切实体性东西的本质,但这些实体性的东西也表现为人的现实普遍性,因而也就是一切人所共有的东西。

事实上,阶级社会中的一切人都具有两个方面的特性:一方面,作为人,他有人性;另一方面,作为一定阶级的成员,生活在一定的阶级地位上,又具有阶级性。人性和阶级性不是简单地取代或等同的问题,而是错综复杂地交织在一起,需要具体地加以分析。

对于无产阶级来说,其阶级性和人性是一致的。共产主义社会的人性就是无产阶级的阶级性的丰富和完善。因此,发扬无产阶级的阶级性和党性就是对无产阶级人性的锤炼。

对于农民和其他劳动者来说,他们作为劳动者,其阶级性有和人性相适应的一面,但在他们身上也保留有落后的生产方式所打下的烙印,需要加以改造和提高。

对于资产阶级和一切剥削阶级来说,他们的阶级性具有兽性的本质,是对人性的异化和否定。但是,这并不是说资产阶级和一切剥削阶级只表现

兽性,没有任何一点人性。他们作为人也都追求自由,也要满足自己的需要,为此在复杂的社会联系和社会交往中,也需要遵循一定的行为规范,建立和广大群众相互沟通的共同心理。在奴隶社会和封建社会里,社会关系具有兽性的一面,如马克思所说"兽的关系只能靠兽性来维持"[①]。随着现代资本主义的发展,人类文明程度的提高,社会关系中人性因素越来越增加。在这种情况下,资产阶级完全用兽性来统治社会是行不通的,他们也必然会在某些时候、某些方面抑制自己的兽性本质,表现出某些普遍的人性来。

因此,对于一切阶级来说,他们之间不仅有阶级性的相互对立的一面,还有在人性上的共通的方面。只有承认这一点才可以理解相互对立的阶级为什么能够聚合成民族和国家的统一体,为什么在经济上政治上完全对抗的阶级却可以在思想感情和美学观念上存在一致之处。常言道:恻隐之心,人皆有之,美好事物人皆爱之。战场上不杀俘虏,监狱里禁止酷刑,见义勇为,济困扶危,对悲剧的怜悯同情,对真善美的追求喜爱,所有这一切都在不同程度上表现了阶级社会中的共同人性。正因为这样,人类文化的优秀遗产才可以继承,许多杰出的艺术剧作直到今天仍具有强大的生命力。古往今来,不仅劳动阶级,而且一切剥削阶级在理论上和宣传上也都主张驱恶扬善,发扬人性,这固然有其虚伪的一面,但也是共同人性所使然。

在现实生活中,除了无产阶级以外,一切阶级都面临着人性和阶级性的矛盾。人性是蕴藏在人身上的强大精神力量,它在一定的条件下能够挣脱阶级性的束缚,而成为支配人的思想和行为的主导因素。对于剥削阶级来说,出现一些叛逆者,同情人民,甚至站到人民的方面来,这是历史上常见的事。但是,与此同时,又必须承认阶级性对人性的制约。一切剥削阶级之所以人性暗弱,并不是因为他们主观上先天就喜好恶,而是他们的人性受到阶级性的异化,是长期的社会生活条件作用的结果。所以,对于一切阶级来说,不仅都同时具有人性和阶级性,而且还有一个人性和阶级性的相互异化的问题。在资本主义社会里,无产阶级的阶级性体现了完美的人性。但是,由于资本主义社会非人的生活条件,无产阶级的人性也被异化,"甚至完全

① 《马克思恩格斯全集》第1卷,1960年版,第414页。

丧失了合乎人性的外观”[①]。恩格斯在《英国工人阶级状况》中，曾经详细地描述了当时英国工人中存在的酗酒、纵欲和偷盗等现象，指出：“工人除了为改善自己的状况而进行反抗，就再也没有任何其他表现自己的人的感情的余地，那末工人自然就一定要在这种反抗中显出自己最动人、最高贵、最合乎人情的特性了。”[②]同样，资产阶级在践踏无产阶级人性的同时，自己的人性也在异化，资产阶级的阶级性就是资产阶级人性异化的集中表现。所以马克思说，“有产阶级和无产阶级同是人的自我异化”[③]，资本主义社会造成的最终结果便是“工人和资本家的不道德、退化、愚钝”[④]，因此，在人性面前，虽然各个阶级的阶级基础不同，但是都得到锤炼和提高。无产阶级只有在改造客观世界的同时也改造自己，“抛掉自己身上一切陈旧的肮脏东西”[⑤]，才能最大限度地体现自己的人性。对资产阶级来说，虽然他们在某些次要的方面拥有各种各样的“私德”，如恩格斯所说，“是一些可敬的和体面的人物”[⑥]，但是，从根本上来说，他们的人性被他们的阶级性抹杀了。要想真正唤起资产阶级的人性，只有首先把他们推翻，对他们进行脱胎换骨的改造。

当然，我们说阶级社会中的人都具有人性和阶级性这两方面的特性，这只是就一般整个而言，并不是说每一个具体的人都必定如此。人性和阶级性是群体性的概念，它们标志着人的类的特性和一定的社会集团的特征，而不等于每个人个性的简单相加。列宁说，“任何一般只是大致地包括一切个别事物。任何个别都不能完全地包括在一般之中”[⑦]，必须把人性、阶级性和人的个性区分开来。无产阶级人性和阶级性的一致不能保证每个人的个性都符合人性。正如现实生活所表明，在无产阶级的个别人身上也发生人性的异化。同样，对于剥削阶级既要看到他们的普遍的阶级性的一面，也要看到他们的不同的个性。剥削阶级的兽性本质并不能决定他们之中的每一个

① 《马克思恩格斯全集》第2卷，1957年版，第45页。
② 《马克思恩格斯全集》第2卷，1957年版，第501页。
③ 《马克思恩格斯全集》第2卷，1957年版，第44页。
④ 《马克思恩格斯全集》第3卷，第282页。
⑤ 《马克思恩格斯选集》第1卷，第91页。
⑥ 《马克思恩格斯全集》第2卷，1957年版，第565页。
⑦ 《列宁全集》第38卷，1959年版，第409页。

人都是毫无人性的。在土地改革中,我们把地主阶级分为恶霸和非恶霸,其中就包含这方面的因素。唯成分论之所以错误,就在于它只强调了人的阶级性,而忽视了人的个性。

(五)人性是历史发展的动力

社会的发展与自然界的发展不同,它不是盲目的自发力量在起作用,而是由人的自觉活动来实现和推动的。人在自己的活动中能否发扬人的本性,对社会历史的发展关系极大。正是对自由和需要的无止境的追求,才使人从不满足,总是孜孜不倦地钻研、探索、发明和创新;正是由于人和动物不同,有优美善良的天性,才保证了自由和需求的实现,从而推动社会的前进。事实表明,一个社会若是能够弘扬人性,给人性的实现创造充分的条件,那么,这个社会必将是文明而发展的;反之,一个社会贬损人性,把人置于非人的生活条件,那么,这个社会必然是腐朽而又裹足不前的。

封建社会之所以那样黑暗漫长,与它压抑人性有关。马克思说,“专制制度的唯一原则就是轻视人类”[①],“和人性是不相容的”[②]。所以在这个制度下,广大农民无从实现自己的自由和满足自己的需要。他们的落后、愚昧也造成了封建社会发展缓慢,毫无生机。

和封建社会相比,资本主义社会在历史上第一次承认了人性的权利。资本主义的生产以购买工人的劳动力为前提。为了能够随时购买到大量的劳动力,它必须打碎封建的等级制度和人身的依附关系,把广大农民从地主的束缚下解放出来,给他们以自由支配自己劳动力的权利。而这就需要在交换上和法律上承认人的平等关系,对人性和人格给予起码的尊重。正因这样,工人和奴隶、农奴相比,表现了某种生产的主动性和积极性,推进了资本主义社会的发展。

当然,我们说资本主义社会表现了对人性的某种尊重,这只是与封建社会相比较而言。如果单就其本身的价值论意义来说,资本主义社会对人性

---

① 《马克思恩格斯全集》第1卷,1960年版,第411页。
② 《马克思恩格斯全集》第1卷,1960年版,第414页。

的尊重是很有限的。资产阶级表面上标榜自由、平等、博爱,但“冷酷无情的‘现金交易’”,“没有良心的贸易自由”,以及人与人之间“赤裸裸的利害关系”和“利己主义打算”,[①]决定了它不可能真正地发扬人性,相反,它使人性处在极度的异化之中。

只有社会主义社会才铲除了摧残人性的社会条件,为人性的发扬和恢复创造了无限美好的前景。社会主义消灭了私有制和剥削,从物质和精神上逐步满足了广大群众日益增长的需要,这本身就是最大的符合人性。从理论上来说,社会主义社会能够高速向前发展的原因也正在这里。

所以,真正的马克思主义者不应该畏惧人性,回避人性,而应该理直气壮地承认人有人性,人性是个促进社会发展的好东西;社会主义社会应该大力发扬人性,推动社会的前进。绝对不应像林彪、“四人帮”那样,视人性如虎狼,把它推给资产阶级,让资产阶级把人性垄断起来,听任他们利用人性大做文章,来攻击马克思主义。我们再也不能干这种蠢事了。

当前我国正处在伟大的历史转折时期,建设四化是全党全民的最大的大事。但是,四化不仅是经济建设问题,也是人的建设问题。四化离不开人的革命化和道德化,只有全体人民都按照无产阶级的人性和阶级性一致的原则,充分发扬人性,四化任务才能完成。现在,民主法制和伦理道德已经翻身解放,在社会生活中占据了它们应有的位置,难道还让它们在理论上继续游离于马克思主义之外吗?

二、广义人性范畴

马克思科学地解决了人的本质问题,其重大贡献不仅表现在他界定了人的本质在于社会关系的总和,而且还表现在他对人性范畴从广义上加以剖析,区分出人性的理想范畴和现实范畴这两个不同的方面。这是马克思早期为科学地解决人性问题所做出的巨大努力,也是马克思在人的问题上取得的重大成果。

科学是范畴的体系,研究任何问题都要首先搞清楚基本的范畴概念。

① 《马克思恩格斯选集》第1卷,第274—275页。

人性问题长期争论不休，其重要原因之一就在于过去对人性范畴理解得过于狭窄，争论各方往往以一得之见，概诸全题，而不能博采众说之长，从广义上把握人性。因此，各种意见互相排斥，争执不已。列宁说过："要进行争论，就要明确地阐明各个概念。"从理想和现实这两个不同的角度来剖析人性概念是马克思解决人性问题的新思路。

(一)理想范畴和现实范畴

人是高级的社会动物，具有多方面复杂的属性。劳动、需要、情欲、自由、创造、实践、理想等，都是人所独有的特征。那么，人性是指何而言呢？从逻辑上讲，它既可以作为这些特性的概括和综合，泛指人区别于动物的全部属性，在这个意义上，人性范畴是广义的，又可以单独指其中的一个或某几个特性，把它作为人与动物相区别的根本点，在这个意义上，人性范畴又是狭义的，这实际上指的是人的本质。这两种认识对于人性的直接含义来说，都是容许的。因为人性作为一个范畴，它和物性、神性、兽性等概念一样，处延广大，内涵松弛，可以容纳多种多样的理解。在一定意义上确实可以说，凡是人所具有的一切特性，都可以说是人性。

人性范畴的这种广义性，早已被人们所察觉。国外许多研究者指出："如果有一个词，它不论在通常语言里或哲学语言里，含有许多意义，那就是'性'这个词了。"①"人性，这是一个范围广大的题目，充满着矛盾，同时又充满着可能性。"②因此，古今中外论述人性的文章和著作浩如烟海，但是，直截了当地给人性下定义者却不多见。人们或多或少都意识到："要规定人性是很困难的。……对人们归结为人的本质的每一个特征，可以拿几个好像证明其相反的具体事实来反对它。"③正因为这样，人性范畴历来难以划一，不同阶级、不同派别的哲学家都有自己对人性的独特的理解。众所周知，在马

---

① 商务印书馆编辑部编辑:《人道主义、人性论研究资料》第 3 辑，商务印书馆 1963 年版，第 240 页。

② 商务印书馆编辑部编辑:《人道主义、人性论研究资料》第 3 辑，商务印书馆 1963 年版，第 255 页。

③ 商务印书馆编辑部编辑:《人道主义、人性论研究资料》第 3 辑，商务印书馆 1963 年版，第 244 页。

克思主义以前,理性、情欲、自私、自然性,甚至抽象的善和恶都曾被看作人性的本质。

马克思主义的产生,廓清了人性研究中的迷雾,第一次为科学解决人性问题奠定了基础。但是,这决不意味着马克思主义已经给人性范畴规定了一个统一的现成的答案,以至于我们只要简单地套用就够了。实际上,马克思学说中包含着理想和现实这两种不同性质的范畴,因而也就存在着从理想范畴出发和从现实范畴出发所得出的不同的关于人性的理解。

马克思学说作为实现未来共产主义社会的指南,不能不包含丰富的理想。没有理想也就没有前进的目标和动力,共产主义学说本身就是关于未来的宏伟理想。但是,马克思主义与历史上的各种空想主义不同,它从不沉湎于理想,不从理想出发去构造现实。对于马克思主义来说,理想不是空想,它基于现实,是从对现实的科学分析中得出来的。只有从现实出发,采取正确的道路和方法,才能把理想变为现实。马克思主义是理想和现实的统一,它既是对现实的深刻理解,又是对理想的科学论证。马克思主义的理论体系就是由理想范畴和现实范畴构成的。理想范畴的特点在于,它不是从现实出发,而是对未来某种状况的设想和描述,因此,一般都带有理想性和规范性。就是说,它所规定的不是人的现实状况如何,而是人在理想的情况下本来应该如何。马克思主义中的人性、人的本质、人道主义、人的全面发展、"完整的人"、共产主义等,就属于这类范畴。凡不符合这种理想的,马克思称它们为异化。

现实范畴是科学性的范畴。它严格地立足于现实,不带任何理想或幻想的成分,是对事物现实本质的深刻揭示。马克思主义的一系列基本概念,如生产方式、社会形态、生产力、生产关系、阶级、国家、社会革命等都是现实的范畴。理想范畴和现实范畴互相配合,密不可分。马克思主义作为无产阶级的革命的科学的思想体系,是理想范畴和现实范畴的统一。

但是,马克思主义发展史上,这两类范畴的统一经历了一个历史的过程。青年马克思受黑格尔和费尔巴哈的影响,还不可能制定出系统的科学范畴来对现实进行深刻的分析。这就决定了马克思的早期著作不可能完全以现实范畴为基础,而必须借助于理想范畴,实质上是关于人性及其异化的

学说。因此,青年马克思一登上理论活动的舞台,就紧紧地抓住了人性和异化问题,用资本主义社会里的人的本质异化的事实与人的全面发展的伟大理想的矛盾来无情地揭露和批判资本主义。同样,共产主义也绝不仅仅是在生产上无比优越于资本主义的经济必然性,它也是人性异化的消灭,是"人向自身、向社会的(即人的)人的复归"①。以后,随着马克思世界观转变的完成,他逐步地突破了这种带有思辨意味的论证问题的方法,而转向经济学和历史唯物主义,主张从现有的经济事实出发,强调经济分析的必要性。在此基础上,马克思通过对他的前驱者思想成果的改造和提炼,制定出一系列崭新的现实范畴。对于成熟的马克思主义来说,现实范畴逐渐取代理想范畴而占据了主导地位。但是,马克思高于前人的地方不在于他保留了理想范畴,而在于他能不断地用现实范畴来充实它、说明它,真正体现了理想范畴和现实范畴的统一。因此我们看到,在成熟的马克思著作中,理想范畴和现实范畴结合得更加紧密。比如,自《德意志意识形态》问世以后,共产主义就不仅仅是关于人类未来的伟大理想,它也是无产阶级行为规范的根据,是一种社会的现实活动。

(二)人性范畴的广义规定

人性,对马克思来说,也有理想范畴和现实范畴之分,也经历了一个两者逐渐结合的过程。1845 年以前,马克思所讲的人性还不是一个科学的范畴,而主要是一个理想范畴。就是说,这个时期马克思著作中的人性范畴还不是从人的现实状况出发的,它主要着眼于人的价值,强调人本来应该如何。在这个意义上,马克思当时所使用的人性范畴包含如下几方面的内容:

1. 人性在于劳动。

马克思认为"生产生活本来就是类生活"②。他高度评价黑格尔"把劳动看作人的本质"③,认为这是黑格尔的否定的辩证法的伟大之处。正因为劳动表现了人的本性,马克思才把劳动的异化归结为人的本质或人性的异化。

---

① 《马克思恩格斯全集》第 42 卷,1979 年版,第 120 页。
② 《马克思恩格斯全集》第 42 卷,1979 年版,第 96 页。
③ 《马克思恩格斯全集》第 42 卷,1979 年版,第 163 页。

这是从人的本质的角度对人性的根本界定。

2. 人性是思维的理性。

马克思说:“有意识的生命活动把人同动物的生命活动直接区别开来。”①

3. 人性是自由。

马克思认为,人把自己本身“当作普遍的因而也是自由的存在物来对待”②,因而“人类的类特性恰恰就是自由的自觉的活动”③。

4. 人性是情欲和需要。

马克思说:“激情、热情是人强烈追求自己的对象的本质力量。”④

5. 人性是人的自然属性。

马克思说:“吃、喝、性行为等等,固然也是真正的人的机能。”⑤

6. 人性是人的善良本性。

马克思在《神圣家族》中曾把用“非常残酷的手段”“狠狠地把人弄死”称为“惨无人性”。

7. 马克思在这个时期多少意识到,人性不能只到人的主观的精神领域去寻找。

他曾说:“人并不是抽象的栖息在世界以外的东西。人就是人的世界,就是国家,社会。”⑥因此“人的内容是人的真正现实”⑦。这个说法虽然深刻,但还很笼统。当时,马克思没有能够沿着这个方向继续深入地发挥自己的思想,还不能具体指出现实世界的哪些方面决定了人的本性。

1845 年是马克思、恩格斯思想发展的转折点,这特别表现在这一年年初马克思所写的《关于费尔巴哈的提纲》(以下简称《提纲》)上。恩格斯把这个《提纲》称为“包含着新世界观的天才萌芽的第一个文件”。这样高的评价

① 《马克思恩格斯全集》第 42 卷,1979 年版,第 96 页。

② 《马克思恩格斯全集》第 42 卷,1979 年版,第 95 页。

③ 《马克思恩格斯全集》第 42 卷,1979 年版,第 96 页。

④ 《马克思恩格斯全集》第 42 卷,1979 年版,第 169 页。

⑤ 《马克思恩格斯全集》第 42 卷,1979 年版,第 94 页。

⑥ 《马克思恩格斯全集》第 1 卷,1960 年版,第 452 页。

⑦ 《马克思恩格斯全集》第 1 卷,1960 年版,第 346 页。

不是偶然的,因为马克思在这里第一次突破了以前从理想出发来规定人性的抽象的思维方法,不再以人性作为自己观察社会问题的出发点。他已经转向现实,开始从实践及其形成的现实的社会关系出发来观察人、规定人,这正是马克思发现的唯物史观的起点。正因为这样,我们看到,在《提纲》中,马克思谈论人性的角度已有所改变。他不再从规范意义上强调人应该如何,而是注意人的现实规定性实际是怎样的。所以马克思特别指出:"人的本质并不是单个人所固有的抽象物。在其现实性上,它是一切社会关系的总和。"这里,"在其现实性上"这几个字关系重大,寓意深刻,是青年马克思人性观念发展的总结。马克思强调人性的现实性,是针对理想意义上的人性而言的。它说明,在马克思看来,如果仍像从前那样从理想和规范意义上来观察人性,那么,人性只能是上述的劳动、理性、自由、需要等。如果抛开这点,单就人性的现实规定性而言,那么它最根本的含义只能是一切社会关系的总和。这是人性作为一个现实范畴的科学表述,也是马克思的人性观念的重大发展。只有这个表述,才使马克思主义关于人性的提法真正建立在科学的基础上。在这个意义上,强调《提纲》中关于人的本质的说法无疑是十分必要的。

但是,也绝不能认为这是马克思关于人性范畴的唯一可取的说法,不要把它同马克思关于人性的其他说法对立起来,不能用人性的现实范畴去涵盖一切。这是因为:

第一,人的本性的全部含义绝不是现实的社会关系所能完全概括得了的。因为人性不仅是现实范畴还是历史的范畴和未来理想的范畴。后来,马克思在《哲学的贫困》中曾经批评过蒲鲁东,说他不了解"整个历史也无非是人类本性的不断改变而已"[①]。就人类的长远发展来说,人类现在不过处在自己历史的青年时期,真正能够对自己进行反思才不过一两千年,而且大部分时间是在阶级社会中到处是"必然王国"的情况下度过的。人类对自己的本质和本性的认识也还只是达到一定的程度,马克思关于人的本质是一切社会关系总和的论断不能说穷尽了人的本性。人类今后的历史还很

---

① 《马克思恩格斯全集》第4卷,1958年版,第174页。

长,还要在未来理想的社会里更充分地表现自己的本性。在这种情况下,从理想或规范的意义上去规定人性是完全必要的。马克思对于人性作为一个理想范畴所做的种种规定,继承了前人的思想成果,是植根于历史和现实而对人的深刻洞察,是不能用现实范畴去包含和顶替的。

第二,马克思所说的人的本质是一切社会关系的总和,这并不是给人性范畴直接下定义,它仅仅是指出了人性存在的现实基础和研究人性时所应遵循的方法论原则。因为从语义上一眼可以看出,人的本质或本性和社会关系的总和不是标明同一对象的范畴。它们中间不能画等号,不能用"是"直接地连接起来。马克思主义的常识也告诉我们,生产关系的总和构成经济基础,而经济、政治、思想、法律、道德、民族、家庭等全部社会关系的总和必然构成包括经济基础和上层建筑在内的全部社会结构,而不能构成人的本质或本性。在这里,马克思说人的本质是社会关系的总和,一是针对费尔巴哈,因为他一向从人的自然本性出发,把人的本质归结为单个人所固有的抽象物;二是为了强调人的社会本质,就是说,在其现实性上,人的本质和本性确实存在于社会关系的总和中,只有从这里才能体察出人的现实本质和本性。至于人的本质和本性是社会关系中的哪些方面,还需要具体地、历史地加以考察,应该说,很难一下子下一个包罗无遗的完满定义。马克思的这个论断只是给我们指出研究人性的范围和方向,并未希图把人性的全部含义包括殆尽。

因此,我们看到,马克思后来并不满足于单纯地从现实的社会关系上来对人的本质或人性进行概括,他时而仍在理想式规范的意义上使用人性范畴。在成熟的马克思主义著作的最初标志——《德意志意识形态》中,马克思仍然把人性看作人的内在需要,他说,"他们的需要即他们的本性,以及他们求得满足的方式,把他们联系起来"①。《资本论》还曾设想,在共产主义社会里,人们将"在最无愧于和最适合于他们的人类本性的条件下"②来生活和劳动。这里的人性一词显然包含自由、需要等多方面理想上的含义。

① 《马克思恩格斯全集》第3卷,1956年版,第514页。

② 《马克思恩格斯全集》第25卷,1974年版,第927页。

所以，对于马克思来说，人性应该有两重含义，它既是现实范畴，又是理想范畴。这是我们理解马克思主义人性理论所不可缺少的。过去在人性问题的讨论中，人们经常引证马克思的一些语录，试图以马克思关于人性的某些言论为根据，驳倒对方，用自己的理解来给人性问题最后定案。其实，争论各方，不论哪种观点，也不论其引证的材料和最后得出的结论，都有一定的根据，都有自己的道理。只不过是大家所理解的角度不同，侧重的方面不一样，得出的结论也就不一致。马克思所理解的人性的含义是多方面的，我们今天的任务不是批评这个，否定那个，用马克思的话自己来反对自己，而是要从马克思主义的完整体系出发，恰当地把它们综合起来，进行分析、消化、理解，力求在科学的意义上对人性范畴做出全面深刻的概括。

（三）人性的定义和层次

出于上述认识，我们认为，在一般意义上，可以把人性定义为人的自我肯定。因为马克思、恩格斯有一个长期一贯的基本思想，认为在共产主义社会以前，人类并没有完全脱离动物界。因此，在人类社会中始终存在着人性和兽性的对立和斗争。由此可以逻辑地推断，人性乃针对兽性而言，它是对兽性的否定和克服，是人之为人的自我肯定。如果说，阶级统治的兽性本质是对人的价值和理想的一种否定，因而它只能泯灭人与动物的差别、阻碍人的发展的话，那么，人性就是兽性的对立面，是肯定人固有的本质、促进人的发展和完善的内在属性。马克思常把人性的重要内容之一——劳动称为人的“自我确证”，就包含人性是人的自我肯定的意思。

所谓自我肯定，毕竟还是个高度概括的说法，它只能反映人性一般的特点和作用，还不能把人性各方面的内容综合地加以反映。人性是个极其复杂的集合体，人的各方面特性在不同的层次和深度上反映了人与动物的区别，表明了人的本质。因此，为了全面地把握人性范畴，还必须分析人性的层次，只有这样才能把包含在人性范畴中的全部内容，按照它对人的形成和确立所起的作用，恰当地表述出来。人性结构应包含以下三个层次：

第一层次，是人的天性。这来自于遗传因素，是先天带来的。人的天性首先包括人的自然属性，即马克思所说的“饮食男女”和防卫本能，还包括人作为动物的一个类所具有的某些与生俱来的特性，如爱美、希望表现自己的才能、母爱等。天性是人性中最深沉的部分，是人的祖先在长期的生活中形成和保存下来的。由于它已经和人的生命机体形成某种复杂的生物学上的联系，所以最难改动。

第二层次，是劳动和社会性。这是从猿到人的进化过程中产生出来的，是人的自我肯定的根据，是人与动物根本区别的本质特性。除了天性以外，人的其他一切特性都是在此基础上形成和发展起来的。所以，马克思、恩格斯最重视人的劳动和社会性，认为它是人性之根本。马克思、恩格斯指出："可以根据意识、宗教或随便别的什么来区别人和动物。一当人开始生产自己的生活资料的时候……人本身就开始把自己和动物区别开来。"①马克思认为劳动是"人的能动的类生活"②。但是，劳动一开始就是社会性的，因此，劳动和社会性是人性内容的核心，凡是人无不具有这个特性。根据这点，马克思才说："人是最名副其实的社会动物。"③个人在他的正常的健康状况、体力、生活状况、技巧和熟练程度之下，也有从事劳动的欲望。

与劳动和社会性密切相关的需要、自由、能动、创造等特性也应归入这个层次。因为需要是劳动直接的目的和动机，劳动本身就是满足人的需要的能动的创造性的活动。而任何劳动都是为了摆脱"受动"状态，从自然界争得更多的自由，因此它们也与劳动和社会性一起，成为人的内蕴的本性。

第三层次，是人的心理和意识方面一系列优秀的品格和高尚的特性。这是人类产生以后在长期的社会实践中逐渐形成的，是人的最鲜明的特性。人和动物一样，都有"饮食男女"等自然本能。但人和动物之不同，恰在于人能够从主观上抑制自己。把"饮食男女"等自然需要置于理性的支配之下，纳入人们的行为规范。由此，形成了与动物兽性相对立的人性，公正、信义、同情、恻隐、礼让、道德等就是人性的精神内容。

人性的这层含义，在日常生活中常被人们当作行为规范使用，一些具有优美、善良特性的行为被称为合乎人性而加以褒扬，而违背这些品性的行为

① 《马克思恩格斯选集》第1卷，第67页。
② 《马克思恩格斯全集》第42卷，1979年版，第97页。
③ 《马克思恩格斯全集》第12卷，1962年版，第734页。

被称为丧失人性而加以贬斥。马克思也常常在这个意义上称谓人性。他在《神圣家族》中，不仅把残酷的杀戮行为称为“惨无人性”，而且还从规范的意义上肯定人性本善，批判人性本恶说。他写道：“并不需要多大的聪明就可以看出，关于人性本善和人们智力平等……同共产主义和社会主义之间有着必然的联系。”[①]他指责人性本恶说为“宗教的伪善”，认为这种观点是“把人身上一切合乎人性的东西一概看做与人相左的东西，而把人身上一切违反人性的东西一概看做人的真正的所有”[②]。

总之，人性结构的三个层次表明，人性的内容丰富，含义繁多。谈论人性不能笼统抽象，而必须具体明确地指出到底是从什么角度、在哪一个层次上来谈人性的。这样，才能逐渐接近马克思的认识。

三、人的本质与人性概念的区别

如果说人的问题贯穿于全部马克思学说，是马克思终生一直试图给以科学回答的问题，那么，马克思解决人的问题最先是从剖析人性和人的本质概念入手的。人性和人的本质是哲学史上既古老又常青的永恒话题。马克思要创立崭新的学说，实现哲学发展的革命变革，是回避不了这个问题的。从这个问题入手展示自己创立新世界观的历程，体现了马克思哲学与他的先驱者学说之间的联系和区别，反映了马克思哲学的特色。

在马克思的著作中，关于人的特性问题，同时使用了“人的本质”和“人性”这两个概念。这两个概念各自的含义是什么呢？它们之间是一种什么关系呢？多年来，国内外流行一种看法：人性就是人的本质，二者简单等同，完全一致。这种看法在理论上并无根据，由这个前提出发所得出的某些结论，也是值得研究的。

（一）关于人的本质概念的不同理解

人作为世界上最高的生命实体，具有动物的特征。因此，要认识人的本

---

① 《马克思恩格斯全集》第 2 卷，1957 年版，第 166 页。

② 《马克思恩格斯全集》第 2 卷，1957 年版，第 221 页。

质首先必须把人与动物进行比较。只有了解人与动物的根本区别,才能把握人的本质,认识到人之所以为人的奥秘。正是在这个意义上,历史上大多数哲学家认为,研究人应当以人和动物的区别为起点。马克思也一向在这个意义上谈论人的本质,认为人与动物的根本区别是确立人的本质的前提。马克思在其早期著作中,曾多次从不同的角度探讨人和动物的区别,也就是要从这里概括出人的本质来。那么人与动物的根本区别究竟是什么呢?怎样依此来确定人的本质呢?对于这个问题哲学家们的认识很不统一。

宗教神学宣扬人是上帝的杰作,根本否认人和动物之间的自然联系。在其看来,人的本质只存在于灵魂之中,它永远是由超自然的神的本原决定的。唯心主义在形式上与宗教神学有所不同,它拒绝了上帝对人的本质的干预,但是与此同时,它也否定了人的客观实在性,认为人只不过是一种精神的存在。因此,即使它谈到了人和动物的区别,那也只是强调精神因素,认为自我意识和理性才是人和动物相区别的主要特征。黑格尔曾说:"人的规定是思维的理性:一般思维是他的单纯规定性,他由于这种规定性而与兽类有区别。"①

在马克思主义以前,只有费尔巴哈对人的本质问题进行了较为深刻的探讨。费尔巴哈反对灵魂和肉体的分离,也不承认人是精神的产物。他认为,人是具有直观周围世界能力的感性存在物,人的有形的肉体是人的本质存在的基础,只有在对现实的人的实际观察中才能认识人的特性。所以他号召:"观察自然,观察人吧!在这里你们可以看到哲学的秘密。"②费尔巴哈把人看成是自然的存在物,并在此基础上去探求人的本质,这当然是正确的。因为人归根到底是自然界的一部分,是自然界长期发展的产物,离开自然就没有人,也就没有人的本质。但是,费尔巴哈对人和动物区别的认识却有严重的错误。一方面,他以自然主义的眼光来观察人,过分强调了人的生物特征,把追求幸福的欲望和男女之间的性爱当作人的永恒不变的本质,这显然是人本主义的;另一方面,费尔巴哈过分夸大了宗教的作用,认为人是

① 黑格尔著,杨一之译:《逻辑学》上卷,商务印书馆 1977 年版,第 118 页。

② 费尔巴哈著,荣震华、李金山等译:《费尔巴哈哲学著作选集》上卷,商务印书馆 1984 年版,第 115 页。

信仰宗教的动物,只有宗教才能把人和动物区别开来。而宗教,按照费尔巴哈的说法,又是人的本质的异化,归根到底不外是意识的产物,是对自然力的幻想和依赖感的结果。这样,转了一圈,费尔巴哈又把意识看成是区别人和动物的最后原因,最终又导致了唯心主义。

马克思根本反对宗教神学、唯心主义和人本主义对人的本质的理解,认为其最大的错误在于抽象地观察人和动物,把它们之间生动的、具体的差别理解为纯粹精神的抽象物。如果抽象直观,确实可以把人和动物的区别归结为自我意识和宗教,不仅如此,就现象而言,还可以扩而大之,把人会说话、有感情、能制造工具等也当作人的本质。因为所有这些特性也都是人所具有而动物所不具有的。也正是在这个意义上,马克思在确立科学的劳动实践观之前,曾把自我意识和理性视为人的本质。但是,对人和动物的类似区别不仅是唯心的,而且是十分表面、肤浅的,根本没有抓住问题的实质。试问,人为什么会有思维和理性呢?难道这是区别人和动物的第一位原因吗?显然不是。科学已经证明,人在没有脱离动物界以前并没有什么自我意识和理性,只是在自然界的长期发展中,经过劳动,人才从动物中分化出来,并在劳动和社会生活的基础上出现语言,逐渐形成和完善了人的意识和理性。所以恩格斯反复指明:“人类社会区别于猿群的特征又是什么呢?是劳动。”①劳动是“整个人类生活的第一个基本条件”②,“劳动创造了人本身”③。

但是,劳动一开始就是社会性的。只有借助他人的劳动成果,在和他人直接或间接的交往和协作中,劳动才能进行。马克思多次指出:“活动和享受,无论就其内容或就其存在方式来说,都是社会的,是社会的活动和社会的享受。”④“孤立的一个人在社会之外进行生产……是不可思议的。”⑤所以,劳动和社会性不可分离,只有劳动才产生社会性,反之,也只有在社会中

---

① 《马克思恩格斯选集》第3卷,1972年版,第513页。
② 《马克思恩格斯选集》第3卷,1972年版,第508页。
③ 《马克思恩格斯选集》第3卷,1972年版,第508页。
④ 《马克思恩格斯全集》第42卷,1979年版,第121—122页。
⑤ 《马克思恩格斯全集》第12卷,1962年版,第734页。

人才能进行劳动。这二者相辅相成，互为条件，是人区别于动物的主要特征。

为了概括人与动物的本质区别，表明劳动和社会性对人之为人的极端重要，马克思首先从德国古典哲学中引进“人的本质”的概念。所谓人的本质就是人与动物相互区别的最根本的特征，它最终划分了人和动物的本质区别，是人的其他一切特性存在的基础。马克思说：“可以根据意识、宗教或随便别的什么来区别人和动物。一当人开始生产自己的生活资料的时候，这一步是由他们的肉体组织所决定的，人本身就开始把自己和动物区别开来。”[①]所以，马克思认为，人的本质不能是别的，只能是劳动和社会性，这是在人的本质问题上唯一的正确的唯物主义观点。马克思的名言：“人的本质不是单个人所固有的抽象物，在其现实性上，它是一切社会关系的总和。”[②]这句话以劳动为前提，是把劳动中形成的社会性作为人的本质的一个经典概括。

当然，我们也看到，马克思在使用人的本质概念时，也并不总把劳动和社会性紧紧地捆在一起。他有时强调劳动是人的本质，提出劳动生产是“人的能动的类生活”[③]；有时又强调社会性是人的本质，认为“人是最名副其实的社会动物”[④]，“只有在社会中，人的自然的存在对他说来才是他的人的存在”[⑤]；有时还把人的劳动的某些特性，如自觉性、目的性、万能性、非生理直接需要性看作人的本质，说“人的类特性恰恰就是自由的自觉的活动”[⑥]。所有这些说法，尽管有些不同，但都从整体上一再确认了马克思始终是把劳动和社会性看作人的本质。

（二）人性界说

人不能光有自己的本质。因为人的本质概念除了从根本上把人和动物

① 《马克思恩格斯选集》第1卷，第67页。
② 《马克思恩格斯选集》第1卷，第60页。
③ 《马克思恩格斯全集》第42卷，1979年版，第97页。
④ 《马克思恩格斯全集》第12卷，1962年版，第734页。
⑤ 《马克思恩格斯全集》第42卷，1979年版，第122页。
⑥ 《马克思恩格斯全集》第42卷，1979年版，第96页。

区分开来以外，并不能完全表现人的复杂而丰富的特性。马克思说："有意识的生命活动把人同动物的生命活动直接区别开来。正是由于这一点，人才是类存在物。"[①]为了全面概括人的本貌，特别是反映人在精神方面的特征，还需要在人的本质概念的基础上引进人性的概念。

人性是指何而言呢？恩格斯说："人来源于动物界这一事实已经决定人永远不能完全摆脱兽性，所以问题永远只能在于摆脱得多些或少些，在于兽性和人性的程度上的差异。"[②]由此可见，对马克思主义来说，人性乃针对兽性而言，是人所独具而为兽类所不具备的文明特性。

人和动物一样，都生活在自然界中，都有自己的本性。"饮食男女"就是人和动物自然本性的基础。但是，如何实现"饮食男女"呢？在这一点上，人和动物有着根本的不同。动物出于自己的本能和冲动，在"饮食男女"上都是"无法无天"，不计后果的，由此表现出动物所共有的自私性、排他性、放纵性、贪婪性、野蛮性、残忍性等，这就是我们通常所说的兽性。人性则截然相反，对人来说，人生的目的和价值不仅在于生存，而且在于生活得更好，真正像人一样生活。人性既包括人的社会性，它体现为客观的物质性，也包括人的精神特性。在这一方面，按照马克思早期的论述，人性概念的含义大体包括如下几点：

1. 人性是对自由的渴望

马克思认为，人作为有生命的自然存在物，他和"动植物一样，是受动的、受制约的和受限制的存在物"[③]。这就是说，人先天就是不自由的。但是，人和动物又不同，"动物和它的生命活动是直接同一的。动物不把自己同自己的生命活动区别开来"[④]。因此，人具有主观能动性，"是有意识的存在物"[⑤]。"由于这一点，他的活动才是自由的活动。"[⑥]人的全部力量、全部生命活动都是为了挣脱自然和社会对自己的压迫，力求认识规律，驾驭对

① 《马克思恩格斯全集》第42卷，1979年版，第96页。
② 《马克思恩格斯全集》第20卷，1973年版，第110页。
③ 《马克思恩格斯全集》第42卷，1979年版，第167页。
④ 《马克思恩格斯全集》第42卷，1979年版，第96页。
⑤ 《马克思恩格斯全集》第42卷，1979年版，第96页。
⑥ 《马克思恩格斯全集》第42卷，1979年版，第96页。

象，争得思想和行动的自由。可以说，这是人发自心灵深处的呼声，也是人类全部生活的实质。因此，人总是倾向于把自己“当作普遍的因而也是自由的存在物来对待”[①]。如马克思所说：“人的类特性恰恰就是自由的自觉的活动。”[②]

2. 人性是对需要和欲望的追求

马克思认为：“人只有凭借现实的、感性的对象才能表现自己的生命。”[③]人的生命活动就是与外部世界进行的物质交换活动。因此，对外界对象的需要，是人的生命活动的基本前提。它和人的生命是同一的，是不可分割地联系在一起的，满足这种需要，是人的不可抑制的本性。马克思曾经深刻地揭露了资本主义社会贬斥需要，压抑人性，“甚至对新鲜空气的需要在工人那里也不再成其为需要了”[④]。他还特别谴责资产阶级经济学家和提倡禁欲的伪道学，“把工人变成没有感觉和没有需要的存在物”[⑤]，认为这无异于从劳动者那里剥夺去“一部分生命和人性”[⑥]。可见，马克思总是把需要和人性联系起来，在《德意志意识形态》中，他明确指出，对人来说，“他们的需要即他们的本性”[⑦]。

但是，人的这种需要和欲望决不单指“饮食男女”。单纯的“饮食男女”不是人的独特需要，它是包括人在内的一切动物共有的先天遗传性的机能。马克思说：“吃、喝、性行为等等，固然也是真正的人的机能。但是，如果使这些机能脱离了人的其他活动，并使它们成为最后的和唯一的终极目的，那么，在这种抽象中，它们就是动物的机能。”[⑧]马克思在《1844 年经济学哲学手稿》中，还曾经提出过男女之间的关系“在何种程度上成了人的行为……人具有的需要在何种程度上成了人的需要”[⑨]这样的问题，他认为“庸人所希

① 《马克思恩格斯全集》第 42 卷，1979 年版，第 95 页。
② 《马克思恩格斯全集》第 42 卷，1979 年版，第 96 页。
③ 《马克思恩格斯全集》第 42 卷，1979 年版，第 168 页。
④ 《马克思恩格斯全集》第 42 卷，1979 年版，第 133 页。
⑤ 《马克思恩格斯全集》第 42 卷，1979 年版，第 134 页。
⑥ 《马克思恩格斯全集》第 42 卷，1979 年版，第 135 页。
⑦ 《马克思恩格斯全集》第 3 卷，1956 年版，第 514 页。
⑧ 《马克思恩格斯全集》第 42 卷，1979 年版，第 94 页。
⑨ 《马克思恩格斯全集》第 42 卷，1979 年版，第 119 页。

求的生存和繁殖……也就是动物所希求的”[①]。因此，“饮食男女”只能是人的本能，而不是人的本性。人性应该是标志人与动物相区别的东西。动物只听任自己的本能和冲动的支配，人则不仅有本能，还有理性和克制。把人的自然本性也当作人性，这只能模糊人的思想境界，把人降低到动物的水平。货币是不是人的需要呢？表面看，货币是人的需要，而且只有人才需要而动物不需要。但是，这种需要仅仅存在于商品生产条件下，这时，人们需要它并不是因为它在使用价值上有什么功用，而是由于它作为一般的等价物，可以用来换取其他商品，满足自己的生活需要。在原始社会和未来共产主义社会，由于不存在商品生产和商品交换，人们也就不需要货币了。因此，对货币的需要不能成为人性的内容。

唯一能够成为人性需要的还是劳动和社会性的需要。马克思一向认为，劳动不仅是人的本质，而且是人的内在需要。他说：“个人在他的正常的健康状况、体力、生活状况、技巧和熟练程度之下，也有从事劳动的欲望。”[②]只是由于分工和私有制，劳动才被异化，成为人们谋生的手段和沉重的负担，人们才“会象逃避鼠疫那样逃避劳动”[③]。与此相关，与他人交往，过共同的社会生活，也是人性的要求。鲁滨孙在孤岛上强烈的求伴心理和对社会共同生活的渴慕，是对人的这方面本性的生动写照。

到了共产主义社会，劳动和社会性将实现对人的本性的回归，成为人们生活的第一需要。人对劳动和社会性的需要反映了人性和人的本质的联系，它表明，人性总是确保人的本质，使人成为人的。

依据对人性的上述理解，可以判定，一个社会是否合乎人性，主要看它在多大程度上满足了人的需要，给人提供了多少自由。一切私有制社会都从根本上剥夺了劳动群众的需求和自由，因而都是不合乎人性的。[④] 马克思说：“专制制度必然具有兽性，并且和人性是不相容的。”[⑤]资本主义社会的

---

① 《马克思恩格斯全集》第1卷，1960年版，第409页。

② 马克思著，刘潇然译：《政治经济学批判大纲》第三分册，人民出版社1972年版，第249页。

③ 《马克思恩格斯全集》第42卷，1979年版，第94页。

④ 《马克思恩格斯全集》第1卷，1960年版，第414页。

⑤ 《马克思恩格斯全集》第1卷，1960年版，第414页。

“一切生活条件达到了违反人性的顶点”①。只有共产主义社会才使生存斗争停止了。于是,人才在一定的意义上最终地脱离了动物界,从动物的生存条件进入真正人的生存条件。只有这时,每个人才都能自由地发展他的人的本性。

3. 人性是对兽性的克服和否定

与兽性相对立的人的优良品性也是人性的内容。马克思在谈到资本主义社会里无产阶级的生活状况时曾经说过,无产阶级非人的生活条件已使他们“实际上已完全丧失了一切合乎人性的东西,甚至完全丧失了合乎人性的外观”。这里马克思把人性看成是无产阶级身上固有的东西,认为资本主义的生产条件违反了人性的要求,压抑了无产阶级的人性。那么马克思这里所说的人性是什么意思呢?我们可从恩格斯的《英国工人阶级状况》一书中找到答案。恩格斯在这本书里描述了当时英国工人中普遍存在的酗酒、纵欲、偷盗等堕落现象,他写道:“如果一个人从童年起就每天有十二小时或十二小时以上从事于制针头或锉齿轮,再加上像英国无产者这样的生活条件,那末,当他活到三十岁的时候,也就很难保留下多少人的感情和能力了。……这种工作怎么能不使人沦为牲口呢?”②因此,“工人除了为改善自己的状况而进行反抗,就再也没有任何其他表现自己的人的感情的余地,那末工人自然就一定要在这种反抗中显出自己最动人、最高贵、最合乎人情的特性了”③。这里,恩格斯一方面把偷盗、纵欲和牲口联系起来,另一方面把“合乎人情的特性”视为最动人、最高贵的东西。由此可见,在恩格斯的眼里,自私、放纵属于兽性,而与此相反的无私、克制、良心、道德则属于人性的内容。

在马克思的早期著作中,人性概念一般包含两重含义。其一是指人对自由和需要的追求;其二是指人在实现自由和需要的时候,不可不择手段,在处理人与人之间的关系时,要遵循人的价值的原则,要表现出优秀的品德和高尚的特性。人性之所以具有这种特征,这完全是由人的劳动实践和由

① 《马克思恩格斯全集》第2卷,1957年版,第45页。

② 《马克思恩格斯全集》第2卷,1957年版,第404—405页。

③ 《马克思恩格斯全集》第2卷,1957年版,第501页。

此而形成的社会生活决定的。人要生活,就要劳动,在劳动中,人们必然要结成一定的社会关系。恰当地协调这种关系,使人们不致在无谓的斗争中同归于尽,这是人类生存和延续的必要条件。在长期的劳动和社会交往中,人们逐渐摸索,不断实践,终于建立和完善了调整人们社会关系的一系列行为规范,摆脱了动物相互关系的状态。人和动物之不同,就在于人克服或抑制了动物的兽性,把“饮食男女”等动物所固有的本能置于理性的支配之下,纳入了人们的行为规范。由此,形成了与动物兽性相对的人性。马克思在许多著作中指明,资本主义以前的一切阶级社会都是违反人性的,只有社会主义、共产主义才可能真正实现人性的复归。这就表明,在他的心目中,人性原是人类优美善良的品性,然而,在私有制社会里,人性被窒息和扼杀了。

马克思把平等原则也看作人性的内容之一。他在《黑格尔法哲学批判》中说过:“中世纪是人类史上的动物时期,是人类动物学。”[①]这是因为中世纪盛行等级制度,而这种制度恰恰是和动物世界通行的原则一致的。马克思认为,一切动物,其地位都不是后天争取的,而完全是凭借出身而先天规定的。“动物生来就有它的地位、性情、生活方式等等。”[②]封建社会的等级制度使人们单纯由于出身就可以“同国家要职结合在一起”[③],而不问他们是否有这种能力。因此,贵族纨绔都有强烈的门户优越感,总爱向人们“夸耀自己肉体的来源”[④]。马克思认为这正是“文章学所研究的动物的世界观。贵族的秘密就是动物学”[⑤]。从这里可以看出,在马克思的思想中,等级性是兽性的原则,而平等即通过后天努力确定自己的社会地位和生活方式,则是人性的表现。

(三)人的本质概念和人性概念的区别

综观马克思的论述,我们认为,人的本质和人性是两个不同的概念。归

① 《马克思恩格斯全集》第1卷,1960年版,第346页。
② 《马克思恩格斯全集》第1卷,1960年版,第376页。
③ 《马克思恩格斯全集》第1卷,1960年版,第376页。
④ 《马克思恩格斯全集》第1卷,1960年版,第377页。
⑤ 《马克思恩格斯全集》第1卷,1960年版,第377页。

纳起来,它们之间的区别主要表现在:

首先,二者的含义不同。在马克思的著作中,人的本质一般是指人与动物相区别的根本特征,是人之为人的本质属性,劳动与社会性就是人的本质所在。作为能够把人与动物区别开来的客观标准,人的本质是不变的,它具有某种绝对性。就是说,不管人怎样发展进化,人永远以劳动和社会性而自立,尽管劳动和社会性的内容是不断发展变化的,但在总体上,它永远是把人与动物区别开来的根本标准。而人性概念则是针对兽性而言的,是在人的本质已经确立的前提下,表明人的思想、欲望、感情和意志方面的特性。对自由和需要的追求、人所具有的一系列善良美好的品性就构成了人性在精神方面的特性。由于它为社会物质生活条件所决定,随着社会物质生活条件的变化而发展,所以它不具有绝对的性质。不同民族的人性观念是不同的,即使同一民族在不同时期的人性观念也经常发生变化,这就表明,虽然人的本质和人性都是标志人的特性的概念,但其对人的特性揭露的深度是不同的。人的本质概念反映了人与动物的根本区别,它是人的其他一切特性的基础。只有用人的本质才能把人与动物区别开来。人性概念虽然不能从根本上区别人和动物,但它在更深的层次上揭示了人的特性,进一步反映了人和动物更深刻的区别。

其次,二者的表示方式不同。在马克思的德文原著中,人的本质一词为 Das Wesendes Menschns ,而人性则为 Die Humahitat 。这就是说,人的本质和人性并不是同一词汇的不同翻译方法,而是两个含义不同的词,因此,把人的本质等同于人性,不符合马克思的原意。

正因为人的本质和人性概念的含义不同,表示方式不同,彼此不能互相代替,所以,马克思经常同时使用这两个概念,用以表示不同的内容。不仅在同一本书中,比如在《神圣家族》和《1844 年经济学哲学手稿》中,马克思同时交叉使用这两个概念,而且有时在同一句话中,也同时出现这两个概念。如另一版本的《1844 年经济学哲学手稿》中,就有这样一段译文:“共产主义是私有财产即人的自我异化的积极的扬弃,因而是通过人并且为了人

而对人的本质的真正占有；因此，它是人向自身、向社会的（即人的）人的复归。”[①]这里，人的本质一词指劳动，因为私有财产不过是人的劳动异化的产物。在共产主义社会消灭了私有财产，从而也就消灭了劳动的异化。从此，劳动便不再作为谋生手段，而是成为人的乐生的第一要素回归到人自身，这就是对人的本质的真正占有。而这里的人的本性一词则是指人的自由、需要和一系列善良品质。因为在私有制社会中，人对自由和需要的追求是无法实现的，在这里，人性已被异化，兽性关系统治着人。只有到共产主义社会，由于自由和需要的满足，人作为社会的人，才能在彼此之间的关系中最终地消除兽性，真正表现出人性的善良和美好。这就叫作人向人的本性复归。显然，如果把人的本质等同于人性，在这里则是完全说不通的。

① 《马克思恩格斯全集》第42卷，1979年版，第120页。

第二章　人的分裂和超越

一、人的自然

人生活在自然界中,人与自然的关系构成人的本质规定,是马克思人学理论的重要组成部分。为了深刻揭示人的本质和能力,这里我们从宏观和微观的结合上,论述人的自然品质和自然对人的归属。

(一)对自然的界定:从宏观到微观,从外在形态到实质

无论在当代西方人本主义与科学主义哲学思潮的论战中,还是在 20 世纪 80 年代中国哲学的争论中,对于自然的界定和对人与自然关系的探讨都自觉或不自觉地成为吸引理性目光的争论"热点"之一。就我国迄今为止的讨论来看,对自然的界定大多着眼于它的外在形态,人们习惯于从广义上把自然当作包括人在内的一切存在的集合,从狭义上则把它当作外在于人(人类社会)的自在的过程和存在的总和。在实际讨论中,论者们大多是把自然与人(或人类社会)当作两个并列的或彼此不同的系统,然后试图建立二者的外在联系和转化关系。有的论者据此把自然划分为未认识的自然、有所认识的自然、人化自然、人造自然等。而大多数论者习惯于把自然划分为自在自然和人化自然(属人自然),并基于对这两种自然的不同理解以及对它们的价值和意义的不同界定而形成彼此交锋的不同的哲学立场或观点。

应当承认,上述见解是把握人与自然关系必经的认识阶段和层次,但这也是在进一步深入探讨中必须超越的环节,因为,对人与自然的这种界定还停留于宏观把握和外在形态的界定,无论从内涵还是外延方面都有很大的局限性。

首先,这种立足于自然外在形态的宏观认识,在具体探讨之前实际上已自觉或不自觉地设立了一个前提,即把自然和人(人类社会)当成外在相互独立的集合,然后通过物质交换或某种活动形式去建构二者的外在联系。这样一来,往往把自然和人的问题简单化为是自然决定人,还是人决定自然

的问题,并导致了人本主义与自然主义的外在对立。

而在现实的人类实践活动中,自然与人类社会的这种外在对立只具有相对的意义,人在实践中对自然的再塑造与对社会关系的创造并非两个彼此独立的过程,人与自然的统一和人与社会的统一本质上是一回事。具体说来,人与人之间并非赤裸裸地建立关系,而是通过占有和建构手边的物,即自然提供的质料而彼此关联;同样,进入人之存在领域中的自然质料也扬弃了纯粹自在的关联,以人的活动为中介重新整合为一体。换言之,自然的属人本质只有对社会的人而言才是存在的,只有在社会中,自然界对人说来才是人与人之间联系的纽带,因此,马克思指出:“社会是人同自然界的完成了的本质的统一,是自然界的真正复活,是人的实现了的自然主义和自然界的实现了的人道主义。”[1]由此可见,只有从人的实践活动的角度,只有从历史生成的角度,而不是从外在并列的角度来把握人和自然的关系,才可能避免两者的外在分裂,才能扬弃自然主义和人本主义的外在冲突。

其次,这种立足于自然的外在形态的宏观认识容易掩盖至少会妨碍人们对自然的本质特征的把握,并由此而忽略了人的内在自然和其他形式的自然对于理解自然问题的重要性。从人的存在的角度看,我们不能简单地依据外在形态而把自然等同于外在于人的一切物理现象的集合,而应从存在方式和本质特征上来把握自然。

其实,无论在语言中,还是在哲学理论中,自然都不是人们通常所说的物理“大自然”的简单同义语,而具有更宽泛的含义。英文中的 nature 一词既指“大自然”,也指“本性”“性质”“性格”等,所以 hu-man nature 被习惯地译作“人的本性”或“人性”。同样,在中国文化中,自然既指“大自然”“天”,也指人的本能、自然欲望。因而,从本质特征或存在方式上讲,自然是指天生自成的本然的和给定的存在状态,它与以自由、自觉和自为为特征的人之存在处于两极对立之中,其突出特征是自在给定性和天然如是性。庄子曾形象地界定了“天”(自然)与人的这一差别:“牛马四足是谓天;落马首,穿

① 《马克思恩格斯全集》第 42 卷,1979 年版,第 122 页。

牛鼻，是谓人。”①这样一来，自然具有远为复杂的内涵，既包括以物理现象的集合所构成的人的外部自然，也包括人的内部自然，即人的肉体组织和自然本能；同时，自然与社会的界限也更加模糊了，社会领域或文化中一切对人的存在而言具有自在给定性和外在统治性或制约性的因素都具有某种程度的“自然”特征。

再次，这种立足于自然的外在形态的宏观认识由于以给定的外部自然集合为前提，所以在人与自然关系的演化问题上形成了一种乐观主义的线性观点，把人与自然的关系当作在某一历史时刻可以一劳永逸地加以解决的问题，而没有认识到对人而言，自然是一个多向生成的开放过程，因而，自然与人的统一也是一个开放的历史进程。

如此看来，欲对自然及人与自然的关系有实质性的认识与把握，在对自然的内涵的界定方面就应实现两个转变：一是从外在形态到本质规定性的转变，要突出强调自然所具有的不同于人的活动和人的历史的本质特征，即自在给定性和天然如是性；二是从宏观到微观的转变，不是从超越的立场，而是从人的实践活动、从人的存在的视角具体分析人的存在领域中具有自然属性的要素。换言之，我们不能一般地探讨自然，而是要具体透视“人的自然”。

（二）对自然的分类：人的自然的多重复合体

从人的实践活动，即人的存在的角度观照，与人具有关联的自然实际是一个多层次、多维度的复合体。依据上文所揭示的自然的本质特征，即自在给定性和天然如是性，我们可以把下述几个存在层次或要素划入“人的自然”的范畴。

1. 人的物理自然：自在的宇宙

由日月星辰、山石田土、金木水火等组成的物理世界，即人们通常所说的“大自然”或“宇宙”，毫无疑问是自然的原生态，它最鲜明无误地表现出自然所具有的自在给定性和天然如是性的本质特征，它以必然性和偶然性为

① 《庄子·秋水篇》。

自己的本质的存在方式。人的生物自然、文化自然、社会自然等都是在人的物理自然的基础上，通过人的活动而派生出的自然的次生态。

当人凭借着自我意识和自主活动打破自在的自然链条，使自己从充斥必然性和偶然性的自在王国中跃升出来时，他首先面对的就是这样一个庞大的、无边无际的物理世界。正因如此，千百年来的常识与哲学都习惯于把人与自然当作两个不同的系统，然后去探寻建立它们的外在的关系。人同这一外在物理自然打交道的基本方式是理性把握与技术征服。理性把握的结果是建立起物理学、化学、天文学、地质学等自然科学以及提供不同世界图景的哲学；而技术征服的结果是人通过自主活动扬弃了自然存在物的给定性和自在性，从而在人与自然之间建立起物质交换与能量交换的关系，在最根本的意义上保证了人作为个体和类的生存与延续。

这是人与自然之间的一种最典型和最基本的关联，但还不能涵盖其全部关系。由于人的实践活动的介入，那种与人的存在无关的、自在的自然（宇宙）无论在时间上还是空间上，充其量只能被设想为遥远的和未分化的昏暗背景，而在人的面前建立的则是作为人类对象化活动结果的“参与者的宇宙”或“人化自然”。无论是自然对人的本质力量的确证，还是它对人的技术征服的报复，都从特定的角度证明了我们生活于其中的世界是一个参与者的宇宙、参与者的自然。在这一宇宙中，人又建构起文化、社会、精神和知识世界。这样一来，除了人与原生态自然（外部物理世界）的关系外，又出现了人与社会、人与文化、人与知识等方面的关系，并进而产生了人与自己的生物自然、文化自然、社会自然等方面的关系。

2. 人的生物自然：肉体组织与本能的世界

人的肉体组织以及附在这一组织之上的各种本能、欲望、生理需求等，在人的生存中占据很大的比重，是人的内部自然。从一个角度看，我们可以说人的肉体及本能世界实际上就是原生态自然（外部物理世界）的一个组成部分；而从另一角度看，也可以将之视作物理自然的派生物，即次生态自然。但无论如何，人的肉体组织及本能的活动主要遵从于自然规律，特别是生物学规律。

然而，值得指出的是，尽管作为肉体和本能的人服从于自然规律，但我们不能由此而把人等同于一般自然物或一般动物。这里,有两个问题值得注意。首先,人的生物自然一开始就同其他生物的自然有某种不可忽略的差异,这是人能够凭借自我意识和自主活动从自然链条中跃升出来的重要前提之一。根据格伦等哲学人类学家的观点,人之外的其他动物的器官,在一般构造方面都比人更加专门化,而人的器官则具有非专门化或非特定化的特征。就是说,人在本能方面是贫乏的,自然并没有规定人该做什么或不该做什么。但是,正因如此,人具有反思和创造的可能性,他用文化创造来弥补本能上的薄弱与欠缺。

其次,从存在方式上看,动物严格按照本能生存,其肉体存在涵盖其全部生存,而人的生物自然在人的生存中的地位与意义却迥然不同。抛开各种宗教的或世俗的禁欲主义态度不谈,即使在今天人们已开始承认人的本能和各种欲求的合理存在的情况下,我们也不能把人的生物存在置于人的存在中心,更不能听任本能支配人的全部活动。实际上,在承认生理需要的满足是人的高层次需要得以满足的基础这一前提下,人对自己的生物自然总是采取某种合理的、有限度的限制或超越的态度,例如,强调人的社会存在或文化存在的价值,把各种本能冲动引入科学、艺术等领域而加以升华,等等。因此,人的生物自然既是人的物理自然的延伸,又带有人的实践活动造成的属人的特征。

3. 人的文化自然:日常生活的世界

在现实历史中,原本是作为人之造物的文化的确会取得自然的性质,对人而言成为某种给定的和自在的东西,成为次生态的自然,即成为人必须重新超越、扬弃和再塑造的东西。在这种意义上,我们将之称作“文化自然”。

具体说来,我们不是在泛泛的意义上使用“文化”概念。这一术语带有很大的歧义性。在最宽泛的意义上可以说文化是人之一切造物的总汇,它既包含人的物质创造方面的成果,也包括人的精神劳动的成果。但是,我们一般较少使用文化来指谓人之造物中那些有形的、可感的、转瞬即逝的东西,而是更多地指谓那些历经社会分化和历史演变而难以泯灭的深层的和稳定的东西。在这种意义上,文化更多地同既成的传统、习惯活动模式和图式、给定的行为规则和规范系统等相连。而这些因素主要以人们的日常生

活为寓所。所以,这里谈论的人的文化世界主要指日常生活的世界。

日常生活指有组织的政治经济等社会活动与科学、艺术和哲学等自觉的类本质活动(精神生产)之外的领域,它是以个人的直接环境(家庭和天然共同体)为基本寓所,旨在维持个体生存和再生产的各种活动的总称,其中最为基本的是生活资料的获取与消费活动、日常交往与日常观念活动。从本质特征上讲,日常生活是一个凭借各种给定的归类模式和重复性实践而自在地运行的领域,是凭借传统、习惯、经验、给定的行为规范、血缘、天然情感等因素而加以维系的领域,是人们以非批判的态度,不假思索地现成接受的自在的和未分化的领域。

构成日常生活世界核心的传统、习惯、行为规范等文化因素,一方面来源于人类集体无意识地世代承继下来的"原始模型",另一方面则是科学和哲学等自觉的精神活动成果以及创造性的活动方式经过漫长的常规时期的反复运用转化而成的。这些文化因素从起源上讲毫无疑问是人的活动的成果,而非大自然的馈赠,但是它们一旦固定化,就像日月星辰一样现成地、给定地呈现在每一个体的面前,作为自在的和给定的规范体系支配着人们的日常生活。这样,日常生活领域对个体而言就成了自然的或准自然的世界。因此,虽说日常生活是其他一切活动的基础,但是,日常生活的图式和结构具有抑制人的主体意识和创造性的倾向,完全屈从于日常生活方式的人近似于凭本能而自发地活动的动物或"自然人"。

4. 人的社会自然:社会机构与异化的世界

从表面看,"社会自然"同"文化自然"一样,是一个自相矛盾的术语,因为社会同文化一样,具有鲜明的超自然的"人为"的性质。社会通常指人类的存在方式,而构成社会基本构架的东西是人与人之间所结成的各种非自然的或超自然的关系,以及相应于这些关系而建构起的各种机构组织。因此,从起源上讲,社会的属人的或人为的性质是毫无疑问的,社会生活中所发生的一切都是作为主体的人有意识活动的结果,构成社会本质的各种关系也毫无例外地是人类实践活动的产物。马克思和恩格斯指出:"事情是这样的:以一定的方式进行生产活动的一定的个人,发生一定的社会关系和政治关系。”[①]但是,社会关系和机构组织在起源上的“人为”性质并不能一劳永逸地保证它们的超自然或属人的地位,在一定条件下,这些关系和机构不但会取得很强的客观独立性,而且会成为反过来奴役人和统治人的异己的和自在的力量,人们在它们面前的无能为力感比人在大自然面前有过之而无不及。正是在这种意义上,我们将特定的社会关系和社会机构称为“社会自然”。而这一现象同马克思所揭示的异化现象是密切相关的。

在谈到异化理论时,人们比较多地关注于马克思的《1844 年经济学哲学手稿》,实际上,马克思在《德意志意识形态》中对异化问题的研究更为深入具体。他以分工为基本线索,揭示了人的活动中的社会关系的固定化,即私有制、国家等政治上层建筑产生的历史,以及精神生产与物质生产分化所导致的哲学、神学、道德等意识形态独立化的历史。在马克思看来,这一分工的发展史是人的社会关系和社会结构诞生与发展的历史,是“过去历史发展的主要因素之一”。但是,这同时也是异化的历史,即“我们本身的产物聚合为一种统治我们、不受我们控制、使我们的愿望不能实现并使我们的打算落空物质力量”[②]的历史。显而易见,这样一种庞大的社会结构的确会像异己的大自然一样矗立在人的面前。

(三)人对自然的价值关系:依赖与超越的双重变奏

我们从人的存在的角度,对人的自然这一多层次、多维度的复合体进行了微观透视,这样做的最终目的是确立人对自然的合理的价值关系,即人对自然所应采取的合理的态度。为了进行这样的价值学探讨,有必要对上述具体论述再做一次提炼。其中,下述两点关于自然的认识对于我们确立人对自然的价值关系有重要意义。

认识之一是:把握自然的重点不是它的外在形态,而是它的本质规定性,即自然性;而自然性从根本上讲对人的活动的自由自主性和创造性具有否定的意义。当我们把外部物理世界、人的本能世界、常规化了的文化、异

① 《马克思恩格斯选集》第 1 卷,第 71 页。

② 《马克思恩格斯选集》第 1 卷,第 85 页。

化的社会机构等都纳入人的自然这一范畴之中时，我们注意到它们之间的差别，它们有的是原生态的自然，有的则是由人类的文化或社会成果转化而来的次生态的自然。但是，无论存在多少差异，它们都分沾着共同的本质属性，即自然性。具体说来，可以从三个方面把握这一自然性：首先是自在性与给定性；其次是活动方式的自发性和盲目性，即以纯粹的必然性和偶然性，而不是以创造性和自主性为特征的活动方式；再次是对人的存在和人的自主活动的制约性，甚至是异己的统治性和否定性。因此，在这种意义上，自然性和人的自主性、创造性处于对立的两极之中。

认识之二是：自然不是给定的、完成的体系，而是与人的实践活动相互生成的开放过程。在人的活动中，既有自然存在物的人化过程，也有人之造物重新转变为自然存在的自然化过程。因而，人与自然的关系也是非线性的、多维度的、永远开放的历史进程。在这里，有必要严格区分“人的自然”与“人化自然”两个术语。虽然两者都涉及人与自然的关系，但是它们的价值学内涵却完全不同。“人的自然”指与人的活动发生关联的自然存在或人的活动领域中某些人为因素的自然化，甚至是人的自然化，它代表着不具备或丧失“人为”性质的存在状态；而“人化自然”则相反，它表明原本是自然的东西，由于人的活动而获得了属人的或人为的性质，它代表的恰好是超越自然、扬弃自然性的过程。同时应注意，“人的自然化”不同于“人的对象化”。前者是对人的自主性与创造性的否定，而后者同“自然的人化”是一致的，它是对人的本质力量的积极确证。因此，在人与自然分裂与统一的历史过程中，总会存在着“人的自然”和“人化自然”这两种存在形式，换言之，总会有“人的自然化”和“自然的人化”这样两个价值学内涵恰好相反的趋势或导向。这决定了人与自然关系的复杂性、异质性与永恒开放性。由此，我们必须放弃那种期待人有朝一日能够一劳永逸地成为自然的主人的乐观主义奇想。

从上述两点认识出发，我们发现，关于人同自然的价值关系，我们不能停留于理性把握和技术征服的传统观念，也不能满足于用现代生态哲学关于人与自然和谐的观点对之加以补充，因为这两种观点都还囿于人同外部物理自然的关系。而真正的人与自然的关系还应涉及人的生物自然、文化自然、社会自然等。这样一来,人与自然的关系就必然是多维的、多向的,甚至是异质的。在人与自然的多重错综复杂的关联中,我们可以概括出两个相互交织的主题:人对自然依赖与超越的双重变奏。但是,由于人的自然是一个多重复合体,因而,即使同一个"依赖"或同一个"超越",对不同的自然形态而言也具有不同的内涵和形式。因而,有必要对这双重主题稍做一点具体分析。

首先,人无疑具有依赖自然的一面,这不仅指人的肉体起源而言,同时也指人的历史存在。人之为人,并不在于摆脱自然界,而在于凭借自己的活动越来越广泛地依赖和利用自然界。马克思早就指出,人和动物一样"靠无机界生活,而人比动物越有普遍性,人赖以生活的无机界的范围就越广阔"[①]。

当然,人对自然的依赖不只是表现在人依赖外部物理世界所提供的资料而存活,也表现在其他自然形态上。就人的生物自然而言,它不仅为人的理性和精神提供了载体与寓所,而且得到合理引导与满足的本能与情感也会具有超自然的、属人的特性与价值。我们很难设想一个没有情感而只是充斥着理性的世界。进而,日常生活的世界的确具有保守性与惰性,但是它为人之生存提供必需的熟悉感、安全感与"在家"的感觉。个体再生产是社会再生产的基础,人不可能总是处于不间断的创造之中,日常实践的重复性造成的经济化效果是各种社会活动和精神活动得以进行的保证;同时,政治经济进步、科学技术发展、思维方式革新等非日常的成就只有以某种方式转换为相对稳定的和可重复的规则与活动模式,才可能在日常生活和社会运动中真正发挥功能。至于人对社会自然的依赖关系,则更为显而易见。人是社会性的存在物,人的自由和全面发展的结果肯定不会是无政府主义者设想的结局。因此,某种形式的客观化或对象化的社会机构组织总是必需的。

其次,人同样毫无疑问地具有超越自然的一面。必须十分清楚地认识到,人对自然的依赖与人对自然的超越并非两个彼此分立的过程。实际上,

① 《马克思恩格斯全集》第42卷,1979年版,第95页。

人对自然的依赖正是以人对自然的超越为前提的。对其他动物而言，不存在对自然的依赖问题，因为它们从未超越自然，从未打破自然存在的链条，它们本身就是自然的未分化的一部分。而人则不然，他凭借自我意识和自主活动超越了自然，因此，他才能反过来在越来越广阔的范围内依赖自然。

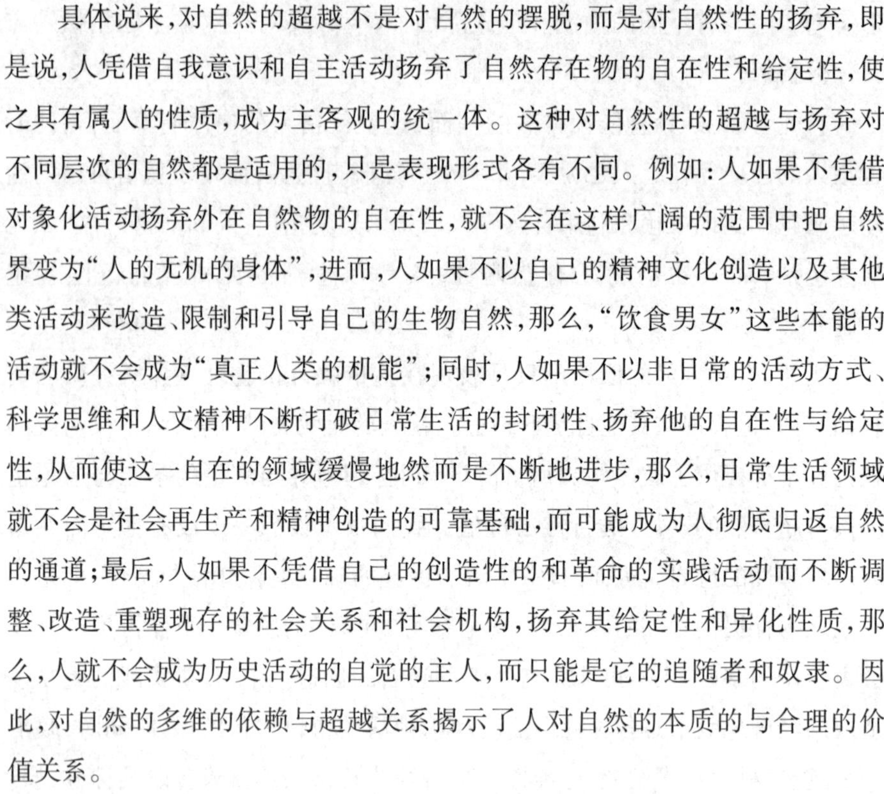

具体说来，对自然的超越不是对自然的摆脱，而是对自然性的扬弃，即是说，人凭借自我意识和自主活动扬弃了自然存在物的自在性和给定性，使之具有属人的性质，成为主客观的统一体。这种对自然性的超越与扬弃对不同层次的自然都是适用的，只是表现形式各有不同。例如：人如果不凭借对象化活动扬弃外在自然物的自在性，就不会在这样广阔的范围中把自然界变为“人的无机的身体”，进而，人如果不以自己的精神文化创造以及其他类活动来改造、限制和引导自己的生物自然，那么，“饮食男女”这些本能的活动就不会成为“真正人类的机能”；同时，人如果不以非日常的活动方式、科学思维和人文精神不断打破日常生活的封闭性、扬弃他的自在性与给定性，从而使这一自在的领域缓慢地然而是不断地进步，那么，日常生活领域就不会是社会再生产和精神创造的可靠基础，而可能成为人彻底归返自然的通道；最后，人如果不凭借自己的创造性的和革命的实践活动而不断调整、改造、重塑现存的社会关系和社会机构，扬弃其给定性和异化性质，那么，人就不会成为历史活动的自觉的主人，而只能是它的追随者和奴隶。因此，对自然的多维的依赖与超越关系揭示了人对自然的本质的与合理的价值关系。

综上所述，可以看出，人是具有自然性、自主性、创造性等多重对立、冲突的属性的矛盾存在物。我们不能期待人有朝一日终结性地扬弃这些对立冲突的属性中的某一极，从而成为单纯的同质的存在物。但是，可以肯定，在人的众多属性中，真正能把人与动物和其他自然存在物区分开来的本质特征是人在超越自然的对象化活动中所表现出来的自由自主性和创造性。换言之，人的本质特征表现在对自然性的不断否定和扬弃之中。从表面看，人与自然关系的复杂性和永恒开放性、自然的人化与自然的再生（人的自然化）的共存、人对自然的依赖性与超越性的交织等因素对人的创造性实践活动具有否定和消极的含义；但是，从实质上说，正是这种历史的开放性为人的自由自主性和创造性的发挥提供了可能的空间。没有这种“挑战与应战”,人类的历史就将终结,至少人无法作为人而继续存在下去。这正是我们重新思考人与自然的关系所得到的重要启示之一。

二、人的存在、冲突与超越

在马克思的视野中,人的主动性和受动性是人与外部生存条件辩证联系的反映。其实,人作为自然和社会的存在物,在改造对象世界的活动中,本身就发生分裂,面临一系列冲突。研究这些矛盾和冲突的性质和表现,指出克服和超越的途径,一直是马克思人学理论的重要课题。

如果说哲学的命运总是与人类的命运紧密相连,这只是因为人类的命运构成了哲学的根本主题。自从古代希腊人以阿波罗的名义颁布了“认识你自己”的“神谕”之后,哲学便以各种各样的,甚至表面上与人漠不相关的形式,从各个侧面揭示着人类的本质冲突和根本命运。而正是由于人类本质中的矛盾和冲突产生了辩证法这一研究与解决矛盾的学说。当然,黑格尔以前的辩证法本质上是消极的,因为它揭露矛盾的目的在于把矛盾归于荒谬。黑格尔真正确立了矛盾的实存地位,然而其极端的泛逻辑主义使他的矛盾最终归于灭寂。只有马克思才真正正视了人类的内在冲突和矛盾,并试图以正确的途径去解决这些矛盾。他第一次确立了辩证法之永恒的批判性和革命性,认为辩证法总是在对现实的肯定理解中包含着否定的理解,它反映了人类在肯定现实事物的同时又超越现实指向理想的矛盾运动。由此,辩证法本质上便成为人类自由和解放的学说。正是基于这一理解,马克思运用辩证法对早期资本主义的非人道性进行了无情的批判。

然而,在当前哲学界产生了两种倾向,一种倾向是把辩证法实体化,使之成为客观世界永恒不变的根本法则,从而辩证法便同机械决定论、预成论和肤浅的乐观主义结下不解之缘。于是,人们开始教条式地注解辩证法,使辩证法活生生的革命内容变成了一系列“作用—反作用”“联系—运动—转化”“既对立又统一”等到处套用的公式;同时,与此相联系的另一种倾向更是把辩证法实证化为一般性实例的总和。于是,矛盾即是正电、负电,质变量变便是冰变水、水变气,否定之否定则成了谷子—谷秆—谷子的轮回

过程。

这两种倾向虽然相互矛盾，但却是事实。在这两种倾向下，辩证法完全变成了人们到处生搬硬套、避重就轻、闪烁其词、任意择取的手段，而其作为人类自由和解放学说的革命内容与批判精神已荡然无存，于是，辩证法被人们视若敝屣就不足为奇了。

辩证法沉沦了。

那么，辩证法的本来面目究竟是什么呢？

(一)“辩证法”的怪圈

当前哲学界关于辩证法的实体化倾向和实证化倾向，从逻辑上看是相互矛盾的，但是实际上，二者却有着内在的联系，正是由于辩证法被实体化为客观世界的不变法则，而辩证法本身又不能以逻辑方法推演出来，因此，它的证明便只能依赖于客观世界的实证材料，到经验中去择取实例，这样简单的枚举法便成了现行辩证法理论的逻辑基础。然而简单枚举法作为一种逻辑方法是极不充分的，任何理论几乎都可以在经验中找出几个实例来，所以出现了一分为二、一分为三、一分为多的经院哲学式的争论，而更多的人致力于在三大领域中概括出一个又一个的“普遍”范畴和规律，将之“上升”为辩证法的基本内容，其结果不但未能把辩证法与现实真正结合起来，变成革命的批判的理论，反而使它变得越来越琐碎，在理论上也降到了高级科普的水平。

因而，关键在于从根本上摆脱目前对辩证法所做的那种琐碎的实证研究，从历史中、从总体上抽象出辩证法的本质精神，从种种由人类意识产生的、异化了的辩证法中去发现它们根源于人类本性的深层意义。

对于辩证法，现代哲学家们的评价一直是针锋相对的。系统主义者认为辩证法的实质是强调总体和肯定；进化主义和生成论者则认为辩证法的根本精神是强调过程、生成和否定。这两种对立的评价无疑是和辩证法的内部矛盾相联系的。

在哲学史上，辩证法有两个来源，其一是古希腊哲学家赫拉克利特的生成流变学说，其二是苏格拉底、柏拉图的概念主义。

赫拉克利特强调事物的运动变化，他说："万物皆流变，无物常住，亦无物永为同一之物。"他的名言是"人不能两次涉入同一条河流"①。因此，意大利哲学家N.阿巴扬诺认为，赫拉克利特学说的出发点是确认事物的不断生成。也是由于这一点，西方某些哲学史家把赫拉克利特的学说归之为非理性主义。可见，赫拉克利特哲学的中心概念即是"生成"和"变易"。

与赫拉克利特相反，苏格拉底和柏拉图则主要注意事物一般的、恒常的、普遍的方面。他们不习惯于变动不居的世界，认为排除任何固定性和规定性就无所谓对象和对象的变化了。由于一般的、普遍的、恒常的东西往往是由概念来把握的，所以苏格拉底和柏拉图往往把辩证法用于阐明概念的一般内容、定义和本质。

这种把真理限于概念中的概念主义常被现代理性主义者当作辩证法的真正发端。

辩证法的两个来源分别为不同的哲学家所承续，前者通过新柏拉图主义、中世纪宗教意识、艾克哈特和波墨的神秘主义而延续下来，后者则通过正统经院哲学、近代理性主义和康德而发展起来。

在哲学史上，第一次系统阐述辩证法的是德国古典哲学家黑格尔。对于黑格尔的辩证法，西方哲学家做出了截然相反的评价。一些哲学家认为黑格尔辩证法是哲学史上理性主义的高峰和集大成者；与此相对立，另一些哲学家如狄尔泰、罗伊斯等则把黑格尔哲学归之于反理性主义，罗伊斯甚至把黑格尔的辩证法叫作"感情的逻辑"。这正表明，黑格尔对哲学史上的辩证法所做的综合是不成功的，评价上的矛盾也正是黑格尔哲学体系中的矛盾。

按照传统观点，黑格尔哲学体系的根本矛盾是唯心主义同辩证法的矛盾。然而，实际上这种矛盾是根本不存在的。正是"绝对精神"的能动本性，赋予了辩证法以极大的灵活性，成为辩证法的本质精神，也使得辩证法的范畴得以灵活地推演下去。

不过，黑格尔哲学体系又确实存在着不可克服的矛盾，这就是其理性主

① 黑格尔著：《哲学史讲演录》第1卷，商务印书馆1959年版，第299页。

义的形式和非理性主义的内容之间的矛盾、概念主义和生成主义的矛盾。在这里，我们想到了存在主义者让·华尔的一句意味深长的话，他认为，黑格尔哲学确实已把哲学史上的近代理性主义传统发展到了极端，“但是另一方面，由于黑格尔强调生成并给予这一概念以重要地位，他和其他几位哲学家又不同。在这个意义上，他已经离开了柏拉图、笛卡儿、斯宾诺莎和其他许多人的传统”①。

黑格尔的“绝对精神”是斯宾诺莎的“实体”与费希特的“自我意识”的统一。“自我意识”赋予实体以一种不断运动、不断流变的生命力。这里，黑格尔显然吸取了赫拉克利特的哲学精神，他曾说：“在赫拉克利特那里，哲学的理念第一次以它的思辨形式出现了。”“没有一个赫拉克利特的命题，我没有纳入我的逻辑学中。”②所以，“生成”这一概念在黑格尔辩证法中占有十分重要的位置，它意味着永恒的不安定和对现状的不满足。黑格尔对辩证法做了这样的实质性规定：“辩证法却是一种内在的超越。”③于是存在在黑格尔那里就如同浪漫派所喜欢称谓的那样，是一种流动的实在。显然，这种不囿于任何状态的实在是一种非理性的存在。

对于这样一种实在，用什么方式去把握和表现呢？黑格尔认为像谢林和其他人所设想的那种天才的艺术直觉或类似的神秘方式是不能达到这个目的的。他接受了苏格拉底和柏拉图等人的概念主义和理性主义，认为问题不在于在直觉中同一而在于用严格的理性方法去规范这一非理性的实在，用概念、用逻辑的推演来体现这一永恒的流变过程。因而黑格尔说，当精神抛掉与它的本质不相应的形式时，就出现了“精神已获得了它的特定存在的纯粹要素，即概念”④。

然而用一般的概念来规范精神的流变过程是极不合适的，正如后来的生命哲学家柏格森意识到的那样，理性和概念是僵化的、机械的，因而根本无法体现这活生生的流变的东西，否则便只能把实在的“绵延”、流变之川割

---

① 让·华尔著，马清槐译：《存在主义简史》，商务印书馆 1962 年版，第 2 页。

② 黑格尔著：《哲学史讲演录》第 1 卷，商务印书馆 1959 年版，第 295 页。

③ 黑格尔著，贺麟译：《小逻辑》，商务印书馆 1980 年版，第 176 页。

④ 黑格尔著，贺麟、王玖兴译：《精神现象学》下卷，商务印书馆 1979 年版，第 272 页。

裂为一个个静止的片段和点。当然,黑格尔已经意识到了这一点,他采取的措施便是摆脱传统逻辑的束缚,打破理性的稳固性,给概念赋予生命,使它不断地流动转化。因此他认为柏拉图的概念主义辩证法是不完备的,它的理念和概念还不是能动的,因为"有"与"无"正统一于"生成"。在黑格尔看来,"概念本身并不象知性所假想的那样自身固执不动,没有发展过程,它毋宁是无限的形式,绝对健动,好象是一切生命的源泉,因而自己分化其自身"[①]。他认为这种不断流动变易的概念之流能够体现绝对精神的运动。于是,在黑格尔的辩证法里,非理性的精神冲动竟披上了概念的外衣,而理性主义的形式也变得面目皆非:概念失去了其理性特质——稳定性和确定性。尽管非理性和理性都失去其特殊的形式,但黑格尔仍未能将二者真正统一起来,他徘徊于理性的逻辑完满性和非理性精神永不满足的冲动之间,当然最后乃是理性主义、逻辑主义窒息了他的非理性冲动,"生成"和"超越"的永恒性却在逻辑范畴的推演中找到了一个终点。于是,在黑格尔的绝对精神中,斯宾诺莎的"实体"终于淹没了费希特的"自我意识",从而个别与一般的对立统一便宣告结束。

现行辩证法理论是直接由黑格尔的唯心辩证法而来的,尽管它用"物质"替代了"绝对精神",尽管它因此而沉沦于实证材料之中,但是就其深层内容来说,仍然没有摆脱黑格尔所面临的矛盾,这使得它在实践中总是导致两种相互矛盾的结果:一是不囿于任何原则的唯意志论、相对主义;二是墨守成规、僵化机械的教条主义、绝对主义。

应当强调的是,这些矛盾对于辩证法来说,并不是偶然的,它表明,无论是唯心辩证法,还是现行辩证法都无法摆脱一个共同的怪圈,即一方面强调辩证法的本质精神即是它的灵活性、变动性、超越性、非原则性,另一方面却又把辩证法本身变成了最大的原则、根本的规律(现行辩证法)和普遍的理性、宇宙的逻辑(唯心辩证法)。

对于这一怪圈,异化了的辩证法已深深陷于其中而无法自拔,这就需要进一步追溯这一怪圈在人类本性中的根源,从而找到一条解决矛盾、走出循

① 黑格尔著,贺麟译:《小逻辑》,商务印书馆1980年版,第339页。

环的根本途径。

(二)人类的"原罪"

《旧约全书·创世记》中说,上帝依据自己的形象创造了人类的始祖亚当和夏娃,并建造了伊甸乐园供他们生活。一天,乐园中一条狡诈的蛇引诱亚当和夏娃偷食了善与恶知识之树的禁果,违背了上帝的戒律,因此他们被逐出伊甸乐园并被罚受无穷的劳役和痛苦。于是,人类作为亚当和夏娃的子孙便都具有"原罪"。

基督教的"原罪"说认为人类一脱离自然状态,便使自己的本性带上了某种"罪恶",这为我们追寻人类的本性,认识人类本性中的二元冲突,认识人类的根本困境和命运提供了某种极为深刻的启示。

人的本性是什么?这正是阿波罗神谕"认识你自己"的实质内容,因而它成为人类思想之皇冠上的一颗璀璨的明珠,它曾诱使无数思想家去探索和思考,然而它本身却仍然笼罩着令人迷惑的雾霭。

古希腊哲学家亚里士多德首先把人的本性归之于理性,把人定义为理性的动物,这一观点为许多哲学家所接受,特别是在近代哲学中占据了统治地位;中世纪基督教神学则把人看作是在信仰中不断走向上帝的动物;进化论把人简单地当作生物进化链条上的一环,从生物的角度考察人;新黑格尔主义者则把人还原为一切现实关系的总和,认为剥离这些关系后根本没有什么"自我"存在;现代结构主义把人看作是"结构中的动物",除了作为结构中的一分子之外别无什么主体性;而叔本华、尼采则把人当作意志的生物;生命哲学家柏格森把纯粹意识看作人的根本特征;至于现代存在主义则更认为人的本质是自由,是不断的自我超越,人没有什么固定不变的本质。

在这种种思想的轨迹中,我们可以看出两种对立的倾向、对立的研究视角。一种倾向和视角专注于人的客观的、外在的、现实的、理性的、必然的与确定性的方面,而另一种倾向和视角则专注于人的主观的、内在的、理想的、非理性的、自由的和不断超越自身的方面。

在这种非此即彼的偏执中,每一种倾向都获得了片面的真理,也正因为如此,每一种倾向又都走向了谬误。前者把人的本性完全固定化、实体化,把人封闭起来,只看到"人是什么"而否定人的本质的开放性、超越性,把人变成了与万物无异的客体存在;后者则把人的本性变成了毫无确定性的神秘的东西,它只看到人的本性的开放性、超越性,把人看作是诸种可能性的集合,使它失去了客观的现实基础。

实际上,人的本质在上面的二元冲突中并不是非此即彼的东西。换言之,人的本性确实有某些外在的客观的规定,确实有服从理性、遵从必然性的方面,确实具有某些现实的、确实性的方面,然而,人的本质又绝不能归结为这些东西,因为人还有某些不能还原为客观性的东西,这就是人之内在的丰富性、主观性,人的自由世界,超现实的理想世界,以及那种不断对自身和现实世界的某种既定状态的超越本性。这两方面构成了人类自身固有的内在冲突,它使人既区别于动物又区别于上帝。动物只具有现实性,它永远也无法超越自己的现实性,因而无所谓冲突。上帝是绝对的至善,它既具有绝对的理想性,也具有绝对的现实性,是理想与现实的直接同一,因而也绝对谈不上冲突。而人不是别的,正是自然与精神、个体与类、理想与现实、理性与非理性的冲突本身。

这种冲突揭示了人类的根本困境和固有命运。如果说,基督的"原罪"说对我们追寻人类本性有所启迪的话,那么这种启迪也许就在于它以神话的形式告诉我们,正是由于人类的祖先偷食了智慧之果,萌发了人的精神世界,因此便结束了人与自然混沌一体的原始状态,人与自然分裂开来,从此人类便堕入了由此而来的一系列冲突之中,永远结束了伊甸乐园的生活。于是人的"原罪"不是别的,正是这种在人真正成为人的那一刻便深烙在人类本性上的内在的冲突。

这里需要指出的是,马克思在论述人的本质的时候,并未囿于非此即彼的两歧选择之中,恰恰相反,他在谈到人的本质是一切社会关系的总和时,特别加上了限定语"在其现实性上"。以往人们对这一限定语或者不加注意,或者做种种歪曲的理解。而实际上,这正表明马克思认为作为一切社会关系的总和的方面只反映了人的本性中的现实性、确定性的方面,这并不否认人类能够超越这种现实性,从而推动这种社会关系向理想世界发展。马克思本人则终生为超越人类既定的现实性,超越人类既定的社会关系,实现

人类的理想而奋斗。

人本身就是矛盾和冲突，于是，我们便找到了异化的辩证法所陷入的怪圈之所在。这种“怪圈”并非任意的、虚构的，其根源在于人类本性中的这种深刻的内在冲突，是对这种冲突的曲折的反映。当然，在这种曲折的反映中，人类本性中冲突和矛盾是以逻辑悖论的形式出现的。

为了找到辩证法同人类本性的联系，我们还可以考虑这样一个问题，即黑格尔辩证法中的“矛盾”和“扬弃”这两个核心观念是如何产生的。

据学者考证，黑格尔辩证法的萌芽是在法兰克福时期（1797—1800 年）产生的。这一时期，青年黑格尔广泛接触了当时的现实生活，从而发现了大量资产阶级社会的消极现象。他曾把自罗马共和国的灭亡到他所处的时期当作一个统一的没落时期，并幻想着古代共和国的复兴。然而同时他又清醒地意识到资产阶级社会是一个无可改变的基本事实，在这一事实面前，人格发展的人道主义理想与资产阶级社会无可改变的现实之间必然发生深刻的冲突。正是现实生活中的理想与现实的冲突，使他深深地体验到矛盾作为现实生活的基础和动力的意义，也正是这种体验成为以后黑格尔在理论上进一步确定一切生活、一切存在的矛盾性质的深刻基础。

对于这种理想与现实的矛盾，他曾想以理想对现实的否定来消除矛盾，他认为，在这种理想的实质内容的主观性里面，不仅包含着理想与现实世界的对立，并且也包含着通过实现理想来消除对立的意愿。但是，如果说黑格尔后来在抽象领域中曾以理性主义的形式窒息了非理性主义的精神冲动，那么，在这里，作为前一矛盾的原因的个人与资产阶级社会、理想与现实的矛盾在黑格尔那里，也必然走一条通过扬弃而和解的道路。值得注意的是，“扬弃”这一在黑格尔辩证法中极为重要的概念，正是在这一时期初次使用的。而这种和解本质上正是以现实吞并理想的。所以黑格尔后来在《逻辑学》中就干脆把与现实社会对立的个别的人贬低为“自然人”了。

可见，思辨领域的矛盾无论多么抽象，归根到底都是对现实矛盾、现实冲突的反映。

(三)实践:“救赎”的现实之路

人类一摆脱与自然同一的原始混沌状态,从大地上站立起来的时候,便深深堕入了自身的内在冲突之中。然而诚如 K. 波普所说,我们承认矛盾并不等于认可矛盾,否则矛盾便失去了其推动人类发展的意义。我们的目的是要解决矛盾,那么以什么方式来解决人类的自我冲突呢?

对此,唯心辩证法和现行辩证法理论为我们提供了两种不同的解决方式。

黑格尔的唯心辩证法用泛逻辑主义的方式把概念变成一种客观精神、世界的逻辑,把人类自身的现实冲突和矛盾引入了抽象领域,希图以绝对观念自身的逻辑运动来融合矛盾,于是现实的矛盾和冲突便成了思辨领域里理性的逻辑形式和非理性的内容的矛盾。

与此相反,现行辩证法理论则以法则和规律的形式把这一矛盾投射到客观世界,希望以客观世界自在的、由低级向高级的、好了又好的运动即发展来解决这一矛盾,这当然是一种幻想。

从心理上分析,这两种辩证法理论都不过是关于人类自身的所谓“补偿性”理论。在它们看来,人类依靠自身的力量无力解决主观性与客观性、理想与现实的矛盾,无力解决自身的内在冲突,所以便把自己的愿望异化到自身之外的他物之上,希图以客观世界的自在发展或逻辑理念的自我演进来实现理想,解决人类的现实矛盾,从而补偿人类自身的软弱性,求得某种差强人意的心理平衡。

可见,唯心辩证法和现行辩证法理论都不过是一种被异化了的辩证法,在那里,人类的自我分裂、自我冲突竟然是以逻辑悖论的形式出现的,因而,它们都不能找到一条解决分裂和冲突的现实途径。

人类的“原罪”当然不能像《圣经》中所说的那样,靠上帝和耶稣的“救赎”。同样,也不能把上帝置换成所谓物质必然性或绝对精神——它们本质上不过是上帝的另一种提法而已。人类只能自我拯救,自我“救赎”,它的现实之路便是实践。

为什么实践能够成为人类自我“拯救”的现实之路呢?这是因为——

首先，正是人类的实践活动促使精神与自然、主观性与客观性、理想与现实的分裂。

基督教的神话《创世记》曾把人与自然、主观性与客观性、理想与现实的分裂归为一种外力的诱惑（即狡猾的蛇的引诱），其实，人类进入冲突，正意味着精神从自然中超升出来，主观性从客观性中超升出来，理想从现实中超升出来，它乃是人的意识的真正觉醒。而其真正原因在于人类的实践活动。

对于一般动物来说，要维持自己的生存，只能以其天生的既定的肢体器官直接作用于外部自然界，是从肢体到物的直接运动，其结果只能是适应环境，不能改造环境。它们除了把尸骸变为化石留在世界之外，不能主动地给世界造成任何永久的痕迹。人类使用和制造工具的劳动实践才最终打破了动物本能的狭隘界限。“动物只是按照它所属的那个种的尺度和需要来建造，而人却懂得按照任何一个种的尺度来进行生产，并且懂得怎样处处都把内在的尺度运用到对象上去。”[①]于是，使用和制造工具的劳动实践便不仅仅使人类适应周围环境，而且能够使人按照理想来改造环境、改造世界，从而精神便从动物界中超升出来，主观性从客观性中分离出来，理想与现实分裂开来。

其次，精神与自然、主观性与客观性、理想与现实的矛盾既然是在实践的基础上形成的，那么，它们也只能在实践中获得解决。列宁在对黑格尔的“善”进行现实的规定时指出：“实质：‘善’是对‘外部现实性的要求’，这就是说，‘善’被理解为人的实践＝要求（1）和外部现实性（2）。”[②]这就是说，人类在实践基础上形成的自我冲突和矛盾必然地外化为一种实践结构，因而主观性与客观性、精神与自然、理想与现实便成为实践内部对立的两极。实践不仅是客观的、感性的，同时它是人的实践，而非一般动物的本能活动，因而也内蕴着人类的主观性。它不仅是现实的，而且是指向理想的；不仅是认识的、理性的，而且凝聚着人类的价值观念、情感和意志。

然而，实践内部对立的两极并不只构成一种抽象的、僵死的框架，而是

① 《马克思恩格斯全集》第42卷，1979年版，第97页。

② 列宁：《哲学笔记》，人民出版社1974年版，第229页。

一种活生生的运动过程,主观性与客观性、理想与现实不仅是一种共时性对立,而且更是一种历时性的过程中的对立,这一过程正是实践把自身的两极性中介于活动的过程。于是“实践是现实的、物质的”,“实践是理想的、主观的”,“实践是活动”,就都成为一隅之见,实践正是三者的统一和整体。

实践作为哲学概念早已流行于西方现代哲学界,然而,他们所讲的实践或者是纯粹个体的非理性活动(如存在主义),或者只是生物的本能活动(如实用主义),或者流于一种单纯的文化批判(法兰克福学派),都没有看到实践正是理想与现实、主观与客观中介于活动的统一体。因此,我们只把马克思主义哲学的实质归结为“实践哲学”而不归结为所谓“实践唯物主义”,后者仍然把自己同唯心主义对立起来,无法逃脱“非此即彼”的逻辑,因而不能构成真正的历史的综合。

实践的内在结构及其活生生的、不断运动的性质决定了实践作为一种现实的力量,本质上乃是一种物质的批判力量、一种对现实的不断的否定力量。正是这种物质的批判力量和否定力量不断地把人的本质力量外化、对象化,创造人的现实世界;同时又通过现实的感性世界,使自己获得确定性、克服自身的主观性,于是主观性与客观性、理想与现实便在这一过程中不断转化,获得统一。

所以,实践才是人类现实的“救赎之路”。实践－行动的哲学,才是人自我“拯救”的哲学。于是人类实践的过程,同时就是人类超越冲突、实现主体性、获得自由的过程。

(四)自由与超越

实践是人类自我“拯救”,获得自由和解放的现实之路,辩证法就是关于人类的自由和解放的学说。但是,正如德国哲学家莱布尼茨指出的那样,自古以来,自由问题“烦扰着几乎整个人类”①。无疑,这说明了问题的两个方面,一方面,自由是人类千百年来不懈追求,甚至以鲜血和生命为之奋争的美好理想;然而另一方面,自由的含义却又异常难以确定。矛盾却是事实。

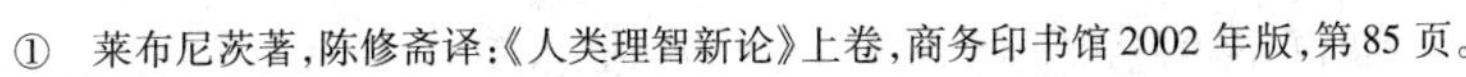

① 莱布尼茨著,陈修斋译:《人类理智新论》上卷,商务印书馆2002年版,第85页。

在西方思想史上,关于自由的观点纷繁复杂,可以把它们分为两类。

一种观点认为自由是和必然性截然对立的主观性和偶然性。古希腊哲学家伊壁鸠鲁首先用原子的偏斜运动来说明人的自由,把自由同与必然性绝对对立的偶然性联系起来。后来的卢克莱修把这一观点明确化了,他指出,如果一切运动都是遵从必然性的,那么"将从何处得到这自由的意志,如何能从命运手中把它夺取过来——我们正是借着这个意志而在运动中略为偏离。不是在一定的时刻和一定的空间,而是在心灵自己所催促的地方"①。

在中世纪经院哲学中,这一矛盾以悖论的形式出现:如果人是自我决定的、有自由意志的,上帝就不能是全智全能的;而人如果没有自由意志,那么人的罪恶就要由上帝负责,因而上帝也不能是全智全能的。

近代唯理论者笛卡儿则把自由和必然以二元论的形式尖锐对立起来。他认为物理世界的本质是必然性的,精神的本质则是自由的,物质和精神不能各自从对方中引申出来,因而自由和必然是截然对立的。德国古典哲学家康德曾试图克服自由与必然的截然对立,他认为在现象界必然性占统治地位,而本体领域则是自由的领域、理论理性达不到的本体界,实践理性则是自我立法的,而对于本体和现象的分立,康德则企图在美学领域把它们沟通起来。但是康德看不见实践的作用,使得这种统一只能流于空想,最终自由和必然仍然是分立于本体和现象两个领域的。

与此相反,哲学史上关于自由的另一种观点则认为自由和必然并非截然对立的,而是统一的,这种统一的实质乃在于自由本质上不是别的,正是对必然的认识。

古希腊的斯多亚学派首先提出了这种观点。他们认为自然界的一切变化无论巨细都是绝对地被规定的,人没有任何随意性的自由,如果有自由,也只是遵从命运,按照自然的永恒"定数"行动。

这种观点到近代被发展到了极端。17 世纪的唯物主义者弗·培根首先提出了"知识就是力量"的口号,尽管它在当时具有重大的反宗教意义,但是它却把人改造自然的力量简单地还原为对必然性的认识(知识),这就从根

① 卢克莱修著,方书春译:《物性论》,商务印书馆 1997 年版,第 76—77 页。

本上取消了主观性的地位。这种简单的还原论必然合乎逻辑地发展为18世纪法国哲学家否认一切自由的观点。霍尔巴赫说:“凡是自以为自由的人,只不过是一只把自己设想成宇宙支配者的苍蝇,虽然苍蝇本身事实上完全服从于宇宙的规律,不过自己并不知道。”[①]他的结论是,“人在他生存的每一瞬间,都是在必然性掌握之中的一个被动的工具”,“人在他的一生中没有一刻是自由的”。[②]

令人不解的是,著名的辩证唯心主义者黑格尔竟然也与18世纪法国唯物主义者殊途同归,他确曾批判过历史上关于自由的两种片面观点,指出:“这种不包含必然性的自由或者一种没有自由的单纯的必然性只是一些抽象而不真实的观点。”他在批判笛卡儿和康德割裂自由和必然的关系的时候,曾试图克服这种分裂,但他的途径却是把康德伦理学领域中的自由问题纳入整个逻辑历史的进程中,把康德哲学中自由和必然这一分属于伦理学和认识论两大领域的对立变成了单纯的认识论中的对立。因之在他那里,人的自由便不再是意志的自我选择和自我决断,而只是对必然的认识,“内在的必然性就是自由”。于是他终于又回到了斯多亚学派乃至霍尔巴赫的结论上。当然,这种矛盾现象只要联系他对现实的妥协性、对普鲁士国家合理性的论证目的,也就毫不奇怪了,因为这一结论引申到政治上一定是所谓自由就是对国家秩序和法律的遵从。

哲学史上关于自由的两种观点,正反映了自由的内在矛盾,即一方面,自由本质上是与现实的必然性相对立的,是超必然性的;另一方面,自由又必然在现实的必然性中获得实现。

首先,自由是和现实必然性截然对立的,它根源于人类的主观性和超越本性,或者说,自由本质上正是人类的不断超越现实的本性,它常以目的、愿望和理想的形式表现出来。在此意义上说,自由本质上绝不是对必然的认识,尽管对必然的认识是自由实现的条件。

也许有人会问,既然自由根源于人的主观性和超越本性,那么人的主观

① 霍尔巴赫著,王荫庭译:《健全的思想》,商务印书馆1966年版,第78页。

② 霍尔巴赫著,管士滨译:《自然的体系》上卷,商务印书馆1964年版,第71、177页。

性和超越本性是从何而来呢？哲学史上关于自由的第二种观点是通过还原论来解决这一问题的，在他们看来，人的主观性、人的目的和理想都不过是对现实的反映，于是主观性完全成了一个空概念，所谓理想与现实、主观性与客观性的矛盾本质上竟是虚幻的、事实上根本不存在的。在这种还原论看来，人的自由与指北针的不自由的区别，只在于后者没有认识到自己受磁力线的支配，而人却能认识支配自己的必然性。于是自由和不自由只是自觉的奴隶和不自觉的奴隶之间的区别，这正是还原论导致的结论。

在我们看来，人的主观性和自我超越本性并非直接从客观现实性和必然性中引申出来的。如前所述，主观性和客观性、理想和现实的分裂是人类使用和制造工具的物质实践的直接结果，因此主观性和理想性也绝不能直接还原到客观现实性和必然性。同样，作为主观性的根本规定——自由和超越也同样无法还原到必然，质言之，自由和必然的对立是实存的。

其次，自由又只能在客观现实和必然性中得到现实的规定从而实现自己。自由是对现实的超越，这是对自由的本质规定，然而仅仅停留在这里，自由就仍然是抽象的。作为超越，自由是与必然性对立的，但自由却只能实现在现实和必然性之中，换言之，自由的超越只能是对现实必然性的超越，不参与现实的自由是毫无意义的，至多不过是幻想。自由的抽象本质与它的现实规定之间有如康德作为道德律令的自由，即实践理性本身和实行个体行为的自由，前者是纯形式，与感性、经验毫无关系，没有任何现实性；后者则直接作用于感性经验，具有现实性。遗憾的是康德看不到前者的实践根源，把它归于先验领域，同时又把后者在感性中的实践仅看作是一种道德实践。存在主义者萨特的自由观，本质也正是混淆了自由的抽象本质和它的现实规定。

总之，哲学史上的自由意志论者只看到了抽象的自由，没有看到自由必须在必然性中实现自己、取得现实的规定，没有看到自由实现的种种现实前提（对必然的认识等）。而决定论者则只看到了自由的现实规定和实现条件，没有看到自由的超越现实本质。

只有马克思主义哲学才正确规定了自由的意义，并通过实践把自由和必然真正统一起来。它认为自由和必然同主观性和客观性一样，是在实践的基础上分裂开来的，自由与必然的现实矛盾在于人不仅要认识世界，而且更重要的是改造世界，因此，对必然的认识并不是自由而只是自由实现的前提和条件，自由本身则是对必然性的超越，这种超越只有在人类现实的改造世界的物质活动——实践中才能真正得到实现，这也正是自由与必然的统一。所以马克思说，“自我实现，主体的物化，也就是实在的自由，——而这种自由见之于活动恰恰就是劳动”[①]。

（五）类自由：人与自然

实践是人类解决自身的矛盾和冲突，实现自由和解放的唯一途径，但是，人类使用和制造工具的物质生产和实践“立即表现为双重关系：一方面是自然关系，另一方面是社会关系”[②]，即人与自然的关系和人与人（社会）的关系，而作为自由王国的理想社会——共产主义正是“人和自然之间、人和人之间的矛盾的真正解决，是存在和本质、对象化和自我确证、自由和必然、个体和类之间的斗争的真正解决”[③]。换言之，作为自由王国的理想社会应该是两种自由即类自由和个体自由的统一，前者解决的是人类以类的形式与自然的抗争，后者解决的则是个体与社会的冲突。现实的自由正是在处理这两类关系中实现的。

类自由本质上是人以类的形式对自然的超越，这种超越本质上乃是自然对人之价值关系的形成及其实现。所谓价值关系是指客体世界的性质、属性对主体需要和目的肯定或否定的关系。在这种关系中，首先，人是价值关系的绝对主体。在任何关系中，只有以人为其中一项时，这种关系才有可能成为价值关系，换言之，价值关系始终是人与物之间的一种关系。这是由于价值关系的前提在于主体的自觉评价，而物与物之间则根本不存在从主观立场出发，根据自己的需要去认识和评价他物的关系，因而不能构成价值关系，它们之间只能是一种纯粹自然的或本能的关系。在此意义上，马克思把任何价值关系都看作是为“我”的。质言之，价值关系始终是一种人本关

① 《马克思恩格斯全集》第46卷（下册），1980年版，第112页。
② 《马克思恩格斯全集》第3卷，1956年版，第33页。
③ 《马克思恩格斯全集》第42卷，1979年版，第120页。

系。其次,价值关系既然是一种人本关系,那么在宇宙万物中,人本身便成为价值的绝对尺度。于是,不仅宇宙万物只是相对于人才有了价值的属性,而且其价值度在某种意义上也是由主体的目的和需要来衡量的。

在这里,绝对主体与绝对尺度的统一便把人推上了宇宙中绝对价值的崇高地位。于是人便理所当然地成为万物的"目的"。人的理想、人的需要、"善",便成为万物所应趋向的目标,正如康德所言,形形色色的自然界生命不论安排得如何巧妙合理,没有人类就毫无目的和意义可言,"没有人类,整个世界就会成为一个单纯的荒野,徒然的,没有最后的目的"①。这一切正体现着人的本性对赤裸裸的必然性的超越。正是在这种意义上,自然染上了伦理的色彩。自然是伦理的自然。

然而,价值评价不是人类主体的一厢情愿,价值关系作为一种人本关系固然是以人的目的、需要和理想为其内在动因的,但其现实起点却是对客体世界的认识,没有这种认识同样不能形成人与客体世界的价值关系。当然,在现实中,认识尽管是客体本位的,但同样不能脱离人与世界的价值关系而存在。所以价值又是以认识为基础的,伦理又是自然的,因此人对自然的超越又是一种现实超越。

但是,这种价值与认识、伦理与自然、人类的主体性需要与客体世界的合目的性运动的统一,最终是以人类使用和制造工具的物质实践为基础的,否则,只能是一种虚幻的统一和空洞的理想主义。哲学史上形形色色的目的论以及与此相联系的发展的哲学,本质上恰恰是缺少实践这一环节的,从而,人类对客体世界的现实需要和要求,人类对自然界的超越,竟以所谓"移情"的方式,异化为自然界本身固有的目的和趋向,唯心主义对人的主观能动性的"抽象发展",在根本上也正表现在这里。因而,这种哲学并不能把自由真正付诸现实,成为一种行动的哲学,它们本质上至多不过是提供了一种乐观主义的人生态度和理想。

所以,只有人类改造世界的物质活动——实践,才能把这种统一由虚幻的统一转变为现实的统一,才能把人类对自然的超越付诸现实。列宁曾十

① 康德著,宗白华译:《判断力批判》下卷,商务印书馆 1964 年版,第 109 页。

分精辟地揭示了传统的发展哲学所强调的世界发展的目的——“善”的真实含义,他在谈到黑格尔的“绝对精神”向着“善”的进展时指出:“‘善’是‘对外部现实性的要求’,这就是说,‘善’被理解为人的实践 = 要求(1)和外部现实性(2)。”①

在人类的实践过程中,主体不仅面对客体世界的必然性,而且以一种物质的批判力量去改造自然,积极地创造价值,从而把自身的需要和目的“物化”,使自然“人化”,它的现实结果便是自然向着人的生成。事实上,全部人类历史都不过是自然史的现实部分,是自然史生成为“人这一过程的一个现实部分”②。随着人类实践的发展,人类不断地把自在的自然界改造成为属人的、合目的的自然,使人化自然不断生成、不断扩展,只是在这种“人化自然”中,自然才真正是为“我”的,才能真正满足人的需要,体现主体的目的。所以,只是在人化自然中,主观需要与客观的物质过程、伦理与自然、价值与认识才实现了现实的统一,世界的运动才真正趋向于“善”。于是,作为人类实践的“人化自然”的生成运动便成为人类超越自然、实现自由的现实标志。

(六)个体自由与人的解放

人类在使用和制造工具的实践中以类的形式超越自然,使自在的自然转化为“人化自然”,然而,所谓“人化自然”就是社会和人类历史,“社会是人同自然界的完成了的本质的统一,是自然界的真正复活,是人的实现了的自然主义和自然界的实现了的人道主义”③。正是在这种意义上,马克思把整个人类历史都归结为自然史的现实部分,也正是在这种意义上,马克思把自然看作是在社会之中的,是“人与人之间联系的纽带”。于是,自然、社会和历史便不像我们通常所理解的那样,仅仅是一种历时态的统一,而重要的乃是它们的共时态的统一,即所谓人本主义的自然主义与自然主义的人本主义。质言之,自然、社会、历史是一个统一的发展过程。

既然自然、社会和历史是一个无法分割的统一的发展过程,人类对自然

① 《列宁全集》第 38 卷,1959 年版,第 229 页。
② 《马克思恩格斯全集》第 42 卷,1979 年版,第 128 页。
③ 《马克思恩格斯全集》第 42 卷,1979 年版,第 122 页。

的超越就仍然是理想化了的，因为在那里，我们是把人类当作一个无矛盾的抽象的主体看待的，从而也就脱离了社会。实际上，人与自然的关系虽然是由实践而被现实化的，但实践从来都是社会的，从而这种关系也即是在人与人、人与社会的关系中被现实化的，换言之，人类对自然的超越也同时就是人类的自我超越，而人类的自我超越则体现在每个个体的自我超越之中，类自由体现在个体的真正自由中，在社会和历史中，个体自由归根到底取决于对社会和历史之总体异化的克服。

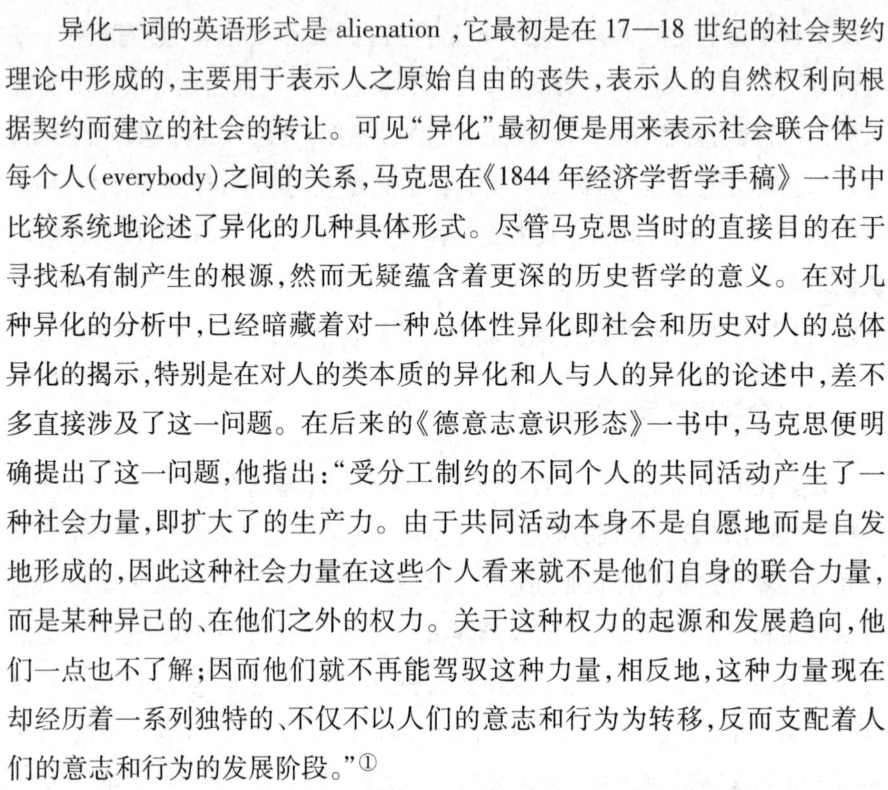

异化一词的英语形式是 alienation ，它最初是在 17—18 世纪的社会契约理论中形成的，主要用于表示人之原始自由的丧失，表示人的自然权利向根据契约而建立的社会的转让。可见“异化”最初便是用来表示社会联合体与每个人（everybody）之间的关系，马克思在《1844 年经济学哲学手稿》一书中比较系统地论述了异化的几种具体形式。尽管马克思当时的直接目的在于寻找私有制产生的根源，然而无疑蕴含着更深的历史哲学的意义。在对几种异化的分析中，已经暗藏着对一种总体性异化即社会和历史对人的总体异化的揭示，特别是在对人的类本质的异化和人与人的异化的论述中，差不多直接涉及了这一问题。在后来的《德意志意识形态》一书中，马克思便明确提出了这一问题，他指出：“受分工制约的不同个人的共同活动产生了一种社会力量，即扩大了的生产力。由于共同活动本身不是自愿地而是自发地形成的，因此这种社会力量在这些个人看来就不是他们自身的联合力量，而是某种异己的、在他们之外的权力。关于这种权力的起源和发展趋向，他们一点也不了解；因而他们就不再能驾驭这种力量，相反地，这种力量现在却经历着一系列独特的、不仅不以人们的意志和行为为转移，反而支配着人们的意志和行为的发展阶段。”①

异化根源于人类的本性，也根源于实践的本性，随着人类劳动的发展必然会出现异化。人能动地去表现、占有自己的类本质，使自身作为现实的类存在物而表现出来，便只有在现实中把自己的类的力量统统发挥出来，即通过劳动来显示和发展他的类的本质力量，而这对某一个人来说，在一定历史

---

① 《马克思恩格斯选集》第 1 卷，1972 年版，第 39 页。

阶段上是不可能的，于是便只有首先通过异化的形式来实现这一点。① 于是人类的实践必然通过分工走向异化。

在此意义上说，社会-历史的总体异化具有积极意义，它使人类在每个个体不能得到全面发展的情况下，首先丰富和完善了人的类本质。

但是，异化却使社会和历史变成了独立于并反过来统治每个人的巨大力量。人的类本质力量的发挥在一定阶段只有通过分工才能实现，但分工和商品生产的出现却立刻导致了"各个个人的全面的依存关系"，这些关系尽管时刻都是人活动的产物，但它产生出来后便独立于活动主体，并反过来支配处于其中的每个人。诚如马克思所说，这些力量本来是由人们的相互作用所产生的，但是对他们来说却一直是一种异己的、统治着他们的力量。这种关系的总和便是所谓社会和历史，便是所谓"自然的历史过程"。再者，异化造成了个人与社会、个人与群体的极端对立和冲突，造成了主体人格的分裂。正如马克思在《论犹太人问题》一书中谈到的那样，在私有制社会，在异化的条件下，人的私生活和公共生活是分裂着的。

在私生活中，人是现实的人却不是真正的人；而在公共生活中，人是真正的人却不是现实的人。

总之，在异化的社会中，人格被二重化了，自由和价值处于尖锐的对立之中；而社会作为一种异化的力量，时刻都在把人一方面极端地片面化，另一方面又极端地一律化。每个人都不过是社会需要、历史发展的工具和手段，因此，人丧失了作为历史主体的意义，失去了现实的自由，被紧紧地束缚于他们自己所创造出来的关系之中。

但是，自我异化的扬弃和自我异化走的是一条路。在人类的物质生产和实践中产生的异化，最终也必然要通过生产劳动，通过实践给予扬弃，随着生产的发展，分工必然越来越细，而当这种分工达到极端的时候，也正是扬弃这种分工，消灭私有制的时候。只有消灭了这种不自愿的分工，每个人才能得到全面的发展；只有消灭了私有制，个人利益和公共利益才能真正统一起来。

① 《马克思恩格斯选集》第1卷，1972年版，第42页。

1. 人类的自由和解放意味着个人与社会、个人与群体的矛盾的真正解决，人的本质的真正复归

马克思把这样的社会叫作“自由人的联合体”，把处于这种社会中的自由人叫作真正的人、现实的人。这说明在理想社会中，个人与社会矛盾的解决不再像以往那样用社会的整体完全吞没个人，毋宁说这种统一正是以每个人的个性和自由的充分发展为前提的，只有这样才体现出人类社会与生物群体的本质区别。生物群体之所以存在乃是以其每个成员无条件地牺牲自己服从群体为条件的，而人类社会和历史的发展则正是以每个人的充分发展为前提的。如果说，人曾经有过像牲畜一样服从自然的纯粹动物式的意识，那么，那些盲从于社会，缺乏自我意识的不自觉的人也仍然未脱离自然人的范围。人类社会的发展在于其成员对既定社会的习俗、规则的不断超越，这才是黑格尔所说的具有内在活力的、能动的“具体的共相”与“特殊的普通”。当然黑格尔本人并未把这一原则贯彻到底。

只有当人的类本质不再是一种同单个人相对立的抽象的一般力量时，在实践中产生的社会-历史的总体丰富性，才真正转化为每个人的丰富性和全面发展，人才真正占有了自己的本质，才有人的本质的复归。

2. 人的自由和解放还意味着人将真正成为历史的主体，意味着人类史前史的结束，世界历史的真正开端

异化的消灭，个人同社会冲突的解决，使得人们不再受悬浮于自己之上的“自然的历史过程”的统治，彼时，“人们将使交换、生产及其相互关系的方式重新受自己的支配”①，不仅如此，每个个人的那种全面的依存关系，那种由自己的活动而形成的“不依人们的意志而转移的”关系，将由于共产主义革命而为人们自己所控制和“自觉的驾驭”。只有这样，人才真正成为历史的主体，而历史也真正实现了它的主体性，人们开始了自觉创造历史的过程，从而结束了人类的史前史时期。只在这时，人类才以统一主体的形式去超越自然、占有自然，于是人类便由必然王国进入了自由王国。

综上所述，人类既不是通过客观世界的自在发展，也不是通过绝对精神

---

① 《马克思恩格斯选集》第1卷，1972年版，第40页。

的自我演进，而是通过实践这一现实的“救赎”之路，才能真正超越自身的内在冲突，获得自由和解放。这才是真正的辩证法，对于这种辩证法来说，所谓矛盾不是别的，正是人类自身的内在冲突，量变到质变则是人类之自我超越的本性不断冲破既定状态的过程，而否定之否定则是人类自我之原始统一到分裂，并通过实践又重新统一的过程。于是辩证法便真正成为具有批判精神和革命精神的哲学，成为人类自由和解放的学说。

三、人的能动性与受动性的契合机制

人与自然的关系蕴含着人的能动性与受动性及其契合机制问题，它不仅构成马克思人学理论的重要方面，而且许多重要的哲学论争都系于这个问题的正确解决。

纵观 20 世纪 80 年代我国理论界关于文化学、价值论、认识论、人本学、本体论等一系列领域的理论探讨，不难看出隐藏于具体观点和见解背后的两种基本立场的冲突。这一冲突或争论以各种不同形式表现出来：选择论和建构论对反映论的责难；实践本体论向自然（物质）本体论的挑战；实践唯物主义对传统辩证唯物主义的批评；关于价值与真理的讨论；关于自由与必然、决定论与非决定论的争论；等等。这些争论集中到一点，就是关于人之主体性同客观规律性、人的自由同历史必然性、人的能动性和人的受动性的争论。

这一争论之所以成为各种哲学探讨与研究的核心问题，是因为它根源于人的存在和社会历史发展的一个基本事实：一方面，人的认识活动与实践活动，即人的历史活动，无论水平如何低下，总带有某种优越于动物的自由和创造性的特征，带有目的性、计划性和理想性，一句话，带有主体性与能动性；但是，另一方面，人无论在自己的思想和行动中获得多大的自由度，都不可避免地受某种外在的、客观的因素制约和决定，其中既包括机械的、物理的、化学的和生物的自然因素，也包括经济的、政治的和文化的社会历史因素，一句话，人的活动也具有受动性和被决定性。对这两方面事实的不同理解与不同强调，就形成了两种基本的观点和立场。可见，合理地解决关于人之主体性和客观规律性、人之能动性和受动性的争论，不但有助于这一问题

本身的深入探讨,而且对全部哲学问题的探讨均有价值与意义。

在近些年对这一问题的争论中,论者都力图表明自己既承认客观规律性,又肯定人之主体性。初看起来,这无疑是十分可取的全面的或两点论的辩证观点。但是,问题的解决实际上只停留在表面上,观点的对立与冲突依旧十分严重。为什么会出现这种情形?问题在于,在对于客观规律性和人之主体性已有了相当探讨与认识的情况下,一方面,我们不应停留于论证人之主体性和客观规律是否存在,而应把二者的存在当作我们由之出发的基本事实;另一方面,我们不应把辩证法变成一个"既……又……"的万全公式,似乎只要同时一般地承认对立面或两极因素的存在与价值,一切问题都会迎刃而解,根本的问题在于深入具体地探讨人的能动性与受动性如何能够并存,如何能够相互符合,它们的契合点具体表现在何处。而为了揭示人的能动性与受动性的契合机制,必须认清下述问题:首先,人们习以为常地归于规律性和必然性名义之下的到底有哪些因素?它们是同质的还是异质的?其次,这些不同的制约因素和决定因素对人的活动和历史进程有什么具体意义?它们的作用的限度和范围是什么?最后,应如何确定人之主体性和能动性得以生成和发展的空间以及人之主体性的深刻含义?

(一)规律和必然性的层次结构

传统辩证唯物主义和历史唯物主义是一种严格的决定论立场,规律、必然性和决定性等范畴在这一体系中无疑占据十分重要的地位。关于存在与思维、社会存在与社会意识的原理、世界的物质统一性原理、客观性原则,关于"社会经济形态"的原理,其核心均在于证明人的存在和历史运动受着客观规律和必然性的支配和决定。无论在理论中还是在实践中,人们常常理所当然地、习以为常地运用规律和必然性范畴,而任何东西,一旦被认定为具有规律和必然性的特征或性质,就获得神圣的不容置疑的意义。就其理论界定而言,规律与必然性范畴并不复杂,人们用它们来指谓事物发展过程中本质的、确定不移的联系,或"唯一可能的趋势",也就是指在人的活动即历史运动中那些既不能创造,也不能消灭,无论人们承认与否,都以"铁的必然性"起着决定作用的因素。但就其具体内涵而讲,人们归于规律与必然性名下的并非齐一的、毫无歧义的、绝对同质的东西。实际上，这里既包含社会历史的基础性因素，也包含左右历史前进方向的力量，甚至包括盲目制约人们活动的异化力量。因此，为了揭示规律与必然性对人的存在和历史活动的作用、意义和活动机制，我们首先应具体揭示人们通常所理解的规律和必然性的内涵。在这里，我们重点考虑以下几个基本层次：

第一，自然规律性。在几千年的文明史中，随着科学技术的不断进步，人类对自然的认识逐步加深。尤其在近代，实验科学不断发展，深刻揭示了机械的、物理的、化学的、生物的等自然进程内在的、本质的和确定的联系，由此而形成了坚固的、带有严格（甚至机械）决定论特征的规律思想。这是人们关于规律和必然性的意识的基础，它对后来人们所逐步形成的社会历史发展规律的思想产生了很大影响。

按照人们通常的理解，这些存在于各种自然进程之中的规律不但是一般自然过程的决定性因素，而且对人类历史活动也具有决定作用和制约作用。一方面，在群体的意义上，人类起源于大自然，并且以自然界为自己的生存根基。人们为了支撑自己的生存，在征服自然的生产活动中，不能不考虑自然的规律性，也不会不受到各种自然因素的制约。另一方面，作为个体，人的存在是灵魂与肉体的统一，人作为具有社会性的自然存在物，不能不受各种自然因素，特别是生理因素的制约，不能不服从生老病死的生物学和生理学规律。这样一来，所谓自然规律，其意义并不限于自然领域。从这样的角度出发，我们可以比较深刻地理解，为什么恩格斯在 19 世纪的众多科学发现中，特别推崇质量互变规律、细胞学说和生物进化论。因为这三大发现集中揭示了无机界、有机界和人类社会的内在联系和统一性，由此而建立起从机械运动直至社会运动的由低到高的发展线索和决定论链条。

第二，经济必然性。按照人们通常的见解，经济必然性比自然规律性对于人的存在和历史活动具有更直接的和更强有力的决定作用，人们通常从两个方面理解经济必然性的历史地位。一方面，经济因素构成全部历史存在和历史活动的基础，用恩格斯的话来说，“每一时代的社会经济结构形成现实基础，每一个历史时期由法律设施和政治设施以及宗教的、哲学的和其

他的观点所构成的全部上层建筑,归根到底都是应由这个基础来说明的"[①]。整个唯物史观体系正是以这种经济因素(经济必然性)为基础和基本内涵,具体展示生产力与生产关系、经济基础与上层建筑的矛盾运动,从而说明历史的运行机制。

另一方面,经济必然性对迄今为止的人的活动和历史发展具有一种外在强制性和异己性,甚至作为一种盲目的异化力量在发挥着威力。在这里,很难谈论真正意义上的人之主体性和能动性,人甚至成为异化的存在物或"经济动物",历史的结果表现为"不自觉地和不自主地起着作用的力量的产物"。因此,恩格斯断言,"以往的历史总是象一种自然过程一样地进行"[②]。马克思用"社会经济形态"来称谓这种完全受制于经济必然性的特定的社会存在状态,明确断言:社会经济形态的发展是一种自然历史过程。由上述两方面看,经济必然性对人的历史的作用与意义具有歧义性。

第三,历史发展的必由之路。从自然规律性和经济必然性的思想又派生出关于社会历史活动各个层次各个领域的规律性的观点,在最高层次上,人们形成一种关于社会发展的客观规律性或历史必然性的信念。人们通常认为,通过生产力与生产关系、经济基础与上层建筑的矛盾运动所表现出的经济必然性不但在过去决定着各种社会形态的更替,而且在未来也将决定着历史发展的必然方向,即是说,各民族曾经依次经历过基本相同的社会形态,并将按照社会历史发展的规律和必然性向着确定的未来推进,走着历史的必由之路。无论人们自觉与否,这种必然性都是不可改变的。正因如此,长期以来,人们把五大社会形态的依次更替,把某种社会主义发展道路或模式等都当作给定的规律和必然性,当作不可改变的历史必由之路而接受下来,并努力使自己的实践向它们趋近。

(二)规律和必然性的活动机制

上述关于自然规律性、经济必然性和历史必由之路的思想,构成我们传

---

① 《马克思恩格斯选集》第3卷,1972年版,第423页。

② 《马克思恩格斯选集》第4卷,1972年版,第478页。

统哲学体系的规律观的主要内涵，这些思想贯穿于这一体系的各个具体原理之中，并且比较容易为人们所接受与运用。但是，这里存在着问题，如果人的存在与活动，历史的运动与发展，以及人类的过去、现在与未来，都是由严格的、给定的、不可抗拒的、不可超越的铁的规律和必然性所决定，那么我们还有理由谈论人的主体性和能动性吗？

人们通常对这一问题从一种严格的反映论立场加以解答，这直接来源于斯大林的论述："人们能够发现这些规律，认识它们，研究它们，在自己的行动中考虑到它们，利用它们以利于社会，但是人们不能改变或废除这些规律，尤其不能制定或创造新的科学规律。"[①]应当承认，人通过自己的认识与实践来发现和遵循某种客观规律，这的确在一定程度上反映出人的活动高于动物的自觉性特征。但是，如果人的作用只限于发现那业已存在的给定的客观规律，并严格按照这种必然性行事，那么，人所具有的主观能动性和主体性是十分有限的，而人的存在价值与意义也过于低下。因为，在这种意义上，人只能是历史进程的形式主体，实质上是给定的历史规律和必然性通过人的活动，或以人的活动为手段来实现自己的目标，它们才是真正的历史主体。这显然不是或不应是历史的永恒状态。

深入分析马克思主义创始人的理论构想和人的实践活动的本性，就会发现，他们的观点同上述流行的关于规律和必然性的理解有相当的出入。毫无疑问，上述所揭示的自然规律性和经济必然性的确存在，而且只要历史继续延续，这些自然和社会因素就会继续以某种方式制约着人的存在与历史活动。问题在于，在社会历史领域中，这些规律和必然性对人的存在和历史进展的意义和作用并不是在任何条件下都具有齐一性和"铁的"性质的。通过揭示它们对人的存在和历史进展发生作用的特点和活动机制，我们可以看到，它们实际上并不具有上述传统规律观所赋予的那种坚固的地位与作用。

第一，自然规律性，特别是经济必然性的社会历史意义在于，它们是人的存在和历史活动的永恒的不可或缺的基础，但并不是决定一切的力量。

① 《斯大林选集》下卷，第540页。

因此,不能用它们涵盖一切,或把一切都还原于这一基础。人在越来越大的范围和程度上依赖自然界与物质生产,同人在越来越大的自由度上超越这一自然和经济基础以创造更高的价值,是同一历史进程的两个方面,二者的辩证统一构成历史进步的主要内容。而且,这一基础越是宽广,人所能创造出的超经济的价值也就越丰富多彩。

同时,如前所述,自然规律性和经济必然性对人的存在的意义并非单一的,而是异质的。一方面,它们构成社会的基础;但另一方面,在一定条件下,它们也作为异化的力量而存在。大自然可以成为威胁人的生存的异己物,经济必然性可以成为使人为了谋生而不得不屈从的盲目力量,而人在这种情况下可能沦为纯粹的自然存在物或经济动物。因此,人对自然基础和经济基础并非只是认同与顺从,而常常也在抗争与超越。人的文化创造与生老病死的自然规律的关系,人的精神文明创造与经济必然性的关系,都在某种意义上表现为抗争与超越。这同马克思异化理论中所展开的异化与扬弃异化的主题是完全吻合的。

马克思在《资本论》中关于必然王国和自由王国有一段很著名的论述,人们常常根据自己的需要择其一部分。如果我们把它完整地引证下来,就会发现,这里谈的正是人对经济必然性的依赖与超越的辩证关系,它完全可以印证我们的上述推论。马克思认为:"事实上,自由王国只是在必要性和外在目的规定要做的劳动终止的地方才开始;因而按照事物的本性来说,它存在于真正物质生产领域的彼岸。像野蛮人为了满足自己的需要,为了维持和再生产自己的生命,必须与自然进行斗争一样,文明人也必须这样做;而且在一切社会形态中,在一切可能的生产方式中,他都必须这样做。这个自然必然性的王国会随着人的发展而扩大,因为需要会扩大;但是,满足这种需要的生产力同时也会扩大。这个领域内的自由只能是:社会化的人,联合起来的生产者,将合理地调节他们和自然之间的物质交换,把它置于他们的共同控制之下,而不让它作为盲目的力量来统治自己;靠消耗最小的力量,在最无愧于和最适合于他们的人类本性的条件下来进行这种物质变换。但是,这个领域始终是一个必然王国。在这个必然王国的彼岸,作为目的本身的人类能力的发展,真正的自由王国,就开始了。但是,这个自由王国只有建立在必然王国的基础上,才能繁荣起来。”①

第二,从上述立场出发,我们可以进一步推论,自然的和经济的必然性之所以只是社会存在和发展的必要条件(不可或缺的基础),而不是它的充足条件(严格决定一切的力量),重要原因之一在于,无论这些必然性自身以什么方式存在与活动,它们对人的存在和历史活动的作用都只是规定(决定)人“不能如何”(“无法做什么”),而没有预先规定人“必然如何”(“一定做什么”)。这即是说,社会历史领域的规律性和必然性不具有给定的性质,它们是在人类实践活动中生成的,人和历史在未来的维度上有相当大的开放性和发散性。

这一点对于理解社会历史领域的规律和必然性十分重要。传统观点把规律表述为无论人们承认与否,都以“铁的必然性”起决定作用的“放之四海而皆准”的东西,这实际上抹杀了人“不能如何”和“必定如何”之间的差距,这样一来,也就难以找到人之创造性的空间。具体分析一下就会发现:人“无法做什么”与“一定做什么”之间尚有很大空间。人作为肉体的和自然的存在物,绝不能超越生老病死的规律,但是在给定的生命阈限中,人能成就什么则是一个变量;人不能超越衣食住行、饮食男女这些基本经济条件而存在,但是,在满足了这些需要的情况下,人能进行多大程度的文化创造,则有很大的自由度,并非由这些经济因素所直接决定,任何一个社会都不能脱离特定经济生活和经济基础而存在,但是在此基础上,这个社会具有什么样的民族精神、文化心态、日常生活和政治活动,以及这些因素对经济发展的作用,则完全是一个变量;每一时代的人们都不能不以前一代所获取的生产力为前提而进行历史创造,但是,在这一前提下,他们能取得多高的生产力水准、技术进展和文化成就,则不是直接或单纯由经济因素所决定的。从这些情况来看,社会历史领域中的规律和必然性并不具有严格决定人“一定做什么”和决定历史“必然如何”的特征,而只是为人的存在和历史运动提供特定的框架和可能的趋势,而且,它们同人的实践活动一起生成与演化。

第三,在不同层次、不同尺度、不同规模的活动领域之中,规律和必然性

① 《资本论》第3卷,第928—929页。

具有不同的活动方式和作用。一般说来,愈是在具体的、内涵十分确定与简单的、有限的历史活动领域中,规律和必然性愈具有严格决定论或线性决定论的特征;而愈是在较大历史尺度的、内涵复杂的或无限的历史活动领域中,规律和必然性的决定作用愈加弱化,而人之选择性、创造性和主体性愈加强化。

如前所述,严格决定论意义上的规律和必然性观念同近代以分门别类研究为特征的自然科学的发展密切相关。尽管当代科学不断揭示出自然过程的非线性决定特征,但是,我们仍旧可以断言,相比之下,在具体的机械的、物理的、化学的和生物的自然过程中,规律性的确具有相当程度的线性和机械性特征。在与自然进程最接近的人类活动领域中,如在不同门类的具体生产过程中,在具体的技术领域中,在具体的工艺学过程中,规律和必然性在很大程度上分沾了纯自然过程的特点。而在一些更高层次的历史活动领域,如在一个社会的经济运转、政治活动、文化创造等领域,随着历史尺度的增大,随着参数和变量的剧增,我们必须抛弃线性决定论的规律观,而求助于统计学规律和系统论观点。当历史尺度趋向无限,直接涉及人的形象、人的存在方式、人的本质、历史的总体运动、人类的前行等总体问题时,规律和必然性的严格决定论作用更加急剧弱化,它们转变为历史运动的特定框架和可能的趋势,由此而为人的创造性与主体性的生成,为自由王国的生成提供了空间。

(三)人之主体性生成的空间

由上述分析可见,在社会历史领域中,所谓规律和必然性的作用主要表现在:第一,它们是人与社会存在的不可缺少的基础,但不是决定一切的力量;第二,它们决定人与历史“不能如何”,而不是“必定如何”;第三,它们为历史运动提供某种可能的趋势和框架,而不是给定的不变的模式和“历史必由之路”。由此我们可以说,在社会历史领域中,不可否认地存在着各种各样自然的和社会的决定因素或制约因素,存在着自然规律性和经济必然性;但是,无论这些规律和必然性自身具有什么样的性质与特征,它们在社会历史领域中的活动性质与方式都是同人的实践活动、同人的主体地位直接相关的。从上述分析可见,无论是从社会的经济基础向更高层次的历史创造领域的跃升,从人和历史的现存向未来维度的推进,还是由历史活动的具体领域向总体层次的拓展,处处都展示出规律和必然性的发散性和开放性。这里没有严格决定论或线性决定论意义上的“历史必由之路”,而只是存在着供人们选择与创造的历史活动框架和可能的趋势。

这正是我们论述的主题所在,因为在这里已清楚无误地展示出人的能动性与受动性的契合点或契合机制:正是在社会历史存在与发展的“必要条件”与它的“充足条件”之间,在人和历史活动的“不能如何”和“一定如何”之间,在历史活动的具体层次和总体层次之间,我们为人的主体性的生成找到了空间。这样一来,我们就为解决人的能动性与受动性、人的主体性与社会发展的客观性、历史活动的合目的性与合规律性、社会历史发展的决定性与非决定性等一系列矛盾冲突提供了一个基本立足点。显而易见,从这样的观点出发,既不会把历史运动理解为纯粹客观的无主体的自然进程,也不会把它当作纯粹主观的随心所欲的造物。同时,由此获得的人之主体性不再是单纯的认识论(反映论)意义上的形式主体,人的作用不限于发现和遵循业已存在的东西,或给定的“铁的”历史规律与必然性。相反,无论这些规律和必然性多么强大与不可抗拒,它们都应当是人的历史活动的条件和手段,而不是这一活动的主体本身。因而,真正的人之主体性不只具有认识论意义,它也具有深刻的人本学和本体论含义。这与人的活动特征,即实践本性密切相关。诚如马克思所言,人作为“自由自觉的”存在物,与动物有本质的区别,“动物只是按照它所属的那个种的尺度和需要来构造,而人懂得按照任何一个种的尺度来进行生产,并且懂得处处都把内在的尺度运用于对象”[①]。按照这样的方式活动,人不断地超越自然和社会领域的给定的东西,不断再生产出人自身及人的世界。人由此所得到的认识成果和实践产物既非纯客观的,也非纯主观的,而是主客体的统一体。只有在主客体统一的意义上,才不会以客观必然性淹没人之主体性,也不会以人之主体性否定规律和必然性,而是真正确立起以能动性与受动性、自由与责任的辩证结合为内

① 《马克思恩格斯全集》第3卷,第274页。

涵的人之主体性。

四、论人的个体的丰富性

随着改革开放的进行,以人为本的理念被正式提了出来,并成为使用频率颇高的一个概念,但这一概念的内涵究竟意味着什么?它同构建社会主义和谐社会是什么关系以及在现代化建设中具有怎样的意义?这些都有待深入的剖析。笔者认为,无论是以人为本还是构建和谐社会都不能仅仅从客观的层面去理解,就事论事地去看待,而要揭示出它们所蕴含的时代精神和人的发展的内容。这就需要把马克思哲学作为理论武器,从人的解放的角度阐释它们在现代化进程中的意义。

(一)群体主体的活动方式与社会本位的伦理文化对人的泯灭

以人为本的思想在欧洲是文艺复兴之后才出现的,而在中国也是20世纪90年代以后随着市场经济体制的建立才流行起来的。对于在理论的发展中没有人的地位的现象,福柯曾做过这样的说明:“无论如何,有一件事是可以肯定的:人不是摆在人的知识面前的最古老的问题,也不是最经常的问题。如果取一个有限的地区和一段较短的时间为例,如16世纪以来的欧洲文化,就可以肯定人是一个晚近的发明。知识并没有在漫长的黑暗中围绕着人和他的秘密苦苦寻觅。其实,在影响关于事物及其秩序的知识中,在关于同一性、差异性、特性、对等性以及词语的知识的所有嬗变当中,也就是在悠久的同一性历史的所有事件当中,只有一个半世纪之前开始、现在也许行将结束的一件事使人的形象得以出现。”[①]福柯的见解说明了这一道理,在西方哲学的发展过程中,近代以前,关于寻求统一性的形而上学始终占据着主导地位。自巴门尼德区分了本质和现象、真理和意见之后,作为承担着统一性的最高的存在,就由具体的个别事物转向了对事物本质的抽象,而这种抽象是去除了感性个别的不确定性和偶然性的结果,因而体现了个别背后的

① 汪民安、陈永国、马海良主编:《后现代性的哲学话语:从福柯到赛义德》,浙江人民出版社2000年版,第35页。

共同性、普遍性和必然性。在希腊人的理性的秩序化的思维中，只有不变的共同性才能体现事物的逻各斯，因而是流变的感性存在的根据和原因。所以，无论是柏拉图还是亚里士多德都把抽象的普遍性——理念或形式看作是具有终极意义的最高存在，由此开始了普遍性对特殊性和个别性的专制统治。在这种思维中，作为真实的感性个体的人就被虚化了，人不是作为人而是作为抽象的类而存在，正如马克思在批判费尔巴哈时所讲的：本质只能被理解为类，理解为一种内在的、无声的，把许多个人自然地联系起来的共同性。马克思在这里对费尔巴哈的批判，本质上也就是批判传统哲学的思维方式，因为当时德国的意识形态都是从"一般人"出发的，"认为宗教、概念、普遍的东西统治着现存世界"[①]。其实，以人为本意味着人是目的而不是手段，这就需要人同世界的其他事物相比，必须要有主体性的地位，所以，以人为本是与人是主体密切关联在一起的。而人是主体又以个体的独立性为前提，即个人必须要有人格的独立性和精神的自由性，要有人作为人的尊严和自决的权利。

因此，当个体被类所遮蔽时，他就只能是任人摆布的玩偶，是可有可无的实现某些目的的工具，也就谈不上人格的独立与精神的自由，他就只能是客体而不是主体。不是说谈到了人就一定是主体哲学或人本学思维，而要看怎样谈人，是否把人作为主体和理论的中心。这即是说，人在理论中的出现必须以承认个体的独立性为前提，而古希腊哲学否定这一点，把人看作是类，是没有任何个性的抽象普遍性，因此可以说，这种思维是见物不见人的客体化思维。

事实也正是如此。古希腊哲学中历来都有人物同源同性的观念，因此，虽然在亚里士多德哲学中曾出现过主体的概念，但主体并不单指人，石头、房屋、树木等同人一样，都可以作为主体。这样，在古代哲学中虽然有主体的概念，但没有用以表达人的独立性和能动性的主体性概念，相反，用以表达物的关系的实体、属性概念则成为哲学的核心范畴。这就是福柯所说的人只是晚近才出现的原因。

① 《马克思恩格斯选集》第 1 卷，第 65 页。

中国哲学也是如此。有人认为，如果说西方哲学是向外的，面向自然的，那么中国哲学历来都是关于“人事”的，所以中国哲学本质上就是人学。其实，这是一种误解。中国哲学的研究对象是关于人的社会伦理行为这一点不错，但人在中国的文化理论中仍然是作为客体而不是主体存在的。中国文化更是典型的社会本位的伦理文化，在这种文化中，血缘共同体的关系是至高无上的，个体完全被群体所淹没，因此，提倡“三纲五常”“忠、孝、悌、义”等伦理规范，要求个体对社会负责，对群体尽义务，无条件地服从群体，彰显一种“君君臣臣、父父子子”的听命服从的文化意识。这种文化意识培育出的是充满奴性意识的“顺民”，而不会是具有自主独立性的主体。因此，中国传统哲学根本谈不上是什么人的理论，一种强调不平等的人际关系和统治服从的文化，怎么能有人的地位呢？相反，恰恰会压抑人作为人的权利，贬损人的尊严，“君叫臣死，臣不敢不死”就是它的真实写照。正如马克思所说：“那些不感到自己是人的人，就像繁殖出来的奴隶或马匹一样，完全成了他们主人的附属品。世袭的主人就是这个社会的一切。这个世界是属于他们的。”[①]所以，“专制制度的唯一原则就是轻视人类，使人不成其为人……哪里君主制的原则占优势，哪里的人就占少数；哪里君主制的原则是天经地义的，哪里就根本没有人了”[②]。由此可见，在中国传统文化中，根本没有作为个体的人的地位，相反，作为个体的人则被作为群体的民所取代。所以，在中国历史上出现的是“民本”的思想，而不是“人本”的思想。

通过以上的分析我们可以得出这样的结论，人在理论中获得应有的地位是同人作为个体存在的地位密切相关的。因为，人作为主体必然表现在个体的自主独立性，表现在个体和类的分化上，从而使个体从外在强制的束缚下解放出来。换言之，只有个体摆脱了社会强加给他的不平等的人身依附关系，才能真正独立自主，才能有人格平等和精神自由的要求。古希腊和中国传统文化中之所以没有人，其根本的原因就是群体主体的活动方式形成了一种个体对外在强制的依赖关系，从而使个体失去了自主独立性，不能

---

① 《马克思恩格斯全集》第 1 卷，1960 年版，第 409 页。

② 《马克思恩格斯全集》第 1 卷，1960 年版，第 411 页。

作为主体而存在。由此,理论也就缺乏了人,表现为抽象的普遍性或社会群体对感性具体的取代。

(二)个体的独立性与自我膨胀的主体

人在理论中的显现是近代以来的事情,这又同近代以来人对世界关系的改变密切相关。弗洛姆在《逃避自由》一书中从心理的层面描述了这种情况:古代的或中世纪的人是不自由的,因为有外在的力量强制着他。近代的人获得了自由,因为他离家出走,无所依靠。这即是说,个体和类的分化,人独立自主而成为自我决定的主体,就是人对世界关系的新变化。按照马克思主义的观点,这种变化的起因是社会分工形式的变化,即商品经济的发展。商品经济是一种人的自主交往的社会形式,它具有平等、自由的本性,即商品的交换必须以价值规律为基础。它是同一切地方特权、等级特权以及相互的人身束缚不相容的,这就奠定了人际关系平等的前提。同时,商品经济又使自由竞争、自由迁徙发展起来,要求人能够自主地支配自己的产品和能力,这就提供了人的独立的不可或缺的自主性条件。正是这种平等、自主的交往形式彻底解除了近代以前的统治服从的政治关系或自然的血缘关系,代之以物为媒介的交往形式,从而促使个体走上了独立发展的道路,使其不但在对自然的关系上而且在对社会的关系上都日益成为主体。

随着人在现实生活中成为主体,弘扬人征服和改造世界的文化精神就逐渐成为时代的主旋律,以人为研究对象的学科和理论也就得以发展起来。以人为本的理念正是这种时代和理论发展的结果。在当时的人们看来,世界并不是神意和上帝创造的结果,自然有着自己固有的规律,作为一种空间存在的广延性,受着机械运动的因果规律支配,就像一架制造精密的机器一样,由此形成了物理学的世界观。既然自然有着必然性的规律,关键就在于如何认识这种规律,只要认识了必然性,就可以借此推知过去,预测未来,给出对世界的完满解答。而要认识规律,就要靠理性,或者经验归纳,或者演绎推理,只有逻辑理性才能获得普遍性和必然性的知识,从而建立科学。由此,逻辑理性成为近代文化精神的主要支柱和内容,人也就被归结为理性的存在物,人之所以具有主体性,他对世界的征服和改造,也在于他具有自我

意识或理性。因此,哲学向人的转向,首先就表现为认识论的转向,去研究理性是如何认识世界的。

虽然认知的逻辑理性使科学得以光大,在各门知识学科中具有王者的地位,但是,它毕竟只是手段和工具,而不涉及目的和价值,并且人的生活也不仅仅只是物质生活,还有伦理道德、精神追求、政治行为等多种层面。那么,在这些领域时代的文化精神又是怎样表现的呢?这就表现在对自我意识的认识上。如果说物质实体是空间的存在,那么自我意识则是时间的存在,它体现着人的生命的特征,即自我意识只有时间的先后顺序而无空间的形体,因此它是活跃的,不受束缚的,自由就是对它的终极界定。作为生命本性的自由,要求人的社会生活在政治上平等,在人格上独立,在人际伦理关系上和谐、自律。由此建立一个地上的"千年王国"。这就是近代文化精神的另一个支撑点——个体自由。在当时的人们看来,技术理性和个体自由是统一的,统一于主体的自我意识。技术理性是手段,个体自由是目的。由此就形成了这样一整套观念:人们利用理性去认识自然、发展科学;把科学运用于生产,提高生产的效率,从而创造社会进步不可缺少的物质条件;在此基础上建立保障社会公平和正义的形式化制度,以使人能够幸福生活,最终获得自由和解放。这即是启蒙理性的文化精神,而作为这种文化精神的两大支柱——技术理性和个体自由,曾被利奥塔称为"真理和解放的两大神话"。

但是,在以后的发展中启蒙理性却日益走向了它的反面,正如恩格斯所说:"同启蒙学者的华美诺言比起来,由'理性的胜利'建立起来的社会制度和政治制度竟是一幅令人极度失望的讽刺画。"①这种讽刺凸显了启蒙精神的内在分裂,即技术理性同个体自由的对立与冲突。法兰克福学派曾深刻揭示了这种矛盾。他们认为,启蒙起到过反对权威和迷信的作用,因而人们利用理性去征服和改造自然,企求以此来促进社会的进步。但是,理性技术化和工具化的结果,恰恰反过来作用于人本身,对自然的征服变成对人的统治。所以,启蒙虽然在对自然的外在方面解放了人,却在人的社会关系的内

① 《马克思恩格斯选集》第3卷,第723页。

在方面更加压抑人，由此启蒙精神走向了它的反面，技术理性束缚和限制着人的自由的发展。那么技术理性和个体自由为什么会发生分裂和冲突呢？丹尼尔·贝尔在《资本主义文化矛盾》一书中做了如下的分析：资本主义社会是分裂的，它的不同领域各有不同的模式，按照不同节奏变化，甚至按照相反方向的轴心原则加以调节。技术经济体系的任务关系生产的组织和产品、服务的分配。它的轴心原则是功能理性，调节方式是效益，因而其体系的特征是只见角色不见人。而现代文化的轴心原则则是自由，就是要不断表现和再造"自我"，以达到自我实现和自我满足。这样，经济的和文化的两种冲动力之间就发生了张力的关系，它们相互害怕对方、提防对方，企图摧毁对方。这种矛盾反映了公共利益和私人利益的分裂，是个人私欲膨胀的必然结果。"个人同时作为公民和资产者的双重身份必然会引起冲突。个人的第一身份要求他对政治负有成员的责任。而他的第二身份又强调对私有利益的关切。"[①]其结果必然是商业主义战胜超验的理想，世俗的享乐代替对自由的追求。由此可见，近代文化精神的分裂其实质是人的自我分裂，是人作为一个有限存在物的历史局限性的体现。正如马克思所指出的，近代以来人的自我独立性是建立在物的依赖性的基础上的。[②] 其实，讲人的独立性和自主性并不错，如果没有个体的独立自主性，人就不能成为主体，也就谈不到人的解放问题。但是，人的独立性并不等于孤独的自我，近代的理论混淆了这一点，认为既然人解除了任何外在的束缚，自我就同任何外在的东西无关了。这就把外在的强制混同于外在的联系，进而走入自我封闭的死胡同，由此利己主义、自我中心主义、私欲的膨胀就成为不可避免的结果，人与自然、人与社会也就处在分裂和对立之中。所以，后现代的思想家们对这种私欲膨胀的自我以及所造成的"自我中心主义"和"人类中心主义"的后果，进行了严厉的批判，进而走向另一个极端，宣称人已死亡，否定任何中心性主体的存在。后现代思潮虽然具有虚无主义的特征，但其所揭示的近代个体主体发展的弊端却值得我们深入思考。

---

① 丹尼尔·贝尔著，赵一凡、蒲隆、任晓晋译：《资本主义文化矛盾》，三联书店1989年版，第66—67页。

② 《马克思恩格斯全集》1980年版，第46卷（上册），第104页。

（三）个体的丰富性与马克思主义哲学的中国化

以上我们分析了古代的群体主体的活动方式和近代的个体主体的发展，显然，无论是群体对个体的强制，还是个体对群体的摈弃都是片面的。马克思哲学作为现代的文化精神的体现，就批判了这两种片面性，力争使个体和类统一起来。首先，马克思批判了前现代文化和历史的发展对人性的泯灭，以革命的人道主义胸怀表达了对人的深切关怀。他曾充满激情地宣称，"对宗教的批判最后归结为人是人的最高本质这样一个学说，从而也归结为这样的绝对命令：必须推翻那些使人成为被侮辱、被奴役、被遗弃和被蔑视的东西的一切关系"[①]。正是从这种人的价值尺度出发，马克思虽然痛斥了资本主义异化的现实，但仍然肯定了资本主义在人的主体性发展过程中的意义和它比前现代社会的进步之处。"毫无疑问，这种物的联系比单个人之间没有联系要好，或者比只是以自然血缘关系和统治服从关系为基础的地方性联系要好。"因为"这种生产才在产生出个人同自己和同别人的普遍异化的同时，也产生出个人关系和个人能力的普遍性和全面性。在发展的早期阶段，单个人显得比较全面，那正是因为他还没有造成自己丰富的关系，并且还没有使这种关系作为独立于他自身之外的社会权力和社会关系同他自己相对立。留恋那种原始的丰富，是可笑的，相信必须停留在那种完全空虚之中，也是可笑的"[②]。从这里我们不难看出，马克思是以赞赏的心情来看待个体的独立和人作为主体的历史的发展的。其次，马克思同样批判了近代孤独个体发展的片面性。在马克思看来，资本主义的交换关系虽然把互不相干的人联系了起来，但也用物的关系代替了人的关系，使人深陷于物化之中，成为私利的"动物"。马克思对市民社会的批判就是批判这种市民社会的"私人"。"封建社会已经瓦解，只剩下了自己的基础——人，但这是作为它的真正基础的人，即利己的人。"[③]"政治解放……把人归结为市民

① 《马克思恩格斯选集》第1卷，第9—10页。

② 《马克思恩格斯全集》第46卷(上册)，1979年版，第109页。

③ 《马克思恩格斯全集》第3卷，第187页。

社会的成员，归结为利己的、独立的个体。”[①]自我封闭的个体只能成为私利的人，这导致“一切人反对一切人的战争”，所以，马克思反复强调：“只有在社会中，人的自然的存在对他来说才是自己的人的存在，并且自然界对他来说才成为人。……个体是社会存在物。因此，他的生命表现，即使不采取共同的、同他人一起完成的生命表现这种直接形式，也是社会生活的表现和确证。”[②]正是从这种个体和社会的关系出发，马克思才把人的解放理解为个体和类的统一过程。但是对于类不能从抽象的共同性上去理解，似乎类是相对于个体的多数人集合的群体或社会，这是对类的量的、外在性的解读，如此理解的类就必然同个体相对立，是限制个体的强制力量，就如同古代哲学那样。其实，在马克思那里，类指的是个体的本性，具有质的和理想的意义，是人的应然和目的性价值的体现，可表述为个体的全面性或总体性。“人是一个特殊的个体……同样，他也是总体，观念的总体，被思考和被感知的社会的自为的主体存在，正如他在现实中既作为对社会存在的直观和现实享受而存在，又作为人的生命表现的总体而存在一样。”[③]如此理解的类才能同个体统一起来，才能内在于个体，从而既否定了古代的抽象普遍性对个体的强制，又反对了近代孤独个体对群体的排斥，呈现了人由普遍到特殊再到个别的日益丰富性的发展过程，最终使个体超越私利而得以全面、自由地发展。

那么，为什么要谈个体的丰富性问题呢？这就涉及对马克思主义哲学中国化的理解。我认为，马克思哲学不是“科学”意义上的理论知识，甚至根本不是什么“哲学”，马克思理论的本质是革命，是对社会现实批判的自我意识。因此，马克思主义哲学的中国化也不在于用中国传统文化的思维重新解读马克思，使其理论本土化，或用中国文化的范畴、概念来表述马克思的思想，使之更容易符合中国的现实。这样做的结果很可能严重误解马克思的理论。马克思哲学作为一种革命的批判现实的意识，体现的是一种现代性的时代精神，是“文化的活的灵魂”，因此，我们只能从这种时代精神出发，

① 《马克思恩格斯全集》第3卷，第189页。
② 《马克思恩格斯全集》第3卷，第301—302页。
③ 《马克思恩格斯全集》第3卷，第302页。

去分析中国现代化的进程和改革开放的现实,以达到理论的自觉,这才应是马克思主义哲学中国化的真实意蕴。而个体的丰富性正是时代精神的集中体现,由此我们才能理解以人为本、构建和谐社会、人的全面发展等现行理念和论断提出的意义。

以人为本是同个体成为主体关联在一起的,它要求把人作为目的而不是手段,尊重人的权利、人格独立和精神自由,这是对传统的社会本位的伦理文化所体现的统治服从精神的否定,是市场经济发展的必然要求。这一理念的提出对当前的现代化建设具有重要意义,甚至可以说是一次思想启蒙。因为,中国有几千年的专制历史,专制制度的本性就是敌视人,尽管社会主义革命使人民成为国家的主人,但计划经济的体制并没有根本改变群体主体的活动方式,个体的人仍然不是社会生活的主体,因而专制制度的遗迹在中国现实社会中仍有深厚的土壤。加之在极“左”时期,我们把某些体现现代文明的东西当作资本主义的糟粕而彻底抛弃,谈人就被扣上“资产阶级人道主义”的帽子,因而个体自由的启蒙理想在中国就没有市场,远远没有得到普及和认同。这种状况使中国人的深层观念中仍然缺乏人作为主体和人作为人的意识,仍然是把人当作民来看待,当作实现某种目的的手段。这样,党的全心全意为人民服务的宗旨就很难落到实处,群众的疾苦不放在心头,由此使对上不对下的官僚主义作风盛行。这已严重影响到社会的公平,成为稳定务须解决的问题。缺乏人的观念还使蔑视人的权利的现象不时发生,甚至拿人的生命权利当儿戏,法律上的草菅人命、生产中事故的发生等,在这些现象的背后体现出的就是不尊重人的权利的意识。由此可见,以人为本不单单是某些领域的功利性命题,它更是一种文化精神的彻底转换,并且具有世界历史性的意义。在以人为本已经成为现代性的文化精神的支柱并日益得到世界性的共识和认同的条件下,只有完成这样的思想启蒙和时代精神的转换,才能有利于同世界文化的融合,建构起符合时代发展的先进的文化意识。特别应该指出的是,由于物质生产的需要,现代文明的科技理性精神在当代中国迅速得到传播并站稳了脚跟,而对科技理性的人文关怀却重视不够,甚至在精英层面还出现了引用西方后现代思潮宣称主体已死、人已死的倾向。中西方的社会背景是不同的,中国还没有“人”,何谈人之死？所以，在当代中国应该构建的是主体性的文化意识，弘扬以人为本的精神，以清除那些还广泛存在的蔑视人，把人当作民的意识，清除那些强势群体对弱势群体利益的侵犯现象，以完善保障人民民主权利的社会公平机制。

当然，西方个体主体发展的教训我们也必须吸取，孤独的个体必陷入利己主义和私欲膨胀的物化境地。当前我国的现代化建设已处在矛盾的多发期，其中最核心的问题之一就是物质文明、精神文明和政治文明发展的不平衡问题。这些年来在经济发展的同时，也出现了一种偏向，即“一切向钱看”的物化意识的流行。由于价值理想的缺失，人日益平面化、破碎化，物欲的享乐成为人生的价值目标。西方现代化由节俭、奋斗、创造走向享乐主义用了两个多世纪的时间，而我国仅仅 20 多年就出现了物欲横流、功利主义泛滥的现象，这不能不说与“深度的削平”直接相关。人一旦被物欲所统治，一旦陷入以自我为中心的私利主义，就会丧失社会责任感，甚至失去最基本的社会公德尺度和人性，从而带来了严重的社会问题。据此，我们提出了构建和谐社会的主张。按照马克思的观点，构建和谐社会不仅是客观条件改变的问题，更为根本的是人的活动问题，是人如何将自己的本质力量对象化的问题。这即是说，和谐本质上是人自身发展的和谐，只有人的全面发展才能有真正意义上的社会和谐。这就需要主体走出以自我为中心的私利主义，获得自身发展的全面性，逐渐克服物欲、享乐对人的局限，从而把自身塑造成具有个体丰富性的主体。

以上我们从主体哲学的视角对以人为本、构建和谐社会、人的全面发展等论题做了理解和分析，通过分析我们得出的结论是：马克思是我们的同时代人，只有把马克思的理论作为时代精神的活的灵魂，才能使其成为现代化进程的“在场存在”，也才有真正意义上的马克思主义哲学的中国化。

第三章 人的实践与马克思的人学思想

一、人的实践与人的多重对应关系

实践是个具体概念，除了前一章所述的多重哲学内涵外，它与人的世界还形成多重对应关系。了解这种关系对于具体把握实践概念的内涵和意义也是十分重要的。

在20世纪80年代中国的哲学争论中，由于对马克思主义哲学原理的再认识和西方人本主义思潮的涌入，实践范畴以及与之直接相关的主体性范畴无可争议地处于哲学目光的聚焦点上，人们纷纷从认识论、价值论、人本学、本体论等不同视角对实践问题进行透视与阐释，并由此把马克思主义哲学界定为实践唯物主义、新唯物主义等。

关于实践问题讨论的积极成果在于，人们不再单纯在认识论意义上来理解实践范畴，而是开始在人的本质活动或存在方式的意义上来重建实践范畴，从而依据马克思的基本观点和当代历史的演进而拓宽实践范畴的内涵。当把实践界定为人的本质活动或存在方式时，顺理成章的推论就是在人的实践与人的世界之间建立起对应关系。这样一来，实践范畴不仅超越了认识论的界限，而且也突破了狭义人本学的阈限。换言之，以实践为核心的哲学立场应当体现认识论、价值论、人本学和本体论的内在的、本质的统一。

然而，目前关于实践问题的理解也具有片面性，以至于无法深入下去，无法真正在人的实践与人的世界之间建立起实质性的关联。其最主要的局限性在于：人们的目光过多地关注最发达形态的实践，即人的自由自觉的、创造性的活动。毫无疑问，这是真正意义上的人的本质活动和存在方式，但它不能涵盖人的所有实践活动。从历时态来看，人类实践从总体上经历着由贫乏向丰富、由自在向自为、由自发向自觉的演进过程，而从共时态来看，无论是个体的还是群体的实践总会呈现出不同的形态，处于不同的发展层次。因而，当我们忽视了实践本身的异质性和复杂性，仅以最典型最发达的实践形态去同人的世界建立本质的对应关系时，我们就会陷入困境，因为持相反观点的人们会以人的受动性、异化状态、自然的决定性、世界的异化性质等来提出责难，从而把作为自由自觉活动的实践推入一种纯粹的理想状态。这样一来，人的主体性与客观必然性、人的能动性与受动性等又处于外在对立的状态之中。而以实践为基础建立自然的人与社会的人、人的能动性与受动性、人的活动的合目的性与合规律性的内在统一的哲学人本学的构想也随之陷入难产。

从上述分析已经可以看出，在实践问题的讨论中，摆脱困境的出路在于从根本上改变那种一般地笼统地用自由自觉性和创造性来定义实践的宏观观照方法，而代之以对实践总体的微观的人本学透视，从而具体揭示实践内涵的异质性与复杂性，并以此为基础建立起实践与人的世界的本质关联。如前所述，无论从历时态还是共时态来看，人的实践都具有异质的、复杂的内涵，都表现出不同的形态和层次。一般说来，我们从人的存在的意义的角度，可以区分出自在自发的实践、异化受动的实践和自由自觉的实践三种形态。而从另一方面，人所认识、建构并生活于其中的世界同样具有异质的和复杂的内涵。从其对人的存在的反馈影响的角度，我们可以区分出自在的世界（日常生活世界）、异化的世界和属人的世界三种形态。这样，我们所做的哲学人本学的微观思考可以在人的实践与人的世界之间揭示和建立起三重基本对应关系。

（一）自在自发的实践与自在的世界

按照人们通常的理解，实践是人的自由自觉的和创造性的本质活动。的确如此，这是真正意义上的人的实践，它最清晰地昭示出人与其他一切存在的本质区别。然而，必须看到，一方面，人的实践本身呈现为一个开放的、由低到高的历史进程；另一方面，实践所具有的自由自觉性和创造性不会以纯粹的和完全的形态出现，而总是以不同方式体现于人的不同活动之中。因此，应当从广义上理解实践，承认人自在的、自发的、受动的和异化的活动也是特定形式的实践，也是不同于动物活动的人之活动，它们以潜在的或否定的方式体现着人的实践本性。

自在自发的活动是最基础或最低层次的人的活动，它具有自在性、自发性和典型的重复性特征。支配这一层次活动的主要是停留于“是什么”而缺乏“为什么”和“应如何”维度的重复性思维。传统的规则、习惯、给定的图式等构成重复性思维的基础或依据，它们对于每一时代的个体都具有先验的给定性。因而，所谓自在自发的活动就是指由重复性思维、传统习惯、给定的图式和规则自发地维系的活动，是一种自然而然地、不假思索地进行的重复性实践活动。

与自在自发的实践活动直接对应的是一个自在的世界，这主要是指日常生活的世界。换言之，自在自发的实践活动构成日常生活世界的基础或存在根基。所谓日常生活一般指有组织的和大规模的社会活动以及科学、艺术、哲学等自觉的类本质活动（精神生产）之外的纯粹个体生存和再生产的领域，主要以个体的衣食住行、婚丧嫁娶、饮食男女、言谈交往等为主要内涵。在数千年的历史沉浮中，通过与社会活动领域和精神生产领域的冲撞以及信息交流，日常生活世界也在发生着缓慢的变化，在不同历史时代，日常生活在人类的全部存在域中所占比重各不相同，即使在同一时代，日常生活在不同个体的存在域中所占比重也互有差异。但是，尽管如此，迄今为止的日常生活保留着基本稳定的本质特征，它以自在自发和重复性的实践活动为存在根基，表现为一个自在的、未分化的、天然的或自然的王国，它是人的全部存在域中最贴近自在自然或纯粹自然的部分。

人的重复性的和自在自发的活动，即人的日常生活，最突出地展示出人的活动受自然规律、客观必然性和异己力量制约的一面，或称为人的活动的被决定性一面，在某种意义上，可以把这一层次的活动称为人的自然活动。但尽管如此，必须看到，人的自然不同于一般的自然，人的自然活动与动物的自然活动有着本质的差别。动物的存在同其他自然物的存在一样，只是自在自然存在链条上的严格的和未分化的一环，而人的活动，无论具有什么样的自在性和自发性，无论如何受自然的和社会的因素的制约，都具有属人的特征，都代表着纯粹自然存在链条的中断。具体说来，构成人的自在活动或日常生活核心的传统、习惯、给定的图式和规则具有两个方面。一方面，它们来源于远古时代的精神遗产，它们是人类精神尚未完全自觉、人尚未形成同自然的自觉分化时期原始初民所自发地形成的精神框架在日常生活中的自发传递或遗传；另一方面，它们表现为人的自觉活动产物向日常生活的回归，创造性的精神成果和自觉自为的活动方式经过周而复始的重复和历史的积淀也会成为个体所面对的先验给定的规则。因此，无论从哪个来源看，以传统、习惯和重复性为基础的自在自发的活动都是不同于纯粹自然运动的一种人的实践活动。

人的自在自发的实践活动以及它所建构的日常生活世界对于人的全部存在和社会整体的进展具有积极的和消极的双重内涵。一方面，日常生活作为个体再生产领域构成社会再生产的基础，同时，日常重复性实践为个体和社会整体在能量投入方面所带来的经济化效果使得非日常的社会活动和精神生产能够得以进行与发展。但另一方面，日常重复性实践的活动方式与图式又具有消融人之创造性的保守特征和惰性，常常会成为个体和社会整体发挥创造性和实现社会进步或转变的障碍。因此，个体的自觉和社会的进步常常表现为对传统日常生活方式和图式的冲击与超越。从原始日常生活中分化出来又在而后的历史进程中不断发展起来的非日常生活领域主要由政治、经济等有组织和大规模的社会活动，科学、艺术、哲学等自觉的类本质活动（精神生产）两个部分组成。但是，这两个非日常活动领域对人类存在与发展的价值学内涵并非是齐一的，从其活动方式来看，又可以区分为异化受动的和自由自觉的两种基本的实践形态。

（二）异化受动的实践与异化的世界

所谓异化受动的实践主要是指马克思所探讨的异化的劳动或者劳动异化。黑格尔曾探讨过客观精神的异化，费尔巴哈描述过宗教的异化，青年马克思则主要关注人的本质活动——劳动的异化以及这种异化所带来的非人化的后果。马克思从两个基本方面来界定异化劳动的特征：一是这种劳动对人而言的外在性和强制性，在这里，构成人的本质的自由自觉的劳动扭曲和蜕变为一种外在于人的被迫的和强制的活动，一种“自我牺牲、自我折磨”的活动；二是这种劳动成果的异己性，它不是属人的，不是对人的本质力量的确证，而是表现为一种外在的统治人的异己力量。

与异化受动的实践直接对应的是一个异化的世界，换言之，异化的世界对人的统治并不代表着一种与人完全无涉的异己力量对人的存在的浸染，它实际上就是人自身的一种特殊的实践活动，即异化的劳动的直接产物。马克思曾形象地描述了劳动产品的异化，即"物的异化"。劳动者所生产的产品作为一种异己的存在物，作为不依赖于生产者的异己力量，同劳动者相对立。而造成物的异化的原因正在于劳动活动本身的异化。马克思所说的"物的异化"并不仅限于具体劳动产品的异化，而且也包括人的活动之中所结成的社会关系和社会机构的异化。因而，他在 1844 年的手稿和后来的《德意志意识形态》中把以私有制为基础的生产关系、阶级分化、国家上层建筑、相对独立的意识形态等的产生一方面视作人类实践总体的自我分化和人类社会结构的生成过程，另一方面也视作人的实践活动走向异化的过程。这样一来，在异化的实践活动的基础上就建立起一个异化的统治人的世界。

异化受动的实践与自在自发的实践相比有一个很大的不同点：在自在自发的实践中，人的本质活动的自由自觉性和创造性尚未真正生成，只是以潜在的形式存在；而在异化受动的实践中则是已经生成的自由自觉性和创造性被扭曲、变形、破坏和扼杀。但是，这两种活动又有着共同的特征，它们都代表着对真正的人的实践所具有的自由自觉性和创造性的否定，都代表着人的活动的受动性和被决定性。然而，无论从表面看这两个层次的活动同真正意义上的人的实践有多么大的差距，我们都不能把它们完全排斥在人的实践范畴之外。如前所述，自在自发的实践无论如何低下都具有人的属性，都同动物的纯自然活动有着本质的差别。同样，异化受动的实践无论有多么消极的后果，也总是具有人的属性，因为它不是自然本身的异化，也不是神的异化，而是人的活动本身的异化，因而，我们充其量只能说它是否定形式或消极形式的实践。马克思充分意识到这一点。他看到，人的自由自觉的活动不会以纯粹的和理想化的形式存在，同样，异化与扬弃异化也不是在时空上彼此无涉的分立状态或过程。因此，他在愤然抨击异化现象的同时，也理智地承认异化在特定历史阶段的不可避免性以及历史作用。在《德意志意识形态》中他明确指出："社会活动的这种固定化，我们本身的产物聚合为一种统治我们的、不受我们控制的、与我们愿望背道而驰的并且把我们的打算化为乌有的物质力量,这是过去历史发展的主要因素之一。”①

(三)自由自觉的实践与属人的世界

自由自觉的和创造性的实践是人们通常所理解的真正意义上的人的实践,它以自觉的和清晰的方式展示出人的本质性的存在方式,展示出人与动物及其他自然存在物的本质差别。一方面,可以说,自由自觉的实践是人类实践的最高和最发达的形态;但另一方面,又不能把自由自觉的实践活动理解为与自在自发的和异化受动的实践完全分立或彼此无涉的一种纯粹形态的实践。实际上,构成人的实践本性的自由自觉性、目的性、能动性和创造性等规定性自身就呈现为一个开放的历史生成过程。在自在自发的实践中,这些特征以潜在的、未分化的和未自觉的方式存在,构成这种实践的基本尺度的传统、习惯、规则的属人起源已在某种程度上展示了人的活动所具有的超越性和创造性;异化受动的实践实际上是以一种扼杀或泯灭这种自由自觉性和创造性的方式来展示或证明人的活动所具有或所应具有的这些本质特征。随着人类历史的发展,人的实践所具有的自由自觉性和创造性越来越集中地展现在两种形态的非日常活动中。一是表现为大规模和有组织的政治经济、经营管理等社会活动中的计划性、目的性、组织性、社会关联性等。二是表现为科学、艺术、哲学等自觉的精神活动中的自由自觉性、超越性和创造性。由于这些活动以不同的方式自觉地展示人与世界的本质,因此,可以将其称为自觉的类本质活动。但是必须指出,上述两类活动并不总是以自由自觉的方式存在,它们也会表现为异化的活动。异化与非异化的交织构成了真实的历史。

与自由自觉的实践直接对应的是一个环绕着人,并且为了人而建立起来的人的精神的和物质的家园,按照人们通常习惯的提法,可以将其称作属人的世界,我们切不可将这一属人的世界庸俗地理解为一个任人享乐的消费世界;相反,正如马克思所言,它是人的本质力量的确证。在这种意义上,它具有丰富的内涵,是一个以人与自然和谐统一为基础的丰富的物质世界,

① 《马克思恩格斯选集》第1卷,1972年版,第38页。

一个个体自由与群体发展相和谐的自由王国,一个个体与类相统一的客观知识世界。这一丰富多彩的属人世界的基础正是越来越展示出自由自觉性和创造性的人类实践,正是在这种意义上,马克思在谈到扬弃异化时,把现代大工业视为人的本质力量的"公开的展示"。他认为:"在人类历史中即在人类社会的产生过程中形成的自然界是人的现实的自然界;因此,通过工业——尽管以异化的形式——形成的自然界,是真正的、人类学的自然界。"①

应当反复强调指出的是,我们切不可将人的实践与人的世界的上述三重对应关系当成在形态上或时空上彼此完全分立的系列。实际上,在现实活动中,它们是交织在一起的,只有理性思维才能把它们抽象和规范为三个基本层面。从总的历史发展趋势来看,在人的自在自发、异化受动和自由自觉的活动之间可以呈现出某种基本的走向,而在现实中,三者则是相互交织和相互转化的,强有力的日常生活方式和活动图式有时会侵蚀有组织的社会活动和自觉的类本质活动领域;自由自觉的活动方式和精神成果(类本质知识)既可能引导人们打破和改造传统日常生活模式,也可能转化和回归成重复性的实践方式和习以为常的规则,甚至可能走向异化。从实践活动的结果来看,亦是如此。自在的世界、异化的世界和属人的世界相互交织构成矛盾的总体,构成人所认识、改造和生活于其中的世界。然而,尽管这三种对应关系相互交织,我们从理论上对它们所进行的分层次的把握并非徒劳,这有助于我们对人和人的世界进行总体性认识,有助于我们确立以人的实践为基础,以自由和全面发展的人为核心的哲学人类学体系。具体说来,我们所做的哲学人类学的微观思考有以下几重价值或意义:

第一,以人的实践与人的世界之间三重基本对应关系为基本构架的哲学人类学可以不是一般地和抽象地,而是具体地和总体性地把人的实践界定为人的现存世界的根基,从而为把握人和人的世界、为引导人的历史生成确定一个合理的视角,即马克思所说的实践的视角。

通过上述三重关系的确立,可以发现,当我们强调人的实践是人的世界

---

① 《马克思恩格斯全集》第42卷,1979年版,第128页。

的基础,或者说人的世界是人的实践活动的产物时,我们所理解的实践不再囿于狭义的或典型的自由自觉活动。因此,我们不会把实践推入一种纯粹理想的王国,或者由于人的自在的和异化的活动的存在,而贬低实践的意义。实际上,并非只有积极的属人的结果才能展示实践的创造性,自在的世界、异化的世界和属人的世界以不同的方式揭示着自身的实践基础。这里的根本思想就在于,在人的世界中,无论是自在的存在物、异化的存在物,还是属人的存在物,无论它们对于个体或群体具有什么样的价值内涵,它们均是人的活动的产物,都为人的活动所变形、改造、过滤、重建等。因此,马克思在批评费尔巴哈时明确指出:"这种活动、这种连续不断的感性劳动和创造、这种生产,是整个现存感性世界的非常深刻的基础,只要它哪怕只停顿一年,费尔巴哈就会看到,不仅在自然界将发生巨大的变化,而且整个人类世界以及他(费尔巴哈)的直观能力,甚至他本身的存在也就没有了。"①

第二,以人的实践与人的世界的三重基本对应关系为基本构架的哲学人类学可以获得对于实践和人的世界的总体性把握,把实践与世界都理解为一个矛盾的总体,从而扬弃人的主体性与客观性、能动性与受动性,以及人本主义和自然主义的外在分野与二元对立,为建立它们之间的内在统一而奠定基础。

如前所述,当人们把实践过分狭窄地界定为最典型和发达形态的自由自觉性和创造性的活动时,总是面对一个庞大的、自然的、自在的和异化的世界的困扰。结果,在人们的理解中,主体性与客观性、能动性与受动性、自由与必然等总是处于外在的对立和冲突之中。人们习惯于把这些处于对立之中的东西首先当成给定的二元对立的存在,然后寻求为它们建立外在的统一,其结果是人本主义和自然主义长期处于分野和对立之中。当我们拓宽实践范畴,就会发现,人的实践本身并不是单一的和同质的,而是集自在性、自发性、受动性、能动性、自由自觉性和创造性于一身的异质的和矛盾的总体,同理,人的世界也是一个由自然的、自在的、异化的和属人的存在物共同组成的异质的和矛盾的总体。进而,两个总体本质上是同一的,一个是就

① 《马克思恩格斯选集》第1卷,1972年版,第49—50页。

活动而言，一个是就活动的结果而言。从这样的视角观照，人的存在与动物及其他自然存在物的存在有着本质的差别。尽管人的存在也要以自然为起点并继续以之为基础，但同时又具有超越自然的性质。无论是自然存在物对人的制约，还是自在的规则对人的约束，或是异化的存在物对人的统治，都不会在人的活动之外，而是在人的实践活动之中，在人的现存世界之中发生。因此，实践活动本身就包含着人的主体性与客观性、能动性与受动性、人本主义和自然主义内在统一的根据。

第三，以人的实践与人的世界的三重基本对应关系为基本构架的哲学人类学在把人的实践及其人的世界建构成矛盾的总体的同时，也将之理解为历史地生成的和开放的总体。由此可以深刻地揭示历史进步的内在机制，不再把历史当作依据某种外在于人的活动或者超人的纯客观规律而自律地演进的“无主体的”过程。相反，人的历史运演不外是人的实践总体的生成与展开，而历史规律正是人的实践总体内部主体性与客观性、能动性与受动性的自我分裂与统一的机制。

当我们把自在自发的和异化受动的活动也纳入人的实践范畴时，我们并不是对不同形态的实践活动及不同含义的世界概念持一种简单认同的和非批判的价值态度，并没有把它们当作给定的不变的状态。相反，当我们把实践建构为一个包含自然性、自在性、受动性、能动性、自由自觉性和创造性于自身之内的矛盾统一体的时候，就已经暗含地将之理解为一个自我运动、自我发展的总体。人的存在与发展，或人的历史发展的总趋势就是不断打破给定的自在性和自发性，不断扬弃异己的受动性，从而走向更大的自由和创造性的过程。这正是历史发展和进步的内在机制。

当然，必须指出的是，人的实践由自在向自为、由自发向自觉、由重复向创造的跃升，或者人的世界由必然王国向自由王国的推进绝不是一蹴而就、一劳永逸地完成的状态，也不是单向的线性进程。如前所述，人的自在自发的、异化受动的和自由自觉的活动的相互转化，以及自在的世界、异化的世界和属人的世界的相互交织本身就决定了人的实践总体的演进是一个上升与后退、异化与扬弃异化、自由与受动相互交织的历史。但是，这绝不会是同一层面上的恶性循环，人会不断面对新问题，超越新困境。正是在这样的一个开放过程中蕴含着人的存在的价值源泉，并且包含着人类进一步存在与发展的根据和意义。

二、历史唯物主义的人学起点

唯物史观作为马克思哲学的新创，其本身就自成一个严整的体系。它不仅有自己产生的机制，包含丰富的内容，而且有自己独特的阐述内容的方式。这就需要研究历史唯物主义的起点问题。在这个问题上，目前歧见颇多，讨论起来也饶有兴趣。什么是历史唯物主义的起点？有的说是劳动，有的说是人，有的说是经济关系或生产方式，还有的说是物质。这些说法尽管分歧很大，但是，有一点是共同的，即都认为历史唯物主义只能有一个起点——逻辑起点。因此，他们所选定的历史唯物主义的起点都是唯一的，具有绝对的排他性。我们认为，历史唯物主义像其他一切科学体系一样，有两个起点，除逻辑起点外，还应该有一个研究的起点。在某种意义上说，研究起点比逻辑起点更重要，因为它是逻辑起点的基础和前提。现在，弄出那么多的历史唯物主义起点，彼此僵持不下，主要就是由于没有分清这两个不同的起点。

（一）研究起点和叙述起点

科学是范畴的体系，任何科学都是通过一系列的范畴而建立和叙述的，科学的范畴体系的建立是长期缜密研究的结果，而科学成果的叙述则是科学内容本身的合乎逻辑的展开。因此，一切科学都有一个研究方法和叙述方法的问题。马克思说："在形式上，叙述方法必须与研究方法不同。研究必须充分地占有材料，分析它的各种发展形式，探寻这些形式的内在联系。只有这项工作完成以后，现实的运动才能适当地叙述出来。"①而叙述方法则与此相反，它"表现为综合的过程"②，是"在思维行程中导致具体的再现"③。

马克思的这些论述告诉我们，研究方法和叙述方法不是一回事。我们

① 《马克思恩格斯选集》第2卷，1972年版，第217页。
② 《马克思恩格斯选集》第2卷，1972年版，第103页。
③ 《马克思恩格斯选集》第2卷，1972年版，第103页。

认识或研究一个事物，不能从抽象出发，必须立足于现实，充分地占有材料，把握事物的全体。由此出发，逐一分析事物的各个方面及其相互联系，这就是抽象，然后再把它们综合起来，才能在思维中再现具体，达到对事物的本质认识。因此，研究的公式是“具体—抽象—具体”，而叙述的方法则与此不同了。对科学知识或原理的叙述必须符合逻辑，叙述的方法也就是逻辑的方法。十分明显，叙述不能从具体开始，因为感性的具体呈现在我们面前只不过提供“一个混沌的关于整体的表象”[①]，我们无法把它们的内容和实质同时一下子叙述出来。只有把它分解为各个方面，“从表象中的具体达到越来越稀薄的抽象”[②]，然后选取一个最简单最基本的规定，以此作为起点，逐步展开事物多方面的特性，最后再把它综合起来，才能揭示出事物的具体本质。因此，叙述的公式是“抽象—具体”。

研究方法和叙述方法的这种区别和功用，决定了一切科学体系也都相应地有一个研究起点和叙述起点。研究的起点又叫作认识的起点，它从研究的对象出发，是全部认识过程的基础。一般地说，研究对象是什么，研究的起点也就是什么。由于任何研究的对象都是作为多种规定性统一的整体，因此，研究必须从实际出发，研究的起点只能是现实的感性具体。但是，叙述的起点或者逻辑的起点却不是感性的具体。马克思说：“从实在和具体开始，从现实的前提开始，因而，例如在经济学上从作为全部社会生产行为的基础和主体的人口开始，似乎是正确的。但是，更仔细地考察起来，这是错误的。如果我抛开构成人口的阶级，人口就是一个抽象。如果我不知道这些阶级所依据的因素，如雇佣劳动、资本等等，阶级又是一句空话。而这些因素是以交换、分工、价格等等为前提的。比如资本，如果没有雇佣劳动、价值、货币、价格等等，它就什么也不是。”[③]所以，实在和具体在没有经过确切的规定以前，是无法充当叙述或逻辑的出发点的，从这里出发，是什么也叙述不清的，只有像马克思那样，从人口追溯到阶级，从阶级追溯到资本，从资本再追溯到雇佣劳动、价值、货币、价格，等等，一句话，追溯到不能再分解

① 《马克思恩格斯选集》第2卷，1972年版，第103页。
② 《马克思恩格斯选集》第2卷，1972年版，第103页。
③ 《马克思恩格斯选集》第2卷，1972年版，第102—103页。

的最简单、最基本的因素，从这里开始，一步步地再把这些要素综合起来，才能认清诸如人口之类的感性具体。而这个最简单、最基本的要素正是对事物的高度抽象，所以，叙述的起点只能是抽象的东西。

正因为研究起点和叙述起点是不同的，所以我们看到，一切科学的学说或体系都有研究和叙述这两个不同的起点。黑格尔哲学以绝对精神为研究对象，其研究的出发点自然是绝对精神，但是，他在阐述绝对精神、建立自己学说的逻辑结构的时候，却是从存在开始的。马克思在研究资本及其运动的规律时，指出："资本是资产阶级社会的支配一切的经济权力。它必须成为起点又成为终点。"[①]但是，他在叙述自己的研究成果时，却对资本进行了解剖，从"历史上和实际上摆在我们面前的、最初的和最简单的关系出发"[②]，"从商品开始"[③]。

由此可见，研究起点和逻辑起点对一切科学体系都是适用的。那么，研究起点和逻辑起点是什么关系呢？根据马克思的政治经济学的方法论，可以看出，二者的关系是：

1. 研究起点是逻辑起点的基础，逻辑起点是在研究起点的基础上认识继续前进的必然步骤

按照辩证逻辑，现实的感性具体虽然是研究或认识的起点，但是，生动的感性直观本身只能认识表面的现象，达不到对事物的本质认识。为了认识事物的本质，还必须对具体事物进行分解，由感性知识进到个别的抽象。一切科学研究的第一步都是从具体出发，经过分析，达到对事物个别方面的抽象规定。而这正是叙述或逻辑的起点。只有从抽象出发，经过综合，在思维中重新再现感性具体，认识才能从感性进到理性，实现对事物的本质的认识。因此，逻辑起点是不可缺少的，它是在研究起点的基础上，人的认识发展的必经阶段。

但是，逻辑起点不论怎样重要，都不能离开研究起点。逻辑起点之所以能确立起来，并作为人的认识从抽象到具体的开端，其前提就在于，逻辑起

① 《马克思恩格斯选集》第2卷，1972年版，第110页。

② 《马克思恩格斯选集》第2卷，1972年版，第122页。

③ 《马克思恩格斯选集》第2卷，1972年版，第123页。

点立足于研究起点的基础上,它也是从实在具体抽象概括出来的,没有完整的现实表象作为基础,一切逻辑起点都将失去存在的根据。所以马克思在指出具体不是叙述的起点以后,紧接着又说,"它是现实中的起点,因而也是直观和表象的起点"①,一切抽象都以现实具体为基础,都是从完整的表象中蒸发出来的。黑格尔就是因为不懂这一点,所以他不是把从逻辑开始的从抽象到具体的过程看作思维把握现实的过程,而是把它看作现实产生的过程,从而陷入幻觉,导致唯心主义。

2. 研究起点是分析的开端,而逻辑起点是综合的起点

由感性具体经过抽象上升到思维中的具体,这是辩证认识的过程。实现这一过程的方法就是分析和综合的统一。分析是由具体到抽象,把整体分解为部分。在认识中,这个过程正是从生动的现实具体开始的,它和研究起点相一致。但是,把整体分解为部分,达到抽象的规定,这并不是认识的目的,认识的任务是要在思维中把握具体,揭示事物的本质,而这就需要对抽象的规定进行综合。这个过程不能从具体出发,只能从最简单的抽象规定开始。因此,它又和逻辑起点相吻合。在认识中,分析和综合相互依存,互相转化。没有分析,不能有综合,分析是综合的基础;没有综合,分析只能半途而废,综合是分析的目的。同理,研究起点和逻辑起点也不可分割,它们都是统一的认识过程中的必需要素。一切科学研究不仅要重视逻辑起点,强调从抽象到具体,而且也要重视研究起点,强调从具体到抽象。只有把两者紧密地衔接起来,才能避免认识中的唯心主义和形而上学。

有一种看法忽视研究方法和研究起点在科学和认识中的意义,他们常常引用马克思在《〈政治经济学批判〉序言》中所反对的从人口出发的例子。他们认为,这是马克思对从现实具体出发的有力批驳。其实,马克思在这里只是反对把具体当作叙述和逻辑的起点,而从未反对研究或认识必须从具体开始。马克思说资本必须成为起点和终点就是一个证明。

至于有的人把马克思对古典政治经济学方法论的批判看作是他对从具体到抽象的一般否定,那更是一种误解。17 世纪的资产阶级经济学家在分

① 《马克思恩格斯选集》第 2 卷,1972 年版,第 103 页。

析经济现象的时候，总是从生动的整体，如人口、国家、民族等出发，最后得出个别的抽象，如劳动、分工、需要、交换价值等。马克思在《〈政治经济学批判〉序言》中批判了古典经济学家的这种形而上学的方法论，指出他们的主要工作是把生动的、具体的、完整的东西分解为个别方面，因而没有提供关于具体事物的完整认识。马克思之所以批判他们，主要不是因为他们对具体事物进行了分解和抽象，而是因为他们把具体事物分解为抽象的规定以后就止步了，不再继续前进了。他们不了解，抽象规定的形成并不是认识的终结，而只是为从抽象到具体的过程提供了一个逻辑的起点。在他们看来，只要从具体的东西抽象出一系列简单的规定，那就意味着研究和认识的完成。马克思只是批判了古典经济学家这种半途中止的研究方法，他不但并不否定从感性具体进到抽象规定的必要，而且认为这是认识从抽象上升到具体的前提。在马克思看来，完整的认识途径衔接着两条不可间隔的道路，"在第一条道路上，完整的表象蒸发为抽象的规定；在第二条道路上，抽象的规定在思维行程中导致具体的再现"[①]。这就是科学研究或人的认识的具体—抽象—具体的完整过程。因此，第一条道路，即从具体到抽象同样十分重要，不可忽视。马克思说，"最一般的抽象总只是产生在最丰富的具体的发展的地方"[②]，研究起点的意义就在于此。

（二）人是历史唯物主义的研究起点

在区分了研究起点和逻辑起点以后，首先要回答什么是历史唯物主义的研究起点。根据马克思的政治经济学方法论的原理，可以认定，历史唯物主义的研究起点是人。这是因为：

第一，凡是现实的人都是社会的人，其本质都在于人是社会关系的总和。在这个意义上，人是一个丰富的具体，它为进一步抽象的规定奠定了基础，符合研究起点的要求和条件。

第二，人是历史的创造者，是社会生活的主体，人的活动贯穿于历史的

① 《马克思恩格斯选集》第2卷，1972年版，第103页。
② 《马克思恩格斯选集》第2卷，1972年版，第107页。

各个方面，历史唯物主义本身就是研究人和人所构成的社会的发展规律的科学。只有从人出发，分析人、解剖人的社会生活，才能在唯物主义的基础上揭示人的本质及其社会活动规律。抛却人，不从人出发，一切历史活动都是虚空。黑格尔历史哲学的要害就在于，他不是从人出发来研究历史，把历史活动当作人的现实活动，而是从人的一个方面特性即自我意识出发来研究历史，用绝对精神来构造历史运动，从而把人的历史发展当作绝对精神运动的外在表现。黑格尔不是把人当作历史的研究起点，结果导致唯心史观，这个教训是应该引以为戒的。

但是，也要指出，这里被当作历史唯物主义起点的人，绝不是抽象的人、一般的人、生物学上的人，他必须而且只能是现实的人，从事实际活动的人，强调这一点非常重要。因为人不仅构成历史唯物主义的研究起点，而且在历史上也充当了许多资产阶级哲学的出发点。18 世纪法国的启蒙学派和唯物主义者在社会历史观上基本都是从人出发的，费尔巴哈更是人本主义的典型。马克思在他的世界观形成的初期，曾经受到过他们的强烈影响，把人的本质和异化当作自己早期批判资本主义、论证共产主义的出发点。当马克思强调“人就是人的世界”“人是人的最高本质”“人的根本就是人的本身”的时候，我们可以从中深刻地感受到人本主义表述方法的遗迹。摆脱这种影响，从抽象的人转到具体的人、现实的人，这是马克思思想发展的巨大飞跃，也是他从唯心史观转到唯物史观的转折点。因此，只有现实的人的提法才能区别马克思的成熟著作与早期著作的界限，才能反映出马克思思想发展的实际进程。正因为这样，马克思、恩格斯本人多次声明，现实的人是他们唯物史观的出发点。比如：

马克思和恩格斯在成熟的历史唯物主义著作《德意志意识形态》中曾说：“我们不是从人们所说的、所想象的、所设想的东西出发，也不是从只存在于口头上所说的、思考出来的、想象出来的、设想出来的人出发，去理解真正的人。我们的出发点是从事实际活动的人。”[①]还说，历史唯心主义的观察方法是“从意识出发，把意识看作是有生命的个人。符合实际生活的第二种

① 《马克思恩格斯选集》第 1 卷，1972 年版，第 30 页。

观察方法则是从现实的、有生命的个人本身出发，把意识仅仅看作是他们的意识"[①]。但是，"这种观察方法并不是没有前提的。它从现实的前提出发，而且一刻也不离开这种前提。它的前提是人，但不是处在某种幻想的与世隔绝、离群索居状态的人，而是处在于一定条件下进行的现实的、可以通过经验观察到的发展过程中的人"[②]。

马克思在《关于费尔巴哈的提纲》中写道："新唯物主义的立脚点则是人类社会或社会化了的人类。"[③]

恩格斯后来在《路德维希·费尔巴哈和德国古典哲学的终结》中又指出："对抽象的人的崇拜，即费尔巴哈的新宗教的核心，必须由关于现实的人及其历史发展的科学来代替。"[④]

如此等等。这是否意味着禁绝"人"这个一般的提法，而非得在"人"字面前冠以"现实"或"具体"的字样不可呢？未必见得。我们指出"现实的人"和"人"的区别，这完全是为了尊重历史。因为马克思、恩格斯当年曾经花费很大力气去划清"现实的人"和"人"的界限，这个事实既然在历史上曾经发生过，我们今天就不应视而不见。但是，指出这点也就够了，未必需要把"现实的人"当作一个专有名词来到处使用。如果我们抛开历史，在一般意义上来谈论历史唯物主义的起点问题，那么，就不能否认，马克思、恩格斯毕竟承认了"人"是历史唯物主义的起点。因为他们所说的"现实的人"也是人，除了有特殊的针对性，一般来说，把"现实的人"称为"人"是不能算错的。事实上，马克思、恩格斯也只不过是在批判青年黑格尔派时才特别强调"现实的人"，离开了这个特定的含义，我们完全可以说，人是历史唯物主义的研究起点。

（三）劳动实践是历史唯物主义的叙述起点

人虽然是历史唯物主义的研究起点，但是叙述历史唯物主义或者建立

① 《马克思恩格斯选集》第1卷，1972年版，第31页。
② 《马克思恩格斯选集》第1卷，1972年版，第31页。
③ 《马克思恩格斯选集》第1卷，1972年版，第18—19页。
④ 《马克思恩格斯选集》第4卷，1972年版，第237页。

历史唯物主义的逻辑体系却不能从人开始，不能就人本身来说明人。人作为一个完整的表象，具有多方面的规定性，而思维是无法在整体上同时来把握人的多种属性的。只有从人的全部特性中抽象出一个最基本、最始初、潜藏人的一切特性的最简单的规定，以此为起点，逐步展开人的全部丰富性，才能对人做出全面而深刻的说明。这个规定就是人的最基本的实践——劳动。

劳动实践之所以能够成为历史唯物主义的叙述或逻辑的起点，主要是因为：

第一，劳动是“一个十分简单的范畴”[①]，是“适用于一切社会形式的关系的最简单的抽象”[②]，而这个抽象的基础是现实的人，如马克思所说，劳动“这个抽象的规定性本身”，“同样是历史关系的产物”[③]，是人的产物。实际上，劳动只是人才具有的本质和特性。因此，劳动完全符合作为逻辑起点的前提条件。从劳动出发就能对人的本质和人类历史发展规律做出正确的说明。

第二，劳动构成人的本质，是人之为人的最根本的特性，人的其他一切特性，如社会性、意识性、能动性等都发源于劳动，是在劳动的基础上产生出来的。因此，抓住了劳动也就抓住了人的根本，也就等于找到了一条说明人的正确途径。

第三，劳动是人类实践活动的基础，是社会历史的起点。人类社会生活是生产力与生产关系、经济基础与上层建筑等多方面活动和关系的统一。但是，劳动是人的一切活动的核心和基础。马克思、恩格斯反复指明，劳动创造了人，劳动是人类历史的开端。恩格斯说，“历史从哪里开始，思想进程也应当从哪里开始”[④]。既然人类历史从劳动开始，那么我们在叙述历史的发展的时候，就应该以劳动为起点。

正由于上述原因，我们看到，无论是马克思还是恩格斯在叙述唯物史观

① 《马克思恩格斯选集》第2卷，1972年版，第106页。
② 《马克思恩格斯选集》第2卷，1972年版，第107页。
③ 《马克思恩格斯选集》第2卷，1972年版，107—108页。
④ 《马克思恩格斯选集》第2卷，1972年版，第122页。

的基本原理或安排唯物史观的逻辑结构的时候，都以劳动或生产作为起点。比如：

在《德意志意识形态》中，马克思、恩格斯首先指明："人们为了能够'创造历史'，必须能够生活。但是为了生活，首先就需要衣、食、住以及其他东西。因此第一个历史活动就是生产满足这些需要的资料，即生产物质生活本身。"①

在《〈政治经济学批判〉序言》中，马克思首先抓住了社会生产，从此入手，对历史唯物主义做了经典式的概括。马克思说："人们在自己生活的社会生产中发生一定的、必然的、不以他们的意志为转移的关系，即同他们的物质生产力的一定发展阶段相适合的生产关系。这些生产关系的总和构成社会的经济结构，即有法律的和政治的上层建筑竖立其上并有一定的社会意识形式与之相适应的现实基础。"②

恩格斯在《反杜林论》中论述唯物史观的基本原理时，也同样是从劳动生产出发的。恩格斯说："唯物主义历史观从下述原理出发：生产以及随生产而来的产品交换是一切社会制度的基础；在每个历史地出现的社会中，产品分配以及和它相伴随的社会之划分为阶级或等级，是由生产什么、怎样生产以及怎样交换产品来决定的。"③

同样，恩格斯《在马克思墓前的讲话》中，也是从劳动和生产入手来叙述马克思关于唯物史观的伟大发现的。恩格斯说，"人们首先必须吃、喝、住、穿，然后才能从事政治、科学、艺术、宗教等等；所以，直接的物质的生活资料的生产，因而一个民族或一个时代的一定的经济发展阶段，便构成为基础，人们的国家制度、法的观点、艺术以至宗教观念，就是从这个基础上发展起来的"④。

这些例证说明，历史唯物主义的叙述或逻辑的起点只能是劳动实践。

分清劳动与经济关系、生产方式、社会存在等范畴的区别是必要的。因

① 《马克思恩格斯选集》第1卷，1972年版，第32页。
② 《马克思恩格斯选集》第2卷，1972年版，第82页。
③ 《马克思恩格斯选集》第3卷，1972年版，第307页。
④ 《马克思恩格斯选集》第3卷，1972年版，第574页。

为这些范畴或者提出的角度，或者抽象的程度都与劳动不同，它们和劳动不是同一序列的概念。比如，经济关系、生产方式、社会存在等范畴，十分明显，它们都不是最简单、最抽象的，而是基于劳动概念基础上而展开的中间性的概念，因此，它们不可能成为历史唯物主义的逻辑起点。

但是，这里仍需指出，正像我们不能离开劳动去认识人一样，我们也不应该离开人去理解劳动。劳动作为历史唯物主义的逻辑起点，在马克思主义体系中占有重要地位。但是，不要忘记，劳动是人的本质，劳动的主体是人，劳动是从人的特性中抽象出来的最简单的规定性。离开人，劳动将成为一个毫无意义的术语。在这个意义上，历史唯物主义的逻辑起点是不能离开研究起点而单独存在的。人是历史唯物主义的研究起点，是劳动这个逻辑起点的现实前提，因而要把这两个起点恰当地结合起来，这就是我们的结论。

三、马克思哲学的人学理路

近年来，弘扬主体性的哲学探讨，以其独具的理性魅力激活了传统的马克思主义哲学研究，拓宽了研究的视野，同时也诱发了人们对于马克思主义哲学理论内蕴的深入探索。其实，主体性不仅是哲学必须予以格外关注的重要对象，也是哲学作为人类智慧之果的根本特征，更是马克思主义哲学的题中应有之义。正是基于这样一种认识，当我们重新审视马克思主义哲学发展的历史时，就不难从中透视出一条既区别于唯心主义，又不同于旧唯物主义的全新的人学理路。事实上，正是滥觞于这一基本的致思理路，马克思主义的创始人开拓了哲学发展的新境界，从而实现了哲学的伟大变革。

（一）感性世界是人的世界

马克思在其著名的《关于费尔巴哈的提纲》中对以往的哲学提出了批评。他写道："从前的一切唯物主义——包括费尔巴哈的唯物主义——的主要缺点是：对事物、现实、感性，只是从客体的或者直观的形式去理解，而不是把它们当作人的感性活动，当作实践去理解，不是从主观方面去理解。所以，结果竟是这样，和唯物主义相反，唯心主义却发展了能动的方面，但只是抽象地发展了，因为唯心主义当然是不知道真正现实的、感性的活动本身的。”[①]马克思的这一论断，提出了新唯物主义所面对的双重任务，即必须同时克服旧唯物主义和唯心主义的局限性，才能实现哲学的根本变革。

马克思的论述揭示了以往哲学的局限性，开辟了新唯物主义的致思理路。旧唯物主义的致命弱点恰恰在于不懂得实践即“人的感性活动”对于确立唯物主义基本主张的重要意义。因而，在旧唯物主义的哲学体系中，“只是”从客体的形式、直观的形式描述了物质对于意识的决定作用，却没有涉及“现实的人”及“人的感性活动”。换言之，在旧唯物主义的哲学体系中，“人”处在一种“不在”状态。费尔巴哈的人本主义学说无疑对“唯物主义重新登上王座”起到了积极的作用，然而，当他“只是从它的卑污的犹太人的活动的表现形式去理解和确定”实践范畴时，无疑又把“现实的人”及“人的感性活动”排斥于哲学思考之外。旧唯物主义这种“物中无人”的理论底蕴决定了其理论阐释的苍白无力，这恰是其无法与近代以来越来越精致的唯心主义体系相匹敌的根本原因。

诚然，唯心主义对于人的“能动的方面”给予了较之旧唯物主义更多的关注，因而对于确立人的主体地位，开创更为积极的主体性哲学理路，做出了较之旧唯物主义更大的贡献。然而，在唯心主义那种“心中无物”式的理论观照下，人的主观能动作用得到的只是一种片面的强调。正如马克思所说：“唯心主义当然是不知道真正现实的、感性的活动本身的。”显而易见，对于主观能动性的理论的抽象发展，如同旧唯物主义对于事物的片面理解一样，也使哲学远离了实践，陷入了不食人间烟火的思辨误区。

究其根源，无论是唯心主义，还是旧唯物主义，共同的认识论失误在于，理论与实践相脱离，主观与客观相分裂。这种“从天而降”的哲学无论如何也无法真正把握现实的感性世界，更不用说实现改造世界的功能了。

显而易见，马克思主义哲学对旧哲学的理论超越是以对感性世界的理性理解为基石的。在马克思主义的创始人看来，应该“把感性世界理解为构

① 《马克思恩格斯选集》第1卷，1972年版，第16页。

成这一世界的个人的共同的、活生生的、感性的活动"[1],即实践,只有这样,才能克服费尔巴哈旧唯物主义的直观性和不彻底性,也只有这样,才能根本摆脱唯心主义的思辨"理性"的困扰。为此,马克思主义的创始人公开宣告了与那种"从天上降到地上"的思辨哲学传统的决裂,表明了"从地上升到天上"的基本哲学理念,明确指出,"我们不是从人们所说的、所想象的、所设想的东西出发,也不是从只存在于口头上所说的、思考出来的、想象出来的、设想出来的人出发,去理解真正的人。我们的出发点是从事实际活动的人"[2]。

(二)人的世界凸显人的主体性

一般说来,我们把马克思主义哲学称为唯物主义哲学是没有错的。事实上,正是在坚持唯物主义理论底蕴的基础上,马克思主义哲学建构起了自身的理论大厦。然而,仅仅从一般唯物主义的意义上去理解马克思主义哲学,无疑是偏颇的。毋庸置疑,恩格斯关于"思维和存在的关系问题"所做的精辟阐释,在元哲学的理论意蕴中强调了唯物主义的基本原则。然而,当恩格斯把本原问题与思维和存在的同一性问题有机地联系在一起用以阐释哲学的基本底蕴时,便为以冲破旧唯物主义羁绊为宗旨的新唯物主义开启了一条全新的哲学理路。

事实上,我们不可能在一般唯物主义的意义上领悟马克思主义哲学的真谛,因为马克思主义哲学并非"建立在对物质和精神关系的特定理解上的一般世界观"。正如恩格斯所指出的那样:"随着自然科学领域中每一个划时代的发现,唯物主义也必然要改变自己的形式;而自从历史也被唯物主义地解释的时候起,一条新的发展道路也在这里开辟出来了。"[3]

概括马克思主义经典作家在哲学元视野中的观点,我们不难看出,马克思主义哲学与固守思辨传统的一切旧哲学——包括旧唯物主义在内,都存在着根本的分歧。正是这些哲学基本理念的分歧,向我们展示了新的哲学发展道路的致思轨迹。

① 《马克思恩格斯选集》第1卷,1972年版,第50页。
② 《马克思恩格斯选集》第1卷,1972年版,第30页。
③ 《马克思恩格斯选集》第4卷,1972年版,第224页。

首先，在哲学的基本主张上，马克思主义经典作家始终是把唯物主义的理论传统视为哲学发展的“永久性”基础。然而，新唯物主义的创始人并没有囿于旧唯物主义对于哲学基本主张的传统阐释。相反，在他们看来，对于世界物质性的最终确认只有通过生活实践的不断延续才能够完成，而“在我们的视野的范围之外，存在甚至完全是一个悬而未决的问题”①。据此，他们对作为哲学最高抽象的“思维与存在的关系”问题给予了新的诠释，公开申明：“不是意识决定生活，而是生活决定意识。”这样一来，那种远离尘世的旧的哲学玄想就被切入日常生活的世界观所替代，从而结束了哲学“从天上降到地上”的历史，开创了新的哲学发展道路。

其次，在哲学研究的基本对象上，马克思主义经典作家并没有局限于物质与意识的两极对立来表述自己的哲学主张。在他们看来，“物质本身是纯粹的思想创造物和纯粹的抽象”。而人们所能看到的或体验到的，只是一些具体的实物。因此，哲学必须抛弃那种宗教神学式的思辨传统，面对人的现实世界。所以，他们并没有在一般意义上去弘扬唯物主义的基本观点，而是攫取了一个独特的理论视角，将集中反映了物质与意识对立统一关系的“人”作为理论观照的焦点。正是这一理论视角的转移，充分展示了新唯物主义既根本区别于唯心主义，又完全不同于旧唯物主义的全新致思理路。

再次，在哲学研究的方法上，马克思主义经典作家扬弃了以往旧哲学那种以单纯分析为基本特征的传统思辨方法，实现了分析与综合的有机统一，开创了近代以来哲学走向综合的新趋势。马克思认为，“主观主义和客观主义，唯灵主义和唯物主义，活动和受动，只是在社会状态中才失去它们彼此间的对立，并从而失去它们作为这样的对立面的存在”②。因此，唯心主义与唯物主义理论的对立本身的解决，只有通过实践的方式，只有借助于人的实践力量才是可能的。正是基于这一基本思路，他们将实践范畴引入本体论，在综合以往优秀哲学遗产的基础上完成了哲学的伟大变革。

最后，在哲学体系的理论机制上，马克思主义经典作家摒弃了旧哲学那

① 《马克思恩格斯选集》第3卷，1972年版，第83页。
② 《马克思恩格斯全集》第42卷，1979年版，第127页。

种纯粹的本体论研究方式,也根本否定了近代哲学中存在的那种"只研究认识论"的唯心主义理论倾向。在马克思主义哲学看来,"物质和意识的对立,也只是在非常有限的范围内才有绝对的意义,在这里,仅仅在承认什么是第一性的和什么是第二性的这个认识论的基本问题的范围内才有绝对的意义。超出这个范围,这种对立无疑是相对的"①。因而,马克思主义哲学开辟了一条不同于传统哲学的新理路,实现了本体论与认识论的有机契合。将关于本体的论证逻辑地纳入认识论的研究范域,通过认识论的阐释确认唯物主义的本体观,这正是马克思主义哲学独具的理论特征。

(三)人是哲学的核心

马克思主义哲学实现了人类思维发展历史上的伟大变革,确立了以人为核心的全新哲学理念,从而开辟了不同于以往哲学的人学理路。毋庸置疑,哲学只有将现实的人及其活动纳入理论观照的视野,并将人的问题置于理论的核心地位,才能够完成说明世界的任务,也才能够承担改造世界的任务。

概括马克思主义哲学的人学理路,其中逻辑地包含着新唯物主义创始人以人为本的全部哲学思考,展现了一种不同于以往传统的全新哲学理念。

第一,马克思主义哲学关于感性世界的理论奠定了人学理路的第一块基石,使其得以攫取一个根本区别于唯心主义,又完全不同于旧唯物主义的独特理论视角。在对以往哲学传统的反思中,马克思总结概括了旧哲学发展中存在的共同理论失误,揭示了旧哲学囿于理性思辨而无法面对现实的尴尬。在传统的哲学思维中,理论的范域被仅仅局限于理性世界,理论本身也被视为纯粹主观领域中的逻辑推理活动。为改变理论的这种玄学性质,使其正视现实,承担起改造世界的职能,必须将理论的范域扩展到现实的感性世界。在马克思看来,费尔巴哈无疑比那些"纯粹的"唯物主义者要高明得多,因为他开创了以人为本的哲学新传统。然而,费尔巴哈并没有真正实现哲学的变革,其根本原因恰在于他"仍然停留在理论的领域内"。显然,只

---

① 《列宁选集》第2卷,1995年版,第108—109页。

是在理性世界的范围内考察人，因而只是在抽象的意义上说明人的存在，妨碍了费尔巴哈对“真正现实的人”的理论观照。因此，只有将理论的视角从理性世界的“天国”转向现实的生活世界，立足于感性世界的考察，才能为哲学寻找到真正现实的理论基础。

第二，马克思主义哲学关于哲学的前提和出发点的重新确认，奠定了“人”在哲学中的核心地位，开创了真正的人学理路。费尔巴哈的唯物主义哲学无疑是马克思主义哲学的重要理论来源，然而，如果仅仅从一般唯物主义的意义上去诠释费尔巴哈则只是一种理论的误读。事实上，费尔巴哈哲学的“基本内核”正是他那不同于一般唯物主义的人本主义学说。毋庸置疑，费尔巴哈的人本主义学说是马克思主义哲学摒弃旧哲学传统的中介，也是马克思主义哲学开辟新的哲学之路的真正的理论源头。然而，费尔巴哈囿于理性思辨的传统，仅仅对人做出了抽象的、生物学意义上的理解，而看不到人的真正本质。当然，只有冲破了费尔巴哈哲学的理论局限，其“基本内核”对于新唯物主义的积极意义才能全部显现出来。马克思主义哲学的创始人正是在批判了费尔巴哈理论谬误的基础上，将理论视点聚焦于“现实的人及其活动”，从而开创了真正的人学理路，实现了哲学的伟大变革。

第三，对于实践的强烈理论观照，无疑是马克思主义哲学确立其人学理论机制的关键环节，也是其超越旧哲学思辨传统的根本原因所在。毫无疑问，马克思主义哲学将实践范畴引入哲学具有双重意义。一方面，实践对于哲学起着功能性的规范作用，哲学通过实践实现着改造世界的功能；另一方面，实践范畴对于哲学的性质也具有规范作用，正是实践范畴的引入改变了旧哲学那种单纯囿于理性世界的思辨传统，从而实现了哲学的根本变革。马克思总结了费尔巴哈的理论局限，认为他的人本主义学说之所以不能跳出旧的哲学窠臼，其根本原因在于，他仅仅把人视为“感性的对象”，而不是“感性的活动”，即实践。显然，只有在实践的意义上才能真正理解人的存在，也只有通过实践范畴才能确认“人”在哲学中的理论核心地位。实践范畴引入哲学的真正意义在于，从根本上改变旧哲学的单纯思辨传统，为哲学真正面对世界提供一个现实的基础。正是基于这样一个基本的理路，马克思主义哲学在“实践的唯物主义”的新的理论层次上更进一步地展现出了深

刻的人学意蕴。

第四,马克思主义哲学对于哲学基本问题的独特回答,同样展现出了与众不同的人学理论意蕴。恩格斯在《路德维希·费尔巴哈与德国古典哲学的终结》一书中,曾经将"思维与存在的关系问题"概括为哲学的基本问题。然而,这并不意味着马克思主义哲学对于哲学基本问题的解决仅仅局限于这样一个抽象的、理性的范域。其实,恩格斯对哲学基本问题的明确规范,是在终结的意义上对以往思辨式哲学理路的总结和概括,而并非对新唯物主义哲学理路的规范。与以往的思辨传统恰恰相反,马克思主义哲学从实践的层面切入哲学基本问题,提出了"不是意识决定生活,而是生活决定意识"的命题。显然,以这样一个命题重新诠释哲学基本问题,明确展示了马克思主义哲学超越理性思辨传统,回归生活实践的人学致思理路。

第五,马克思主义哲学的人学理路还体现在哲学理论的基本机制转变上。在旧哲学中,本体论与认识论相互脱离是一个共同的特征。古代哲学往往表现为一种带有强烈自然主义色彩的单纯本体论追求,即使是对于世界本原的唯心主义诠释,也总是用一种客观的形式表现出来。在近代哲学中,唯心主义以"只研究认识论"的方式回避对本体论问题的回答,同样表现出割裂本体论与认识论的理论倾向。马克思主义哲学的创始人并没有拘泥于那种狭隘的本体论或认识论的理论俗套去阐释他们的哲学,而是攫取了一个崭新的理论视野,着眼于本体论与认识论的有机契合,开创了哲学发展的全新理路。恩格斯曾经以明确的论证阐释了本体探索的认识论,认定那种至上性的思维和拥有无条件真理权的认识"都只有通过人类生活的无限延续才能完全实现"。实际上,当我们从哲学视野考察世界的本体时,已经将本体论问题逻辑地纳入了认识论的研究范域。显然,正是这一基本理论机制的转变,展现了马克思主义哲学不同于以往的新理路,也在一个更为深刻的层面上进一步确认了人的理论核心地位。

四、实践人学:马克思哲学的最终归结

实践唯物主义作为"新唯物主义"的表现形态,站在唯物主义旗帜之下,遵循客观性原则,但其根本特征是强调实践,凸显作为实践主体的人,实际

上是马克思对传统人学思想的革命性的改造和提升。人学作为人自身及其相互关系的学说是任何哲学都不能绕过的，在一定意义上，一切哲学都是以思辨形式出现的人学，只不过都打上了不同学派的哲学烙印而已。就与马克思哲学有亲缘关系的德国古典哲学来说，康德以“人为自然立法”和“人是目的而不是手段”首开主体人学的先河；黑格尔以神秘和扭曲的形式展示了他的理性人学；比较起来，费尔巴哈最重视人，但他的哲学也不过是一种生物学意义上的自然人学。马克思作为德国古典哲学的继承者，他的哲学思想也紧紧围绕着人学主题，是深刻体现了划时代哲学革命变革的实践人学。

(一)人是世界的最终归结

我们生活的世界绚丽缤纷，多姿多彩，但在哲学家看来，这不过是呈现在人们面前的表象，世界的真实本质存在于现象之后，有形之上，哲学的价值就在于它能去伪存真，由表及里，回答世界的本质存在是什么。一切哲学从根本上说都是一种世界观，世界观也就是本体论，是从本源和基础意义上对世界的终极归结。在马克思以前，唯心主义、唯物主义和宗教神学长期占据哲学殿堂，它们分别以心本、物本和神本等哲学形态表达了各自对世界本质的理解。哲学作为人对世界的玄思，自然也把人自身纳入了哲学的视域，但人在哲学史上一直处于从属地位，从未有任何哲学把世界最终归结为人。唯心主义，无论是主观的还是客观的，都毫无例外地把精神和意识视为第一性的本源，而人不过是精神或意识外化的产物。马克思早就批评过黑格尔，他说，“人的本质，人，在黑格尔看来 = 自我意识”①，“因为只有精神才是人的真正的本质”②，所以，“自然界的人性……就表现在它们是抽象精神的产品”③。马克思以前的旧唯物主义也存在漠视人的倾向，只不过不同时期表现形态有所不同。马克思把近代以来特别是以霍布斯为代表的机械唯物主义称为“纯粹的”唯物主义，这种唯物主义只承认物质为感性对象，“几何学

① 《马克思恩格斯全集》第3卷，第321页。
② 《马克思恩格斯全集》第3卷，第319页。
③ 《马克思恩格斯全集》第3卷，第319页。

被宣布为主要的科学"[①]，认为"物质是一切变化的主体"[②]。马克思最后得出结论：它"毫无血肉的精神"，"唯物主义变得敌视人了"[③]。费尔巴哈作为一个直观唯物主义者达到了马克思以前人学思想的最高水准，他一改"纯粹的"唯物主义者见物不见人的弊病，把人纳入哲学视野，如马克思所说，他"有很大的优点：他承认人也是'感性对象'"[④]。他甚至避讳唯物主义的称谓，干脆把自己的哲学称为人本学，宣布自然界和人就是哲学的唯一的对象，号召大家"观察自然，观察人吧！在这里你们可以看到哲学的秘密"[⑤]。但是，费尔巴哈虽然对人高度重视，却没有达到把世界最终归结为人的高度，他总是从主从关系的角度，把人与自然连接在一起，认为人是自然界的产物和它的构成部分，只有自然才是世界的终极归结。所以他又说："新哲学将人连同作为人的基础的自然当作哲学唯一的，普遍的，最高的对象。"[⑥]

马克思哲学革命变革的第一步是将世界特别是自然界现实化，抛却旧唯物主义关于自然界的物质本质的抽象议论，首先提出人化自然和"自然界的人的本质"[⑦]的问题。人和自然界的关系是旧唯物主义的软肋，它们的最大的败笔就是脱离人和人的现实生活，追求与人无关的终极的物质本体。这种境界是存在的，马克思、恩格斯在《德意志意识形态》中也承认，对于人来说，"外部自然界的优先地位仍然会保持着"[⑧]，但这只是自然科学研究的对象，而不是哲学所面对的世界。哲学是人对世界的探求，只有生活在其中的世界人才有发言权，所以真实的世界是人的世界，真实的自然界是与人息息相关的、人化了的自然界。正是在这个意义上马克思说："被抽象地理解

---

① 《马克思恩格斯全集》第2卷，1957年版，第164页。

② 《马克思恩格斯全集》第2卷，1957年版，第164页。

③ 《马克思恩格斯全集》第2卷，1957年版，第164页。

④ 《马克思恩格斯选集》第1卷，第77页。

⑤ 费尔巴哈著，荣震华、李金山等译：《费尔巴哈哲学著作选集》上卷，商务印书馆1984年版，第115页。

⑥ 费尔巴哈著，荣震华、李金山等译：《费尔巴哈哲学著作选集》上卷，商务印书馆1984年版，第184页。

⑦ 《马克思恩格斯全集》第3卷，第307页。

⑧ 《马克思恩格斯选集》第1卷，第77页。

的，自为的，被确定为与人分隔开来的自然界，对人来说也是无。”[①]在《德意志意识形态》中，马克思、恩格斯把这个思想表述为：“此外，先于人类历史而存在的那个自然界，不是费尔巴哈生活其中的自然界；这是除去在澳洲新出现的一些珊瑚岛以外今天在任何地方都不再存在的、因而对于费尔巴哈来说也是不存在的自然界。”[②]所以，自然界必须人化，具有属人性，人化就是现实化，就是形成真真切切的现实自然界，如马克思所说：“在人类历史中即在人类社会的形成过程中生成的自然界，是人的现实的自然界；因此，通过工业——尽管以异化的形式——形成的自然界，是真正的、人本学的自然界。”[③]

自然界的人化具有人的本质，这是由自然界和人的对象化活动的性质所决定的。马克思认为，自然界在其现成形态上，“都不是直接同人的存在物相适合地存在着”[④]，因此，人的对象化活动就肩负着一种使命，即按着人自身的性质和需要，改变对象本身，这个过程就是自然界的人化，而人化过程的结果就是使“一切对象对他来说也就成为他自身的对象化，成为确证和实现他的个性的对象，成为他的对象，这就是说，对象成为他自身”[⑤]。这样，人的对象化活动就架起了一座从主体到客体的桥梁，使客体主体化、自然界人化、世界最终归结为人。

马克思在其哲学形成时期就多次表达了人为世界本质的思想，意在指明，既然我们的世界是现实的、人化的世界，那就不要在人之外去探寻世界的本质，世界的本质对人来说是内在的、自我的，而不是外部的、他在的，只要承认人的活动是一种对象化的活动，那就必须承认这个结论。早在1843年的《〈黑格尔法哲学批判〉导言》中，马克思就曾说过几句千古名言，“人不是抽象的蛰居于世界之外的存在物。人就是人的世界，就是国家，社会”，“人是人的最高本质”，“人的根本就是人本身”。[⑥] 这些话语长期以来被误

① 《马克思恩格斯全集》第3卷，第335页。
② 《马克思恩格斯选集》第1卷，第77页。
③ 《马克思恩格斯全集》第3卷，第307页。
④ 《马克思恩格斯全集》第3卷，第326页。
⑤ 《马克思恩格斯全集》第3卷，第304页。
⑥ 《马克思恩格斯选集》第1卷，第1、9页。

解,被认为是费尔巴哈抽象人本主义的遗迹。其实,联系下文,特别是这句话:"对宗教的批判最后归结为人是人的最高本质这样一个学说",就可以看出,这句话的真实思想是指,宗教把神设定为人的最高本质,而费尔巴哈则戳穿了宗教神学的谎言,指明人的本质不但不在神那里,反而神不过是人的本质的异化。因此,人的本质不在神,只有人本身才是人的最高本质,世界最终只能归结为人,这个思想马克思还在其他许多场合下用不同的话语表述过。在1843年的《黑格尔法哲学批判》中,马克思说,"人始终是这一切实体性东西的本质"①。在《1844年经济学哲学手稿》中,马克思反复说明人的本质即自然界的本质,认为:"自然界的人的本质只有对社会的人来说才是存在的……并且自然界对他来说才成为人。"②在《1844年经济学哲学手稿》的另一处马克思又写道:"如果把工业看成人的本质力量的公开的展示,那么自然界的人的本质,或者人的自然的本质,也就可以理解了。"③在紧接着写出的《神圣家族》中,马克思转向人类社会和历史,指出,"人是全部人类活动和全部人类关系的本质、基础"④,"历史不过是追求着自己目的的人的活动而已"⑤。作为实践唯物主义和唯物史观诞生标志的《德意志意识形态》对于此前自然界和社会历史所最终归结的人,进行了全面的提升,马克思、恩格斯已不满足于一般地谈论人,而是将人具体化,指出:"全部人类历史的第一个前提无疑是有生命的个人的存在。因此,第一个需要确认的事实就是这些个人的肉体组织以及由此产生的个人对其他自然的关系。"⑥只是一般地谈人还不够,还必须把人和他所依存的自然界联系起来,只有这样的人才是真实的人,所以马克思、恩格斯又说:"任何历史记载都应当从这些自然基础以及它们在历史进程中由于人们的活动而发生的变更出发。"⑦这种方法是唯物主义考察历史的方法,而"这种考察方法不是没有前提的。它从现实

① 《马克思恩格斯全集》第3卷,第52页。
② 《马克思恩格斯全集》第3卷,第301页。
③ 《马克思恩格斯全集》第3卷,第307页。
④ 《马克思恩格斯全集》第2卷,1957年版,第118页。
⑤ 《马克思恩格斯全集》第2卷,1957年版,第118—119页。
⑥ 《马克思恩格斯选集》第1卷,第67页。
⑦ 《马克思恩格斯选集》第1卷,第67页。

的前提出发,它一刻也不离开这种前提。它的前提是人,但不是处在某种虚幻的离群索居和固定不变状态中的人,而是处在现实的、可以通过经验观察到的、在一定条件下进行的发展过程中的人"①。《德意志意识形态》对人的这种提升和具体化,是马克思哲学革命变革的前提,正是在对人何以现实化和具体化的追问中,才引发人的实践基础的思考,人之所以必须实践,是因为人是有生命的存在物,为了满足生命需求,就需要生活资料,为此就需要劳动和生产实践,这就为马克思将人引导到实践并在实践中生成自然界和人奠定了现实基础和逻辑前提。就这一点来说,《德意志意识形态》在马克思哲学革命变革中具有关键的意义。附带指出,马克思不仅在早期一再地申明人是自然、社会和历史的最终归结,就是在十几年后,在《1857—1858 年经济学手稿》中仍然坚持这个思想,认为"社会本身,即处于社会关系中的人本身"②。

(二)实践是人的最终归结

把世界最终归结为人,这不是马克思所唯一达到的,作为一个直观唯物主义者,费尔巴哈也达到了这种境界,他把自己的哲学就称为人本学,即以人作为世界之本。但是如何认识人呢?人可不可以继续向前追溯呢?对于这个问题费尔巴哈和马克思都认为人还不是世界的终极之本,还有比人更根本和更深刻的本源,不过他们的答案完全不同,他们分别从两个不同的方向对人进行了终极探究。费尔巴哈最终把人归结为自然,认为人是自然界长期发展的产物,人的意识源于大脑这种特殊组织起来的物质,这种看法并未超出旧唯物主义者的水平,最终又把人归结到物质自然界了。正是针对费尔巴哈的这种开倒车的认识,马克思、恩格斯批评他说,每当面临变革现实的时候,"费尔巴哈从来不谈人的世界,而是每次都求救于外部自然界,而且是那个尚未置于人的统治之下的自然界"③。从自然界来解说人、归结人,这是费尔巴哈人本学的根本特点,也是致命的弱点。与费尔巴哈相对立,马

① 《马克思恩格斯选集》第 1 卷,第 73 页。
② 《马克思恩格斯全集》第 46 卷(下册),1980 年版,第 226 页。
③ 《马克思恩格斯选集》第 1 卷,第 97 页。

克思则从另一个方向,即从实践的视角对人进行了划时代的全新解说,开启了哲学革命变革的心路历程。马克思的哲学革命变革是在唯物主义阵地上,首先针对费尔巴哈人本学的直观性而发生的。

在为《德意志意识形态》做准备的《关于费尔巴哈的提纲》的第一条就开宗明义地指出,费尔巴哈的直观唯物主义的主要缺点是:"对对象、现实、感性,只是从客体的或者直观的形式去理解,而不是把它们当作感性的人的活动,当作实践去理解,不是从主体方面去理解。"①人作为感性对象,费尔巴哈给以足够的重视,但他看人和看待一切对象、现实、感性一样,"只是从客体的或者直观的形式"出发,运用的只是接受客体作用于自己感官的被动的观察方法,看到的不过是人给自己留下的直观表面映象。如马克思、恩格斯在《德意志意识形态》中所说,"费尔巴哈对感性世界的'理解'一方面仅仅局限于对这一世界的单纯的直观,另一方面仅仅局限于单纯的感觉"②。从直观的感觉看,人都在忙于衣食住行爱,都是生物学意义上的作为"类"的人,这种人彼此没有区别,到处都是感情、意志和爱,因而是极其抽象的自然人。恩格斯批评费尔巴哈说:"他紧紧地抓住自然界和人;但是,在他那里,自然界和人都只是空话。无论关于现实的自然界或关于现实的人,他都不能对我们说出任何确定的东西。"③究其原因就在于"费尔巴哈设定的是'一般人',而不是'现实的历史的人'"④。这两种人的区别来自于不同的观察视角,用感性直观只能看到抽象的一般人,而转换视角,用实践的观点来观察人,就会看到活生生的现实人和历史人。对人和事物观察的视角的转换是破解人的秘密的关键,能否站到实践的立场上来,关系到如何对人进行正确的归结。

费尔巴哈在人的问题上的失误主要是因为"他把人只看作是'感性对象',而不是'感性活动'"⑤,不了解劳动和实践在生成人和创造历史中的重

① 《马克思恩格斯选集》第1卷,第54页。
② 《马克思恩格斯选集》第1卷,第75页。
③ 《马克思恩格斯选集》第4卷,第240页。
④ 《马克思恩格斯选集》第1卷,第75页。
⑤ 《马克思恩格斯选集》第1卷,第77—78页。

要作用。马克思在《1844年经济学哲学手稿》中就已明确指出："整个所谓世界历史不外是人通过人的劳动而诞生的过程，是自然界对人来说的生成过程。"[1]马克思高度评价的"作为推动原则和创造原则的否定性"的辩证法的"伟大之处首先也在于，黑格尔把人的自我产生看作一个过程……他抓住了劳动的本质，把对象性的人、现实的因而是真正的人理解为他自己的劳动的结果"[2]。所以劳动和实践不仅生成了人化的自然，而且生成了人和人类社会，积淀了丰富多彩的人类历史。在这个意义上把人向实践还原，最终归结为实践是理解人的正确途径。

在《德意志意识形态》中，马克思、恩格斯还通过对费尔巴哈抽象的人学观的批判，更深刻地阐明了人的实践本质。费尔巴哈不满意黑格尔过分依赖抽象思维，转而诉诸感性直观，但是他把感性直观只是理解为感性存在，而不知一切现实的感性都是由人的感性活动所铸就，"他把感性不是看作实践的、人的感性的活动"[3]，而是理解为"某种开天辟地以来就直接存在的、始终如一的东西"[4]，不理解他周围的感性世界都是"工业和社会状况的产物，是历史的产物，是世世代代活动的结果"[5]。马克思一再地强调这种活动，即感性活动或现实实践，认为这种活动不仅创生自然界，而且生成人和人类社会，没有这种活动，不仅自然界不会存在，人也不可能存在，所以马克思、恩格斯才再一次中肯地说："这种活动、这种连续不断的感性劳动和创造、这种生产，正是整个现存的感性世界的基础，它哪怕只中断一年，费尔巴哈就会看到，不仅在自然界将发生巨大的变化，而且整个人类世界以及他自己的直观能力，甚至他本身的存在也会很快就没有了。"[6]所以对人来说，活动是本质和基础，自然界是人的对象性活动的产物，人自身和人类社会也都是人的活动积淀的结果，只看感性存在而不理解感性后面的实践活动，不把人最终地归结为实践，就会重蹈费尔巴哈的覆辙。

---

① 《马克思恩格斯全集》第3卷，第310页。
② 《马克思恩格斯全集》第3卷，第320页。
③ 《马克思恩格斯选集》第1卷，第59—60页。
④ 《马克思恩格斯选集》第1卷，第76页。
⑤ 《马克思恩格斯选集》第1卷，第76页。
⑥ 《马克思恩格斯选集》第1卷，第77页。

费尔巴哈很想当一个革命者,但他不理解活动和实践的意义,使他空有一腔革命情怀,当"共产主义的唯物主义者看到改造工业和社会结构的必要性"并付诸实践的时候,他却放弃实践,"不得不求助于'最高的直观'和观念上的'类的平等化'"①,因而远离革命前沿。马克思、恩格斯认为,费尔巴哈陷入这种境地仍然是由于"他还从来没有看到现实存在着的、活动的人,而是停留于抽象的'人'……可见,他从来没有把感性世界理解为构成这一世界的个人的全部活生生的感性活动"②。从马克思、恩格斯的这句话里我们再一次地领略了活动对于人之重要,全部个人活动的总和生成感性世界,其中包括感性存在的人,我们要想正确理解世界和构成世界的人,只能向实践活动靠拢和归结。马克思在《关于费尔巴哈的提纲》的第九条说,"直观的唯物主义,即不是把感性理解为实践活动的唯物主义"③。这句话也可以反过来表达,克服了直观唯物主义的实践唯物主义就是把感性理解为实践活动的唯物主义。这里的感性也包括费尔巴哈极为重视的人,对于人也只能从感性活动的意义上来理解,这就是人的本质之所在和对人的最终的归结。

把世界归结为人克服了旧哲学的非人化倾向,使哲学向人和人的现实生活回归,这对高扬人的价值和主体地位具有重要意义。而人向实践的回归,用实践来定位人的生成和本质,又和直观唯物主义的抽象人本学划清了界限,真正体现了马克思所说的新哲学的"改变世界"的功能和使命。我们通常所说的实践哲学即"把感性理解为实践活动的"唯物主义哲学,强调实践对事物其中包括人的基础和本质的意义,这和马克思把世界最终归结为人的命题并不矛盾,而是完全一致的,是同一思想的不同表达或合理的延伸。人是实践生成的并以实践为类特性的人,而实践是人作为"有生命的个人存在"的实践,人与实践互为前提,相互包含。在通常的意义上,我们也可以说,马克思哲学把世界最终归结为人和实践。

---

① 《马克思恩格斯选集》第1卷,第78页。

② 《马克思恩格斯选集》第1卷,第78页。

③ 《马克思恩格斯选集》第1卷,第60页。

(三)人的全面发展是共产主义的最终归结

马克思哲学的终极追求是实现共产主义,《德意志意识形态》也把实践的唯物主义者称为共产主义者,认为其"全部问题都在于使现存世界革命化,实际地反对并改变现存的事物"①,这是迄今我们见到的马克思把哲学革命变革的成果与共产主义直接联系起来的最早的见证。马克思的这句话一方面肯定了践行唯物主义基本理念的人即实践唯物主义者就是共产主义者(这个思想在此前的《神圣家族》"对法国唯物主义的批判的战斗"一节中有详尽的论述),同时又把共产主义付诸实践,化成"改变世界"的革命行动,全部宗旨都是弘扬实践并通过实践使世界彻底人性化,为人对自己异化了的本质的重新占有开辟现实之路。

共产主义对马克思来说向来就有两个基本维度。一个是现实维度,指的是完善的社会制度和通过革命和建设可以跃上的平台。马克思在《共产党宣言》、《资本论》和《哥达纲领批判》中详尽地论述了实现共产主义的必备条件,如三大差别的消除,生产力的高度发展,社会产品的极大丰富,强制性分工的消灭,劳动已不是谋生的手段,而是生活的第一需要,等等。这些条件都是资本主义社会的对立物,虽然还不是经验的,却是逻辑上可以导引出的。在这个意义上,共产主义是必定实现的理想目标,正是这个信念支撑共产党人前仆后继,英勇斗争,生生不息。另一个维度是形上维度或哲学维度,指的是对人的本质的占有和对象化活动中各种矛盾的最终解决。《1844年经济学哲学手稿》作为马克思哲学的发源地对共产主义的这一维度做了精彩的论述:"共产主义是私有财产即人的自我异化的积极的扬弃,因而是通过人并且为了人而对人的本质的真正占有;因此,它是人向自身、向社会的即合乎人性的人的复归……是人和自然界之间、人和人之间的矛盾的真正解决……"②显而易见,共产主义的这个维度完全是从哲学意义上对人的未来发展的一种憧憬,它提出的目标虽然可以想象,但是很难操作,人们也

① 《马克思恩格斯选集》第1卷,第75页。
② 《马克思恩格斯全集》第3卷,第297页。

不知道什么时候和在什么样的条件才能实现对人的本质的占有,特别是人和自然之间与人和人之间的矛盾怎样才能真正解决。就当下人们的想象力来说这只能是个形上维度。马克思从形上视角来规范共产主义,这对当时的德国来说有其不可避免性,德国是个哲学民族,向来善于用哲学思辨来构建现实。在法国和英国通过政治和经济实现的思想变革在德国却用哲学来替代了。对于共产主义,德国思想界总是从哲学的视角来理解,法国关于人性本善、教育万能、自由、平等、博爱和消灭私有制等世俗的理想,在德国就变成了"最高的直观"和"类的平等化"的哲学表述。恩格斯最初就曾把德国的共产主义思想称为哲学共产主义。《1844 年经济学哲学手稿》中关于人的本质的重新占有和人与自然界及人与人之间矛盾的真正解决的说法就明显带有哲学的形上印记。这种理想追求虽然紧紧围绕着人,追求人的极致完美境界,十分具有启发性,但总不免给人一种难以把握的困惑,就像人们想到了天国但不知如何进入天国一样。

《德意志意识形态》一改《1844 年经济学哲学手稿》对共产主义的抽象玄思,伴随着实践唯物主义世界观的正式确立,把共产主义彻底感性化和现实化,从不同的视角开辟了实现共产主义的实践途径,其终极目标就是人的全面发展。

首先,马克思在《德意志意识形态》中对共产主义的描述更趋现实和合理,共产主义已不囿于异化的消除和人的本质向人的回归,而是以资本主义社会的现实弊病为比照,是通过革命实践能够达到的全新境界。马克思一生曾多次预言欧洲革命的发生,并在《德意志意识形态》中想象消灭分工后的共产主义社会中人的美好生活情景:"任何人都没有特殊的活动范围,而是都可以在任何部门内发展,社会调节着整个生产,因而使我有可能随自己的兴趣今天干这事,明天干那事,上午打猎,下午捕鱼,傍晚从事畜牧,晚饭后从事批判……"①这段对共产主义远景的著名的描绘十分引人入胜,饱受强制性分工之苦的当代人无不为之倾倒和憧憬。随着工作日的缩短和人的多方面素质的提高,马克思所描绘的这种人的全面发展的理想境界是可以

① 《马克思恩格斯选集》第 1 卷,第 85 页。

认同和接受的。

其次,共产主义是“世界历史”性的事业,要在世界历史中完成。马克思、恩格斯在《德意志意识形态》中第一次明确地提出了世界历史思想,并把它和共产主义革命联系起来,成为实现共产主义的必要条件。马克思认为,资本主义的大工业不仅开辟了国内市场,而且打通了国际市场,因而使人们交往增加,民族和地域的界限和鸿沟逐步被打破,各民族之间越来越相互依赖,并形成世界性的统一整体,这个过程就是世界历史的形成过程。世界历史对人的生存和发展具有重大的影响,在世界历史的进程中,原来自然经济状况下的个人的孤立存在,已经变为相互连接的世界历史性的存在,如马克思、恩格斯所说,生产力的发展已经使“人们的世界历史性的而不是地域性的存在同时已经是经验的存在了”①,因而“地域性的个人为世界历史性的、经验上普遍的个人所代替”②。这种世界历史性的个人存在首先反映到无产阶级身上,无产阶级就是一个世界历史性的阶级,与大工业和世界市场连接在一起,无产阶级的共产主义事业也是世界历史性的事业。马克思、恩格斯说:“交往的任何扩大都会消灭地域性的共产主义……无产阶级只有在世界历史意义上才能存在,就像共产主义——它的事业——只有作为‘世界历史性’的存在才有可能实现一样。”③这样,马克思就不仅把共产主义从天国拉向人间,而且从实现条件上,指明了“共产主义只有作为占统治地位的各民族‘一下子’同时发生的行动,在经验上才是可能的”④。马克思、恩格斯这个设想的意义不在于它的现实可能性,而是表现在马克思、恩格斯这时已经关注共产主义的实现条件和途径,这与《1857—1858 年经济学手稿》相比不能不说是一个很大的提高。

最后,共产主义是永无止境的实践过程。马克思在《1857—1858 年经济学手稿》中提出了共产主义消灭异化、使人全面地占有自己本质和最终解决人与自然和人与人之间的矛盾的崇高使命,但就人的现实存在来说,这个使

① 《马克思恩格斯选集》第 1 卷,第 86 页。
② 《马克思恩格斯选集》第 1 卷,第 86 页。
③ 《马克思恩格斯选集》第 1 卷,第 86—87 页。
④ 《马克思恩格斯选集》第 1 卷,第 86 页。

命很难完成。只要人还生活着，就难以消除异化，没有异化，人的活动事事心想事成，人就成了神，人也不用努力奋斗了，历史也会因此而终结。只有存在异化，而人又力图消除异化，在不竭的努力和发展中才构筑了人类不断前进的历史。同样人与人和人与自然之间的矛盾也难以一下子消除，这个矛盾不存在了，人就会无事可做，也就不会有人类的生活和历史。所以，马克思提出的共产主义的这个高远的目标只能伴随人类同行，在全部人类无止境的历史中才能实现。这就与共产主义的现实维度形成悖论，现实维度指明，只要达到必需的条件，共产主义是一定能够实现的，而这里的形上维度又说共产主义只能在“历史的全部运动”中或“在现实中将经历一个极其艰难而漫长的过程”[①]才能实现。正是针对这个矛盾，马克思、恩格斯在《德意志意识形态》中提出了一个著名的论断，认为共产主义是个实践生成过程。他们说：“共产主义对我们来说不是应当确立的状况，不是现实应当与之相适应的理想。我们所称为共产主义的是那种消灭现存状况的现实的运动。”[②]这段名言一方面澄清了对共产主义囿于可以企及的平台的简单的理解，同时又指出，共产主义是一种运动，是在消灭现存状况中的现实生成过程，是造就全面发展的人的实践过程。因此，共产主义并不是不可企及的遥远的未来，它就在我们的身边和我们的行动中，我们消灭旧世界和建设新世界所走的每一步都是为共产主义添砖加瓦，都是共产主义的构成部分。这样，马克思、恩格斯就不仅把世界最终地归结为人及其实践，在对待共产主义的问题上，他们也坚持实践唯物主义的根本宗旨，把共产主义最终归结为人的完善和为此而必须进行的变革现实的实践过程，体现了马克思实践人学的强大的辐射力和内在的完整统一。

《德意志意识形态》至今已写作一个半多世纪了，今天的世界与那时相比已经发生了巨大的变化，《德意志意识形态》中某些论断和原理已经过时了，如各国革命同时发动和胜利的设想今天已经无从说起，关于原始社会的部落所有制后来已被早晚期农业公社所代替，等等。但是，马克思、恩格斯

---

① 《马克思恩格斯全集》第 3 卷，第 347 页。
② 《马克思恩格斯选集》第 1 卷，第 87 页。

的《德意志意识形态》一书的核心思想特别是实践人学一百多年来却一直焕发出耀眼的光芒,正被越来越多的人所理解和接受。一个半多世纪来,尤其是历经两次世界大战以后,人的生命备受珍视,人的价值和意义也日益凸显,不管是出于什么样的动机或主观上是否情愿,一切国家都必须关注人性,世界的人性化是不可抗拒的历史趋势,整个世界也越来越朝着有利于人的生存的方向发展。这一切背后的潜台词就是世界是属人的世界,人是世界的最终归结,体现这一哲学理念的不是意识和学理,而是"改变世界"的实践。实践是生成自然和生成人的感性活动,只有实践才能真正体现人的价值,显现世界的属人本质。100 多年来人的生存境遇的改善也主要是人的实践水平提高的体现。

中国共产党是以为人民服务为最高宗旨的马克思主义政党,改革开放以来格外重视民生问题,致力于提高中国人民特别是弱势群体的生活水准。党在实践上努力探索、孜孜以求的同时,还在理论上对自己多年来为人民服务的实践进行新的概括和提升,党的十六届三中全会提出的以人为本的科学发展观就是对《德意志意识形态》中马克思、恩格斯实践人学思想的推进和发展。以人为本是以中国传统的民本思想为底蕴对马克思、恩格斯的实践人学的中国化的理解和阐释,把世界最终归结为人也就是以人为本,即把人视为本体论意义上的世界之本和价值论意义上的世界之本。以人为本的科学发展观的提出和实践成就是对《德意志意识形态》的实践人学思想的最好的纪念。

五、马克思哲学思想的人学轨迹

哲学作为一种世界观,首先是理解世界的方式。历史上,凡是强调从外在方面来理解世界的,往往把世界的本质归结为客观的物或超人的神,从而导致了各种形式的唯物论和宗教神学;而注重从人的内在方面来理解世界的,则往往把世界的本质归结为主观的精神或自我意识,从而导致了形形色色的唯心主义哲学。黑格尔的客观唯心主义是一种狡猾的哲学奸计,他表面上把世界的本原归结为超越人和自然的"绝对精神",而实际上,"绝对精神"既是神的代名词,又是意识加以神化了的绝对,黑格尔只不过以曲折晦

涩的方式表达了从人的内在和外在相结合的方式上来把握世界的一种模糊意向罢了。真正把这两种方式统一起来理解世界的首推费尔巴哈，他既强调外部的自然存在，又重视人的内在的意识和情感，认为世界的主体是人，而人是“思维与存在的统一”，是“灵魂与肉体的统一”，他的人本主义就是在人的内在与外在两方面相统一的基础上对世界的一种解释。

在哲学史上，由于对世界的理解方式不同，先后出现了神本、物本、心本、人本等哲学派别。那么，马克思哲学是以什么为本呢？这里所说的本有两种含义：一是本体论上的本，指世界存在的基础和本原；一是语义学意义上的本，指哲学研究的基本内容和实际对象。在前一种意义上，马克思哲学被理解为唯物主义世界观，这已是确定不移的真理，为人们所公认。在后一种意义上，马克思哲学是围绕什么主题展开的？在这个问题上，人们的理解就颇多歧见了。目前，在马克思哲学唯物主义这个总的前提下，就有自然本体论、实践唯物主义、实践本体论、唯物史观等不同的理解。不可否认，所有这些见解都揭示了马克思哲学的某一方面的特点，但若就马克思哲学的形成和发展的实际历程来说，不能不承认，对人的全面正确的认识和理解是贯穿马克思一生各时期哲学研究的中心线索。马克思早期的哲学革命、中期《资本论》所达到的新的制高点、晚期唯物史观的新升华，都是以深化对人的正确理解为契机而实现的。揭示和辨析马克思哲学以人为本的轨迹，有助于我们拓宽视野，开辟一个深入理解马克思哲学实质的新天地，同时也会为解决历史和现实中的某些哲学难题提供一个新的解释。

（一）时代精神的转换，从理想的人到现实的人

哲学是时代精神的精华，这是一切哲学最深层次的共同内涵。

在人类历史的早期阶段，由于生产力的落后，人类征服自然的能力低下，在人与外部世界的关系上，人总是处于被动附属的地位。这一时期的哲学反映了外部世界对人的强制和人对外部世界的依赖。人作为主体在客体面前的软弱无力，使人不能掌握自己的命运，必须有一个外在的实体作为依靠，由它来掌握对人的统治权和支配权。正是这种时代观念决定了人类童年的哲学具有强烈的外在性，缺乏主体意识，把整个世界理解为超人的纯粹

客体。宗教神学杜撰了一个万能的上帝，人不过是上帝的作品。早期的唯物主义哲学意识到了外部世界不依人的意志为转移的客观实在性质，并且在不同时期以不同的物质存在形态概括了世界的本质。这虽然在科学形态上远远超出宗教学，但在把握世界的方式上却与宗教有相同之处。它们都超越自我，把外部世界看成一个与自己完全无关的自在世界，它们“对事物、现实、感性，只是从客体的或者直观的形式去理解，而不是把它们当作人的感性活动，当作实践去理解，不是从主观方面去理解”①。结果，世界失去了属于人的性质。唯心主义则与此不同，它不是在人之外来理解世界，而是从人的主观出发，把世界融汇在精神和意识之中，认为世界不过是为人而存在的，是人的主观创造的结果。“所以，结果竟是这样，和唯物主义相反，唯心主义却发展了能动的方面，但只是抽象地发展了，因为唯心主义当然是不知道真正现实的、感性的活动本身的。”②

从15世纪开始，随着资产阶级登上历史舞台，空前强大的生产力和全新的生产方式被创造出来了。正是这种强大的生产力改变了人与自然界的关系，人在自然界面前硬朗起来了。实践使人意识到，人不仅应该成为自然界的主人，而且确实能够征服自然界，从而在人作为主体的前提下，建立起人与自然的新的统一关系。这样，基于生产力飞速发展和人与自然关系的改变，从15世纪开始，一个前所未有的人文主义思潮兴起来了。

人文主义亦称人道主义，它强调人的主体地位，要求以人为中心，对社会的政治、经济和文化实行全方位的改造，建立起充分肯定人的价值的新的社会秩序。与中世纪贬损人的价值、将人动物化的封建社会相比，这是历史的巨大飞跃，是时代精神的根本转换，自文艺复兴以来，各种哲学流派适应时代精神的转换，都不同程度地向人倾斜，填充了人学内容，诸如洛克的《人类理智论》、贝克莱的《人类知识原理》、孔狄亚克的《人类知识的起源》、休谟的《人性论》和《人类理智研究》、莱布尼茨的《人类理智新论》、卢梭的《论人类不平等的起源和基础》，以及康德的“人是目的”“人为自然立法”等命

① 《马克思恩格斯选集》第1卷，1972年版，第16页。

② 《马克思恩格斯选集》第1卷，1972年版，第16页。

题。所有这一切都说明，人文主义已经深入人心，人对自身的研究已经不可阻挡地冲入一向静谧的哲学王国，掀起了喧嚣的人学大潮。这股潮流来势之猛，连鼓吹超人的"绝对精神"的哲学集大成者黑格尔也抵挡不了，最后还要回到尘世中来，落实到市民社会和政治社会等一系列非常现实的题目上。费尔巴哈是近代哲学史上比较自觉地研究人学的伟大学者，是唯物主义和人本主义相结合的典范。尽管他对人的理解是抽象的，但是费尔巴哈相信人类理性的力量，并倡导把人当作哲学研究的主题，这在哲学史上是具有划时代意义的。

费尔巴哈是马克思哲学思想的引路人，他的人本主义哲学横在黑格尔和马克思之间，是马克思借以摆脱黑格尔影响的中间环节。特别是费尔巴哈对人的坚定信念和对美好理想的执着追求，深深地打动了马克思，在青年马克思的哲学思想建构过程中刻下了鲜明的印记。马克思早期的人的理念就是直接从费尔巴哈那里承袭来的。

马克思早就认识到"主体是人，客体是自然"[①]。人作为主体不能不把自身作为衡量一切事物的尺度和标准，视自己类的需求为一切活动的出发点。所以马克思一登上哲学舞台就庄严宣布："人是人的最高本质"，"人的根本就是人本身"。[②] 传统哲学经过神本、物本和心本的发展阶段以后，必须突破对人的抽象理解，进入到以"关于现实的人及其历史发展的科学"[③]为特征的人本阶段。实践唯物主义和历史唯物主义就是马克思对人的认识的空前突破，是马克思以人为主要研究对象的集中体现。

正是在对人的认识上，马克思与旧哲学根本不同，进入了一个全新的境界。旧哲学其中包括费尔巴哈哲学对人的理解，带有自然主义倾向，它只强调人的本质的内在方面，把人作为"类"，企图在人与动物的区别中，追求人的不变的本性实体。当费尔巴哈突破宗教神学和黑格尔主义的影响，把感情、意志和爱当作人的本质的时候，如马克思所指出，这虽然也不乏"实证的人道主义和自然主义的批判"价值，但他对人的认识和对人的本质的概括毕

① 《马克思恩格斯选集》第2卷，1972年版，第88页。
② 《马克思恩格斯选集》第1卷，1972年版，第9页。
③ 《马克思恩格斯选集》第4卷，1972年版，第237页。

竟脱离了人的实践和人的现实生活，带有抽象的和约定的性质。实际上，费尔巴哈离开了人的社会关系和物质生活条件，将人的本质理想化了。马克思在对人的本质的把握过程中，也曾经过早期的理想主义阶段。青年马克思就曾一度把“需要”“有意识的生命活动”“自由自觉的活动”看作人的类本质。马克思对人的本质的这种理解，显然高于费尔巴哈。它表明，马克思已经不满足于对人的内在本性的抽象静观，而是能从人的实践活动这一更深的层次上来反映主体的特性。但是这种表述人的本质的方式仍侧重于对人的孤立内在的考察，未能彻底跳出费尔巴哈的局限，仍带有一定程度的抽象性。马克思很快就发现，人的本质问题不仅是个理想问题，它首先是个科学问题，研究它不仅需要激情和理想主义，更需要科学精神，以现实的科学态度来对待。为此，就要把人放在现实生活中，从外在方面来研究人的现实规定性。当马克思的视野转向现实生活时，他立即发现了“历来为繁茂芜杂的意识形态所掩盖着的一个简单事实”[①]，即人要生活就需要生活资料，就需要进行生产劳动，而在劳动中，人们必然要结成不依人的意志为转移的生产关系和社会关系，只有在这种关系中，人才能生活和生产。至此，人的本质问题清晰了。从理论意义上来说，人的本质问题是从人自身探索人的内在特性问题。这是一种形而上学的讨论，永远也不能最后说清楚，因为它没有一个现实确定的标准。但是如果从现实或科学意义上来研究，那么人的本质的争论就不再是个游移不定的问题了。既然人作为认识和实践的主体，一步也不能离开实践和实践所形成的社会关系，人的现实性主要是由社会关系决定和体现的，那么，对人来说，社会关系也就成为把握人的本质的突破点了。正是在这个意义上，马克思说人的本质并不是单个人所固有的抽象物。“在其现实性上，它是一切社会关系的总和”[②]，这是马克思早期人学研究得出的最重要的结论，它显示了研究人及社会历史的新视角。

（二）现实人的具体展开，对人的经济和历史的分析

《德意志意识形态》是马克思早期哲学发展的终结，从此马克思进入了

① 《马克思恩格斯选集》第3卷，1972年版，第574页。
② 《马克思恩格斯选集》第1卷，1972年版，第56页。

一生创作的旺盛时期，即中期。如果从总结1848年革命经验时算起，直到1875年写作《哥达纲领批判》算作中期的话，那么在这一时期里，马克思的理论活动主要集中在三个方面：一是总结1848年革命和1871年巴黎公社革命经验，推进科学社会主义学说的发展和完成；二是为《纽约每日论坛报》撰稿，评论这一时期欧亚美大陆发生的重大政治事件；三是写作《资本论》，完成对资本主义社会的经济解剖。事实证明，马克思中期的作品尽管在内容上不是直接为了阐发哲学，但充满了哲学，是他早期哲学思想的发展和继续，只不过在表现形式上与早期有所不同，没有采用哲学专著的形式，而是通过对资本主义和许多重大事件做经济和历史的分析来阐述自己的哲学思想。

不仅如此，马克思中期的哲学思想和早期是一脉相承的，是他早期所得出的"人的本质是社会关系的总和"这一结论的继续贯彻和展开。其核心仍然是人，目的仍在于进一步揭示人的本质，只不过研究的取向改变了，从理想的人走向现实的人，从内在本质的揭示转向外在本质的探讨，而对人的经济解剖和贯彻其中的历史分析正是这一时期马克思把握现实的人的两大杠杆。

在马克思看来，既然人的本质存在于人的社会关系中，那么，为了揭示人的本质首先就要对社会关系进行解剖。正如列宁所说，马克思的基本思想"是把社会关系分成物质关系和思想关系。思想关系只是不以人们的意志和意识为转移而形成的物质关系的上层建筑，而物质关系是人们维持生存的活动的形式(结果)"①。具体说来，马克思"所用的方法就是从社会生活的各种领域中划分出经济领域来，从一切社会关系中划分出生产关系来，并把它当做决定其余一切关系的基本的原始的关系"②。抓住经济关系，特别是生产关系，就把握住了现实的人的生存和利益的基础，就可以使社会关系这个概念继续深化，从而更深刻地揭示出人的本质来。生产关系在人的本质的揭示中能够起这样大的作用，是因为：

---

① 《列宁选集》第1卷，1972年版，第18页。
② 《列宁选集》第1卷，1972年版，第6页。

第一,现实的人首先是经济的人,经济不仅构成人类生存的基础,而且是社会根本利益之所在。而生产关系正是经济活动的基础。一般来说,不同的生产关系或在生产关系中的不同地位就形成了不同阶级,从而形成了不同的人。现实的人"只是经济范畴的人格化,是一定的阶级关系和利益的承担者","不管个人在主观上怎样超脱各种关系,他在社会意义上总是这些关系的产物"。[①] 这就告诉我们,人的本质绝不是虚无缥缈的,现实的人具有现实的本质,而决定人的现实本质并把人们区别开来的首先是生产关系。

第二,任何生产关系都不是随意建立起来的,它作为生产力的实现形式总是与一定的生产力水平相适应,通过生产关系,可以透视生产力,并把现实的人的本质的探讨与一定的生产力水平联系起来。马克思十分重视从生产力角度来揭示人的本质和素质,认为不同的生产力造就了不同的人。所以他说人"既和他们生产什么一致,又和他们怎样生产一致。因而,个人是什么样的,这取决于他们进行生产的物质条件"[②]。

第三,生产关系是个历史范畴,生产关系的历史发展决定了人的本质的历史演变。马克思一向认为,人具有历史性,都是"从历史中产生的",是"一定的历史的结果"。这种历史的个人,并不是来自于"人类的天性",而是由不同时期生产力和生产关系的变革所决定的。马克思曾经抨击封建生产关系及由此形成的社会等级制度遵从"动物的世界观"[③],因而封建社会的人遵循动物的先天血缘原则,具有强烈的等级观念和奴性。而资本主义以雇佣劳动为基础的生产关系通行等价交换原则,人不仅是平等的,而且人的地位在很大程度上是由后天决定的,这就形成了资本主义时代人的平等观念和竞争性与进取性。十分明显,这两种不同的人是由两种不同的生产关系和社会制度造就的,因此,通过对生产关系的历史考察就可以把握在历史中形成的人。

《资本论》是马克思以资本主义社会的人进行经济解剖的典范。但是,经济解剖仅仅是这本书的一方面功能,透过它可以看到人的存在的现实基

① 《马克思恩格斯选集》第2卷,1972年版,第208页。
② 《马克思恩格斯选集》第1卷,第68页。
③ 《马克思恩格斯全集》第1卷,1960年版,第377页。

础，看到活生生的现实的具体的人。资产阶级经济学家总是不理解人与动物之间的真实关系，总是以为商品就是单纯的物，在它后面不可能隐藏着人与人之间的关系。马克思则相反，“凡是资产阶级经济学家看到物与物之间的关系的地方(商品交换商品)，马克思都揭示了人与人之间的关系”[①]。

通过经济解剖，马克思提供了理解资本主义社会中的人的钥匙。把马克思对资本主义不同历史阶段的人所做的描述贯穿起来，就会得到资本主义制度下各种不同阶段的人的完整形象。在资本原始积累时期，资产阶级的残忍本性充分暴露，他们对直接生产者的剥夺是“用血和火的文字载入人类编年史的”[②]。在资本主义工业化初期，资本家的贪婪本性大暴露，为了榨取利润，各种卑鄙手段无所不用其极：暴力掠夺、雇佣童工、贩卖黑奴、鸦片贸易，一句话，资产阶级及其辩护士们已经“丢掉了最后一点羞耻心和良心”[③]。工业革命以后，资产阶级的政治统治已经牢固地确立起来，为了长治久安，维护自己的根本利益，资产阶级对先前统治的卑鄙行径不得不有所收敛。“现在的统治阶级，不管有没有较高尚的动机，也不得不为了自己的切身利益，把一切可以由法律控制的、妨害工人阶级发展的障碍除去。”[④]这就告诉我们，经济分析虽然是揭示人的本质的一把钥匙，但是，经济分析本身必须是历史主义的，要在历史的发展中考察发展变化了的人性。

马克思通过对人的经济和历史分析得出什么结论呢？在早期，马克思设定了人的理想化本质，认为资本主义和私有制将人的本质和本性高度异化了，因此必须进行共产主义革命，实现人的本质的复归。尽管这种论证方法还不完善，有待于进一步地提高和升华，但马克思人学理论的革命性质已经充分地体现出来。在中期，马克思不再依靠人的本质及异化理论来建立自己的共产主义学说，他所倚重的是唯物史观，特别是生产力与生产关系的矛盾运动理论。但是不容置疑，这时马克思对人的经济和历史的分析作为唯物史观的核心同样具有重大的意义，特别在方法论上，仍然是马克思锐利

---

① 《列宁选集》第2卷，1972年版，第444页。

② 《马克思恩格斯选集》第2卷，1972年版，第221页。

③ 《马克思恩格斯选集》第2卷，1972年版，第263页。

④ 《马克思恩格斯选集》第2卷，1972年版，第207页。

的思想武器之一。马克思一向认为,只有共产主义社会才真正开创了人类社会的历史,因为只有在这时生存斗争才停止了,人才在一定意义上最终地脱离了动物界,此前的一切社会形态都不过是人类社会的史前时期,由史前时期进入真正人类历史的标志仍然是人自身的进化和完善。在《资本论》中,马克思曾指出,共产主义只有在由必然和外在目的规定要做的劳动终止的地方,即以人自身作为目的人类能力充分发展时才会开始。在《哥达纲领批判》中,马克思又提出分工和三大差别的消失、劳动成为生活的第一需要和人的全面发展等作为实现共产主义的必要前提。所有这些条件都是对人的要求,是人进入共产主义社会必须具备的素质。在这种意义上,共产主义也是人自身发展的结果,没有高度发展的人,就不能有高度发展的共产主义社会。共产主义标志着人的全面发展,是人的真正彻底的解放。

(三)深沉的反思,人学理论的新升华

从 1875 年,严格地说,从 1879 年中止写作《资本论》时算起,直到 1883 年逝世,这是马克思一生的晚年时期。马克思晚年哲学思想的最大特色是从《资本论》转向人类学的研究。从内容上看,马克思晚年人类学笔记包括关于东方前资本主义土地所有制性质、前途,东西方社会历史演进的关系,原始社会结构、氏族、家庭和婚姻形式在原始社会中的作用等问题的摘记和评述。此外,马克思对古代法制、国家及宗教等问题也表现了浓厚的兴趣。但是,凝聚在这些内容中的最大的思想成果是马克思人学理论的新升华,而这是与当时的世界革命形势密切相关的。

19 世纪 70 年代中期以后,世界革命形势与马克思原来的估计发生明显的错位。一方面,西方革命形势消退,到 19 世纪 80 年代初期马克思已认定,在他有生之年,已不能亲眼看到西方革命;另一方面,东方特别是俄国革命形势却正在形成,马克思和恩格斯都多次预断,俄国革命有可能在近期发生。于是,一个尖锐的问题,即俄国革命胜利后应该走什么道路的问题提到马克思面前。正是在对这个问题的思索中,马克思关于人的理论得到了进一步的提升。

按照 19 世纪五六十年代的看法,人的问题虽然十分重要,并且人的价

值问题一贯是马克思关注的中心，但是在历史发展中，它并不构成一个独立的尺度，相反，人的利益和价值只是第二位的，必须服从历史的发展。马克思 1853 年在《不列颠在印度的统治》和《不列颠在印度统治的未来结果》两篇文章中表述了这一思想。

英国对印度的侵略和征服，是近代历史上的一件大事。由于英国的侵略暴行令人发指，所以它一直遭到一切有正义感的人们的愤怒谴责。马克思作为现代真正人学理论的开山鼻祖，自然也对印度人民的苦难遭遇充满同情，对英国的侵略罪行发出了愤怒声讨的最强音。但是马克思作为唯物史观的创始人，远远超越一般的人道主义者，他还用科学的眼光和历史的态度来观察这个问题本身及其后果。马克思认为，从历史发展的角度来看，英国的侵略不只是带来了巨大的社会灾难，与此同时，它还带来了资本主义因素，这"就破坏了这种小小的半野蛮半文明的公社，因为这破坏了它们的经济基础；结果，就在亚洲造成了一场最大的、老实说也是亚洲历来仅有的一次社会革命"[①]。所以，马克思认为："英国在印度要完成双重的使命：一个是破坏性的使命，即消灭旧的亚洲式的社会；另一个是建设性的使命，即在亚洲为西方式的社会奠定物质基础。"[②]马克思对英国侵略的这种特殊的观察视角本身就包含着一个内在的矛盾：在亚洲建立西方式的社会要以破坏旧的亚洲式的社会为前提，而这种破坏性的使命伴随着剑与火，是在残忍的野蛮征杀中实现的。那么，如何看待这个过程中人的价值的贬损呢？马克思无论从逻辑上或事实上都充分地注意了这个问题，并从当时的世界历史思想出发，给予了明确的回答。他说："从纯粹的人的感情上来说，亲眼看到这无数勤劳的宗法制的和平的社会组织崩溃、瓦解、被投入苦海，亲眼看到它们的成员既丧失自己的古老形式的文明又丧失祖传的谋生手段，是会感到悲伤的"；"的确，英国在印度斯坦造成社会革命完全是被极卑鄙的利益驱使的，在谋取这些利益的方式上也很愚钝。但是问题不在这里。问题在于，如果亚洲的社会状况没有一个根本的革命，人类能不能完成自己的使命。如

① 《马克思恩格斯选集》第 2 卷，1972 年版，第 67 页。

② 《马克思恩格斯选集》第 2 卷，1972 年版，第 70 页。

果不能,那末,英国不管是干出了多大的罪行,它在造成这个革命的时候毕竟是充当了历史的不自觉的工具。这么说来,无论古老世界崩溃的情景对我们个人感情是怎样难受,但是从历史观点来看,我们有权同歌德一起高唱:‘既然痛苦是快乐的源泉,那又何必因痛苦而伤心?’”①

马克思的这个答案牵涉了一个令人困惑的历史难题:社会进步为何伴之以人的价值的沦丧。现在,马克思正面对这个难题:英国的侵略和随之而来的资本主义对亚洲社会的冲击,一方面具有社会进步的意义,但同时也给印度和东方各国人民造成巨大的痛苦和牺牲。那么,怎样来揭示这个历史之谜呢?

马克思认为,在私有制社会中,社会进步与人的价值成反比,这是历史的基本规律。他说:“英国资产阶级看来将被迫在印度实行的一切,既不会给人民群众带来自由,也不会根本改善他们的社会状况,因为这两者都不仅仅决定于生产力的发展,而且还决定于生产力是否归人民所有。但是,为这两个任务创造物质前提则是英国资产阶级一定要做的事情。难道资产阶级做过更多的事情吗?难道它不使个人和整个民族遭受流血与污秽、穷困与屈辱就达到过什么进步吗?”马克思的结论就是:“在大不列颠本国现在的统治阶级还没有被工业无产阶级推翻以前,或者在印度人民自己还没有强大到能够完全摆脱英国的枷锁以前,印度人民是不会收到不列颠资产阶级在他们中间播下的新的社会因素所结的果实的。”②为社会进步而付出巨大的代价和牺牲,这就是私有制社会中广大人民群众必遭的厄运。所以,在私有制社会中,衡量社会进步的尺度绝不能是人的价值,而只能是生产力的发展,只要有利于提高生产力,即使人的价值遭到贬损和沦丧,这也是必须肯定的历史进步。

但是到了19世纪70年代中期以后,整个世界革命形势变了,东方特别是俄国革命危机来临,现实向马克思重新提出俄国革命后选择什么样的社会发展方向和道路问题。如果说此前马克思曾经肯定过俄国等东方国家未

① 《马克思恩格斯选集》第2卷,1972年版,第67—68页。

② 《马克思恩格斯选集》第2卷,1972年版,第73页。

来的西化或资本主义化的取向，那么现在，当资本主义生产向一切人表明了它的纯粹的暂时性，当“欧洲和美洲的一些资本主义生产最发达的民族，正力求打碎它的枷锁，以合作生产来代替资本主义生产，以古代类型的所有制最高形式即共产主义所有制来代替资本主义所有制”[①]的时候，马克思就再也不能同意俄国重蹈资本主义的历史覆辙了。因为资本主义的“历史今后只是对抗、危机、冲突和灾难的历史”[②]，投入资本主义的怀抱无异于使人民跳进火坑，这是对人的价值的最大的否定。从前，当世界还处在自由资本主义发展阶段时，在东方，以贬损人的价值为代价来发展资本主义还可以换取社会的进步，为未来的新世界奠定物质基础；现在，当资本主义已“表现出它同自己所产生的社会生产力本身是不相容的”[③]时候，即使人民群众付出更大的代价也丝毫不能促进生产力的发展，推动社会进步。在这种情况下，马克思提出了俄国等东方国家跨越资本主义“卡夫丁峡谷”的设想。这个设想的深刻基础就是对人的价值和命运的充分关心。在给《祖国纪事》杂志编辑部和查苏利奇的信中，马克思再三指出，俄国要跨越“卡夫丁峡谷”，首先是考虑怎样“不经受资本主义制度的一切苦难而取得它的全部成果”，避免“遭受资本主义制度所带来的一切极端不幸的灾难”，“不通过资本主义生产的一切可怕的波折而吸收它的一切肯定的成就”。[④] 于是避免使人民陷入资本主义的“苦难”、“灾难”和“波折”，就成了跨越“卡夫丁峡谷”设想的出发点。

在马克思看来，跨越“卡夫丁峡谷”的结果将是：一方面吸取资本主义的肯定结果，将它神奇地发展了的社会生产力承袭过来；另一方面也避免了资本主义的痛苦、灾难和牺牲，实现了人的价值追求。这样，人的价值和社会进步在历史上第一次统一和协调起来，它与生产力尺度一起成为衡量社会发展的历史尺度。马克思的跨越“卡夫丁峡谷”设想启示我们，如果我们观察私有制社会的发展可以不考虑人的价值尺度，而专注于生产力的发展，那

---

① 《马克思恩格斯全集》第19卷，1963年版，第443—444页。
② 《马克思恩格斯全集》第19卷，1963年版，第443页。
③ 《马克思恩格斯全集》第19卷，1963年版，第443页。
④ 《马克思恩格斯全集》第19卷，1963年版，第129、431页。

么在由资本主义或前资本主义向共产主义的过渡中，则必须坚持人的价值标准，把它视为历史的尺度，因为共产主义革命本身就是为了高扬人的价值，在向共产主义转变中贬损人的价值是与共产主义的宗旨相悖的。这是马克思晚年对人的价值理想的空前的提升。

至此，对于长期以来困扰人们的一个历史难题，即社会发展何以伴之以人的价值贬损的问题，马克思给出了最终的解释。原来，社会进步与人的价值的背离，这只是存在于以私有制为基础的异化社会中，它是由异化机制所造成的。而在共产主义社会和向共产主义的转变中，这种现象并不存在，相反，生产力的发展和社会的进步以提高人的价值为目的，它们是完全统一和一致的。

分析马克思一生思想发展的脉络，我们可以看出，马克思对人的本质和价值的揭示过程确实是理解马克思哲学的一个新视角。早期的人是理想的、内在的，因而也是抽象的人，这种人由于被赋予了理想的色彩，因而具有批判现实的价值。但在方法论上，离开人的实践及实践所形成的现实生活和社会关系来研究人，却具有思辨的性质。中期的人是经济的人、历史的人，对人的经济和历史的分析使人外在化了，正是这种外在的联系，使人具有多方面的规定性，因而使人成为现实生活中的具体人。无论是内在的抽象人或外在的具体人都是人的本质的局部，它们之中的任何一个都不能独立地体现人的本质。只有把这两方面有机地结合起来，才是探求人的本质和价值的正确出路。马克思晚年突出了理想主义和科学精神的完美结合，他既面对资本主义世界和东方社会中人的痛苦的现实境遇，又把对人的价值和命运的理想与跨越资本主义“卡夫丁峡谷”的实践联结起来，指出共产主义是人的问题的最终解决。马克思一生这三个时期对人的本质的价值的认识和解决过程，反映了他一生哲学思想发展的轨迹。但是必须指出，这个轨迹实际上就是确立和完善唯物史观的同一线索。唯物史观以生产力和生产关系的矛盾运动来揭示历史发展的机制和规律，但是无论是生产力还是生产关系都不是超人的，归根到底都体现在人的实践活动中。所以历史奥秘的真实的解开不是存在于人之外，而只能是存在于人本身，人就是解开历史奥秘的钥匙。在这个意义上，恩格斯又把唯物史观称为“关于现实的人及

其历史发展的科学”。所以,唯物史观的形成和发展以对人的深刻揭示为内容;反之,对人的本质和价值的揭示过程,也就体现了唯物史观演进的基本线索。研究马克思以人为本的哲学轨迹,不过是为了从一个新的视角更深刻地展示唯物史观形成和发展的机制和过程罢了。

六、唯物史观的人学意蕴

拙文《试论马克思以人为本的哲学发展轨迹》(见本书前篇)有幸得到了唐正东和徐亦让同志的专文教正①(以下简称唐文和徐文)。感谢之余,不能不遗憾地指出,这两篇文章的观点相近,都对马克思哲学做了思辨的抽象化的理解,否定了唯物史观的深刻的人学内涵及其历史发展的真实逻辑,抹杀了马克思一生特别是中期和晚期的巨大的哲学贡献。徐文和唐文还涉及某些引文和具体细节的理解问题,由于无关宏旨,恕不一一作答。仅就以下几个重要问题的分歧谈点浅见,权作为对徐、唐二文商榷的商榷。

(一)关于哲学上的本

哲学上的本有两种含义:一是本体论上的本,指世界的基础和本原;一是语义学上的本,指哲学研究的基本内容和实际对象。为了避免误解,拙文特意说明只是“在后种意义上展开的”,徐文用《马克思主义哲学不是“以人为本”:与张奎良同志商榷》为题来与拙文商榷,似乎拙文主张马克思主义哲学以人为本,这显然是一种曲解。由于这个问题不是讨论的重点,这里仅提及一下就是了。原则的分歧在于对本的第二种含义的理解上。徐文断言,哲学不是语义学,“哲学上所说的本,当然是本原的意思”,除此之外,不允许从研究的中心和主题的意义来理解本。这种看法在逻辑上和史实上都是站不住脚的。

哲学作为人对世界的认识和反思向来就具有人学性质。当人探讨世界的本原时,同时也就在探索人的本原。人总是不断地提出自己是从何而来

① 唐正东和徐亦让同志的专文:《马克思人学思想发展过程中的内在逻辑:兼与张奎良先生商榷》和《马克思主义哲学不是“以人为本”:与张奎良同志商榷》,见《哲学研究》1994 年第 8、9 期。

的问题。神本论说人是上帝创造的，心本论说人是某种世界理性或绝对精神外化的，物本论说人是自然界长期发展的产物。在哲学史上从未出现过本原意义上的人本主义者，相反在研究的中心和主题意义上的以人为本的哲学家比比皆是。费尔巴哈恢复了唯物主义权威，他被戴上人本主义的桂冠，是因为他把人作为哲学研究的中心和最高对象，并从人出发来揭示宗教的本质问题。同理，当我们指谓现代西方哲学的人本主义思潮时，也并不意味着他们都主张人是世界的本原，而是鉴于他们强调人的中心和主体地位，把人作为认识和实践的出发点。所以，在第二种含义即哲学研究的中心和主题上的以人为本，在哲学史上司空见惯，是一般的常例。

以人为本，把人作为哲学研究的中心和出发点，是近代哲学发展的必然结果。自15世纪以来，随着生产力的发展和资本主义生产方式的确立，人的主体地位越来越为人们所认同。特别是从康德开始，人作为认识和实践的主体已经成为不可回避的哲学研究课题了。康德把人的主体能力推向先天的超验，黑格尔则把绝对精神视为唯一能动的主体，费尔巴哈批判了黑格尔的唯心主义主体观，认为"实在、理性的主体只是人"[①]。但是，由于费尔巴哈对人的认识是抽象的，抛开社会及实践，只是从生物学的自然本性出发来理解人，所以他也不可能真正高扬人的主体地位，建立起科学的人学理论。

马克思创立的唯物史观，集以往人学思想之大成，在批判地继承的基础上，将人学理论推向一个崭新的阶段。唯物史观的前提是实践唯物主义，与从前旧唯物主义不同，它对"事物、现实、感性"不是"从客体的或者直观的形式去理解"，而是"把它们当作人的感性活动，当作实践去理解"，是"从主观方面去理解"。[②] 这是一种崭新的思维方式。

实践及其作为实践主体的人是唯物史观的前提，没有人及其生存的需要，就不可能有实践，当然也就不可能形成生产力及生产关系和社会关系。马克思、恩格斯说得好："任何人类历史的第一个前提无疑是有生命的个人

---

① 北京大学哲学系外国哲学史教研室编译：《十八世纪末—十九世纪初德国哲学》，商务印书馆1975年版，第631页。

② 《马克思恩格斯选集》第1卷，1972年版，第16页。

的存在"[①],唯物史观的"观察方法并不是没有前提的。它从现实的前提出发,而且一刻也不离开这种前提。它的前提是人",是从现实的"有生命的个人本身出发"。[②] 正是在这个意义上,恩格斯在《路德维希·费尔巴哈和德国古典哲学的终结》中又把马克思发现的唯物史观称为"关于现实的人及其历史发展的科学"[③]。

唯物史观的人学意蕴还表现在人与社会及社会关系相互作用和相互统一上,徐文特别强调唯物史观的"物"即社会关系的一面,同时又极力贬斥"人本身"的地位和意义,仅仅承认社会关系对人本身的单向决定作用,这种看法是很片面的。

唯物史观的划时代功绩是发现了社会关系对人的决定和制约作用,提出了人的本质在其现实性上是一切社会关系总和的科学论断。但是,这仅仅是事情的一个方面,还要看到,无论是社会关系还是生产活动都是人的关系和人的活动。而人不是虚幻的,是活生生的,有着生命需要、利益追求、心理特性、文化素质、行为规律、价值原则和各种群体组织等。人就是带着这些要求、素质和特性投入到生产活动中来,与他人结成社会关系的。这些要求、素质和特性反过来对人的活动和社会关系也起很大的影响和制约作用。早在《1844 年经济学哲学手稿》中,马克思就指出:"真正的社会联系并不是由反思产生的,它是由于有了个人的需要和利己主义才出现的,也就是个人在积极实现其存在时的直接产物。……人们——不是抽象概念,而是作为现实的、活生生的、特殊的个人——就是这种存在物。这些个人是怎样的,这种社会联系本身就是怎样的。"[④]在《神圣家族》中马克思又指出:"人是全部人类活动和全部人类关系的本质、基础。"[⑤]后来在《剩余价值学说史》中马克思又说:"人本身是他自己的物质生产的基础,也是他进行的其他各种生产的基础。因此,所有对人这个生产主体发生影响的情况,都会在或大或小

① 《马克思恩格斯选集》第 1 卷,1972 年版,第 24 页。
② 《马克思恩格斯选集》第 1 卷,1972 年版,第 31 页。
③ 《马克思恩格斯选集》第 4 卷,1972 年版,第 237 页。
④ 《马克思恩格斯全集》第 42 卷,1979 年版,第 24—25 页。
⑤ 《马克思恩格斯全集》第 2 卷,1957 年版,第 118 页。

的程度上改变人的各种职能和活动，从而也会改变人作为物质财富、商品的创造者所执行的各种职能和活动。”①正像社会和社会关系创造人一样，人也创造社会和社会关系，作为历史主体的人既是被创造者和被决定者，同时也是创造者和决定者。离开了人对社会和社会关系的创造和决定作用，社会和社会关系就被抽象化，失去现实性和具体性，而变得不可认识和理解。历史规律也是如此，它既是不依人的意志为转移的，但同时又建立在千百万人实践活动的基础上。正是无数个力的平行四边形作为基础，才形成历史的合力而显现出历史运动的规律性。所以恩格斯说，社会规律本质上就是人们自己的社会行动规律。把社会和人对立起来，把社会规律和人的活动对立起来，把社会结构看作超然于人及其活动之上的独立主体，这是一种抽象思辨的历史观。必须在人和社会的辩证统一中才能发现和认识现实的社会和真实的社会关系，离开了这种统一，忽视人本身多方面复杂的要求、素质和特性及其对社会与社会关系的影响和决定作用，就像马克思所批评的那样，“把社会当作一个单独的主体来考察，是对它作了不正确的考察，思辨式的考察”②。

唯物史观是个严谨的科学理论，自从它产生后就不断遇到来自各方面的曲解。18 世纪八九十年代曾经出现庸俗的经济决定论，否认思想意识和上层建筑的反作用。到了 19 世纪 30 年代，《1844 年经济学哲学手稿》问世后，资产阶级学者怀着不可告人的目的，又极力将唯物史观宗教伦理化，企图从人性和异化出发把它变成对资产阶级无害的理论。鉴于此，有些研究者又走到了另一个极端，否认唯物史观的人学内涵，见物不见人，谈人色变，把唯物史观变成了抽象的思辨理论。辩证法是唯物史观的灵魂，对唯物史观来说，人的前提和中心地位是内在的、必然的，问题的关键不在于回避人，而在于如何科学地理解人。马克思的最大功绩就是继承了以往人学理论的积极成果，同时把它纳入到唯物史观体系中，用新的观点和视野对人加以界

① 《马克思恩格斯全集》第 26 卷（第 1 册），1972 年版，第 300 页。

② 《马克思恩格斯全集》第 46 卷（上册），1979 年版，第 31 页。

说，既充分肯定人的前提和中心地位，又超越以往人学理论的界限，注入生产力和生产关系的新鲜滋养，使人学理论第一次现实化、科学化。因此，从基础和本原意义上说，唯物史观像一切唯物主义派别一样，承认“外部自然界的优先地位”①是以物为本的。但若就唯物史观的前提以及它以人的实践为基础所实现的哲学革命变革的实际内容来看，人仍处在中心地位。因为无论是唯物史观所倚重的生产力，还是社会关系，归根到底，这个“社会物质”的主体和依托还是人。在这个意义上，说唯物史观以人为研究之本并没有什么不妥。

徐文说：“唯物史观不仅推翻了各种‘以神为本’的哲学，而且推翻了各种‘以人为本的哲学’。”这是不对的。如果像徐文给本下的定义，本就是世界的基础和本原，那么历史上还没出现过这样的哲学和哲学家。如果就历史上各种主要以研究人为中心的人本哲学来说，它们关注人，而不去研究神，这是时代精神的体现，是有积极意义的，而且许多哲学家也的确从不同的层面上提供了一些可资借鉴的积极成果。唯物史观对于这些以人为本的哲学的态度绝不是简单地推翻，而是批判地分析借鉴。

马克思说，一切真正的哲学都是时代精神的精华，反映时代的要求和呼声，指导和推进历史的发展进程是哲学肩负的光荣使命。不同时代造就了不同的哲学，不同的哲学对时代也起着不同的作用。当今我国正处在建立社会主义市场经济体制的社会转型时期，市场经济就是主体经济，它要求人的全面现代化，呼唤着人的文化素质、思想心态和道德面貌的大幅度提高。没有人作为主体的健全意识和加速对人的全面培训，社会主义市场经济体制就建立不起来。在国际上，当前正处在以经济和科技为龙头的激烈的竞争时代，经济战、科技战，归根到底是人才战，可以说，古往今来的历史上从来没有像今天这样迫切地需求人、高扬人。当此之际，哲学应该觉醒和奋起，担负起时代赋予自己的历史使命。哲学研究应该选取正确的视角，昭示人的主体意识，增强人的竞争能力和拼搏精神，培养人的自信心、责任心和

---

① 《马克思恩格斯选集》第1卷，1972年版，第50页。

使命感。马克思的哲学特别是唯物史观本来就内蕴丰富的人学内涵,是从深刻的理论层面对这些问题的透彻说明。关键在于我们能不能开阔视野,转换视角,从传统的以抽象的物为中心的研究误区走出来,光大唯物史观的人学意蕴。

(二)马克思人学思想的发展和深化

马克思的人学理论博大精深,是个不断发展的动态体系。它不是事先预成的,而是随着马克思哲学的不断拓展和深化而日益丰富和完善的。只有用发展的观点,详尽地占有材料,才能发现马克思在其勤奋的一生的不同时期所做出的越来越大的哲学贡献。那种把马克思哲学静态化,认为唯物史观一创立,马克思的人学理论就停滞了的观点是错误的。

唐文就是坚持这种观点的。他说:“从 1845 年一直到他逝世的整个时期内,马克思的人学思想并没有发生本质上的转变和升华,有的只是马克思根据特定条件对具体问题所做的具体的研究。马克思人学思想的结构和内容并没有发生什么‘新升华’。”为了论证这种停滞论的观点,唐文推出了所谓马克思人学思想发展过程中的三种内在逻辑,即面向现实的逻辑、面向理想的逻辑和面向革命的逻辑,并说这三种内在的逻辑早在马克思中学毕业论文中就已经孕育形成,以后马克思各个时期的人学思想都不过是这种内在的逻辑的具体展开罢了。其实,唐文中的三个内在逻辑是指马克思人学理论所论及的人的三方面特性,即他所谓的现实性、理想性和革命性。这“三性”何以成为内在逻辑呢?何况马克思还论及了人的诸多属性,单把面向现实、理想和革命说成是人学思想发展的内在逻辑,实在难以说得通。

按照一般的理解,特性是表征事物存在的,只要该事物存在着,它就永远具有这种特性。逻辑是说明事物发展的,而发展总是伴随着量的增加和质的飞跃。唐文把人的存在特性说成发展的逻辑,当然也就否定了马克思人学思想的发展和升华,他所看到的只是各时期都一以贯之存在的三个或更多的特性和逻辑,体会不到什么是发展和升华。显然,这种用人的特性取代人学思想发展逻辑的做法本身就是不合乎逻辑的。

马克思人学思想发展的动力只有一个,那就是马克思出于对人(当然是指无产阶级和广大劳动群众)的命运和价值的无比关切,正是这种崇高的思想境界推动马克思永不满足于已经取得的研究成果,而能随着新材料和新事实的涌现,不断地把人学思想引向深入。而这一理论发展的内在逻辑就是从理论到现实、从简单到丰富、从不完善到完善。总之一句话,是从抽象到具体,这就是马克思以人为本的哲学发展轨迹。

马克思早期著作中经常出现的关于人的本质和人性、异化的扬弃、自由王国、完整的人、人的全面发展等范畴都带有不同程度的理想性,马克思在提出现实的人以前所指谓的人就是一种理想的人。这当然不是说这种人完全排除了现实性,这只是就马克思思想发展的成熟程度而言的,当时马克思还没有形成社会发展规律的思想,还不可能从社会基本矛盾运动的角度来批判资本主义,论证共产主义。于是马克思就首先设定了一个理想状态下的人所应该具备的本质和本性,如“需要”和“自由自觉的劳动”等,并把这种本质和本性的泯灭、沦丧称为异化。但是马克思并不耽于理想,其整个唯物史观的形成就经历了一个从理想范畴到现实科学范畴的制定过程,对马克思来说,这个过程就是从理想的人到现实的人。从《神圣家族》起,马克思就已经形成了关于生产力和生产关系的基本思想,到写《德意志意识形态》时,除了生产关系范畴还用交往形式表达外,其他如生产力、生产方式、分工、所有制、经济基础、上层建筑、阶级和国家等现实的科学范畴都已产生,并有机组合,形成了唯物史观的基本体系。这时马克思所说的人也就扬弃了其理想性,成为处在一定的经济和社会结构中的现实的人了。

马克思从理想的人走到现实的人,经历的时间并不长,不过是从 1843 年到 1845 年这两年时间,但是马克思所实现的这个革命变革的意义却是巨大而深远的。现实的人是唯物史观的基点,它立足于实践唯物主义,是用实践观点分析人及其社会生活的成果,只有确立了实践唯物主义的哲学前提,把人放到生产实践中,人才可能去掉抽象性和理想性,而成为在一定生产体系和社会地位中生活的现实的人和具体的人。所以,尽管马克思早期著作中对人的分析也曾涉及现实性,但不是主导方面,从抽象的、设定的、理想的人过渡到现实的人是这一时期马克思人学思想发展的主线。现实的人的概念奠定了马克思人学理论的基础,但这绝不意味着马克思的人学思想就停在唯物史观的大门口,要想把人的本质和特性全部地展示出来,还要在现实的人的基础上,继续深化对人的研究,把现实的人进一步具体化。马克思哲学的中期阶段在这方面做出了巨大贡献,提供了多于早期阶段的重大研究成果。

中期是指从 1848 年革命至 1875 年《哥达纲领批判》的发表。徐文把 1845 年写的《关于费尔巴哈的提纲》叫作“中期开始的标志”,实在是闻所未闻。按一般理解,早期指马克思哲学的形成和创立时期,过去大多以 1846 年的《德意志意识形态》划界,而这本书又是在它之前的《关于费尔巴哈的提纲》的具体展开。把这本书划到中期,那么早期就只剩下没有意义的、不值得重视的信仰即“以人为本”的哲学了,这显然是说不通的。恩格斯说费尔巴哈是“黑格尔哲学和我们的观点之间的中间环节”①。而“我们的观点”即马克思在《〈政治经济学批判〉序言》中所说的“我们的见解与德国思想体系的见解之间的对立”,是通过后来发表的《德意志意识形态》对从前哲学信仰的清算来体现的。至此,马克思的哲学建树告一段落,开始进入中期,即列宁所说的实践和证实马克思的“新的理论”的时期,而“1848—1849 年的革命事变进程光辉地证实了新的理论”②。因此马克思哲学的中期阶段只能从此开始。

指明中期是从 1848 年革命开始的马克思的唯物史观和人学理论的证实和扩展时期是重要的,正是在这四分之一世纪的漫长时间内,马克思把自己的视野扩展到社会生产的各个领域,在证实了他的“新的理论”的同时,又给这一理论特别是其中蕴含的人学思想增添了许多新的成果。《资本论》是这一时期马克思人学理论的一个隆起点,诚如徐文所说,“《资本论》的核心不是‘人本身’,而是人们的生产关系”,但是在《资本论》手稿中马克思第一次

① 《马克思恩格斯选集》第 4 卷,1972 年版,第 207—208 页。

② 《列宁选集》第 2 卷,1972 年版,第 578 页。

从人的内在和外在关系的新视角,重新划分了人类社会的三大形态:"人的依赖关系(起初完全是自然发生的),是最初的社会形态,在这种形态下,人的生产能力只是在狭窄的范围内和孤立的地点上发展着。以物的依赖性为基础的人的独立性,是第二大形态,在这种形态下,才形成普遍的社会物质变换,全面的关系,多方面的需求以及全面的能力的体系。建立在个人全面发展和他们共同的社会生产能力成为他们的社会财富这一基础上的自由个性,是第三个阶段。第二个阶段为第三个阶段创造条件。"①这三个社会形态的划分充分表明了人及其相互关系在历史演进中的决定意义。不仅如此,在《资本论》中马克思还着重地论述了作为历史过程主体的人,指出:"人的存在是有机生命所经历的前一个过程的结果。只是在这个过程的一定阶段上,人才成为人。但是一旦人已经存在,人,作为人类历史的经常前提,也是人类历史的经常的产物和结果,而人只有作为自己本身的产物和结果才成为前提。"②这段话从人与历史相互决定关系的新视角,再一次表明了人及其本质在历史发展中的巨大作用。

应该特别指出,从抽象到具体是人类认识发展的一般规律,马克思哲学思想的发展历程也遵循这个规律。马克思哲学的许多重要的思想和原理在最初提出来的时候,往往在逻辑上是正确的,是无懈可击的,但同时也是抽象的,因为还没有来得及实践,舍去了许多与实践密切相关的主客观条件和其他制约因素,因而难免带有一定的抽象性,要使其具体化,就必须经过实践的检验、丰富和拓展。

用僵化静止的观点来理解马克思是马克思主义哲学史研究中的一种通病。由于传统思维定式的影响,人们总是习惯于静态思维,他们事先有了一个不可逾越的顶峰或顶点,当别人一提到变化或超越时,他们就担心:还往哪变?是不是要超越到相反方面去了?等等。研究中的这种弊病是由两个方面的因素造成的:一是把马克思某一时期的认识水平片面化、绝对化,唐

① 《马克思恩格斯全集》第46卷(上册),1979年版,第104页。

② 《马克思恩格斯全集》第26卷(第3册),1972年版,第545页。

文就把“三个面向”的逻辑凝固化,不论马克思后半生取得了多么丰硕的人学研究成果,总也跳不出三个内在逻辑的樊篱。徐文则把社会关系孤立化,认为一旦发现了社会关系就达到了至高无上的顶点,再也无须研究人及其对社会关系的反向决定作用了。二是不注意实际材料,不了解马克思思想发展的生动事实。实际上,马克思作为辩证唯物主义认识论者,他的思想总是随着时代脉搏而不断地升华,他的理论和观念也随着实践所提供的新的材料而不断地更新。在许多重大的理论问题上,马克思改变看法、转换认识是常有的事。比如,马克思曾用氏族公社所有制取代了《德意志意识形态》中的部落所有制;19 世纪 50 年代马克思曾认为东方发展资本主义是一种历史的进步,而晚年又提出了跨越资本主义“卡夫丁峡谷”的设想。19 世纪五六十年代马克思曾提出人体解剖是猴体解剖的一把钥匙,可是在晚年人类学笔记中他又回到“古代社会”的猴体解剖中去;从《德意志意识形态》起,马克思一直认为生产力是社会发展的原动力,可是在《古代社会》一书摘要中,他又肯定了血缘亲属关系和家庭形式在史前社会演变中的巨大作用;在《资本论》第一卷第一版序言中,马克思曾认定社会经济形态的发展是一种自然历史过程,可是在晚年跨越“卡夫丁峡谷”的设想中又肯定了主体的选择和创造的重要作用;等等。不了解马克思这些观点和认识上的变化和前进,就容易把马克思某一时期的认识凝固起来,把马克思已经扬弃了的观点当作他始终坚持的东西。唐文和徐文的共同缺点是把自己的视野停留在马克思早期的认识水准上,忽视了马克思中期和晚期孜孜不倦探索的巨大成果,正是这些成果才代表马克思哲学的最高水平。

(三)人的价值的终极意义

要深刻地理解马克思的人学思想不仅要有时代精神和发展观点,还要有强烈的创新意识。马克思学说是一个宏伟的思想文库,蕴藏着无数的理论珍宝,其中许多珍贵的史料都是鲜为人知的。1932 年发表了马克思的《德意志意识形态》和《1844 年经济学哲学手稿》,曾给国际思想界带来巨大的震动和冲击。从 20 世纪 70 年代起,新发现的马克思晚年人类学笔记展示

了马克思晚年的理论旨趣和思想风貌。其中他对古代社会史和东方公社土地所有制的研究,特别是他提出的跨越资本主义"卡夫丁峡谷"的设想,以其诱人的思想魅力,显示了马克思晚年唯物史观及人学理论的新走向。要吸取过去对《1844年经济学哲学手稿》研究滞后所造成的理论被动的教训,勇于接触新材料,进行新探索,开创唯物史观和马克思人学理论研究的新局面。正是本着这种精神,拙文从跨越"卡夫丁峡谷"的分析入手,发现并论证了马克思晚年人学理论的新升华。

所谓新升华主要是指马克思对社会进步何以伴之以人的价值贬损这一古老历史难题的新思考和走出困惑的新思路。史料表明,19世纪五六十年代,马克思面对英国对印度和中国的侵略及其带来的后果持一种较为达观的态度。作为一个与被压迫民族和人民命运息息相关的革命家,他同情东方各国人民的痛苦遭遇,强烈地谴责了英国的侵略暴行。但是作为一个理智的清醒的学者,他又深沉地思索了英国侵略所带来的客观后果及其意义。英国的侵略是为卑鄙的利益所驱使的,并且在谋取这些利益的方式上也很愚蠢。但是它在造成亚洲革命的时候毕竟是充当了历史的不自觉的工具。这并不与人的价值和命运相悖。

值得重视的是,马克思晚年对这个问题的观察视角有所改变,这又特别表现在俄国跨越资本主义"卡夫丁峡谷"的设想中,同样是面对俄国走不走资本主义道路和为此而付出的痛苦和牺牲的代价问题,马克思一改初衷选择了后者,摒弃了历来主张的通过发展资本主义为共产主义创造物质条件的观点。这个转变虽然只是一种设想,而且附带了国内外爆发革命等一系列必备的条件,但它确是实实在在的一条新思路,已经为国内外许多研究者所公认。对这个设想可以有不同的评价,然而不能否定这个设想本身。徐文引证《共产党宣言》1882年俄文版序言:"假如俄国革命将成为西方无产阶级革命的信号而双方互相补充的话,那么现今的俄国土地公有制便能成为共产主义发展的起点。"认为这段话只是说明"马克思首先考虑的不是避免资本主义,而是把俄国革命和西方革命联系起来"。这种说法纯系曲解,只要看一看马克思上句话提出的问题就明白了:"试问,俄国公社,这一固然已经大遭破坏的原始土地公共所有制形式,是能够直接过渡到高级的共产主义的公共所有制形式呢?或者相反,它还须经历西方的历史发展所经历的那个瓦解过程?”这里明明白白是在讨论借助俄国公社避免资本主义的可能性问题,而不是讨论革命问题,国内外革命的相互连接只不过是一种必备的条件。恩格斯后来也说,西欧的无产阶级革命“会给俄国农民提供实现这种过渡(指向共产主义所有制过渡——笔者注)的必要条件”[①]。徐文把“假如”这个条件状语说成是讨论的主旨,这种说法当然不能成立。

倒是拙文提出的跨越“卡夫丁峡谷”设想所带来的人学理论新升华,特别是其中的社会进步与人的价值的关系问题,值得详细地讨论一番,因为徐文和唐文都批评拙文的这个提法。徐文说:“自发现唯物史观以后,马克思就不再抽象地谈论人的价值和命运。”这句话只说对了一半,马克思在发现唯物史观后确实不再抽象地谈论这个问题,但是具体谈论这个问题倒是经常的。《资本论》通篇都充满对工人阶级劳动条件、生产状况和命运遭际的关心,这自不待言。单就马克思提出跨越“卡夫丁峡谷”设想的宗旨来看,更是他具体地关切人的价值和命运的生动体现。马克思在致《祖国纪事》杂志编辑部和查苏利奇的书信草稿中,反复说明:“如果俄国继续走它在 1861 年所开始走的道路,那它将会失去当时历史所能提供给一个民族的最好的机会,而遭受资本主义制度所带来的一切极端不幸的灾难。”[②]“历史今后只是对抗、危机、冲突和灾难的历史”,在“欧洲和美洲的一些资本主义生产最发达的民族,正力求打碎它的枷锁”的时候,俄国免于同样的遭遇当然是可以设想的。[③] 正因为俄国的村社土地公有制“和资本主义生产是同时代的东西,所以它能够不通过资本主义生产的一切可怕的波折而吸收它的一切肯定的成就”[④]。这里马克思所说的“一切极端不幸的灾难”“对抗、危机、冲突和灾难的历史”“一切可怕的波折”等,正是俄国人民跨进资本主义火坑以后

① 《马克思恩格斯全集》第 18 卷,1964 年版,第 620 页。
② 《马克思恩格斯全集》第 19 卷,1963 年版,第 129 页。
③ 《马克思恩格斯全集》第 19 卷,1963 年版,第 443 页。
④ 《马克思恩格斯全集》第 19 卷,1963 年版,第 431 页。

所面临的厄运。为避免这种厄运,马克思在"推翻沙皇制度似乎指日可待"[①]的情况下,做出跨越资本主义"卡夫丁峡谷"的设想是理所当然的,也是一种最佳抉择。

唐文对拙文的上述见解一律称为"只是感情上的关心和同情",否认这里马克思提出跨越"卡夫丁峡谷"设想的根据,认为"马克思关于俄国设想的立足点在于科学地思考如何使俄国人民早日达到真正的人的状态,即共产主义状态,而不在于试图让俄国人少受一点资本主义苦难"。唐文的这些表述,其意自明,对俄国人当下的眼前的苦难不屑一顾,还是要跳进资本主义苦海。唐文的这种思维方式和不顾人民现实苦难际遇的严酷结论,离马克思的本意太遥远了。

马克思的人学理论经历了一个从抽象到具体的发展进程。当马克思强调社会进步,认为资本主义的充分发展能给共产主义奠定物质基础时,这在逻辑上是正确的,无可非议。可是资本主义在"神奇地发展了社会的生产力"[②]的同时,还会给人民带来什么样的灾难,这在马克思论述英国侵略印度的后果时估计到了,但很原则化,不具体,并认为资本主义的发展会给这种灾难带来一种平衡,从长远说是必须付出的代价。就这个意义说,马克思在19 世纪五六十年代关于生产力的发展和社会进步同时还包含人的价值的提升的总观念,还是一种逻辑的认定,带有一定的抽象性。经过几十年的观察和比较,马克思更深刻地认识到了资本主义社会生产力的发展与人的价值相悖的一面。特别是在东方国家,资本主义兴起的同时伴随着远比当年西方国家还要深重的人的价值的巨大贬损。本来共产主义革命就是为了解放人、发展人、高扬人,这个理想目标体现在马克思的全部理论和决策中。人民性是共产主义的最低水准,马克思的伟大就在于,在晚年,他把生产力的发展和社会进步与对人的价值和命运的关切恰当地结合起来,跨越"卡夫丁峡谷"的设想既是社会的巨大进步,又通过吸取同时并存的资本主义的肯定

---

① 《马克思恩格斯全集》第 22 卷,1965 年版,第 506 页。

② 《马克思恩格斯全集》第 19 卷,1963 年版,第 443 页。

成果,大力地发展了生产力,避免了资本主义的苦难,体现了对人的价值和命运的无比关心,拙文论述的马克思人学理论的新升华的本意也正在这里。这是马克思人学理论的长足发展,是前所未有的崭新思想,是对于百年来一个巨大的历史难题,即社会进步何以伴之以人的价值贬损的科学回答和正确解决。

第四章　社会主义与人的价值问题

一、论人的价值尺度

世界上一切有价值的东西都有衡量它的价值尺度:商品的价值尺度是生产它所耗费的社会必要劳动时间;一项设计或发明的价值尺度是它所带来的社会效益。那么人的价值尺度是什么呢?这个问题与人的生活理想和行为准则密切相关,具有重要的理论意义和现实意义。

(一)人的价值尺度的历史演进

人的价值尺度不是由人的主观意愿规定的,也不是众人约定俗成的,无论任何时代,某种价值尺度的确立都有它的客观必然性。揭示这种必然性是一个科学的问题。

在人类历史上真正应该成为人的价值尺度的,只能是劳动。因为劳动"是整个人类生活的第一个基本条件","劳动创造了人本身"①,只有劳动才使人与动物区别开来,人才真正成为人。所以,劳动不仅是人类的根本特征,而且是人的价值的自我确证。人只能在劳动中获得自己的价值,在劳动中表现自己的价值。

在人类的童年时代,还不可能形成明确的价值观念,但是,原始人以最质朴的形式把劳动和人的价值联系在一起。在原始人的心目中,劳动至高无上,最有价值的人也就是最能劳动的人。他们称颂勇敢,与其说是赞美人的一种品德,还不如说是赞美一种忘我的劳动态度。他们敬重长者,不外是敬重他们丰富的劳动经验和一生做出的贡献。他们尊重妇女,甚至一度曾存在过母权制时代,其根本原因是妇女在生产劳动中居于重要地位,显示了自己不容忽视的价值。恩格斯在谈到原始社会妇女的社会地位时曾说:"有些民族的妇女所做的工作比我们所设想的要多得多,这些民族比我们欧洲

① 《马克思恩格斯选集》第3卷,1972年版,第508页。

人常常对妇女怀着更多的真正的尊敬。外表上受尊敬的、脱离一切实际劳动的文明时代的贵妇人，比起野蛮时代辛苦劳动的妇女来，其社会地位是无比低下的；后者在本民族中被看做真正的贵妇人（lady，frowa，Frau = 女主人），而就其地位的性质说来，她们也确是如此。”①由此可见，在原始社会实现了劳动和人的价值的统一，劳动被看作是衡量人的价值的唯一尺度。

但是，从奴隶社会开始，在整个阶级社会中，劳动作为人的价值尺度又被否定了。私有制和剥削的出现，使得社会上一少部分人能够不通过劳动而攫取大量的社会财富，成为社会和国家的主人。这一事实立即改变了人的价值观念。从此，在占统治地位的社会思想体系中，劳动不但得不到应有的尊重，相反，被看作是下贱的事情，广大劳动者，特别是体力劳动者被看作是下等人。在这种情况下，人的价值尺度就发生了根本的改变，人们不再用劳动作为尺度去衡量每一个人的价值，适应剥削阶级需要的新的价值尺度形成了。

首先取代劳动作为人的价值尺度的是等级或血统。马克思主义认为，在私有制社会中，人们的社会地位以及他们在社会生活中所发挥的作用，归根到底是受社会的经济关系和阶级关系制约的。因此，不论哪一个社会，不同的经济地位和阶级地位都是人的价值尺度的基础。但是，在前资本主义时期，等级和血统问题突出出来，成为普遍适用的价值尺度。马克思说，“当文明一开始的时候，生产就开始建立在级别、等级和阶级的对抗上”②。社会划分为阶级，又在阶级划分的基础上形成等级，这是前资本主义社会的重要特征。奴隶社会和封建社会本身就是由不同等级构成的社会阶梯。等级的出现不是偶然的，它是前资本主义时期因生产力水平低下，分工不发达，奴隶主和封建主在占有生产资料的同时完全或不完全占有生产者的结果，是超经济强制在法律上的集中表现。等级就其产生来说，反映了深刻的经济必然性，属于上层建筑范畴，但是它作为一种法权的强制规定，在封闭狭小的自然经济条件下，对社会生活起着巨大的支配作用。在奴隶社会和封建

① 《马克思恩格斯选集》第4卷，1995年版，第46页。

② 《马克思恩格斯全集》第4卷，1958年版，第104页。

社会中，一般来说，等级的界限是严格的，是不可逾越的，它不仅意味着政治和法律上的特权，有时还可以成为经济剥削的手段。只要人一出生，就被决定了终身的名分和地位，注定了一生的命运。等级制的实践产生了重视门第的血统观念，人不是凭自己的劳动来确定自己的价值，单纯的出身和血统就划分了人的等级的高低和价值的大小。

这是人的价值尺度的退化，实际上，否定劳动，重视出身血统就意味着向动物原则的回复。马克思高度评价了奴隶制和封建制在历史上所起的进步作用，但是，与此同时他也激烈地抨击了在奴隶社会和封建社会盛行的等级制和血统原则。马克思说："由于出生，某些个人同国家要职结合在一起，这就跟动物生来就有它的地位、性情、生活方式等等一样。国家在自己的要职中获得了一种动物的现实。"[①]这是马克思对前资本主义时期把等级和血统作为人的价值尺度的腐朽观念的深刻揭露。

到了资本主义社会，人的价值尺度又发生了变化，金钱代替等级和血统成为近代资本主义社会通用的价值尺度。资本主义社会是高度商品化的社会，为了取得发展资本主义所必需的充足的自由劳动力，资产阶级在革命过程中打破了封建的人身依附关系，把劳动力也变成了商品，建立了人与人之间彼此都以商品所有者身份出现的所谓"自由平等"状态。资本主义社会不承认任何等级制度，它唯一所遵循的就是等价交换的原则。商品以其价值相等而进行交换，而价值的表现形式就是货币。在资本主义社会，金钱万能，金钱支配一切，"人与人之间除了赤裸裸的利害关系，除了冷酷无情的'现金交易'，就再也没有任何别的联系了"[②]。资产阶级抹去了宗教、家庭和一切向来受人尊崇的职业的灵光，把"历代的一切封建特权和政治垄断权合成一个金钱的大特权和大垄断权"[③]。在资本主义制度下，金钱不仅似乎不是人的所有物，反倒成了人的主人。总之一句话，金钱不仅是商品的一般等价物，而且还反映了人与人之间的社会关系，是人的价值的主要尺度。资本主义社会的种种事实都雄辩地表明，金钱是和人的价值紧密联系在一起的，

---

① 《马克思恩格斯全集》第 1 卷，1960 年版，第 376 页。
② 《马克思恩格斯选集》第 1 卷，1972 年版，第 253 页。
③ 《马克思恩格斯全集》第 2 卷，1957 年版，第 647 页。

一个人有了钱也就有了价值，钱越多，价值越大，反之，一个人没有钱，穷困潦倒，即使有再大的本领，也谈不到有什么价值了。所以恩格斯说，在资本主义社会，"金钱确定人的价值：这个人值一万英镑，就是说，他拥有这样一笔钱。谁有钱，谁就'值得尊敬'，就属于'上等人'，就'有势力'，而且在他那个圈子里在各方面都是领头的"①。

人的价值尺度由等级和血统而变为金钱，反映了人类社会从封建主义到资本主义的历史发展，具有一定的进步意义。以金钱为尺度去衡量人的价值不像以等级和血统来衡量人的价值那样带有先天命中注定的性质，它或多或少给人以后天努力的一点可能。这就在一定程度上避免了奴隶社会和封建社会中普遍存在的怠惰情绪。资本主义社会中，个人为了发财致富，提高自己做人的价值而表现出来的竞争和进取的精神是与此相关的。但是，正如马克思所指出，"货币乃是对个性的普遍颠倒"。本来，人只能用爱来交换爱，用信任来交换信任，然而金钱却"把人的尊严变成了交换价值"②，把人的一切高尚情感统统"淹没在利己主义打算的冰水之中"③，它只能导致人们竞相追逐物质的价值和金钱的价值，而忽视人本身的真正价值，从本质来说，这正是对人的价值的泯灭和否定。

由此可见，人的价值尺度是个历史范畴，在阶级社会中，不存在适合于一切阶级的统一的价值尺度，不同时期、不同的阶级对人的价值尺度都有自己不同的规定和理解。历史上任何一种价值尺度都不是偶然的、随意的，它反映了不同社会形态的本质差别，反映了人类社会由低级向高级的发展。因此，人的价值尺度是客观的，带有某种历史必然性。我们在研究社会主义社会人的价值尺度时，应该从中得到借鉴和启迪。

（二）人的价值的劳动尺度

人就其先天出生来说，并无高低贵贱之分，人在自然方面基本都是等价的。在现实生活中，人的价值之所以不等，不应由出身门第及财产状况所决

① 《马克思恩格斯全集》第 2 卷，1957 年版，第 566 页。
② 《马克思恩格斯选集》第 1 卷，1972 年版，第 253 页。
③ 《马克思恩格斯选集》第 1 卷，1972 年版，第 253 页。

定，如果它确是由于后天努力不同所致，那么人的这种不等价就是自然的、合理的，对社会的进步是有积极意义的。社会主义社会不是也不可能去消灭人的不同价值的区分，它所要消灭的只是封建社会和资本主义社会中通行的等级尺度和金钱尺度。这种尺度之所以腐朽不合理，与其说是因为它的内容本身，还不如说是因为它所体现的对人不能一视同仁的不平等原则。无论是等级尺度或是金钱尺度都只是少数人的特权，对社会绝大多数人来说，则只意味着被侮辱和被损害。所以它根本不可能激发人努力向上的进取精神，恰恰相反，它只能使人消沉怠惰，向命运屈服，使社会停滞不前，失去活力。社会主义社会要调动人的主动性和积极性，使自己生机勃勃地向前发展，首先必须提供一个对一切人都平等的价值尺度，这个尺度不能是别的，只能是劳动。

劳动是一切健康人先天具有的能力。但是，在阶级社会中，生产资料私有制使社会大部分人缺乏必要的劳动手段，空有劳动力，支付不出去，被剥夺了劳动权，只有在被剥削被压榨的苛刻条件下，他们才能从事劳动。在社会主义社会，消灭了生产资料私有制，第一次实现了劳动能力和劳动条件的结合，劳动成为每个社会成员的基本权利和义务，从此，劳动就成了衡量每一个人的价值的平等尺度，如马克思所说，"平等就在于以同一的尺度——劳动——来计量"①。

在社会主义社会以劳动作为人的价值尺度反映了社会主义制度的本质。社会主义制度消灭了剥削，建立了生产资料公有制，广大劳动人民成为国家的主人，不仅等级和血统的差别消失了，资本主义社会中主宰一切的万能的金钱也失去了至高无上的效力。虽然货币还存在着，并且由于它的多方面的职能，在生产、分配和流通领域中还起着很大的作用，但是货币只是计算劳动和劳动产品价值的符号，它已不是生产追求的目的本身。在社会主义社会中，真正主宰一切的是劳动。只有劳动才能创造丰富多彩的物质产品和精神产品，满足人民日益增长的物质和文化需要；只有劳动才能在改造客观世界的同时，改造劳动者自身，从而为向共产主义高级阶段的发展创

① 《马克思恩格斯选集》第3卷，1972年版，第11页。

造条件。所以在社会主义社会里,劳动成为社会向每一个人发出的庄严的命令:“不劳动者不得食”,“各尽所能,按劳分配”! 正是在劳动中才体现出每个人的价值来。

在社会主义社会和原始社会都以劳动作为人的价值尺度,但前者是对后者的否定之否定。原始社会中的劳动尺度是质朴的,也是粗糙的,当时劳动还很简单,除了世代相传的经验以外,不存在任何专门的知识和技术,体质的强弱和身体的笨巧以及与此相应的收获的多少,就成为决定人的价值的主要尺度。社会主义社会中的劳动尺度是对原始社会的劳动尺度的肯定和回复,但它抛弃了原始社会中人的价值尺度的简单的粗糙的形式,在更高级的阶段上概括了现代发达劳动的特征,制定出衡量人的价值的周密而完善的劳动尺度。

马克思在《资本论》中指出,在劳动过程中,劳动不断由运动形式转为存在形式,由运动形式转为物质形式。这就是说,劳动作为一种运动过程有三种不同的形态,即潜在形态、流动形态和物化形态。这三种形态互相联系,又有区别,构成统一的劳动过程不可缺少的方面。在社会主义社会中,劳动作为人的价值尺度必须从这三个方面具体地进行考察。

劳动的潜在形态指劳动者所具有的劳动能力,包括智力和体力,在现代尤其表现为劳动者的知识水平、业务能力和技术的高低;劳动的流动形态指劳动者在生产过程中劳动的消耗或支出,其中包括劳动态度和劳动纪律;劳动的物化形态是指凝结在一定产品中的劳动,它表现为劳动的成果和结晶。马克思关于“劳动三态”的论述把劳动具体化了,它为我们确定人的价值尺度提供了理论的根据。那么,从马克思的“劳动三态”思想出发,在社会主义社会中怎样以劳动作为尺度去衡量人的价值呢? 具体说来,应从以下三个方面入手:

第一,考察劳动技能。社会主义社会的劳动是现代化的劳动,它绝不像从前一样只靠胳膊粗力量大就能胜任得了的。必须懂得科学,要有知识技术和纯熟的技巧,这是胜任现代劳动的首要条件。物质生产领域是如此,就是在精神生产领域也同样需要广博的知识和高深的学问。邓小平也说过,劳动者只有具备较高的科学文化水平,丰富的生产经验,先进的劳动技能,

才能在现代化生产中发挥更大的作用。现在知识技术深入人心,已经成为衡量人的价值的一个重要标准。人们逐渐认识到,在当代,科学和技术是巨大的财富,没有科学知识的人是贫穷的人,他不可能具有充实的价值,只有具备丰富的科学知识,掌握熟练的劳动技能,才是有价值的人。

第二,考察劳动贡献。劳动的潜在形态即劳动技能只是劳动的可能性,它还没有转化为现实的劳动,没有以物化的形态创造出劳动的成果。劳动技能固然十分重要,没有一定的劳动技能就不可能产生出劳动结晶。但是,科学知识和劳动技能毕竟不是人劳动追求的目的本身。人不是单纯地为了科学而掌握科学,为了技术而学技术,科学技术只不过是提高人的劳动效益的手段,劳动的根本目的是创造物质财富和精神财富,为社会做贡献。所以对人来说,只有劳动的贡献和成果才是劳动的最终目的,劳动的其他一切方面都不过是服从这一目的的。在这个意义上,劳动的贡献是衡量人的价值尺度的中心内容,我们平常所说的一个人的价值高低,主要就是看他劳动贡献的大小。在我们的社会里,一个人劳动好,贡献大,自然会受到国家的器重、人民的尊敬,他的价值就高些。反之,一个人庸碌无为,在劳动中不能做出应有的贡献,那么,他就难免会受到社会和舆论的轻慢。无数的英雄模范之所以受到人民的尊重,享有令人欣羡的殊荣,主要是因为他们以自己卓越的劳动贡献造福于国家、造福于人民,显示了自己高尚的人生价值。

事实表明,一切劳动都能做出或大或小的贡献,但劳动不同,贡献不同。只有创造性的劳动才是贡献最大的劳动,只有这种劳动才能使人的价值增值。历史上许多科学家、发明家,生前贡献卓著,身后彪炳千秋,就是因为他们的劳动富有创造性,或者是开拓了新领域,提出了新定理,或者是有了新发现,创造了新工具。这种创造性的劳动不只是使现有的劳动成果翻一番或翻几番,有的甚至是几十倍几百倍地提高了劳动效率,极大地增强了人类驾驭自然和社会的能力。

创造性的劳动不同于一般的常规劳动,这不仅表现在劳动的贡献和结果不同,尤其表现在支付这种劳动所耗费的心血和努力不同。常规劳动年复一年,日复一日。这种劳动维持了社会的存在,养育了人民的生命,意义重大,不可轻视。但是常规劳动只能维持现状,不能破旧立新,在历史上最能推动社会发展的不是这种劳动,而是创造性的劳动。它要求从事这种劳动的人开动脑筋,发现矛盾,找出解决办法,在新的基础上,推动事业更快地前进。这绝不是轻而易举所能达到的,需要付出辛勤的努力,付出极大的代价和牺牲。因此,不是随便任何人都能从事这种创造性的劳动,只有那些不畏艰险,在崎岖的小路上勇于攀登的人,才有希望达到光辉的顶点。而一旦探索成功,发明创造应用于生活和生产,那就很快引起生产和生活的相应变革,充分反映出创造性劳动的巨大贡献。

第三,考察劳动态度。劳动技能和劳动贡献并不一定完全成正比,在一般情况下,劳动技能高,劳动贡献也就大。但是,有时我们发现,有些具有较高的劳动技能的人,并没有在劳动中做出应有的贡献,这里还有一个劳动态度问题。劳动态度是劳动技能和劳动贡献的中介,是把它们联系起来的过渡环节。这就是说,光有劳动技能不行,它还不足以使劳动物化,只有树立了正确的劳动态度,潜在的劳动技能才能化为现实,变为以物化形态出现的劳动贡献。所以劳动技能、劳动贡献和劳动态度密不可分,是衡量人的价值尺度的重要环节,应该在三者的统一中去考察人的价值。

我们重视劳动态度不只是因为它对发挥劳动技能,做出劳动贡献具有重要意义,还因为,劳动态度本身对衡量人的价值具有相对独立的意义。劳动贡献不完全是由人的主观愿望和主观努力决定的,它还受到许多客观条件,甚至先天条件的限制。同是一个人,劳动态度一贯端正,在这个单位劳动平常,而换一个单位却大有作为,做出了自己的劳动贡献,这就不是劳动态度问题,而是客观环境和条件的问题。两个受过同等教育、在同一工作环境具有同样劳动态度的人,他们都千方百计致力于某项发明创造,但是,一个人获得了巨大的成功,做出了非凡的劳动贡献,而另一个人却无所进展,未能遂愿。这同样不是劳动态度问题,而只能说是智慧和机遇问题。这就说明,虽然劳动贡献与劳动态度密切相关,但是它们之间并不是一种十分周严的因果关系。现实生活是很复杂的,实际上,与劳动贡献相联系的不只是劳动态度,还有其他各种非主观决定的因素。因此,我们在考察人的价值时,不能将贡献绝对化,完全以贡献大小论英雄,还要给劳动态度以应有的一席之地。某些人贡献大,固然可钦可敬,某些贡献平常的人,只要他们劳

动态度端正，进行了诚实的劳动，也不应受到鄙薄，他们同样具有自己的价值，也是可钦可敬的人。我们尊重创造性的劳动，也尊重诚实的劳动，一个人不论他的贡献大小，只要能竭尽所能，诚实地劳动，就是一个有价值的人。

当然，也要看到，在社会主义社会以劳动作为人的价值尺度，虽然有巨大的合理性和优越性，但也不是尽善尽美的。在社会主义阶段，劳动还不完全是自愿的，它作为一种谋生手段，还带有强制性质。人不是在自觉自愿的劳动中表现自己的价值，而是把自己的价值和劳动必然带来的金钱收入联系在一起，这就使人的价值失去了它的理想和圣洁的光辉。特别是对不同的劳动者来说，由于体力、智力和一系列外在的原因，劳动本来是不可能平等的，现在却默认了这种不平等，并以此来衡量每一个人的价值，这就必然会造成人的价值尺度的事实上的不平等。这个尺度对某些天赋条件好的人有利，而对某些先天条件差的人不利。这就是说，人的价值尺度还没有真正彻底地建立在个人主观能动性的基础上，客观条件对人的劳动的影响不仅存在着，而且难以计量。所有这些弊病在社会主义时期都是不可避免的，只有到了共产主义社会，当劳动不再成为谋生手段而成为先天的第一需要之后，当人的体力、智力差别由于人的全面发展而得到后天的补偿和均衡之后，那时，劳动作为人的价值尺度才能在历史上第一次排除各种干扰，得到全面彻底的实施。

（三）人的价值的综合尺度

人不同于物，物可以以其单纯的满足社会需要的程度来确定它的价值，而人的价值却不能以纯粹的单一尺度来确定。人生活的世界是已经分化了的世界，人既在自然界中生活又在社会中生活，又在精神世界中生活，同时过着物质生活、社会生活和精神生活。物质生活是一切动物所共有的，人与动物的区别不在于物质生活，而在于社会生活和精神生活。如马克思所说："人的本质并不是单个人所固有的抽象物。在其现实性上，它是一切社会关系的总和。"[①]就人的物质生活来说，人要生活就要消费生活资料，而要获得

① 《马克思恩格斯选集》第1卷，1972年版，第18页。

这些资料就需要进行生产劳动,于是,劳动自然就成了人的价值尺度。但是对于人的社会交往和精神生活来说,光有劳动尺度就不够了,还需要在劳动尺度的基础上辅以衡量人的价值的其他标准,用以反映人类多方面的社会生活。因此,人的价值尺度不应是单一的,而应是综合尺度。

在人类历史上,除了劳动、等级和金钱以外,在衡量人的价值中起过重大作用的还有以下几种因素:

第一,个人品质。一个人的品质不是与社会无关的纯粹个人的私德,它在人与人的交往中表现出来,对人的社会关系和社会生活发生重要影响,向来为一切社会形态所重视。本来,个人的品质是内在的,但在人的交往中首先拿出来相见的是个人品质。一个人是否诚实、坦白、善良、无私、谦虚、勇敢,往往牵涉他所从事的活动是否顺利,能否获得成功。一般来说,一切社会形态都提倡人的诚实、坦白、公正、善良、谦虚、勇敢,反对伪善、阴险、自私、怯懦、高傲,认为这是人所应该具备的品质,并实际上成为对人的评价和使用的重要标准之一。凡是具备这些品质的人,就受到社会和舆论的尊重,被认为是品质高尚的有价值的人。反之,则受到社会和舆论的轻慢和鄙薄,被认为是缺乏人的内在价值的表现。但是,在历史上,不同的阶级对人的这些品质赋予不同的阶级内容,打上了深深的阶级烙印。奴隶主和封建主所理解的诚实、善良主要是指对等级君主制的忠顺和服从,而他们自己则常常破坏这些信条,对广大劳动群众最伪善、最残忍。资产阶级也极力宣扬人的品质的自我完善,并把他们对工人的剥削看成是建立在自由、平等、博爱基础上的乐善好施。实际上,“它用公开的、无耻的、直接的、露骨的剥削代替了由宗教幻想和政治幻想掩盖着的剥削”①。在“贪得无厌和利欲熏心的情况下,人的心灵的任何活动都不可能是清白的”②,从根本上说,资产阶级的个人品质同样更虚伪、更龌龊。在无产阶级的价值观念中,也很重视个人品质,认为它是人的价值的不可缺少的组成部分。马克思说:“基督教的社会原则颂扬怯懦、自卑、自甘屈辱、顺从驯服,总之,颂扬愚民的各种特点,但对

① 《马克思恩格斯选集》第1卷,1972年版,第253页。
② 《马克思恩格斯全集》第2卷,1957年版,第564页。

不希望把自己当愚民看待的无产阶级说来，勇敢、自尊、自豪感和独立感比面包还要重要。"[①]当然，不能脱离人的劳动孤立地考察人的品质，一个不劳动的人，不管他怎样修身养性，具有多么完美的个人品质，也不能认为是有价值的人。但是，如果一个人在劳动中有所贡献，而个人品质却多有疵瑕，那么，他的价值也不能认为是充实和完满的。所以，在人的价值尺度中，要给个人品质以适当的地位。要在肯定劳动尺度的前提下，承认个人品质对人的价值的影响，这不仅是对历史的真实反映，而且对建设社会主义精神文明也具有重要的现实意义。

第二，道德水准。为了调整人与人之间的社会关系，保证社会正常地发展，在人类历史上形成了指导人们行为准则的道德规范。道德的出现对于协调个人和社会的矛盾和冲突，维护社会的共同生活和共同利益具有重要的意义。一个人道德水准的高低不只是个人的私事，实践中它会对社会对他人带来巨大的影响。因此，任何一个社会都十分重视道德问题，把道德水准的高低看作是人的价值要素之一。马克思主义认为，统治阶级的思想就是社会的统治思想，统治阶级的道德也就是社会占统治地位的道德。在奴隶社会和封建社会，统治阶级出于维护等级制度的需要，极力提倡三纲五常，把忠君和孝佛奉为至高无上的道德，把"文死谏""武死战"以及一切为封建礼教殉道的人视为人生的楷模，赋予最高的价值。

在资本主义社会，在雇佣劳动和等价交换的基础上，资产阶级建立了自己的新道德。这种道德既与封建道德不同，又保留了全部私有制道德的共同特点，它的核心是个人主义、利己主义以及为调节人们对私利的追求而通行的等价交换和互守信用等原则。在资产阶级看来，最大限度地追逐利润，在竞争中压倒对方，这是符合道德的，是一个人的价值和能力的表现。反之，一个人由于运气或筹划不力，在竞争中被淘汰了，这说明他缺少应有的价值和能力，他的失败也是符合道德的。由此可见，在资本主义社会道德水准和人的价值尺度密切相关，不管人们主观上自觉地意识到与否，人们总是惯于从道德方面去观察人、衡量人，把人的道德水准看作人的价值尺度的要

① 《马克思恩格斯全集》第4卷，1958年版，第218页。

素之一。

在社会主义社会，“道德是为人类社会升到更高的水平，为人类社会摆脱劳动剥削制服务的”①。与资产阶级道德相对立，集体主义是社会主义和共产主义道德的核心，只有关心集体、热爱集体，在集体的努力奋斗中，社会主义社会才能向前发展，个人的价值和利益才能满足。我们建设社会主义精神文明的重要内容之一就是要提高每个社会成员的道德水平，用集体主义精神来培育一代新人，同时用集体主义来衡量每个人的价值，要求他们正确处理个人、集体和国家的关系，激励他们发扬舍己为人的献身精神，忘我地进行劳动，为社会主义和共产主义事业做出更大的贡献。总之，在社会主义社会中，一个人的道德水准问题不是私事小节，它是构成人的价值的重要内容之一。

第三，权力地位。在人类历史上，特别是自阶级社会以来，权力曾被看作是人的价值要素之一，这是不足为怪的。奴隶社会和封建社会本来就是个等级特权制社会，等级本身就意味着权利不同，国家权力职位往往只能由特权者阶层来担任。这就很自然地使人把权和人的价值联系起来，认为权是人的价值的现实体现，权大价值高，没有权就不被人重视。在资本主义社会，随着等级特权的崩溃，权失去了它的至高无上的地位，而转化为金钱的奴仆。资本主义社会的法则是“钱能通神”“有钱能使鬼推磨”，金钱本身就是无限的权力。但是，权也并不是完全消极的，它反过来对金钱收入、支出和流通也能产生巨大的影响。马克思主义认为，国家不仅是阶级统治的工具，而且还是剥削被压迫阶级的工具，是镇压和剥削被压迫阶级的新手段。剥削阶级一旦获得国家政权，就可以运用国家权力，通过税收和公债等手段聚敛社会财富。所以即使在资本主义国家“那些争夺统治权而相继更替的政党，都把这个庞大国家建筑物的夺得视为自己胜利的主要战利品”②。这就是说，在资本主义社会，有了权同样可以转化为钱，资产阶级国家就是金钱和权力的结合，权在一定程度上仍被视为人的价值的标志。

① 《列宁选集》第4卷，1972年版，第355页。

② 《马克思恩格斯选集》第1卷，1972年版，第692页。

其实,权和人的价值并没有本质的联系,大量事实表明,许多掌握权柄的剥削阶级分子,他们一无本事,二无德性,不但没有做出任何贡献,反而劣迹昭彰,误国害民,他们的权力正是对他们的价值的否定。从历史的发展来看,倒是许多远离权位的科学家、学者和广大劳动人民以自己创造性的和诚实的劳动推动了社会的前进,显示了自己应有的价值。把权当作人的价值尺度,这是私有制社会的遗害,是统治阶级有意培植的结果。

社会主义社会是人民当家做主的社会,权是为人民服务的职能,执掌权力的人是人民的公仆。从此,权力本身不再表明人的价值,相反,掌握权力的人只有通过他们的劳动才能表现出他们的价值来。当然,不能否认绝大多数领导者具有较高价值的事实,但是,这绝不是权力自动带来的,人民群众之所以尊重和信任各级领导,对他们的工作做出应有的评价,并不是因为他们手中有权,而是因为他们在工作、人品和道德方面充分地表现了自己的价值,所以我们又看到,人民群众对某些不称职的领导者也并不满意,希望在改革的过程中把他们撤换下来。由于旧社会的影响和不正之风的存在,现在许多人还用旧社会的尺度来衡量人的价值,他们一不看人的劳动,二不看人的品德,在办事、交友和择姻中,两眼只盯着钱和权。这是庸人的眼光,为广大人民群众所不齿,随着社会风气的好转和党内生活的日益健全,这种人终究要碰壁的。

总之,人的价值尺度不是单一的,而是综合的,在历史上充当过人的价值尺度的不仅有等级、金钱和劳动,个人品质和道德水准在对人的评价中也起过重大的作用,它们与劳动一起共同构成人的价值尺度的全部内容。

二、哲学的主题与人的解放

哲学并非如黑格尔所规定的那样,至大无外,因而只能自圆其说。哲学是文化的核心精神。在外延上,哲学小于文化,它是文化的一个门类。在内涵上,哲学作为文化的精神则深于一般文化。因此,如果说文化是人的存在方式,它表现着人的存在状态,那么,哲学必然以其文化精神的形式体现着人的本体论存在状态。在这种意义上,哲学即人学,哲学史上的一切哲学形式、哲学论题都不是偶然的,在其实质精神上都可以找到其人性根据。因此，哲学必须不断地反思自己的历史，重新认识和重新解释自己的历史，这种不断认识和解释的过程正是人的不断生成和超越的过程。哲学史是哲学的存在方式。

以此为论题的“情景界定”，我们或许能在更深的意义上重新理解哲学的基本问题。

（一）基本规定：一种本体论考察

在元哲学立场上，我们把那种规定着哲学的研究范域和主题，决定着哲学作为人类精神的最高形式，作为文化的核心在人类自身的存在和发展中之根本意义的问题，称为哲学基本问题。在这种形式意义上，哲学基本问题是与哲学共始终的。

在哲学史上，第一次明确揭示哲学基本问题具体内容的是恩格斯。众所周知，恩格斯在总结古代和近代哲学史的基础上，把哲学基本问题规定为“思维对存在，精神对自然界的关系问题”。对此，哲学界一直争论不休。人们或者认为根本不存在哲学基本问题，否则就是把哲学简单化；或者肤浅地理解恩格斯的规定，把它仅仅看作划分哲学路线、哲学派别的标准，使之教条化。实际上，这两种观点都没有看到恩格斯提出的哲学基本问题在其思辨的哲学表述下所蕴含的人类学意义。

哲学基本问题既然规定着哲学的研究对象和元价值，那么，在现象上，它必然在哲学史上具有普遍性。考察哲学史可以发现，思维和存在、精神和自然的关系问题在总体上，确实曾以各种形式占据着中心论题的地位，这是一个经验事实。对此，现代西方很多哲学家都有着不同程度的认识。我们不能简单地把这一现象看作人类理性误入歧途，问题在于人类理性为什么总把一贯被看作人类精神自由想象的奢侈品的哲学囿于如此枯燥单调的论题中呢？要解决这个问题，我们需要对哲学自身做一番存在论考察。

首先，哲学是一种文化现象，同任何一种文化现象一样，它的产生有着深刻的人性根据。就其作为一定原因之果来说，它是被决定的，具有一定的自在性。因此，哲学研究的对象及其基本问题便不可能是哲学家们向壁虚造、任意想象的产物，而是先在给定的。不仅如此，哲学是文化的核心，它综

合着人类文化的本质精神。作为这样一种文化,哲学必然集中体现着人类基本的本体论存在状态,体现着生活世界中的基本矛盾和冲突,即主观性与客观性的分裂和对立。主观性与客观性的分裂和对立一方面体现为人与自然、个体与社会的矛盾冲突[①];另一方面也体现为个体自身的矛盾冲突,亦即所谓精神与生命、理想与现实、理性与非理性、个体存在与类本质的对立。在这里,与其说这两个方面是一致的,毋宁说后一方面是前一方面的结果。很多哲学家如黑格尔、叔本华、海德格尔等都曾试图在哲学上阐释《圣经》中的"原罪"意识,但均未能论及根本。实际上,如果去除其宗教性质,那么所谓"原罪"在深层意义上,正是人类的这种本体论分裂状态,因为这种分裂无论在经验层次还是在形而上学层次都是同人类与生俱来的,并且在现实中以其难以共容的两歧抉择,使人们经常处于困境之中。马克思的异化理论实质上所描述的正是人的这种本体论存在状态。马克思在《巴黎手稿》中经常在个体与社会冲突意义上使用意识与物质概念。

可见,哲学基本问题绝不单纯是一个哲学问题,在深层意义上,它体现着人的本体论分裂和冲突状态,体现着生活世界的基本矛盾。所谓思维与存在、精神与自然的矛盾不过是这种现实的分裂和对立的哲学思辨形式。无疑,人的本体论分裂和生活世界的基本矛盾对于哲学这种意识形式来说,无论在时间上还是在逻辑上都是先在的,具有给定的性质。

其次,哲学又是一种自为的精神现象。作为自为的精神现象,哲学不仅产生于现实,而且能够超越现实,同现实构成一种否定性联系。因此,哲学是一种自由自觉的创造性活动,它不仅体现着人的本体论分裂状态,体现着人的生活世界的基本矛盾,而且是这种分裂状态和矛盾冲突的积极否定:人类世界的基本的矛盾冲突总是借助于哲学家的自由思辨和逻辑融通而获得一个最终解决的理想设定。哲学史上的各种对最高的统一原理、和谐原则、大全乃至集真善美于一身的上帝的理性寻求,都体现了哲学的这种超越本质。在马克思看来,这些寻求统统应还其本来面目:人的本体论分裂状态的

---

① 个体与社会的冲突在一定程度上就是人与自然的矛盾,因为与个体构成单纯否定关系的社会已与生物群体的意义相去不远了。

彻底改变、生活世界的基本冲突的根本解决本质上即是人类最终的自由和解放。马克思曾在哲学的高度上，对共产主义——这一人类的理想社会做了本质规定，他说："这种共产主义，作为完成了的自然主义，等于人道主义，而作为完成了的人道主义，等于自然主义，它是人和自然界之间、人和人之间的矛盾的真正解决，是存在和本质、对象化和自我确证、自由和必然、个体和类之间的斗争的真正解决。"①可见，从哲学的立场来看，共产主义无非是人类世界的分裂和人的自我分裂的根本扬弃。正是在这种意义上，马克思又把共产主义社会称作"自由王国"，因为只有在这种社会里，人才能与自然和社会统一在一起，真正自由地占有与自然和社会的全面联系，而个体自身也才能成为全面需要和全面创造力的主体。

正是这种在矛盾的、二元的世界中对统一性的寻求决定了哲学的元价值：一方面，它使哲学具有最大的超功利性——它不是各种价值冲突的调和技术，超越了人类的各种暂时利益，是对现实的彻底否定和扬弃，因而是"不合时宜的"；另一方面，它又使哲学具有真正的实践意义——哲学将以其终极性的关切及最高理想的设定，规范人类现实的历史进程。当代美国哲学家R.罗蒂以其著名的"后哲学文化"理论，否定哲学对最高统一原则的追寻，把这一追寻看作人类理性偶入歧途，这一结论是肤浅的。实际上，只要人的本体论存在的分裂状态不改变，生活世界的基本矛盾不解决，人类的这一理性趋向就不可能改变。

可见，思维与存在、精神与自然的关系问题，之所以能够成为普遍的哲学基本问题，乃在于它所蕴含的深刻的人类学内容。而哲学对这一基本问题的解决，使自身与人类最终的自由和解放联系起来。以往对哲学基本问题的理解局限于哲学研究的方法论意义范围内，如把它看作哲学派别的评判标准等。这一方面以次要意义掩盖了其根本意义；另一方面，这种"哲学基本问题——哲学研究方法"的自我相关，无疑已从根本上取消了哲学与现实的密切联系，把哲学封闭于思辨领域。

① 《马克思恩格斯全集》第42卷，1979年版，第120页。

(二)还原论:传统哲学的困境

然而,在哲学史上,人们对哲学基本问题的认识和解决却经历了一个漫长的历史过程。

古代哲学主要是从本体论立场认识和解决哲学基本问题的。它最初表现为带有经验色彩的本原论。本原论以时间和历史为致思方向,以原因和结果范畴探寻精神和自然:主观性和客观性谁为时间中的在先者(神创论和爱奥尼亚学派)。在这一过程中,本原论遇到了不可克服的内在矛盾。所谓本原是指万物的来源和终所(亚里士多德),于是在时间的无限性中,本原与派生物之间就构成了一个无限的循环过程;而在逻辑上说,既然世界是一个无限循环过程,那么,这一过程的任意点都可以当作本原,从而也就无本原。因此,由循环论到相对主义便是本原论无法避免的结局。由此,后来的哲学家们便改变了致思方向,转而从逻辑上,从实体和属性范畴探究精神和自然的逻辑在先者(原子论和理念论),由于本原与派生物的因果关系在循环中变成了相互作用,因而,在这一追寻中,逻辑、形式和结构便代替了时间维度中以因果为次序原则的本原和始基。于是本体便有了所谓"变中不变"的本质论范畴的意义。这种趋向到了近代初期,便已完全演变成追求超验实体的形而上学。

形而上学的超验性直接诱发了以认识论为核心精神的近代哲学。近代哲学家试图在认识论范域内认识和解决哲学基本问题,从而使这一问题变成了认识与认识对象的片面关系。近代的唯理论和经验论尽管相互对立,却无不试图在认识与认识对象的相互还原中确定二者的同构关系。然而,实际上精神与自然、主观性与客观性之间的关系,在总体上远远超越了认识论的狭小范围,是真善美多重意蕴的统一。单纯的认识关系只是其中的一个维度和侧面,不可能包容它的全部内容。这里值得提出的是,在康德哲学中,精神和自然、主观性和客观性的对立曾经摆脱了单纯的认识论意义,表现为善与真、非理性与理性、自由与必然的对立,表现为伦理与认识两大领域的矛盾。他的名言是"位我上者灿烂的星空,道德律令在我心中"。但是,康德虽然摆脱了认识论还原,并试图在美学领域里统一善和真,却并未能真正解决它们之间的对立和矛盾,从而最终走向二元论。在后来的黑格尔哲学中,这种对立和矛盾却以泛逻辑主义的形式被还原了。

精神与自然、主观性与客观性的关系在现代哲学中被全面展开。现代哲学中的所谓意义世界与事实世界、价值与真理、理想与现实、理性与非理性、科学与人等诸种关系,都是这一基本矛盾不同形式、不同侧面、不同层次的表现。这固然标志着研究的深入,但也同时导致了现代哲学中科学主义和人本主义两大思潮的全面对立:科学主义思潮以科学、理性和逻辑为立足点,以客观性为元价值;人本主义思潮则以个人、自由和非理性为立足点,以主观性为元价值。现代哲学家 W.施太格缪勒在《当代哲学主流》一书中曾描述了这种分裂,他指出,当这种分裂发展到极端的时候,不同思潮的哲学家们已经没有任何"意向性关联",他们不能互通信息,一方无法理解另一方的陈述和论证,甚至对对方所从事的是一种什么性质的工作也感到迷惑不解。这种分裂典型地表现为现代经验论和分析哲学与雅斯贝尔斯和海德格尔之间的对立。[①] 这种描述是符合事实的,但施太格缪勒却由此断定这种分裂是不可逆转的。这就正如他自己所说的那样,有些太悲观了。

现代哲学在其分裂的极端,已经孕育了一场新的综合。现代西方哲学人类学的兴起便与此相关。哲学人类学的主旨是要重建完整人和完整的生活世界。它一方面要克服自 18 世纪以来,具体人类学对人的肢解,从哲学上统一各种关于人的科学认识;另一方面试图摆脱现代哲学的意识形态分裂形成的非此即彼的两歧逻辑,综合科学主义和人本主义两大思潮,统一精神与自然、主观性与客观性的对立,统一事实世界与意义世界、现实与理想、理性与非理性、生命和精神、认识主体和精神主体的分裂。然而,遗憾的是,哲学人类学却并未能完成这一综合。首先,这些哲学家们不能透过当代哲学的分裂,看到人自身及人的生活世界的分裂,未能把完整的人及完整的生活世界看作人类历史运动生成的结果,而是把它看作一种既成形态,把哲学人类学的任务看作只是描述这一既成形态而已。这种历史感的缺乏,使得

① 参阅施太格缪勒,王炳文、燕宏远、张全言等译:《当代哲学主流》(上卷),商务印书馆 1986 年版,第 26—31 页。

他们的哲学思想缺乏一种更为深厚的历史哲学意义，不足以规范现实的历史进程，从而在更深的意义上克服当代哲学的分裂。其次，这种综合之所以未能完成，更在于他们没有找到这种统一的现实基础，自从舍勒建立了精神与生命的二元论后，生物哲学人类学和宗教哲学人类学各执一端。文化哲学人类学虽然找到了更为广泛的基础——文化，但也仍未能克服这种对立，在 M.兰德曼的人类学思想中，欧洲 18 世纪的"环境创造人，人又创造环境"的理论，又以"文化创造人，人又创造文化"的形式重复下来。

总之，无论是古代哲学、近代哲学还是现代哲学，都没有从根本上摆脱还原论的思维逻辑。因而，它们既不能发现哲学基本问题之真正的人类学意义，也不可能为精神和自然、主观性和客观性找到一个现实的统一基础，真正解决哲学基本问题。

（三）实践：还原论的超越

但是，早在近一个半世纪以前，马克思就曾明确指出："环境的改变和人的活动的一致，只能被看作是并合理地理解为革命的实践。"[①]"我们看到，主观主义和客观主义，唯灵主义和唯物主义，活动和受动，只是在社会状态中才失去它们彼此间的对立，并从而失去它们作为这样的对立面的存在；我们看到，理论的对立本身的解决，只有通过实践方式，只有借助于人的实践力量，才是可能的。"[②]在此，马克思十分明确地把实践作为解决哲学基本问题，统一精神与自然、主观性与客观性的现实基础，从而在真正意义上超越了传统哲学。

实践哲学对于哲学基本问题的真正解决是以对传统哲学还原论的思维逻辑的彻底突破为前提的。

如前所述，无论古代哲学、近代哲学还是现代哲学都是以还原论的方式解决人的本体论分裂和生活世界的基本矛盾。它们或者把主观性还原于客观性、把精神还原于自然，或者把客观性归化于主观性、把自然还原于精神。

---

① 《马克思恩格斯全集》第 3 卷，1956 年版，第 4 页。

② 《马克思恩格斯全集》第 42 卷，1979 年版，第 127 页。

这种还原本质上不是在解决矛盾,而是在取消矛盾,因为解决矛盾的前提是承认矛盾的实际存在,而还原论的实质正在于通过还原,否定矛盾一方的实存意义,从而消解人的本体论分裂和生活世界的基本矛盾。

在实践哲学看来,在现实性上,精神和自然、主观性与客观性作为对立的两极,是实际存在的,不可能通过还原取消其中任何一方,从而消解矛盾。客观性、自然是我们每日每时都能切身感受到的,只要承认我们的自由是受限制的,也就承认了客观性、自然的存在。甚至人类自由愿望的生成也反证出客观性、自然的实存:只有在一个不自由的世界里,人类才会有自由的要求。主观性和精神也有自己的实存意义。在本体论上,主观性和精神属于人的自由领域,自由的实现固然以对必然性的认识为前提,但前提不能代替事物本身,自由、主观性和精神不是一个空概念——其全部内容都只是通过反映而来的客观性,恰恰相反,它们标志着人对客观性、必然性的超越。人们对客观世界的改造、人类巨大的创造力就是这种超越的现实确证。在认识论上,主观性和精神无法被完全客体化,无论何时何地,它们总是大于自己被客体化的部分,因此,人不是一个普通客体,不能由客体化而手段化,康德的"人是目的"这一名言仍闪耀着超越时代的光芒。在命题形式上,客观性以"是……"(to be)来表述,主观性和精神则只能是"应是"(ought to be),列宁指出:"善、幸福、好的愿望,依然是主观的应有"①,"是"与"应是"之间存在着逻辑上的裂谷——这一休谟原则,一直为人们所认可。

可见,精神和自然、主观性和客观性之间是不能通过理论的推导而相互还原的,这种对立的解决绝不只是认识的任务,"而哲学未能解决这个任务,正因为哲学把这仅仅看作理论的任务"②,哲学应当现实地解决这一矛盾,而不是以还原的形式取消矛盾。当然,这一话题情景的时间域是以现实性来界定的。在历史的追溯中,主观性和精神来源于自然这一科学原则是毋庸置疑的。

还原论的突破,意味着传统哲学思维惯性的中断:矛盾的解决不再是对

① 《列宁全集》第35卷,1959年版,第231页。

② 《马克思恩格斯全集》第42卷,1979年版,第127页。

立双方的非此即彼,而是在一个新的维度中,把它们真正统一于现实的基础之上。而这一现实的基础就只能是实践。

实践哲学之所以把实践作为解决哲学基本问题的现实基础,是由实践本身的性质决定的:相对于分裂的人类世界,实践是一个“大全”。

实践之为“大全”意味着实践在其本体论结构中,蕴含了分裂的人类世界的基本方面。首先,实践具有客观性,这里的客观性是指实践通过自身的认识论环节,内化了的规律性因素,它表明人类实践的合规律性。在此有限的意义上说,实践的过程是人类将外在规律同化于自身的过程。其次,实践又具有主观性和精神性,在这里,主观性和精神性是指实践对于必然性、规律性的超越本性,它包括内在于实践的主观目的、价值指向、人道主义理想以及伴随着的情感、意志等。主观性表明实践的合目的性。以往我们过多地强调实践的客观性和物质性,很少强调实践的主观性,而实际上,缺乏主观性环节的所谓实践,已和一般的生物行为相去不远了。再次,实践又是一种现实的感性活动,这种感性活动使实践成为一种现实的、富有生命的物质力量,它扬弃主观性与客观性的两极对立,使二者统一起来。如果说客观性是实践之真的环节,主观性是实践之善的环节,那么,主观性与客观性以现实的感性活动为中介的统一,则使实践具有美的性质。实践是真善美的统一。不仅如此,实践之为“大全”在于实践把自身之主观性与客观性两极中介于感性活动这一人类现实的历史运动,即人类趋于“大全”的无限过程。在这一历史过程中,一方面,人的本质力量通过现实的感性活动外化、对象化,扬弃自在世界的给定性,创造人的现实世界;另一方面,实践又通过现实的感性活动使外在的必然性和规律内化,丰富人的本质力量、扬弃人的主观性。这正是人与自然、个体与社会的历史的统一过程,是价值与认识、自由与必然、人的主观目的与客观世界合规律性运动的统一,是真善美的统一过程。而真正扬弃了分裂的人类世界正是在这一过程中生成的。于是,以往人们对集真善美于一身的全智全能的上帝的崇拜,本质上便只不过是以虚幻的形式,对人类自身无限的实践能力、创造能力和趋向于大全(统一)的能力的崇拜。神学的深层意蕴是人学的。

在这种意义上,实践哲学已经把实践和哲学基本问题置于人类学视野内,使之与人的解放统一起来。

无疑,实践在马克思主义哲学中具有举足轻重的地位,但是在实践范畴究竟是在什么意义上被使用这一决定马克思主义哲学元价值的问题上,却众说纷纭。如果说哲学史上人们大多在道德意义和认识论意义上使用实践概念,那么,马克思则把实践置于哲学人类学的视野内,把前两种实践观念扬弃为人类学实践范畴的内在环节。如果说,古代哲学和近代哲学分别以本体论和认识论方式解决哲学基本问题,那么马克思主义实践哲学则是以人类学方式解决哲学基本问题。

在人类学实践论看来,实践既不只是认识自然的手段,也不只是改造自然的手段,而是克服人的本体论分裂状态,解决生活世界的基本矛盾的现实途径。人类学实践论的历史使命即在于对人类现存状态的否定,对人类最终的自由解放理想的设定,并为这种由现实到理想的过渡指出一条现实之路。在人类学实践论看来,哲学基本问题的解决,人的本体论分裂状态的根本改变,生活世界的基本矛盾的解决与人的自由解放是同一个问题。马克思曾从各个角度描述了这一理想状态:在文化范围内,它是对立的文化价值的统一(人文文化与科学文化的综合);在哲学上,它是“自然主义和人道主义”“唯物主义和唯灵主义”的综合;在社会形态上,它是“自由人的联合体”;在个体立场上,它是完整的人的实现(人的全面发展)。

可见,人类学实践论的本质精神是哲学人类学的,但它克服了一般哲学人类学的局限,含着文化哲学、历史哲学、科学哲学、形而上学、人生哲学等多重意蕴,是哲学史上的一个新的综合。

三、理性、自由与人的解放

随着后现代思潮的流行和对现代化进程的反思,现代性成为使用频率颇高的一个概念。虽然对现代性这个概念有多种不同的理解,但把现代性同理性联系起来却是普遍的共识。从这个角度说,对现代性的反思本质上就是对现代的理性文化的批判。现代的理性文化存在的弊端是明显的,但问题是,这是理性的“原罪”还是对理性的错误理解所造成的结果。

(一)理性的认知化理解方式及其误区

近些年来在哲学理论界对理性思维方式的批判已成为时尚,对技术理性的膨胀,人与自然、人与人关系的分裂等现实问题的原因的探讨,就归结为理性思维方式的"原罪"。因为,理性思维追求的是统一性,这正是基础主义、本质主义和中心主义产生的原因。在这种思维中,统治性的权威和自我中心主义、人类中心主义都是不可避免的。有的学者还认为,理性思维具有自觉性的特点,明确地把自我和对象区分开来,这种主题化的对象性思维必然导致主客的二元分立,导致人对世界的征服和占有的态度,使人离开存在之家而出走。所以,必须去除理性的"遮蔽",回到质朴的生活世界中去,在"直观"和"整体的动态思维"中,达到人与世界浑然一体的状态。这些带有后现代理论倾向和现象学色彩的对理性的批判,固然也是对现代文化存在的弊端的一种反思的结果,自有其道理,但未免偏颇。第一,具有理性正是人与动物相区别的本质特征之一,如果没有明确的自觉意识,人也就不能把自身和对象都作为类来对待,也就不会有人与世界的整体和谐观念,正如马克思所说,人因自觉而自由,人才是类存在物。我们不能因现代的理性文化造成人与世界的分裂,就根本否定理性,物我不分只是人的原始状态下的畜群意识。第二,人固有理性,也不可能去除或摆脱理性,即使在未主体化的生活世界中,感性和理性、非理性和理性也是统一的。单纯强调哪一面,都不会是生活世界中的完整的人。第三,迄今为止理性都是我们认识和把握世界的主要方式,当我们在分析现代文化所带来的人的生存困境时,也要看到问题的另一面,即理性文化带来的巨大的社会进步和人类的文明程度的跃迁,这才是问题的本质和主流。固然当代的发展还存在诸多问题,但我们也只能在理性的基础上,通过更好地认识和把握世界以及人自身,通过发展科学、创造必要的条件和设备手段来加以解决。幻想回到原始的、天人合一的状态是不现实的。

其实,讲理性与理性思维同讲西方近代以来的理性文化并不是一回事。近代的理性文化是这种对理性的偏颇理解以及由此形成的生活方式使然,是这种文化模式弊端的显现。具体来说,近代的理性文化模式有两大内在精神支柱，一是主体自由和解放的精神，二是追求真理和崇尚科学的精神。在启蒙思想家那里，这两大文化精神支柱是统一的，自由是目的，理性是手段，即人们利用理性认识规律，从而发展科学，提高劳动生产率，促进社会的进步，最终使人生活幸福，获得自由和解放。在这套思路中，自由被排除在理性之外，理性只作为工具和手段而存在。而自由作为目的是价值理性的体现，当理性失去价值的内涵后，就只剩下认知的内容，也就必然使理性向工具理性转化。其实，近代的启蒙精神正是从认知的角度来理解理性的。什么是理性？理性即意味着人的一种认识，一种逻辑的把握世界的方式。在这种对理性的认知理解方式中，蕴含着一种物理世界观的本体论图式，即世界是按着自身固有的规律而运动的，有着严格的因果制约性，就像一部制造精良的机器。问题就在于认识必然性的规律，由此就可推知过去、预测未来，给出对世界秩序的解答。而能承担此任务的只有理性，或是归纳理性，或是演绎理性，才能从个别上升到一般，把握住事物的本质，获得普遍必然性的知识。所以，近代的理性文化在哲学上的体现就是认识论转向。但如此理解的理性却存在着极大的误区，表现在：第一，理性面对的客体世界是既成的、给定的，科学要求的价值中立，说明客体的存在同主体的活动无关，这就把主客先验地对立起来，从而导致心物、主客二元对立的思维方式。如此一来，说明主客的统一，就成为近代理性哲学固有的难题。第二，主客的二元对立内蕴的实质是自由和必然的对立。人的自由是建立在个体成为主体的基础上的，但认知理性蕴含的则是普遍性的诉求，这就导致普遍性对个性的压抑，必然性对自由的取代。自由就是对必然的认识这一认识论的自由观，就典型说明了这种情况。后现代思潮之所以反对本质主义和中心主义，就根源于此。后现代思潮本质上就是彰显个体自由的体现。自由和必然的对立，说明了认知理性对价值的缺失，如此一来，近代理性文化的两大支柱就发生了内在的冲突，这就蕴含着理性走向技术理性并日益自律化的倾向。第三，当理性被局限于认知领域后，理性也就失去了参与和变革世界的功能，它的作用只是反思，是对现实的解释和肯定。由此理性成为“黄昏后起飞的密纳发的猫头鹰”，成为飘浮于现实之外、封闭于自身的抽象推演，这就把人的追求自由和解放的历史运动过程变成了理论推演的追求真理的

认知过程。由以上的分析我们可以做出这样的结论:近代以来的理性文化模式的弊端,是把理性囿于认识论理解的结果,是缺失了价值理性的体现。所以,解决问题的出路不在于否定理性,而是要使对理性的理解走出认知逻辑的樊笼,使其在人类追求自由、解放和自身全面发展的历史运动中找到合理的定位。这正是马克思所走的道路。

(二)马克思的理性观——人类解放的价值追求和市民社会的批判意识

马克思的理性观体现了近代西方理性文化的自由传统,是近代理性文化的自由的传统,走了一条价值理性的道路。这一点在他早期的博士论文中就鲜明地体现出来。马克思之所以推崇伊壁鸠鲁的原子论,就是认为其体现了真正的理性精神,贯穿了形式的原则,而这种形式或理性的本质就是自由。当把理性同自由联系起来之后,作为价值理性其作用也就发生了变化,理性不再是封闭于自身的反思,而是对现实的关切,是"向外吞噬的火焰",哲学的世界化和世界的哲学化的思想,就表达了马克思主张的理论和实际的统一以及理性和现实相互作用的观点。在马克思以后思想发展的行程中,尽管他的理论内容发生了变化,但对自由和解放的价值追求以及同此相伴随的对现实的关切却始终没变,并不断深化发展。

马克思表达了这样的理性哲学观,"哲学不是世界之外的遐想……任何真正的哲学都是自己时代精神的精华,所以必然会出现这样的时代:那时哲学不仅从内部即就其内容来说,而且从外部即就其表现来说,都要和自己时代的现实世界接触并相互作用"①。在这里,内部的内容即是指理性的价值性质,作为时代精神的精华和文明的活的灵魂,表达着一种时代的人文关切和对人生存命运的深深忧虑,由此马克思坚决反对那种脱离现实、自我封闭的思辨理性,并由此奠定了批判抽象理性,批判资本主义异化的现实,推翻那些使人成为受屈辱、被奴役、被遗弃和被蔑视的东西的一切关系,追求人类解放的理论宗旨。马克思对黑格尔思辨理性的批判和把人类解放安置在现实的历史运动中,其内在的深层思维逻辑就是由认知理性向价值理性的

① 《马克思恩格斯全集》第1卷,1960年版,第120—121页。

转向,由理论理性向实践理性的转换。伴随着内容的现实化,哲学的形式也打破了尖硬的体系的外壳,而同现实相互作用。这里的形式指的是哲学表现的方式,这种表现方式就体现了哲学的功能和作用。哲学具有描述的功能和规范的功能,显然马克思在这里更强调哲学的规范功能,这是同哲学内容的现实化关联在一起的,被马克思主义哲学的人类解放的价值性质所规定。马克思对人类命运的关切,要求否定不合理的现实,在对现实的肯定理解中包含否定的理解,要求哲学以"世界公民"的姿态而出现。马克思在给卢格的信中把这一思想概括为"理性向来就存在,只不过它不是永远以理性的形式出现而已"①。这样,理性在形式上就摆脱了体系化的桎梏,走出了反思的描述的阈限,而成为变革现实的批判意识。"新思潮的优点就恰恰在于我们不想教条式地预料未来,而只是希望在批判旧世界中发现新世界。……现在哲学已经变为世俗的东西了,最确凿的证明就是哲学意识本身,不但表面上,而且骨子里都卷入了斗争的漩涡。……我指的就是要对现存的一切进行无情的批判。"②这种反思意识向批判意识的转换,促使马克思提出了"消灭哲学"的主张,即把理论的批判变为现实的批判,回归生活世界,去变革理论由以产生的市民社会基础。这种哲学的作为市民社会批判意识的作用,马克思后来用一段经典的话概括为"哲学家们只是用不同的方式解释世界,问题在于改变世界"③。马克思哲学的这种价值理性观体现了一种对人和人之理性的全新理解方式,即主客统一的总体的人的理想。在马克思那里,人是一个主体性的存在,人作为能动的主体存在不在于意识,而在于革命性的实践活动。所以,人的类本质就体现为自由自觉的对象性活动。自由和自觉体现了认知理性和价值理性的统一,自觉是自由的前提,人只因自觉才能把自己和对象区别开来,才能把自己的生命活动作为自己的对象,而动物的生命则与自己的活动是直接同一的。由此来看,主客的分化既是理性的根本特点,也是人作为人的根本特点,是不可避免的。正因这种分化人才能把自身作为类、把对象作为类来对待,人才是一个类的存在物。虽然

① 《马克思恩格斯全集》第1卷,1960年版,第417页。
② 《马克思恩格斯全集》第1卷,1956年版,第416页。
③ 《马克思恩格斯选集》第1卷,第57页。

自觉是自由的前提,但自觉并不等于自由,因为自觉是一种对象性的认识活动,只体现了一种外在性的物的尺度,而人的活动还有内在性的价值尺度,即人的活动又是实现自身,确证自身本质力量的活动。正是这种实现自身、确证自身的活动性质才使对象具有主体的本质,成为属人的存在物,也才证明人是依靠自身而生存的自由的存在物。所以,自由是同人的价值尺度关联在一起的,是人的超功利性的按美的规律去构造从而全面发展自身的体现。人的活动作为两种尺度的统一,就体现了认知理性和价值理性的统一。两种理性之间的关系是,认知理性作为前提表达着这样的内涵:没有认知理性的发展和科学技术的进步,人的自由和解放就是空谈。在生产匮乏,人还要为生存必需品而斗争的阶段,一切陈腐的东西都会死灰复燃。正因如此,马克思以赞赏的眼光来看待工业生产的发展,把其当作感性的心理学和人的本质力量提高的表现。而自由作为目的则对认知理性具有规范作用,提供了科技发展的方向和人文关怀。如果失去了自由的价值理想性,人的活动就会成为谋生性的功利活动,这种异化活动就会把主客的分化发展为主客的二元对立,使物外在于人。所以,认知理性虽然在外在性上能够解放人,但却不能保证在社会性上和内在性上使人获得解放。所以,只有在价值理性的规范和统摄下,自然才会成为人的无机身体,社会才会成为人的自主活动的条件,人才能成为一个总体性的存在物而全面发展。

(三)现代化建设必须确立以人为本的理性文化模式

马克思的价值理性观对于当代中国的现代化建设具有重要的现实指导意义。中国的现代化建设是在具有悠久的农业文明传统的背景下进行的。而农业文明的群体主体的活动方式和社会本位的伦理文化对个性的抹杀,以及小农经济所形成的狭隘的经验性思维方式,还深深影响着当代中国人的意识和社会的发展。因此,我们不应否定理性,而是要彰显理性,弘扬主体性,这已是现代化建设的当务之急。

从经济的角度看,市场经济本质上是主体经济,这既要求形成个体本位的社会格局和经济运行机制,又对人的素质和能力提出了更高的要求。而过去的计划经济体制的最大弊端就是产权主体的缺位,因而企业或个人不能成为自主的主体，这就压抑了生产单位和广大劳动者的生产积极性，以致生产效率不高、国有资产的增值保值无人负责。而人要成为自主的主体，担负起建设市场经济体制的重任，又有赖于自身素质和能力的提高，尤其是理性素质的增强。因为大工业的发展和科学技术的进步毕竟是在理性的基础上进行的，而一个浑浑噩噩、愚昧无知的人是不可能成为自主主体的。所以，启蒙运动的主题就是提倡理性，以反对愚昧迷信。应该说，后发国家的现代化都具有自上而下的特点，这就决定了精英层面和大众层面的文化启蒙不会同步，当精英层面已步入对现代性弊端的批判之时，大众层面的文化启蒙却远远没有完成。固然理性文化的弊端会导致异化现象的出现，但代价是不可避免的，我们是在自觉地走进异化，只能把代价减到最小。简言之，对大众的理性文化启蒙已成为现代化建设的重要任务。

从政治的角度看，现代化的社会必然是民主政治的社会，这是市场经济的必然要求。社会主义革命使人民成为国家的主人，但现阶段又只能实行间接民主制的管理形式，这就会使间接民主制的二律背反在新的条件下重新出现。即人民名义上是权力的主人，但却是实际的被管理者；国家公职人员名义上是仆人，但却是实际的领导者。这种矛盾潜在地包含践踏人民主权的可能。尤其我国有着长期的专制历史，官本位、权大于法等现象还普遍存在，近年来的以权谋私的腐败现象的出现，就说明了在人民还不能自主管理社会事务时，民主政治的建设必须走程序理性的道路，用权力约束权力，使权力自觉运行。在当前，政治体制的改革已成为重中之重，直接关系现代化建设的成败。而政治体制的改革和完善，仍然需要以理性文化作为支撑，如果没有契约意识、平等意识、社会公正意识，不能形成形式化的规则，单纯靠思想教育和道德意识，就不能搞好政治文明建设。

当然，我们这里讲的理性是价值理性和认知理性、科技理性的统一。这即是说，在运用科技理性去处理问题时，要坚持以人为本的人文关怀。这一点在当前又具有特殊重要的意义，因为小农经济的狭隘眼界，形成以私利为核心的观念意识，这就使中国人缺少形而上的理想维度，从而功利性地对待他人。这就使我们的意识中缺少人性的观念，缺少对他人的理解、尊重和关怀。而人一旦把他人作为工具，也就把自身降为工具，就以追求感官的快乐

为满足,也就缺失了生活的高雅情调。所以,随着物质生产的发展,带来的却是精神层面的缺失和理想价值的泯灭。西方走向享乐文化用了 200 多年的时间,而我们在短短的 20 年中就走完了这一历程。因为西方有新教伦理的精神支撑,而我们却缺少这种价值理性。正因如此,确立以人为本的意识、人的全面发展的意识,用价值理性去统一和规范科技理性,才能完成全面建设小康社会的任务。

四、社会主义社会人的价值

康德有一句名言:人是目的,而不是手段。这句话言简意赅,包含着深刻的哲理,是对人在社会生活中非人状况的沉思和抗议。试想,历史上哪一个统治阶级不把广大劳动群众视为牛马呢?他们什么时候重视过人的尊严和价值呢?一部阶级社会的历史充满了对人的屈辱和践踏,实际上就是人类的史前史。恩格斯说,只有社会主义和共产主义才使“生存斗争停止了。于是,人才在一定意义上最终地脱离了动物界,从动物的生存条件进入真正人的生存条件。……只是从这时起,人们才完全自觉地自己创造自己的历史”①,开始了人类真正的文明史。

但是,新制度的建立只是给恢复人的价值和尊严创造了可能,离开了正确的政策和方针,社会主义制度本身并不能自动地实现人的本质和价值。十年浩劫中人住“牛棚”“砸烂狗头”的惨痛教训深刻说明,在我国这样封建主义影响比较深重的国家,特别需要强调人的尊严,提高人的价值观念。没有思想上、舆论上对人的充分尊重,就没有社会主义,一旦极“左”思潮涌来,就会冲破民主和法制的堤防,照旧干出惨无人道、灭绝人性的勾当来。

历史表明,一个社会只有当它的全体成员都充分地享有做人的基本权利和义务,都能够在符合人性的条件下生活和劳动的时候,这个社会才能生机勃勃,具有无限的生命力和创造力。因此,正确地认识和宣传人的价值,不仅是哲学、伦理学和社会学的重要课题,而且,对于我国社会主义社会的发展和完善也具有重大的现实意义。

---

① 《马克思恩格斯选集》第 3 卷,1972 年版,第 323 页。

(一)人的价值的生成和演化

人是万物之灵,是世界上唯一具有创造力的生命实体。马克思说,"实践创造对象世界,即改造无机界,证明了人是有意识的类存在物"①。正是人的创造性的劳动决定了人的生活是"能动的类生活"②,是创造生命的生活。这种生活不以动物式的生存繁衍为满足,它的最高目的是要创造人的生活条件,真正把人变成人。所以马克思说:"全部历史是为了使'人'成为感性意识的对象和使'人作为人'的需要成为[自然的、感性的]需要而作准备的发展史。"③历史的发展不过是人的准备和形成的过程而已,人类对自己所持有的这种强烈的人的意识,完全是人所独有的,是人的全部价值和尊严的基础,是推动人的发展和完善的强大力量。正是为了人的生存和幸福,人才孜孜不倦地实践和探索;正是为了人的价值和尊严,人才永无休止地创新和追求。一切为了人,这是衡量一切社会行为的尺度,是判明一切思想理论的标准。任何一种社会动机和效果只有在有利于人的生存和发展的前提下,才有存在的价值和理由。在这个意义上,人的价值是终极的、绝对的、无条件的。如马克思所说,"人就是人的世界"④,"人是人的最高本质"⑤,"人的根本就是人本身"⑥。所以,提高人的信念和意识,把人本身当作人的最高价值,这完全是发自人之为人的根本特性。人所具有的创造能力决定了天地间除了人以外,再也没有任何高于他的价值的东西了。

但是,几千年的"文明史"并没有表现出对人的价值的应有的尊重,相反,我们看到的完全是一幅非人的图景。强制的劳动分工和生产资料的私有制剥夺了广大劳动群众的人的生活条件,异化了他们的劳动,使他们脱离了自己的人的本质,成为不是人的人。

奴隶社会是对人野蛮地蹂躏的社会。广大奴隶完全丧失了做人的资

① 《马克思恩格斯全集》第42卷,1979年版,第96页。
② 《马克思恩格斯全集》第42卷,1979年版,第97页。
③ 《马克思恩格斯全集》第42卷,1979年版,第128页。
④ 《马克思恩格斯全集》第1卷,1960年版,第452页。
⑤ 《马克思恩格斯全集》第1卷,1960年版,第461页。
⑥ 《马克思恩格斯全集》第1卷,1960年版,第460页。

格，被视为会说话的牲畜和工具。罗马法典就把奴隶同牲畜和什物置于同等的地位。

在封建社会里，农民的处境和奴隶相比，他们的人格受到了一定程度的尊重。但是，从根本来说，封建制度尊崇的是神而不是人，对于人，他们同样充满了轻慢和蔑视。马克思说，“君主政体的原则总的说来就是轻视人，蔑视人，使人不成其为人”①，“专制君主总把人看得很下贱”②。因此，“专制制度必然具有兽性，并且和人性是不相容的”③。

近代资本主义社会的巨大功绩之一正在于它在高度发展社会生产力的同时，适应生产关系变革的需要，打破了封建的等级制度，建立了人与人之间在交换和法律面前的平等关系。但是，它只不过是用表面上的平等掩盖了事实上的不平等，用“公开的、无耻的、直接的、露骨的剥削代替了由宗教幻想和政治幻想掩盖着的剥削”④。它把人的尊严、价值物化为商品和货币，把人与人之间的一切高尚的情感都“淹没在利己主义打算的冰水之中”⑤。“现代社会的一切生活条件达到了违反人性的顶点”⑥。因此，它在实际上并未能尊重人的价值，真正重视人；相反，资本主义社会是个高度异化了的社会，人处在普遍的异化状态中。马克思说，资本主义社会“把人当作精神上和肉体上非人化的存在物生产出来”⑦，因此，“这里所谓‘非人的东西’同‘人的东西’一样，也是现代关系的产物”⑧。

在资本主义社会里，人的价值的贬损是全社会性的。资产阶级极其重视本阶级生存的价值，为了追求腐朽糜烂的生活方式，他们不相信彼岸世界，而是一群十足的享乐主义者。自以为这就是本阶级的价值，实质上他们的人的价值无非是金钱、物质的代名词。马克思、恩格斯说得好：“有产阶级

① 《马克思恩格斯全集》第1卷，1960年版，第411页。
② 《马克思恩格斯全集》第1卷，1960年版，第411页。
③ 《马克思恩格斯全集》第1卷，1960年版，第414页。
④ 《马克思恩格斯选集》第1卷，1972年版，第253页。
⑤ 《马克思恩格斯选集》第1卷，1972年版，第253页。
⑥ 《马克思恩格斯全集》第2卷，1957年版，第45页。
⑦ 《马克思恩格斯全集》第42卷，1979年版，第105页。
⑧ 《马克思恩格斯全集》第3卷，1956年版，第507页。

和无产阶级同是人的自我异化。但有产阶级在这种自我异化中感到自己是被满足和被巩固的,它把这种异化看做自身强大的证明,并在这种异化中获得人的生存的外观。而无产阶级在这种异化中则感到自己是被毁灭的,并在其中看到自己的无力和非人的生存的现实。"①

思想理论是社会现实的反映,非人的现实总是伴随着非人的理论。历史上人在哲学中的位置是逐渐被认识和突出出来的。古希腊、罗马的唯心主义哲学家普遍推崇神灵和彼岸世界,蔑视人的现实生活,柏拉图在他的《理想国》中就把奴隶称为畜类。在漫长的中世纪里,经院哲学把上帝当作宇宙唯一的创造主,在他们看来,人只不过是上帝的作品,他带着"原罪",是不可能在哲学中占有任何席位的。因此,经院哲学宁愿对上帝进行烦琐无聊的考证,也不屑于瞻顾人的现实生活和可悲的命运。就是作为近代唯心主义之集大成者的黑格尔哲学也轻视人,把人看作"绝对观念"的外化或退化,恩格斯称黑格尔哲学为"'纯粹思维'的专制"②。只是到了近代,随着资本主义的发展,资产阶级从第三等级一跃而登上历史舞台,人才开始恢复自己在自然和社会中的本来面目,逐渐成为哲学研究的中心问题。

阶级社会里人的这种异化和非人化,引起了人们正当的愤慨,历史上许多有正义感的思想家和哲学家对此发出了强烈的愤怒和抗议。从文艺复兴时代的人文主义运动到近代哲学中的人本主义思潮,从斯宾诺莎和伏尔泰的人的"自然权利"说到空想社会主义者对未来理想人的希望,所有这些人道主义的学说和理论都从不同的角度猛烈地抨击了封建制度和资本主义制度对人的摧残,满腔热情地抒发了他们对人的幸福和完善所抱的伟大理想。尽管他们所说的人都是一般的抽象的人,实质上是以资产阶级为模特的。但是他们能够正视社会的非人的现实,客观上代表了广大劳动群众喊出自己的心声,这无论如何是一种历史的进步。

马克思主义哲学批判地继承了历史上优秀的人道主义传统,从它诞生的最初起,就把人的解放、幸福、自由和欲求当作哲学的最高目的。1843 年,

---

① 《马克思恩格斯全集》第 2 卷,1957 年版,第 44 页。

② 《马克思恩格斯选集》第 4 卷,1972 年版,第 218 页。

当马克思主义刚刚开始形成的时候,马克思就认为,在当时的德国,对宗教的批判应当"最后归结为人是人的最高本质这样一个学说,从而也归结为这样一条绝对命令:必须推翻那些使人成为受屈辱、被奴役、被遗弃和被蔑视的东西的一切关系"①。做到了这一点"德国人就会解放成为人"②。1844年,马克思在《1844 年经济学哲学手稿》中,详细地考察了资本主义制度下的异化问题,认为分工、私有制以及由此而产生的劳动异化是资本主义社会中非人化的基础。只有消灭私有制,进行共产主义的革命,才能消灭劳动异化和一切形式的异化,实现人对人的本质的真正回归。1845 年,马克思、恩格斯在《神圣家族》的序言中,把自己的共产主义学说称为"真正的人道主义"③。1846 年,马克思、恩格斯在《德意志意识形态》中,对人的全面自由的发展给以极大的关注,认为这是共产主义社会的基本特征之一。1848 年,马克思和恩格斯在《共产党宣言》中,把自己对人的希望寄托于共产主义社会。他们认为,只有共产主义社会才能实现人的全面自由的发展,因为共产主义社会本身就是"一个以各个人自由发展为一切人自由发展的条件的联合体"④。马克思和恩格斯对人的价值的高度重视贯穿于他们一生的全部著作。在将近 30 年后,他们在《哥达纲领批判》和《反杜林论》中仍以极其充沛的感情倾吐自己对人的理想,在坚实的历史唯物论的基础上,把人的解放同建立共产主义社会的理想联系在一起。恩格斯在《社会主义从空想到科学的发展》的结尾中断言,只有到了共产主义,人才终于成为自己的社会结合的主人,从而也就成为自然界的主人,成为自己本身的主人——自由的人。

因此,尽管我们对未来共产主义社会的前景还不太清晰,但是,有一点可以肯定:共产主义"决不是返回到违反自然的、不发达的简单状态去的贫困。相反地,它们才是人的本质的现实的生成,是人的本质对人说来的真正的实现"⑤,"因而是通过人并且为了人而对人的本质的真正占有……是人向

① 《马克思恩格斯全集》第 1 卷,1960 年版,第 460—461 页。
② 《马克思恩格斯全集》第 1 卷,1960 年版,第 467 页。
③ 《马克思恩格斯全集》第 2 卷,1957 年版,第 7 页。
④ 《马克思恩格斯全集》第 4 卷,1958 年版,第 491 页。
⑤ 《马克思恩格斯全集》第 42 卷,1979 年版,第 175 页。

自身、向社会的(即人的)人的复归”[1]。

(二)人的价值的基本维度

人的价值问题不是孤立自在的,它与人的社会生活条件密切相关,从根本上来说,就是人的社会地位问题。为了真正把人本身当作人的最高价值,充分调动人民群众的积极性和创造性,需要从思想和舆论上端正对人的价值问题的认识,提高人的价值观念。而作为第一步,首先要明确社会主义社会中人的价值规范。在社会主义社会中,要真正消除非人化,充分地尊重人的价值,必须逐步实现下列要求:

1. 要尊重个人尊严,做到在人格面前人人平等

尊严,这不是个人的孤傲自赏和自满自足,它是人对自己价值的意识,是人的一种自我肯定。它产生于人和动物的根本区别,是人超出于动物的优越感。在本来的意义上,凡是人都有尊严,就是说,他不仅要求别人尊重自己的人格,而且也能把别人当作人来尊重和对待。但是,阶级社会里各种形式的人身依附关系把人的尊严异化了,人的人格连同他的人身一起也被当作交换价值出卖了,失去了人的尊严感。马克思说:“那些不感到自己是人的人,就像繁殖出来的奴隶或马匹一样,完全成了他们主人的附属品。”[2]

社会主义社会根本改变了人与人之间的人身依附关系,广大劳动群众成为自己本身的主人,这是相互尊重个人尊严的客观基础。在社会主义条件下,人的尊严不决定于金钱和出身,而是首先决定于人作为人本身的最高价值,决定于人作为社会主义建设者和主人翁对社会所做出的劳动和贡献。因此,社会主义社会对个人尊严的重视首先表现在它尊重一切人的人格,把一切人都当作人来对待,坚决反对贬损人格,禁止人身侮辱,不许用对待动物或什物的办法来对待人。应该鲜明地提出,在社会主义社会里,任何人在人格面前都是平等的,绝对不允许用损害别人人格和尊严的办法来抬高自己的人格和尊严。即使对于各种违法犯罪分子,也不应使用非人的手段。

① 《马克思恩格斯全集》第42卷,1979年版,第120页。
② 《马克思恩格斯全集》第1卷,1960年版,第409页。

犯罪分子首先是人犯了罪。除了判处死刑者外,对他们的一切惩处都是立足于挽救和改造,使他们恢复人的本性,重新做人。因此,对待犯罪分子也应给予平等的人格,不能任意凌辱。只有在承认人格平等的前提下,才能谈到每个人的尊严在价值上的差异。在现实生活中,总是那些勤奋劳动、无私地贡献自己才能的人受到人们的推崇和敬重,而那些自私怠惰、猥琐平庸的人则总是被人们所轻慢,这是生活中严峻的逻辑和铁的法则,是根本不能避免的。但是,这和蔑视人的尊严有原则的不同,它只能提高人的尊严感,促进人的自尊。价值和尊严是无产阶级应有的内在本性。马克思说:“基督教的社会原则颂扬怯懦、自卑、自甘屈辱、顺从驯服,总之,颂扬愚民的各种特点,但对不希望把自己当愚民看待的无产阶级说来,勇敢、自尊、自豪感和独立感比面包还要重要。”[①]因此,无产阶级在争取人的价值的斗争中就应当首先表现出人的勇敢、自尊、自豪感来。

2. 要尊重人作为社会主人的权利,实现经济、政治、思想、法律方面的充分的民主、自由和平等

在社会主义社会,要从社会主人“翁”的高度来考虑人的价值,这是社会主义社会中人的价值的根本特征。

在任何社会里,人的价值问题都不是抽象的空泛的东西,它总是与一定的社会生活条件和社会经济政治地位紧密联系在一起,没有最起码的经济上政治上的保障,就谈不到人的价值。在社会主义社会中,人作为社会的主人,在经济方面不仅要在消灭私有制和剥削的基础上真正地实现对生产和交换过程的领导和监督,而且要创造出高度的物质文明,满足人民日益增长的物质和文化的需要,建立起高于资本主义的新生活。在这个前提下,消灭失业,普及教育,对劳动者休息和健康的关心,都是不言而喻的。在政治上,人作为社会主义社会的主人,其标志就是真正的当家做主,享有充分的民主自由和平等的权利。高度民主,这是社会主义政治制度的根本特征。但是,民主不可能离开自由和平等而单独存在。没有人在思想、人身和社会生活各方面的充分自由,反而用各种办法把人管得死死的,民主无法实现,实际

---

① 《马克思恩格斯全集》第4卷,1958年版,第218页。

上等于虚设；而没有人在经济、政治和法律方面的平等，反而到处等级森严、特权林立，则根本无民主可谈。因此，自由平等是民主的有机内容，三者紧密配合，缺一不可，是人作为社会主义社会主人翁的必要标志。

3. 普及教育，合理分工，充分发挥人的才能

人的价值蕴藏在人的才能之中。100多年前，马克思、恩格斯在构思共产主义蓝图的时候，极其重视人的全面自由的发展，认为充分发挥人的才能是共产主义社会的基本特征。马克思说共产主义是“个人的独创的和自由的发展不再是一句空话的唯一的社会”①，它“本身就是个人自由发展的共同条件”②，所以，根据共产主义原则组织起来的社会，将使自己的成员能够全面发挥他们各方面的才能。

现在，我们处在社会主义时期，还不可能一下子就立即消灭异化，实现人的全面自由的发展。但是，社会主义作为共产主义的第一阶段，应该逐步创造条件，克服异化，充分发挥人的才能。

发挥人的才能问题在实践上主要是教育问题和分工问题。人的才能主要不是先天的，后天的教育和培养对人的才能的形成起着巨大的作用。因此，加强教育，提高教育水准，是积累才能，培养一代人才的重要途径。但是，在培养了人才以后，这些人才能不能专业对口，发挥专长，这主要就是分工的问题了。

马克思主义认为，发挥自己的才能，表现自己的特长，这是人的内蕴的顽强倾向，是人的不可遏制的本性。只有发挥自己才能的劳动，人才感到是一种享受和幸福，并在其中表现了人的创造性的价值，认为这是对自己存在价值的肯定。反之，压抑人的才能，就会造成巨大的痛苦，就等于扼杀了人的本性，是对人的价值的否定。因此，教育和分工对人的才能的发挥和价值的肯定具有重大的意义。

4. 要正确处理人的自由和责任

人的价值和尊重包括三个方面，即对自我的尊重、对他人的尊重和他人

① 《马克思恩格斯全集》第3卷，1956年版，第516页。
② 《马克思恩格斯全集》第3卷，1956年版，第516页。

对自己的尊重。这三方面是紧密联系、不可分割的。只有首先自己尊重自己,对自己的一切行动负责,才可能尊重别人,别人也才有可能尊重自己。如果自己都不尊重自己的价值,意识不到自己是人,那么,他就不懂得尊重别人,别人也就没有必要去尊重他。同理,尊重别人和别人对自己的尊重也是互为因果的。只有尊重别人,才能换取别人对自己的尊重,既然自己尊重自己,那么也就应该将心比心,“己所不欲,勿施于人”,同样去尊重别人。这样,从尊重别人和尊重自己的关系中产生了一个自由和责任的关系问题。自己尊重自己的价值,就是维护自己的自由,而自己对别人价值的尊重,就是一个责任和义务的问题。人的自由和责任总是辩证地联系在一起的。人生在世界上都有追求自由,满足自己价值要求的欲望,但是,个人自由的实现取决于社会条件,以尽到自己对社会的责任为前提。“只有在集体中才可能有个人自由。”①只有大家都诚实地尽到了自己的一切社会责任,个人的自由才有可能实现。必要时应为整个社会的利益牺牲自己的一切,这并不是个人价值的丧失,而是自我价值的最大满足。无产阶级的自由观同无政府主义、资产阶级和小资产阶级的利己主义是有本质区别的。

(三)社会主义社会人的价值的取向

社会主义社会应该提高人的价值,恢复人的尊严。但是,我们不能不看到,在现实生活中还存在着大量的影响人的价值的异化现象。

社会主义社会是共产主义的低级阶段,不可避免地保留着它脱胎出来的资本主义社会的某些痕迹。社会主义是资本主义向共产主义发展的“中介”。这个时期,还存在着商品生产、社会分工和三大差别,在分配方面还保留着资产阶级法权,实行按劳分配。所有这一切都决定了社会主义社会中的平等只能是初步的。我国没有经过资本主义的发展阶段,直接由半殖民地半封建社会进入社会主义社会,在现实社会中封建主义有着强大的影响。它在心理、习惯、道德和传统上对人还有巨大的束缚。所有这些现象都严重地妨碍人的能动作用的发挥:政治上,官僚主义和特权完全颠倒了主人和公

---

① 《马克思恩格斯选集》第1卷,1972年版,第82页。

仆的关系，人民选出来为人民服务的仆人有的却成了人民的老爷。他们不是把人民看作主人，而是看成可以听凭他们任意支配的工具和手段，把人置于人身依附地位，有的甚至不把人当人，视工人的生命如草芥。经济上，劳动者与劳动产品的异化还存在，在很大程度上劳动者不能决定、支配自己的劳动产品；还不能自由地选择职业，聪明才智受到压抑，强制的分工妨碍人们进行创造性的劳动；在消费领域，看起来手中的货币可以自由支配，但商品不足，支配的权力被限制在有限的范围。思想上，还有一些迷信、造神活动。

上述事实说明，在剥削阶级作为一个阶级已被消灭、阶级斗争已不具备完整形态的情况下，异化现象是大量存在的。

社会主义是对私有制的否定，是对人的异化的否定，是对人和自然以及人和人之间对抗的否定，是把“人的世界和人的关系还给人自己”。人在社会主义社会中具有最高的价值，我们建设社会主义和共产主义的目的，就是人本身的幸福和解放。除此之外，没有别的什么目的。一切为了人，是社会主义的根本信条，是一切工作的出发点和落脚点。我们要努力为消除异化现象、提高人的价值而斗争。

提高人的价值，实现人的彻底解放，需要创造一系列的社会政治经济和文化条件。为此，在我们这样一个穷困落后的国家，需要大力发展生产力，逐步建立社会主义物质技术基础，实行生产的社会化，以及生产资料与劳动者直接相结合，以期最终消灭一切私有制、缩小三大差别，由按劳分配过渡到按需分配。同时，不仅要注重物质生产，也要大力发展精神生产和智力的开发，这就是说，要开展真正意义上的文化（只能是文化的）革命，发展国民教育，提高全体社会成员的科学文化水平和文明程度。另外，社会主义经济是通过国家、集体和个人的相互关系来进行调整的，这样就必须按照民主和高效率的原则来调整和统一这三者之间的关系，充分发扬社会主义民主，实现人民群众的真正当家做主。民主是社会主义的本质特征，民主是直接的生产力。劳动异化是人的异化的前提，产品的异化是人的异化的主要特征。所以，劳动和劳动产品必须掌握在劳动者手中，否则，社会主义的全民所有制就不可能实现，甚至会变质。

还必须认识到，提高人的价值，在我们的社会还存在着等级、特权等封建主义残余影响的情况下，维护人权不能不是一个重要的问题。人权是当年写在资产阶级革命战旗上的一个口号，这个口号的提出有其具体的历史内容。但是，不能因为是资产阶级提出来的，就只能是资产阶级的。何况这一口号提出来时并不只是资产阶级拥护的，也代表了当时的无产阶级和劳动人民的一般利益，只是后来资产阶级占了统治地位没有履行这个口号罢了。今天，我们重提人权问题，就是要继承人类在历史发展过程中起过思想解放作用的优秀思想文化遗产，做民主革命的补课工作。惨痛的事实提醒我们，一天也不能忽视人的基本权利问题。当然，我们共产党人同资产阶级的个性解放，以及侈谈"人权至上"的资产阶级政客不同，我们认为人权问题只有同社会主义发展道路联系起来才能从根本上解决，而且我们最终实现的目标是人的解放，是在整个人类发展的物质文化的基础上把人的解放同建立共产主义社会的理想联系在一起，建立"这样一个联合体，在那里，每个人的自由发展是一切人的自由发展的条件"[①]。

总体来说，人的价值和人的解放程度是考察社会主义优越性的综合指示器。它最能标志生产力、生产关系和社会精神生活总的面貌。所以，对人的考察和研究应当成为科学社会主义的核心，成为马克思主义的重要组成部分。搞清楚人在社会主义社会中的地位、价值和前途问题，对于我们正在进行的政治、经济和社会改革，具有重大的理论和实践意义。

① 《马克思恩格斯选集》第1卷，1972年版，第273页。

第五章　以人为本的科学发展观

一、马克思视域中的以人为本

一切真正的改革都是对旧体制弊病的无情针砭。当中国的改革开放正向纵深发展之际，历史沉积的深层矛盾和隐性难题就日益突出，改革所必须付出的代价和遭受的磨难也就在所难免。近年来，我国首先遭遇的是企业破产，大量工人下岗，“低保”和弱势群体的生活问题日益受到关注；随之而来的是风起云涌的打工潮和“三农”问题的出现，企业竟然拖欠上千亿元的民工工资，致使他们求告无门，生活无着……一时人的生活境遇和生存价值问题集中凸显，它牵动着人们的理智和良知，成为各级领导和管理层必须面对的严峻挑战。

早在改革开放之初，随着“以阶级斗争为纲”的废止，在我国各行各业中相继自发地喊出了以人为本的口号。它既是对十年“文革”疯狂摧残人的反动，也是对建立社会主义市场经济体制的自觉回应。党的十六届三中全会和中央经济工作会议都强调，中国的改革要以人为本，经济工作也要坚持以人为本，以人为本已成为我国经济和社会管理的普遍原则和新时代一切工作必须遵循的根本理念。诚然，以人为本首先是个政策和实践问题，针对的是各种以人非本的现象，但是从学理层面揭示以人为本的真实内涵，探寻马克思相关的思想表述，这必将有助于增强对以人为本的思想认同感和实践使命感。

（一）管理层的工具性古训

近代以前，人的自我意识还很薄弱，只有有闲阶层中的少数哲人和思想家才有可能在观念中反思人自身。生产力水平低下，生存竞争剧烈，加之存在着形形色色的等级制度和人身依附关系，就决定了在人的观念中残存着许多动物性的意识。霍布斯就认为，他那个时代“人对人就像狼”一样，总是处于“一切人对一切人的战争”状态。而马克思对封建制度动物性本质的概

括则最为深刻和精彩。在马克思看来,封建等级制度具有明显的兽性特征:"由于出生,某些个人同国家要职结合在一起,这就跟动物生来就有它的地位、性情、生活方式等等一样。国家在自己的要职中获得了一种动物的现实。"[①]而"主权、君主的尊严会与生俱来。君主的肉体决定了他的尊严。这样一来,在国家最高层作决断的就不是理性,而是单纯的肉体。出生像决定牲畜的特质一样决定君主的特质"[②]。因此,"贵族的秘密是动物学"[③],至于"庸人所希求的生存和繁殖……也就是动物所希求的"[④]。庸人的世界就是政治动物的世界。所以马克思说,"专制制度必然具有兽性,并且和人性是不相容的"[⑤],"这种制度的原则就是使世界不成其为人的世界"[⑥],"哪里君主制的原则是天经地义的,哪里就根本没有人了"[⑦]。

但是,马克思在这里描述的只是事情的一个方面,与这种轻蔑人的动物性意识相平行,历史上还一直涌动着一股重视人的生存和价值的溪流。不论等级制度多么森严,人与人之间的主奴差别和人身依附关系多么令人窒息,都改变不了一个基本事实:人都是人,人作为一个类,彼此是相同的。因此,人与人之间不仅存在着冷漠、轻蔑和敌视,也存在着怜悯、同情、尊重和爱。以人为本就是发自统治者、管理者和决策层对人的倚重和青睐。

以人为本原本是个工具性的口号,是春秋战国时期齐国政治家管仲提出的治国原则。他说:"夫霸王之所始也,以人为本。本理则国固。"[⑧]在管仲看来,成就王霸之业,必须从人做起,把人的问题理顺了,国家也就强固了。这段话明确地宣示,称王称霸是根本目的,以人为本不过是达到这一目的手段。对以人为本的这种工具性的理解,后来演化为系统的民本思想,即当官一定要为民做主,造福一方,官作为民之父母,就要爱民如子,因为民贵君

① 《马克思恩格斯全集》第 1 卷,1960 年版,第 376 页。

② 《马克思恩格斯全集》第 3 卷,第 44 页。

③ 《马克思恩格斯全集》第 3 卷,第 132 页。

④ 《马克思恩格斯全集》第 1 卷,1960 年版,第 409 页。

⑤ 《马克思恩格斯全集》第 1 卷,1960 年版,第 414 页。

⑥ 《马克思恩格斯全集》第 1 卷,1960 年版,第 410 页。

⑦ 《马克思恩格斯全集》第 1 卷,1960 年版,第 411 页。

⑧ 转引自夏甄陶:《论以人为本》,载《杭州师范学院学报(社会科学版)》2003 年第 3 期,第 63 页。

轻，民既可载舟，亦可覆舟，如此等等。于是，重视民众的生计问题，并以此为手段最终达到夺取或稳固自己统治的目的，这就成了以人为本口号的最初也是最低层次的含义。

十分明显，工具意义上的以人为本在人的总体观念上打上了浓重的主从关系的烙印。它把人明确地分为两个部分：一部分是官，即作为目的的提出者和实现者的主人、超人、人上之人，他们在实践中体悟出人之重要，感到一切必须以人为本才能达到自己的目的；另一部分是民，即被主人驱使作为实现其目的的工具的仆人、下人、一般人，他们在以人为本的口号中失去了自己作为目的性存在的意义，其全部价值就是为官或为主人而存在。对以人为本的这种工具性的理解是狭隘的，也是与马克思主义格格不入的。马克思一生十分重视人，并且也曾有过类似以人为本的思想表达，但他一直反对把人分成贵贱高低。马克思在《关于费尔巴哈的提纲》中曾对旧唯物主义关于人是环境和教育的产物的观点提出过批评，指出，“这种学说必然会把社会分成两部分，其中一部分凌驾于社会之上”，只去教育别人，而另一部分人只能接受他们的教育，“这种学说忘记了：环境正是由人来改变的，而教育者本人一定是受教育的”。①

以人为本的工具性含义虽然是始初的、低层次的，仅仅反映了上层的开明意愿，但是它在人类思想史上却是个巨大的进步，对人类生存和发展的积极意义是不可估量的。恩格斯说过：“人来源于动物界这一事实已经决定人永远不能完全摆脱兽性，所以问题永远只能在于摆脱得多些或少些，在于兽性或人性的程度上的差异。”②人类历史就是从兽性到人性、从野蛮到文明的发展史。兽性与人性、野蛮与文明的界限就是人与人之间的社会交往关系的层次和水平，即人如何对待他人和自己，能不能像对待自己那样对待他人，这也就是后来演绎出来的所谓的人道主义和人的价值问题。在这一问题上起主导作用的显然是各个时代的统治者，如马克思所说“任何一个时代的统治思想始终都不过是统治阶级的思想”③，而统治者的财富和权力使他

① 《马克思恩格斯选集》第1卷，第59页。
② 《马克思恩格斯全集》第20卷，1973年版，第110页。
③ 《马克思恩格斯选集》第1卷，第292页。

们在如何对待被统治者问题上起着决定和关键性的作用。以人为本能够从近代以前的动物性的等级制度和人身依附关系中脱颖而出,体现了人类历史演进中人性和理智的一面。正是由于历史不是持续不断的暴政史,还有明君、德政、善举等让步政策和体仁恤德的另一面,人才没有被自身的动物性所吞没,才得以在饥饿、战乱、暴政的缝隙中生存、繁衍和发展。所以,以人为本对人类历史是不可或缺的,没有以人为本,人类历史也就不堪想象。诚然,以人为本也是统治者自身的利益所要求的,就像今天人类的生存要求善待自然,确立生态伦理观念一样。但是统治者也并非全体都信奉以人为本,而只是其中少数智者和贤能之士才能想到做到。单就这一事实本身就足以说明,以人为本是历史长夜中不断闪烁的人性和理智的火花,是有望在历史发展中不断升华的人类文明的希望之光。

(二)大众性的平等理念

如果说以人为本在历史上最初仅仅是作为少数统治者对广大民众的开明意识而出现的话,那么,自近代以来,以人为本就发展到它的第二个形态,即所有人之间的相互平等关系,而这是马克思在他的早期文本中经典表达的。1844 年,马克思在《〈黑格尔法哲学批判〉导言》中提出一个著名的命题:"人是人的最高本质","人的根本就是人本身"。[①] 这两句话与中国的以人为本的古训字面相近,但意思不同,是对以人为本的进一步深化和补充。

以人为本是个不完整句,明显地隐去了"以"前面的主语,实际上是说官员们以人为本。因此,这里表述的不是普适性的人与人之间的关系,而是特指的少数人即统治者、管理者与大多数被统治、被管理的民众之间的关系。马克思的"人是人的最高本质"和"人的根本就是人本身"则突破了以人为本的单纯囿于主从关系来看人的狭隘眼界,把人摆到了彼此相同、相互平等的历史平台上。

人的最高本质等同于人的根本,或者说人的根本就在于人的最高本质。最高本质相对于人的局部本质,即人的自然本质、意识本质、社会本质和审

① 《马克思恩格斯选集》第 1 卷,第 9 页。

美本质而言,人凭借这些本质或本性而与动物区别开来。但是这些本质中每一个单个本质都是片面的,它们的存在和自立都依赖于一个更高的本质,即类本质。如马克思所说:“有意识的生命活动把人同动物的生命活动直接区别开来。正是由于这一点,人才是类存在物。”[①]因此,人的类本质即“通过实践创造对象世界,改造无机界”[②]的自由自觉活动,不仅为人的自然、社会、意识和审美本质提供了根据和依托,而且还把它们整合起来,使“人以一种全面的方式,就是说,作为一个总体的人,占有自己的全面的本质”[③]。

人的最高本质即类本质是个天然自成、自满自足的概念,它排除了一切外在性或对象性的理解,只意味着人自身或人的根本就是人本身。人自身之外还有什么?首先想到的是神,但是神是虚幻的,它不但不能寄寓人的本质,相反,神倒是人的本质的异化。其次想到了自然。马克思说,“被抽象地理解的,自为的,被确定为与人分隔开来的自然界,对人来说也是无”[④],“或者只具有应被扬弃的外在性的意义”[⑤],它不但不能从自身获得意义和理解,相反,只有从外在方面、从人那里才能提供对自然界的真正理解和说明。现实的自然界不是脱离人的,而是人化的,人与自然界的关系也就是人自身的关系。所以,人的类本质既不是神赋予的,也不是自然界生成的,而是内在于人的自身实践活动中,人通过实践和生产这种“能动的类生活”,才创造出自己的类本质。所以,人的根本或人的最高本质不能是别的什么,只能是人或人自身。

马克思的“人是人的最高本质”或“人的根本就是人本身”的命题推出了一个与以人为本不同的全新的论断:人不是超越于自身之上的外在主宰的工具或手段,人至高无上,顶天立地,人自身就是终极目的和最高的价值存在;人至大无边,人是世界的全部和一切,如马克思所说,“人就是人的世界,

① 《马克思恩格斯全集》第 3 卷,第 273 页。
② 《马克思恩格斯全集》第 3 卷,第 273 页。
③ 《马克思恩格斯全集》第 3 卷,第 303 页。
④ 《马克思恩格斯全集》第 3 卷,第 335 页。
⑤ 《马克思恩格斯全集》第 3 卷,第 336 页。

就是国家,社会"[1],"社会本身,即处于社会关系中的人本身"[2]。在这个意义上,人不应被超人的主宰当作"本",被"以"为"本",人作为一个类,与生俱来,本来就是"本"。"人为本"与"人是本"表面上一字之差,但已进入两种不同的境界:"人为本"反映的是超人主宰与人的外在性的关系,"人是本"表明的是至高无上、至大无边的人的内在关系。在这里,人不是被视为本,而是人皆是本。所以,人在根本上彼此相同,人与人之间只能相互平等,这就扬弃了以人为本蕴含的主从关系而进入到人皆是本的平等境界。

马克思的"人是人的最高本质"和"人的根本就是人本身"的命题是在19世纪40年代德国面临的反封建的大背景下提出的,其矛头直指宗教和等级制度,目的在于揭露封建等级关系的动物性的机制和实质,恢复"人作为人"的尊严和价值。而这只能以人与人之间的平等关系为基础,把自然、世界、社会、国家都交给人,把人的类本质归还给人,使人能够平等地享受社会和自然的一切恩惠。社会不平等是一切压迫制度,特别是封建专制的最鲜明的特征,反封建首先就要反对封建等级制度和人身依附关系,把人从等级的重压下解放出来。而平等就必然带来自由和人与人之间的关爱,所以资产阶级革命喊出自由、平等、博爱的口号不是偶然的,它抓住了封建制度的要害,是对封建主义的致命一击。

德国在当时的欧洲是尚未完成资产阶级革命的国家,与法国相比,它不仅经济落后,而且宗教与封建等级制度纠合在一起,广大民众地位卑微,人身依附关系严重,社会平等问题特别突出。在德国无论是批判宗教或是反封建斗争都需要有一个体现平等要求的口号和纲领来指引,如马克思所说,最后都必然要"归结为人是人的最高本质这样一个学说,从而也归结为这样的绝对命令:必须推翻那些使人成为被侮辱、被奴役、被遗弃和被蔑视的东西的一切关系"[3],实现以人与人之间的相互平等为目标的政治解放。

马克思说:"任何解放都是使人的世界和人的关系回归于人身。"[4]然而

---

① 《马克思恩格斯选集》第1卷,第1页。

② 《马克思恩格斯全集》第46卷(下册),1980年版,第226页。

③ 《马克思恩格斯选集》第1卷,第9—10页。

④ 《马克思恩格斯全集》第3卷,第189页。

这种回归在历史上却有不同的层次和水准。马克思把人的解放区分为两种：一种是人类解放，这是指彻底消灭异化和私有制，使人作为一个“类”真正获得完全平等的解放，它相当于共产主义革命和理想社会的实现。“在现实中将经历一个极其艰难而漫长的过程。”①另一种是政治解放，即马克思所说的“同人民相异化的国家制度即统治者的权力所依据的旧社会的解体”②，而这个“旧社会的性质是怎样的呢？可以用一个词来表述。封建主义”③。所以，政治解放“尽管它不是一般人的解放的最后形式”④，但它仍然是社会的巨大进步。这尤其表现在它推翻了专制权力，摧毁了人身依附关系和等级制度，使市民社会从政治国家中分离出来，使人变成彼此权利平等的个人。因此，政治解放相当于资产阶级革命，法国大革命就是政治解放的典范，它所开创的人与人之间的平等关系掀开了历史的新的一页。德国的现实远还谈不到人类解放问题，马克思说，“德国唯一实际可能的解放是以宣布人是人的最高本质这个理论为立足点的解放”⑤，也就是争取社会平等的政治解放。法国是德国的榜样，所以，马克思认为，当“一切内在条件一旦成熟，德国的复活日就会由高卢雄鸡的高鸣（意即法国革命——笔者）来宣布”⑥。

政治解放不是虚妄的，它所铸就的社会平等也需要一系列“物质要素”和“精神要素”来保证。马克思说：“封建社会已经瓦解，只剩下了自己的基础——人，但这是作为它的真正基础的人，即利己的人。……这种人，市民社会的成员，是政治国家的基础、前提。他就是国家通过人权予以承认的人。”⑦法国 1793 年的《人权和公民权宣言》把平等、自由、安全、财产规定为每个人的“自然的和不可剥夺的权利”。按照马克思的说法，国家承认利己的人和他的人权与自由，“更确切地说，是承认构成他的生活内容的那些精

① 《马克思恩格斯全集》第 3 卷，第 347 页。
② 《马克思恩格斯全集》第 3 卷，第 186 页。
③ 《马克思恩格斯全集》第 3 卷，第 186 页。
④ 《马克思恩格斯全集》第 3 卷，第 174 页。
⑤ 《马克思恩格斯选集》第 1 卷，第 16 页。
⑥ 《马克思恩格斯选集》第 1 卷，第 16 页。
⑦ 《马克思恩格斯全集》第 3 卷，第 187—188 页。

神要素和物质要素的不可阻挡的运动”①。平等、自由、安全、财产就是构成人的生活内容的不可或缺的精神要素和物质要素，政治解放对人权和这些要素的肯定使资产阶级革命开创的人与人之间的平等关系具有实实在在的内容，并构成以人为本的坚实基础。

（三）公仆们的服务意识

以人为本的第三层含义是领导者和管理者们一改作为民之父母官的常态，视黎民百姓为衣食父母，而自己不过是服务和造福于生民的仆人。这与以人为本的工具性理解截然对立，实现了领导者由主人到仆人、由管理到服务的历史性转变，也超越了人与人之间内在的平等关系，是在更高的境界上向人及其类本质的回归。而这个境界也是由马克思首先开启的。

马克思作为科学共产主义的奠基人，一向把人的自由和全面发展视为自己学说的终极使命。他困苦的、颠沛流离的一生就是他为全人类彻底解放的崇高事业而献身的真实写照。早在《共产党宣言》中马克思就提出一个观点，认为，共产党作为工人阶级的先锋队，“他们没有任何同整个无产阶级的利益不同的利益。……在无产阶级和资产阶级的斗争所经历的各个发展阶段上，共产党人始终代表整个运动的利益”②。这是马克思对共产党作为领导者与其所领导的工人阶级之间的代表和服务关系的纲领性的说明。在马克思一生唯一经历的、仅存 72 天的巴黎公社伟大实践中，他看到了新社会的曙光，紧紧抓住这个珍贵的典型，从中总结出未来理想社会中管理者与被管理者之间的新型关系的原理。马克思认为，千百年来的阶级统治完全颠倒了政府与民众的真实关系，国家一直凌驾于社会之上，而把民众置于被支配和被统治的服从地位。马克思说：“无产者在全社会面前负有消灭一切阶级和阶级统治的新的社会使命，只有在这一使命激励下的无产者才能够把国家这个阶级统治的工具，也就是把集权化的、组织起来的、窃据社会主人地位而不是为社会做公仆的政府权力打碎。”③这里，马克思第一次提出了

---

① 《马克思恩格斯全集》第 3 卷，第 188 页。

② 《马克思恩格斯选集》第 1 卷，第 285 页。

③ 《马克思恩格斯选集》第 3 卷，第 94 页。

新社会的组织和建构的原则,即政府及其工作人员不是凌驾于社会之上的主人,而只能是社会的公仆,是为广大民众服务的。最能体现这一根本转变的是,巴黎公社“彻底清除了国家等级制,以随时可以罢免的勤务员来代替骑在人民头上作威作福的老爷们,以真正的责任制来代替虚伪的责任制,因为这些勤务员总是在公众监督之下进行工作的。他们所得的报酬只相当于一个熟练工人的收入”①。这样,一种新型的关系产生了:政府及其各级领导者、管理者被剥夺了一切特权,他们完全以勤务员的身份出现,是地地道道的人民公仆,而广大民众却真正成了社会的主人,被赋予随时监督和罢免各级官员的莫大权力。

列宁高度评价马克思对巴黎公社经验的科学总结,他说:“在这方面特别值得注意的是马克思着重指出的公社所采取的措施:取消支付给官吏的一切办公费和一切金钱特权,把国家所有公职人员的薪金减到‘工人工资’的水平。……所有这些简单的和‘不言而喻’的民主措施完全可以把工人和大多数农民的利益结合起来,同时也就会成为从资本主义过渡到社会主义的桥梁。”②因为只有社会主义才有可能采取这些措施,只有这些措施才能表明社会主义社会人民当家做主的实质。

由马克思总结的、列宁充分肯定的巴黎公社的公仆精神是对以人为本内涵的新的引进和升华,它将共产党人和马克思主义者的为解放全人类而无私献身的博大胸怀和高远境界带到以人为本中,使以人为本在工具性和平等性含义之外又填充了忘我奋斗和无私奉献的内涵。类似思想在古今中外的文化伦理史中虽不乏见,但都局限于一般的道德教化层面。唯独马克思的公仆思想既有专门所指,即指谓领导和管理层,又和马克思主义与共产主义学说相接轨,具有深邃的历史和理论的底蕴,是以往一切类似思想都无法比拟的。

中国共产党历经28年的革命战争,多少革命志士为了人民的解放事业舍生忘死,绘成了一幅幅悲壮、辉煌的历史画卷。先烈们的流血牺牲最有力

① 《马克思恩格斯选集》第3卷,第96页。
② 《列宁选集》第3卷,1972年版,第207—208页。

地表明了革命事业的利他性和奉献精神。毛泽东把共产党人团结奋斗的宗旨凝聚成五个金光闪闪的大字:为人民服务。自从他以此为题,写出纪念张思德的著名文章后,半个多世纪以来,为人民服务不仅成为党的全部工作的出发点和归宿,而且凝聚为现代民族精神,融入一切革命者的思想和工作中。

中华人民共和国成立后,共产党执掌国家大权,如何为人民服务,面临一系列新的情况和问题。由于地位和条件的变化,许多共产党员做了官,当了领导,虽然本质上还是人民的公仆,但在表现形式上却是人民的上级,弄不好就会走向反面,当官做老爷,犯官僚主义,高高在上,甚至贪赃枉法,腐败堕落,为人民所不齿。面对这个新的现实,党和毛泽东一如既往,不断地加强为人民服务的思想教育,特别是针对如何用好管好干部问题,发动了"三反"、"五反"、"四清"、整党等运动,目的都在于维护干部的良好形象,保持人民公仆的本色。尽管这些运动还存在一些问题,特别是最后发展为"文化大革命"中的打倒一大片,但毛泽东的初衷是好的。他深知,社会主义也有一个吏治问题,选不好干部、管不好干部就会导致贪官成片、腐败成风,而这是与马克思主义和共产党的本质不相容的。

邓小平作为第二代领导集体的核心,一开始主持中央工作,就心中装着人民,把人民的生活、利益、命运作为改革开放的出发点。针对"四人帮"散布的越富越容易产生修正主义的无耻谰言,他反复教导,贫穷绝不是社会主义,把贫穷和社会主义联系在一起是对人民利益和命运的亵渎与背叛。中国人民在解放后的几十年间虽然生活水平较之过去有了很大的提高,但仍较贫困,温饱问题还没有全部解决,对此邓小平心中甚为不安。他说:"我们干革命几十年,搞社会主义三十多年……工人的月平均工资只有四五十元,农村的大多数地区仍处于贫困状态。这叫什么社会主义优越性?"[①]摆脱贫困的出路就是改革开放,发展生产力。为此,他提出以经济建设为中心,坚持"三个有利于"和生产力标准,提出社会主义初级阶段和社会主义本质理论,构想"三步走"的发展战略……总之,邓小平作为一代伟人和改革开放的

① 《邓小平文选》第3卷,1993年版,第10—11页。

总设计师，把为人民服务的思想和宗旨推进到了一个新的高度。正如江泽民同志所说："邓小平尊重群众，热爱人民，总是时刻关注最广大人民的利益和愿望，把'人民拥护不拥护'、'人民赞成不赞成'、'人民高兴不高兴'、'人民答应不答应'作为制定各项方针政策的出发点和归宿。"①这就是以中国人民的儿子自称的邓小平的理论风采。

马克思的公仆理论与毛泽东、邓小平的为人民服务的思想是一脉相通的。作为公仆，必须为人民服务；只有为人民服务，才能尽到公仆的职责，公仆和服务是紧密相连的。但是能够为人民服务的不仅是公仆，就是作为主人的人民群众做好自己的本职工作，这也是为人民服务。在这个意义上，为人民服务是相互的，只要自己全心全意为人民服务，那么他人为人民服务也就包括了为自己服务。因此，这是一种我为人人与人人为我的双向互动关系。马克思在描述"被积极抛弃的私有财产的前提下"即未来理想社会条件下的人际关系时，曾接触到了人与人之间的互助关系，即"人如何生产人——他自己和别人；直接体现他的个性的对象如何是他自己为别人的存在，同时是这个别人的存在，而且也是这个别人为他的存在"②。就这一点来说，为人民服务作为以人为本的高级形态比马克思的公仆思想适用范围更宽泛，意义也更为深远。

江泽民同志的"三个代表"重要思想是在新的历史条件下对为人民服务宗旨的进一步推进。"三个代表"重要思想不仅继续坚持代表最广大人民的根本利益，而且与新时代的先进的生产力和先进文化结合在一起，使中国共产党代表的人民利益更具根本性和时代性，是为人民服务思想的进一步提高和升华。在承接"三个代表"重要思想的基础上，以胡锦涛为总书记的党中央在提出全面建设小康社会宏伟目标的同时，出台了更多人性化的政策，更加关注人民群众的生活、利益、安危、冷暖。作为这一系列运思的凝聚，以人为本如期而至，终于成为以胡锦涛为总书记的党中央坚持的重要原则和口号，也凸显了新的治国方略和特点。

① 《人民日报》1993年11月4日。

② 《马克思恩格斯全集》第3卷，第298页。

(四)以人为本的实践意义

以人为本犹如实事求是,它言简意丰,充分显示了中国语言包容宏大内涵的特点。实事求是原本是一切从实际出发,按客观规律办事之意,经过邓小平的锤炼,现已成为马克思主义的精髓。以人为本只不过是对人的高度重视之意,现已成为当前一切工作必须坚持的基本原则。当以人为本的学理层面被揭示出来以后,如何在实践中坚持以人为本就成为我们面对的迫切课题。

就当前中国的现实来说,坚持以人为本其主导方面主要还是决策层、领导层、管理层的问题,要求他们在制定政策和在领导与管理实践中要坚持以人为本。其间学理层面的三重内涵已化为三重要求,它们交汇融通,在决策和实践中共同发挥作用。

在市场经济的负面影响作用下,以人非本现象的发生有其不可避免性。坚持以人为本的最低要求是,不管出于什么动机和境界,也不问是否真正赤诚和崇高,都必须表现出对人的重视和善待。在“三资”和民营企业火爆发展的今天,这个问题尤显突出和重要。伦理泛化是当今世界的普遍趋势,现在各行各业无不举起道德的旗帜。善待对象、善待世界、善待动物甚至植物已成为共同的呼声。在这种形势下,重视和善待人已是低得不能再低的起码要求,做不到这一点,也就等于把自己降低到非人的水准。在当今人类的动物性大为消解的时代,只有非人才能做出以人非本之事,他们还停留在前资本主义的水平,如马克思所说,他们奉行的原则“总的说来就是轻视人,蔑视人,使人不成其为人”①。

与之相比,资产阶级革命开辟的人与人之间的平等关系在坚持以人为本的实践中仍具有不可忽视的现实意义。马克思的“人是人的最高本质”的命题揭示了人的至高无上和至大无边的特质,把人与人之间唯一可能存在的相互平等关系还给了人。人们相互之间只要能以平等为基础,能像对待自己那样去对待别人,那么,对人的重视、善待、尊重、关爱就自然随之而生,

---

① 《马克思恩格斯全集》第1卷,1960年版,第411页。

以人非本的现象也就不可能发生。所以我们看到,大规模的种族灭绝、以无辜平民生命为代价的恐怖袭击等以人非本的现象大多与轻蔑人的极端的宗教、文化背景相关;而资助科技发展,关心儿童成长,救援疾病灾害,增进人类健康等慈善福利事业在发达国家则屡见不鲜,从中可以窥见平等意识、人道观念给传统认识带来的冲击和挑战。

中国是个没有经过资本主义文化洗礼的国家,漫长的封建统治造成了人的平等意识的缺失。几十年人民当家做主的现实和马克思主义的理论熏陶虽曾有所补遗,新型的人与人的关系也正在崛起,但仍不足完全抵挡封建等级制厚重的思想底蕴的浸染。在这种氛围下,领导与被领导、管理与被管理的关系不是首先被看成是人与人之间应具有的平等关系,而是视之为上下主从和高低贵贱,把人之间的自然分工外在化、等级化,丧失了人所固有的内在的平等本性,发展下去就会导致一系列以人非本现象的重演。培养和推进平等意识,高扬人道理念是坚持以人为本的关键一环,因为平等关系是人与人之间最自然的关系,它不需要具有高远的境界和高尚的情操,是一切人都应具有的普遍的意识,也是一般民众的基本要求。作为领导者和管理者,要求他们平等地对待下属,这对他们来说,是最低的要求,也是他们应该和能够做到的。因此,把以人为本置放于平等性的基础上就会获得大多数人的理解和同情,并对少数人的以人非本的行径形成高压态势,有利于以人为本的贯彻和实施。

当然,在以马克思主义为指导的社会主义中国,以人为本的崇高意境当属公仆观念、为人民服务的宗旨和“三个代表”重要思想。它们不仅扬弃了以人为本的工具性理解,而且超越平等性观念,是一种忘我无私的彻底奉献精神。只有以这种精神为统领,坚持以人为本才能遵循正确的大方向,才能把我们对人的重视、善待融汇到人的素质的提高和人的全面发展的洪流中去。

总之,坚持以人为本就要以公仆意识、为人民服务的宗旨和“三个代表”重要思想为指引,以马克思的“人是人的最高本质”和“人的根本就是人本身”的平等性理念为基础,充分肯定工具性理解的实际意义,并不断把它提高到平等性理解的层次上去。以人为本的各个层面并非截然分开,而是彼

此交错、相互融汇在一起的。无论是出于什么思想水准和动机，对人的生活和境遇的终极关怀总是体现为最后的结果。但是同一结果的出发点可能是出于工具性的考虑，也可能是平等理念所驱使，也可能是天职和使命感召唤的结果。这个结果不管以政绩、形象工程、GDP 统计数字等什么形式来体现，最终都要表现为社会保障水平有所提高，被领导和被管理的下属的生活质量实实在在有所改善。如果千千万万的领导者和管理者们都能把以人为本说在口里、记在心上、落实到具体行动上，那么即使由于综合国力所限，以人为本的总体水平尚不甚高，还有许多疏漏之外，但也必将使中国的现代化能够避免西方当年代价过大的覆辙，而闯出一条以人为本的新型的现代化道路。

西方的现代化过程历经几百年，是一条漫长的痛苦之路。在英国曾经历了羊吃人的时代，马克思也说："资本来到世间，就是从头到脚，每个毛孔都滴着血和肮脏的东西。"①他还曾对资本主义现代化历程带来的人性的泯灭和人的价值贬损做过经典式的概括，他说："难道资产阶级做过更多的事情吗？难道它不使个人和整个民族遭受流血与污秽、蒙受苦难与屈辱就实现过什么进步吗？"②中国领导人以睿智的目光，汲取历史上现代化过程的经验教训，适时地提出包括以人为本和全面、协调与可持续发展的新的现代化理念，这是一条人性化的现代化道路，是造福于当代和恩泽于子孙后代的光明之路。

以人为本的发展理念是个新鲜事物，它所遭遇的问题虽已久远，但过去对此一向未能充分体悟和认真反思，因此也就拿不出足以应对的理念和实践。现在以人为本的新的发展观已经形成，但思想理论层面的深入研讨还很不够，实际可操作性的政策举措还有待于不断地探索，特别是在以人为本的认定、监督和处置上还留有大片的空场，这就召唤我们去把一个伟大而富有远见的构想干得更加实在而漂亮。

---

① 《资本论》第 1 卷，1975 年版，第 829 页。

② 《马克思恩格斯选集》第 1 卷，第 771 页。

二、物本、人本、以人为本

在马克思主义哲学中，“本”的问题事关重大，具有异乎寻常的重要意义。“本”之重要源于两个方面：一是它系之于理论和认识的出发点，具有本体论的意义；二是它体现了实践的方向，意味本着、遵循和十分重要，具有价值论的意义。凭此两点，一切思想理论和工作实践都离不开“本”的指导。所以我们看到，我国不同时期都有自己不同的“本”，其公式便是以什么为纲、为本、为指导之类。中华人民共和国成立以来我们就先后提出过以农业为基础，以工业为指导，以粮为纲，以阶级斗争为纲等口号，其核心都是解决“本”的问题。现在中央提出以人为本的科学发展观，并且在实践中格外关注日常民生，花大力气解决“低保”“三农”和再就业问题，取得了立竿见影的实效，这是指导思想的新的飞跃，是又一个伟大征程的起始。为了理解以人为本蕴含的巨大的思想跨度，有必要把它和传统的物本思想及现代的人本主义思潮联系起来，比较对照，以揭示其深邃的哲学意义。

（一）物本论的历史地位

在形形色色的关于“本”的学说中，人本论和物本论的关系密切，都是历史不同时期持进步立场的派别。所谓物本就是指把物或者自然界视为世界的基础和本原，认为世间的一切都是由物或者自然界派生出来的，这实际上是一种物质或自然本体论，在哲学史上是司空见惯和屡见不鲜的，马克思以前几乎所有的唯物主义派别都持这种观点。但是，对于“本”的具体理解，不同时代的唯物主义者却又不尽相同。古代朴素的唯物主义者把世界之本归结为物质的具体形态，认为金、木、水、火、土、气等是世界的始基和最基本的构成单位。到了近代，人们的抽象思维水平进一步提高，对世界本原的理解逐渐摆脱直观的实物形态，把具有广延性、持续性、运动性而又不可直接观察到的原子视为不能再分割的最基本的粒子。恩格斯彻底摆脱了世界本原的具体物质形态，指出，“物、物质无非是各种物的总和，而这个概念就是从

这一总和中抽象出来的”[①]。到了列宁那里,世界的物质基础被进一步抽象,物质被定义为“标志客观实在的哲学范畴,这种客观实在是人通过感觉感知的,它不依赖于我们的感觉而存在,为我们的感觉所复写、摄影、反映”[②]。上述这些物本论虽然思想深度有所不同,但在最基本的观点上是相同的,即都承认世界本原是客观的,是超越人之外、不依人的意志为转移的。对世界本原的这种超人理解有其客观必然性,是时代和哲学自然科学状况的结果。

追问世界的本原是人之为人的本性,这正反映了人所独有的不满足于对世界的感性直观而力求探寻世界终极本质的特点。唯心主义和宗教神学也有自己的本体论,它们把意识和神当作世界的本原。这种心本论和神本论虽然也有其被夸大和扭曲了的片面根据,但是,由于它们根本不承认世界的客观存在,一切都以自我的感觉、意识和虚构的神为转移,这就使它们“抽象地发展了”的人的“能动的方面”[③],毫无任何现实根基和实际意义,人们只能从中体味主观随意性。比较起来,物本论尊重客观现实,把自我融化在外在事物中,体现了存在第一、意识第二的唯物主义原则。

世界本来就具有先在性,在任何情况下“外部自然界的优先地位仍然会保持着”[④],这是人的常识和唯物主义哲学的基本立足点,不承认这一点就从根本上否定了人的产生和存在的物质前提,人的一切生活和意识也就无从谈起。在这个意义上,物本论具有先天的优势,它的客观、质朴和实在性是一切其他的本体论所不能比拟的。物本论的最大优长在于它坚持了观察和实践的客观性的原则,既然世界的基础和统一性在于客观的物质及其实在性,物质运动及其规律就成为人的实践必须遵循的维度,谁要是违背了客观性的原则,不从实际出发,不按客观规律办事,就必然会碰得头破血流。这已经是千百年来无数事实一再证明了的颠扑不破的真理,毛泽东把这个原则概括为实事求是,邓小平又把实事求是提升为马克思主义的精髓,这是我们的最宝贵的思想财富和锐利的理论武器,我们必须倍加珍惜。

---

① 《马克思恩格斯选集》第 4 卷,第 343 页。

② 《列宁选集》第 2 卷,1972 年版,第 128 页。

③ 《马克思恩格斯选集》第 1 卷,第 58 页。

④ 《马克思恩格斯选集》第 1 卷,第 77 页。

唯物主义是我们的思想旗帜,马克思多次表白自己的唯物主义立场,声言自己和黑格尔不同,“是唯物主义者”[①],因此,“当我们真正观察和思考的时候,我们永远也不能脱离唯物主义”[②]。唯物主义就要坚持物本论,它作为哲学构成的基本板块,是唯物主义的基石,在一定的意义上和唯物主义哲学是同义语,唯物主义的一切有价值的重大思想和结论都是在物本论的基础上建立起来的。承认世界的客观实在性就必须反对虚构出来的、虚无缥缈的神灵鬼怪,坚持无神论立场;承认世界的物质本质,就必须承认物质第一性和意识第二性,反对一切形形色色的唯心主义;承认世界的物质先在性就必须正确地看待社会和历史,物质自然界的长期发展才产生了人,有了人才有人类社会和历史,一切否定社会历史的自然物质根基的说法都是错误的。所以物本论尽管不是马克思独创的思想,它还留有巨大的发展空间,但是我们不能因此而否认它的历史地位。和同时期其他一切本体论相比,它毕竟还是最有价值的,而且就是在今天它内蕴的合理内核仍具有不可忽视的现实意义。在各种唯心主义的喧嚣中,坚持世界的客观实在性,这不仅是唯物主义哲学安身立命的基础,而且它还提供了一个重要的方法论原则,即一切研究必须以对象的真实存在为前提,要首先确定研究对象的存在,在客观实在性上下功夫,否则就只能走弯路或白费力气,历史上的以太、燃素、电素等学说的命运就是深刻的教训。今天的“野人”、UFO(不明飞行物)、空间隧道等假说仍面临这个问题。

总之,我们不是以虚无主义态度来对待物本论,而是在与神本论和心本论的比较中,充分肯定其历史贡献和现实意义。明确了这个前提,我们就可以进一步探讨物本论的局限性和它发展到人本论的必然性。

(二)物本论向人本论的转换

人本论是在物本论的基础上产生的,是对物本论进一步追问的必然结果,它的前提就是物本论自身的缺陷和局限性。一切本体思想都有一个致

① 《马克思恩格斯全集》第32卷,1974年版,第526页。
② 《马克思恩格斯全集》第32卷,1974年版,第213页。

命的缺点，那就是它们在回答世界本原的问题时，都忽略了人，在人自身之外去寻求世界本原的答案，这种答案由于与人的现实生活无涉，只具思辨性，不具实证性，因而难以公认和确定，是怎么说都行的，马克思以前的物本论也是如此。物本论虽然有唯物主义作为依托，但它对世界本原的回答也是抽象的，无论是原子论或是客观实在性都只是说明了世界的客观性质，并未回答这种世界是谁赋予和从哪里产生出来的。自然科学能够说明包括地球在内的宇宙的生成和演化的历史，哲学本身却承担不了这个使命，只能从中概括出自然的先在性，旧唯物主义正是由此才得出人是自然界长期发展产物的结论。这个结论虽然告诉我们世界是本来就有的，但由于它先于人和其中没有人，这个世界就只能是自然科学研究的对象，对哲学来说既无研究的手段，也没有研究的意义。这就表明，我们必须首先确立一个前提，即我们所说的世界，是指现实的世界而不是抽象的世界，是人在其中生活的感性世界，抛开这种现实世界而去追求先于人或者在人之外的世界，除了能够满足唯物的逻辑思辨需求以外，解决不了任何实际问题，西方哲学界甚至说这是一个伪问题。马克思也这样认为，他说："被抽象地理解的，自为的，被确定为与人分隔开来的自然界，对人来说也是无。"[①]马克思曾批评费尔巴哈不理解这一点，指出，他所追求的自然界，即"先于人类历史而存在的那个自然界，不是费尔巴哈生活其中的自然界；这是除去在澳洲新出现的一些珊瑚岛以外今天在任何地方都不再存在的，因而对于费尔巴哈来说也是不存在的自然界"[②]。所以，必须将世界现实化，生活化，抛弃对无人世界或先于人的世界的虚妄追求，把我们的视野移到人的生活世界中来，这一点应该是讨论物或人到底谁应成为世界之本的出发点。

现实世界是人生活其中的世界，人使世界增辉，扬弃了世界的自在性和抽象性而具有现实性和人性，这种世界是对先于人而存在的自在世界的重塑、改造和人化，人按照自己的意志、需求和审美情趣重新安排了自然和世界。所以，按照马克思的说法，这是人化的自然和人化的世界，已经不是原

---

① 《马克思恩格斯全集》第3卷，第335页。

② 《马克思恩格斯选集》第1卷，第77页。

来自在的自然和世界了。费尔巴哈就不了解这一点,马克思曾批评他说,“他没有看到,他周围的感性世界决不是某种开天辟地以来就直接存在的、始终如一的东西,而是工业和社会状况的产物,是历史的产物,是世世代代活动的结果”①,是人使世界发生变化,改变面貌,成了现在这个样子。在这个意义上,人是现实世界的驱动力量和真正本原,“作为自然界的自然界……是无意义的,或者只具有应被扬弃的外在性的意义”②,只有“在人类历史中即在人类社会的形成过程中生成的自然界,是人的现实的自然界;因此,通过工业——尽管以异化的形式——形成的自然界,是真正的、人本学的自然界”③。这样,继物本论之后,人作为世界之本被突出出来,人即是物或自然界进化的最高成果,而与此同时,“历史本身是自然史的即自然界生成为人这一过程的一个现实部分”④,即马克思的另一个说法:“整个所谓世界历史不外是人通过人的劳动而诞生的过程,是自然界对人来说的生成过程。”⑤这两个过程是统一和互补的,既是自然界生成了人,也是人创生了现实的自然界和世界,就是在物和人的相互关系中,人本论既作为物本论的合理继承,又作为一场深刻的哲学革命而诞生。

人化自然的过程是个对象化的过程,人在对象化过程中不断地把自己的本质外化于对象,使对象具有自己的本性,并按自己的面貌生成,如马克思所说:“随着对象性的现实在社会中对人来说到处成为人的本质力量的现实,成为人的现实,因而成为人自己的本质力量的现实,一切对象对他来说也就成为他自身的对象化,成为确证和实现他的个性的对象,成为他的对象,这就是说,对象成为他自身。”⑥这样,人本论不仅意味着人为现实世界之本,而且表明人的本质对象化于世界,世界也体现着人的本质,世界的一切都是人自身。马克思认为,世界的一切对象“是他的需要的对象;是表现和确证他的本质力量所不可缺少的、重要的对象。……这就等于说,人有现实

① 《马克思恩格斯选集》第1卷,第76页。
② 《马克思恩格斯全集》第3卷,第336页。
③ 《马克思恩格斯全集》第3卷,第307页。
④ 《马克思恩格斯全集》第3卷,第308页。
⑤ 《马克思恩格斯全集》第3卷,第310页。
⑥ 《马克思恩格斯全集》第3卷,第304页。

的、感性的对象作为自己本质的即自己生命表现的对象;或者说,人只有凭借现实的、感性的对象才能表现自己的生命"[①]。反过来说,一切对象化的事物也都体现了人的生命和本质,人的本质在对象中永存。自然界是人化的,马克思说只有在社会中"自然界的人的本质"和"自然界的实现了的人道主义"才能够体现出来。而社会是人的集合,"社会也是由人生产的"[②],"社会本身,即处于社会关系中的人本身"[③],所以马克思又说,"人始终是这一切实体性东西的本质"[④],人就是人的世界,就是国家,社会。至于精神世界不必赘言,精神和意识本身就是人的高度进化的产物,是人的思维的结晶,它们的产生和存在皆以人为载体,自然是以人为本的。这样,马克思就对世界的三维即自然、社会和精神领域进行了一次总体整合,把它们现实的终极之本统统地归结为人,人就是世界,人就是一切。而人的本质又归结为什么呢?马克思在《〈黑格尔法哲学批判〉导言》中说了一句名言:"人是人的最高本质","人的根就是人本身"。[⑤]过去这句话常不被人理解,要么被认为是费尔巴哈的思想表述的遗迹,要么被认为是同义语的反复,其实这些说法都没有理解马克思这句话的深刻寓意。在马克思看来,人的本质有一般和高低之分,自然、社会、意识、审美都是人所独有并与动物相区别的本质,但它们都不能离开人这个整体而自立,它们的存在依赖于一个更高的本质,即把它们统一起来的类本质。马克思说,"自由的有意识的活动恰恰就是人的类特性","而生产生活就是类生活"[⑥],人在生产和实践活动中不仅为人的各方面本质提供了根据和依托,而且还把它们整合起来,使"人以一种全面的方式,就是说,作为一个总体的人,占有自己的全面本质"[⑦]。这样,马克思就以人的实践为主轴,排除了对人本质的一切对象性和外在性的理解,人的根本和本质只能是以实践为其存在方式的人自身。所以,人本论的含义是双重的,

① 《马克思恩格斯全集》第3卷,第324页。
② 《马克思恩格斯全集》第3卷,第301页。
③ 《马克思恩格斯全集》第46卷(下),1980年版,第226页。
④ 《马克思恩格斯全集》第3卷,第52页。
⑤ 《马克思恩格斯选集》第1卷,第9页。
⑥ 《马克思恩格斯全集》第3卷,第273页。
⑦ 《马克思恩格斯全集》第3卷,第303页。

一方面它意味着人是生活世界之本，同时，它又表明世界已被人化，世界的本质存在于人的本质中，人的本质也就是世界的本质，如马克思所说："只有在社会中……自然界对他来说才成为人。因此，社会是人同自然界的完成了的本质的统一，是自然界的真正复活，是人的实现了的自然主义和自然界的实现了的人道主义。"①马克思的这些话语告诉我们，既然人是世界的基础和本质，世界是为人而产生和存在的，那么我就要坚持主体性，用人的观点、视野、需求去看待世界。物本论与人本论的最大区别就在于，前者"对对象、现实、感性，只是从客体的或者直观的形式去理解"②，像费尔巴哈那样，"一方面仅仅局限于对这一世界的单纯的直观，另一方面仅仅局限于单纯的感觉"③。对世界是"从主体方面去理解"④，带着自己的本质即人的意志、情感和价值评断去认识和改造世界。这个区别和转换标志着人向人自身的回归。

（三）人本论向以人为本的延伸

人本论就其思想内容来说，在历史上源远流长，无论是在本体论的意义上，或者是在人的本质对象化于世界的意义上，古今中外都不乏见。中国早在战国时代就有以人为本的古训，虽然它具有工具性的含义，不是被当作目的追求而是被当作实现霸业的手段，但它毕竟表达了对人的重视和善待，中国后来系统的民本思想就是由此发展而来的。在西方，自文艺复兴以后，神的专权逐渐被人权所取代，在哲学思想上也相应实现了由神到人、由天国到尘世、由彼岸到此岸、由教会到世俗的历史转变。特别是从 18 世纪法国唯物主义起，人的地位被空前地提升，如马克思所说："关于人性本善和人们智力平等，关于经验、习惯、教育的万能，关于外部环境对人的影响，关于工业的重大意义，关于享乐的合理性……诸如此类的说法，甚至在最老的法国唯

① 《马克思恩格斯全集》第 3 卷，第 301 页。
② 《马克思恩格斯选集》第 1 卷，第 58 页。
③ 《马克思恩格斯选集》第 1 卷，第 75 页。
④ 《马克思恩格斯选集》第 1 卷，第 54 页。

物主义者的著作中也可以几乎一字不差地找到。"[①]费尔巴哈是人本学的思想大家,他以人和自然作为哲学研究的最高对象,他把自己的哲学就称为人本学,他的唯物主义也被称为人本学唯物主义。19 世纪中期以后,西方伴随着市场经济和民主政治的发展,其人学思想发展势头也特别迅猛,"二战"以后与科学主义并行,崛起一股势头强大的人本主义思潮。以霍克海默和萨特为代表的法兰克福学派与存在主义学派等,针对当代资本主义社会中人的全面异化的事实,重视人的本真存在,把重新认识人的生存和活动的价值及意义作为全部哲学的出发点。他们反对把人对象化,强调人作为完整的人只能是目的而不能是手段,任何对人的存在的忽视和遗忘,都会使哲学走上歧路。现代西方哲学或者西方马克思主义的人本主义思潮具有鲜明的时代性,它们不是一般地重复历史上的人性和人道主义,而是针对当代资本主义社会中科技理性过分张扬而带来的人的高度异化现象,主张重视人的现实存在,具有鲜明的价值论的色彩。所有这一切无疑都为中国特色社会主义向人回归提供了极有价值的思想资源。

中国的社会主义事业经历了曲折的发展历程,工业、农业、粮食、阶级斗争都曾被视为本或纲,唯独人在长时期内被忽视,一直没有被提到应有的地位。苏联经历了骇人听闻的肃反扩大化,中国发生了灾难深重的"文化大革命",都对人进行了悲剧性的摧残和迫害,不仅损害了社会主义的声誉,而且也触发了人们对社会主义与人的关系的深入思考。中国在"文化大革命"结束不久就进行了异化和人道主义的大讨论,初步反思了社会主义社会人的价值问题。党的十一届三中全会是个起点,由此发起的对马克思主义和社会主义扭曲理解的拨乱反正和正本清源,开阔了视野,澄清了思想,人在社会主义社会中的主体地位和崇高价值得到了确认。特别是邓小平对贫穷社会主义的批判和他对社会主义本质的概括,使得人本应具有的生存状态即共同富裕的问题突出出来。邓小平说:"贫穷不是社会主义,社会主义要消灭贫穷。不发展生产力,不提高人民的生活水平,不能说是符合社会主义要

---

① 《马克思恩格斯全集》第 2 卷,1957 年版,第 166—167 页。

求的。”[①]他的社会主义本质论在历史上第一次把人民的共同富裕当作社会主义的最终追求目标。从此开始，社会主义社会人的问题被提到了核心地位，中国领导人都沿着这个思路把对人的生存和价值问题的理解不断地加以拓展和深化。江泽民同志的“三个代表”重要思想把人民的根本利益与先进的生产力和先进的文化联系起来，站在时代的高度，把如何代表人民的根本利益问题进一步深化和现实化。以胡锦涛同志为总书记的党中央更进一步地发展了“三个代表”重要思想，把民生问题摆在工作的突出地位，时刻关注人民的安危冷暖，其中灌注的基本精神，十分具体，十分实际，也十分深刻，这就是以人为本。

以人为本是对中国传统的人本思想和西方人本主义思潮的整合，它既继承人本论的精华和合理内核，又从中国国情出发，以马克思主义和时代精神为依据，是对它们的新的超越。以人为本虽然沿用中国传统的概念，但它已经完全扬弃了其工具性的含义，不是把人当作实现外在性目的的手段，而是以实现人的价值和尊严为目的，这是它与传统的民本或以人为本思想的根本区别。以人为本也不完全等同于一般的人本主义思潮，它包括人本主义的理想和追求，但又不囿于人本主义的空洞泛议，其最大的特点是从当下中国的具体国情出发，格外关注迫切的民生问题，具有鲜明的实践意义。中国自改革开放以来，虽然人民的生活水平有了很大的提高，但由于历史和现实的诸多原因，还存在大量“低保”“三农”和下岗再就业的问题。这些问题随着我国社会的进步和经济的发展而变得越来越醒目和突出，以人为本首先就是针对这些问题而提出来的，这既充分显示了共产党立党为公、执政为民的本色，同时也可以从中体味到以实现人民共同富裕为目的的社会主义本质使命的溢出。

当然，以人为本的发展观决不局限于现实的功利目的，它还包含着崇高的思想境界和寄予人全面发展理想的高远情怀。人的全面发展是共产主义的伟大理想，也是消灭分工、实现人的自由个性的基本条件。过去总把它推向遥远未来，认为它是与现实无涉的事情。当代世界科技的发展和经济的

① 《邓小平文选》第3卷，1993年版，第116页。

竞争,把人的问题特殊地突出出来,说到底,科技和经济的竞争其实质就是人才的竞争。但是一切竞争所需要的人都不是片面、狭隘的庸人,而是需要具有健康的体魄、渊博的学识、专业的技能、高尚的道德和广泛的交往的总体性的人,即全面发展的人。这种人不仅为社会所需求,也是人自身应该修炼的目标和应该达到的境界,社会只有成为这样人的联合体,人类才能走出"史前"时期,进入真正的人类社会。这个目标看似遥远,但在当代却实实在在地提出来了。2001 年江泽民同志在建党 80 周年纪念会上就明确提出人的全面发展问题,要求重视这个问题的现实和长远的意义。对于我们国家来说,没有一大批和一代、几代全面发展的新人,我们就不能立足于世界民族之林,也不可能完成发展中国特色社会主义的伟大历史使命。就这一意义来说,人的全面发展是现实需求和长远使命的辩证统一。

总之,全面理解以人为本就不仅要在"本"上加以释义,而且要对人进行分析。要指明,我们要以什么样的人为本,要培养什么样的人,为什么样的人服务。在马克思主义以前,哲学家们其中包括费尔巴哈这样杰出的唯物主义哲学家对人的理解都是抽象的,马克思在历史上第一次推出了以实践为基础的现实的人,并确认这种人为现实世界之本。马克思的巨大历史功绩在于他完成了从物本到人本的历史性的转换,同时又对现实的人的本质、本性、交往、发展前景做了全面的解说。从那时到现在的 150 多年,中间经过革命时期的腥风血雨和人与人之间的阶级搏斗,世界终于进入了以和平发展为主题的新时代,与这个时代相适应,人与人之间的关系也发生了巨大的变化。在我国,从毛泽东的为人民服务到邓小平的培养"四有"新人,从江泽民的"三个代表"重要思想到以胡锦涛同志为总书记的党中央的以人为本,一直贯穿着一条鲜明的人学主线。人不仅处于本的地位,人本身及其相互关系也由过去的对立、斗争转化为平等、合作和协调。整体推进人的全面素质的提高,将是实现以人为本的康庄大道。

三、以人为本的主客体追问

以人为本是一个古老的哲学思辨命题。这个哲学命题在不同时代、不同的社会背景下,人们对其内涵和外延的理解和阐释往往都是大不相同的。

然而,不论在何种社会条件下阐释以人为本,都离不开“谁以谁为本”这个问题,这是理解和阐释“以人为本”所不能回避的基本问题。也就是说,理解和阐释“以人为本”,必须明确它的主客体关系。当今中国,“以人为本”这个命题已经走出作为象牙之塔的哲学殿堂,从一个哲学思辨命题演变成为一个指导现实的实践命题,最广泛地深入到社会大众心理层面,成为引领当代中国发展和实现现代化的核心理念。从“以人为本”到“以和谐为本”,这是一个古老哲学命题的理性内涵在当今时代的进一步拓展、创新和升华。因此,对“以人为本”的主客体关系进行历史的追问和现实的辨析,有助于我们深入理解这个哲学命题的时代精神内涵,在现实和理性的层面上把握“以人为本”的实践意义和价值。

(一)哲学的思辨——从“神本”到“人本”

作为哲学思辨命题的“以人为本”,具有悠久的历史和漫长的发展演变过程。古代哲学家们在思考关于世界本原问题的时候,不能不联想到人自己。“人是什么?”“人在宇宙中处于什么地位?”“人从哪里来?要到哪里去?”正是这些看似迷蒙混沌的问题,逐渐从观念上把人和自然界分开。哲学家们逐渐意识到,人是不同于自然界的独立存在,哲学家在观察和思考世界本原这类问题时不能忽略和离开人的存在,特别是“人与自然界其他存在物种的不同”这个基本事实。这就是“以人为本”这个哲学命题最原始的含义和意图。古希腊最早兴起的是自然哲学,然而在自然哲学时代,关于人的问题就已经被纳入了那些哲学家们思考的范围和视野。“人是什么”“人是谁”等已经成为最重要的哲学问题。第一个把人作为哲学研究的命题,正面回答“人是什么”这个问题的人是古希腊哲学家普罗塔哥拉,他指出“人是万物的尺度,是事物存在的尺度”。很明显,在以这位哲人为代表的古希腊人的心目中,人的地位高于物——自然界的地位,物——自然界是为人而存在的,人的存在决定了世界存在的意义和价值,这是古希腊自然哲学长期发展演化所得到的必然结论,人学是古希腊自然哲学的必然归宿。古代希腊人完成了从“物本”到“人本”的历史性的飞跃。虽然经过中世纪近千年对人的压抑和摧残,但终究没有什么力量能够终止对人的问题的思考。以人文主

义为旗帜的欧洲文艺复兴实质上就是人的复兴和人的地位的崛起。伟大的诗人但丁在对人和上帝做了比较之后,明确肯定人是高贵的,“人的高贵,就其许许多多的成果而言,超过了天使的高贵”[①]。文艺复兴时期的思想家和科学家们冲破中世纪近千年来基督教神学的一统天下,揭示出不是上帝造人,而上帝恰恰是人造出来的,是一些人用来统治另外一些人的虚伪和欺骗的工具。文艺复兴思想家们否定了上帝高于一切的地位,肯定了人的地位和价值,恢复了人的尊严和自信心,这是文艺复兴人文主义思潮对后来人类理性思维发展所做出的重大的贡献。到了17世纪,欧洲哲学家们对人的问题思考得更加严密和精细。他们侧重思考和回答“人的地位是由什么决定的”“人的力量的源泉在哪里”等更深层次的问题。英国哲学家培根指出“知识就是力量”,法国哲学家笛卡儿得出了“我思决定我在”的结论,其意义都在于向世人昭示人的理性高于人的感性存在,人的心灵和精神高于人的肉体存在,进而揭示了人之所以高贵于其他一切物种的根本原因,从人自身的存在确定了人的地位和价值,为人的自尊和自信找到了可靠的基础和根据。德国古典哲学家康德进一步深化了关于人的理念。他围绕“人自己把自己当成什么”“人把他人当成什么”的问题,提出“人是目的,不是手段”。作为一条重要的道德律,康德指出,“你必须这样行为,做到无论你自己或别的什么人,你始终把人当作目的,而不是把他只当作工具”[②]。康德回答了“人为什么而存在”的问题。按照他的信念,人是以自身为目的而存在的,每个人自己就是目的,人与人互相也要把对方看成目的。每个人本身就是一个绝对价值,一个人格,人格具有尊严,尊严作为价值,超乎一切,不可替代。康德的这些思想对后来的人类思想家们产生了深刻和巨大的启蒙作用,其影响一直延续到今天。费尔巴哈从“人是真实的感性实体”出发,探寻人的本质,进一步确立了人在世界上万事万物中的地位。他声称,“人虽然是自然界发展到一定阶段的产物,在时间上是第二性的,但在地位上是第一性的。人不仅是哲学的对象,而且也是历史的、国家的、法律的、宗教的和艺术的本

---

① 苗凡卒:《智慧之旅——西方古典哲学漫笔》,安徽文艺出版社1998年版,第158页。

② 苗力田,李毓章主编:《西方哲学史新编》,人民出版社1990年版,第551页。

质”①。可见，费尔巴哈的人本学思想已经在事实上比较系统的和全面的意义上确立了关于“以人为本”这个理念的基本内涵，直接为后来的马克思人学理论的诞生提供了丰富的思想资源和历史借鉴。

综观马克思人学产生以前的西方人本学思想，尽管有许多口号和宣言式的表述，但它们在人的问题上所表现出来的那种探索和拓荒精神为后来人类理性主义的发展和前进开辟了最初的道路。

第一，西方哲学史上的哲学家们倡导和坚持“以人为本”的理念，无疑是有其积极意义和价值的。人的问题几乎在人类智慧发展的最初阶段就被纳入了哲学研究的范畴和视野，对人的研究一开始就是一切哲学问题思考探索的起点。正是在那些近乎简单原始的人学思想的滋养和启蒙之下，后来的人才逐渐自觉地把自己从自然界中分离出来，才逐渐产生了关于物质与精神、肉体与心灵、感性与理性、存在与思维等一系列两相对应的基本概念范畴，使人对自然界的认识和对人自身的认识成为相互依存、不可分割的整体，使人类智慧的发展和进化获得了恒久的内在的动力。正是有了人本主义哲学对人类的不断启蒙，才使那些“以神为本”“以上帝为本”等一系列统治人、束缚人、扼杀人的宗教哲学观念不断遭到质疑和否定。“以人为本”的哲学理念引导人类不断探索、思考和把握人的本质，不断从总体上提升人的地位和价值，维护人的尊严和自信，为在最终意义上实现人的解放和自由创造了最基本的理性基础和知识前提。

第二，西方历史上的哲学家们对“以人为本”的理解和阐释，也是有很大局限性的。马克思以前的西方人本思想，对“以人为本”的理解基本上是徘徊于哲学思辨层面上，与人的现实生活实践很少发生直接的关系和联系。他们对关于人的问题的思辨和探讨基本上都是以“解释世界”为宗旨的，都是为解释世界而服务的。他们还不能理解生活实践对人的存在的意义，人的本性，人对世界的意义和价值都是在人类认识和改造世界的实践中展示和体现出来的。离开人的实践，离开人的现实性存在，把人单纯作为哲学思辨的对象，把“以人为本”单纯作为哲学思辨的命题来演绎和阐释，是不可能

① 苗力田，李毓章主编：《西方哲学史新编》，人民出版社 1990 年版，第 622 页。

把握人的真实本性的,也无法真正找到和确立人作为"本"的地位和价值。

第三,在西方哲学史上的人本学思想体系中,由于他们所理解的人往往都是没有具体的历史的规定性的人,都是缺乏现实性和主体意识的自然意义上的人,因此,他们很少对人从"主体"和"客体"关系的层面上进行划分和定位,导致后人很难理解,也无法确定他们所论述的人是什么,人是谁,"以人为本"到底是"谁"以"谁"为本。如此笼统地谈论人,最终的结论必然是:只有他们这些居高临下的人本主义哲学家才是真正自觉的、清醒的人类主体,只有他们才能够从外部给人类注入关于人的意识,启蒙人类追寻人的生活和人的地位。在"以人为本"的主客体关系中,他们自己既是主体,也是客体,他们是"自己以自己为本"。他们的人本学思想理论声言要确立和提高人的自尊心和自信心,然而实际上,最终所确立起来的至多是他们这些哲学家自己的自信和自尊,不可能在更大一些的范围内产生影响。

这样,他们一方面否定了上帝和神的存在,而几乎在同时又自觉和不自觉地把自己摆在了上帝和神的地位上。正如马克思和恩格斯所指出的,这些美丽动人的词句好像可以适用于一切社会,然而却又对什么社会也不适用。他们只谈善良意志,哪怕这些善良意志毫无效果他们也心安理得。他们把这些善良意志的实现以及它与个人需求和欲望之间的协调都推到彼岸世界。然而,正是在这方面,为马克思在后来实现在人学领域革命性的超越留下了广阔的空间。

(二)历史的超越——"以现实的、实践的人为本"

正如人类对自然界的探索和认识永远没有止境一样,人对人自身的探索和研究也是没有止境的,马克思人学思想的产生和发展就有力地说明了这一点。马克思的哲学革命,集中体现在他对传统的人学所进行的革命性的改造。马克思从现实的革命的需要出发,把"以人为本"这个人本学的基本理念从纯粹的哲学思辨命题转变为现实实践的命题,使之成为工人阶级政党领导革命和建设事业历史进程中全部战略思维的核心理念,成为雇佣劳动者、无产阶级争取翻身解放和追求自由全面发展的一面旗帜,成为现实社会生活的一条基本准则。从哲学思辨的命题到现实社会革命实践的原则，这是“以人为本”这个哲学命题所经历的革命性的改造和历史性的超越。

马克思的人学理论继承了“以人为本”的理念，但马克思主张“以现实的人”为本。马克思把“现实的人”作为全部人学研究的基本出发点，从根本上否定和超越了对人的纯粹思辨抽象的理解和阐释。马克思在他的人本学思想中具体深刻回答了到底要“以什么样的人为本”和“以人的什么为本”这一系列具有根本意义的问题，从而确立了“以人为本”的主体和客体及其关系，赋予“以人为本”这个命题以革命的内涵和改变现实世界的伟大意义。

第一，马克思通过回答“以什么样的人为本”，明确了“以人为本”的客体。马克思的人学理论强调“人的现实性”，主张必须“以现实的人为本”。马克思和恩格斯指出：“任何人类历史的第一个前提无疑是有生命的个人的存在。”[①]马克思坚持从“人的现实性”出发去理解和概括人的本性，指出：“人的本质并不是单个人所固有的抽象物。在其现实性上，它是一切社会关系的总和。”[②]马克思认为，“现实的人”就是现实经济政治关系中的人，就是人的各种现实经济和政治关系的客观产物。马克思指出以一定的生产方式进行生产活动的一定的个人，发生一定的社会关系和政治关系——是现实中的个人。马克思还指出，人们的存在就是他们的现实生活过程，不是意识决定生活，而是生活决定意识。马克思从人的现实经济关系和经济地位入手，把人从哲学思辨的对象变成了现实的经济学研究的对象，牢牢抓住了人的现实命运和生存状况这一类人学研究的核心问题。在马克思看来，如果离开了现实的生存基础而抽象地议论“以人为本”，那么不论把人的地位抬高到什么程度，也只能是空谈，不可能为改变人的命运和实现人的自由解放指出任何有意义的出路。恩格斯把这一点几乎列为马克思对人类思想史的第一贡献。

在马克思墓前的演说中，恩格斯指出，“正像达尔文发现有机界的发展规律一样，马克思发现了人类历史的发展规律，即历来为繁芜丛杂的意识形态所掩盖着的一个简单事实：人们必须首先吃、喝、住、穿，然后才能从事政

① 《马克思恩格斯选集》第1卷，1972年版，第24页。

② 《马克思恩格斯选集》第1卷，1972年版，第18页。

治、科学、艺术、宗教等等”[①]。马克思主张人学必须要关注人的现实生存状态,“以人为本”就是要以改变人的现实生存状态为本。这个“本”就是马克思人学思想所追求的最终目标,是马克思终生为之奋斗的理想。

第二,马克思人学理论强调人的现实实践是实现人本地位的途径和手段。马克思认为,社会生活在本质上是实践的,凡是把理论导致神秘主义方面去的神秘东西,都能在人的实践中以及对这个实践的理解中得到合理的解决。在马克思看来,“以人为本”的主体不是来自人以外的神秘力量和超人的领域,不是上帝,也不是神,也不是历史上那些思辨哲学家和自封为救世主的人,而是来自人类自身。是人在改变世界的同时改变着人和人类自己,是人在实践中,在创造和改变世界的历史进程中自己以自己为本。是人通过历史的和现实的实践肯定了自己在自然界中万事万物面前的主体地位。马克思所主张的“以人为本”,否定了对人的空洞抽象的理解。由于人是具体的社会历史条件下的人,是一定的政治经济关系中的人,因而是实践的人。马克思认为,实践既是人的现实生存状态,也是改变人的生存状态的现实途径和手段。离开了改变世界,改变人自身生存状态的实践及其过程,“以人为本”这个命题就失去了它的根本意义,就是一句空洞的美丽动人的口号。马克思在分析他先前的哲学家们对人的共性理解时指出:他们对事物、现实、感性,只是从客体的或者感性直观的形式去理解,而不是把他们当作人的感性活动,当作实践去理解,不是从主观方面去理解。毫无疑问,作为马克思人学理论的基本范畴,实践是理解和把握“以人为本”主客体关系的唯一途径。理解和把握人的现实本性,就是理解人的现实实践活动。实践这个范畴蕴含了人的生成演变的历史、现实以及未来的一切特征、过程和本性。只有以人的现实实践为本,才能实现人的价值,确立人的地位,维护人的尊严,推动人的发展,最终求得人的解放和自由。实践就是人创造自己的历史,就是改变人类自身的活动,是人自己的活动。因此,人是实践的主体,人是自己的主人,实践是人自己的实践,是人自主自觉的活动。“以人为本”就是“以实践的人为本”,就是“以人的实践为本”,也就是“人以自己为

---

① 《马克思恩格斯选集》第3卷,第776页。

本”,就是在主体和客体的统一中确立人的主体地位——作为“本”的地位。

从这个意义上来理解,马克思人学所主张的“以人为本”,其宗旨核心就是要充分发挥人的能动性本性,使人从自然界的压迫和束缚中解放出来,特别是从自己所构造的社会关系中解放出来,使人在实践中自己解放自己、自己把握自己的命运,成为自己生活的主人。

第三,马克思赋予“以人为本”以革命的价值内涵,使其成为对无产阶级工人革命具有现实和实践意义的命题。马克思具体回答了在资本主义的现实社会条件下为什么要强调“以人为本”。马克思认为人学研究必须走出纯粹的哲学思辨领域,必须改变它以往抽象的形态,“以人为本”这个范畴应该被改造成为立足于现实社会的、具有现实意义价值的、引导工人革命和走向解放的纲领和旗帜。马克思指出,历来的哲学家只是以各种各样的方式解释世界,而问题在于改变世界。马克思把改变世界作为自己哲学的使命,同样,马克思人学理论作为他的哲学思想的重要组成部分,更把改变人的生存状态和现实命运作为自己的直接使命。马克思从当时资本主义条件下雇佣工人阶级的生存状态和现实命运出发来思考“以人为本”这个命题。

在马克思看来,“以人为本”首先是针对资本主义社会条件下人的非人化状态而言的,是针对劳动阶级的异化而提出来的。劳动异化和异化劳动都是雇佣工人阶级现实命运的写照。他们被自己创造的社会关系所压抑、束缚和扭曲,他们所创造的物质财富越多,他们的命运就越悲惨。马克思不仅揭示了雇佣工人阶级被资本主义的生产关系和社会关系所异化的现实,更重要的是他认为必须改变这个现实,改变劳动者阶级的命运,使他们重新获得本应属于自己的作为人的地位、价值和尊严。从这种现实的社会状态出发,马克思“以人为本”的核心内涵就是要克服资本主义条件下的劳动异化,寻求人的解放,实现人的自由和全面发展,实现从资本主义必然王国向共产主义自由王国的历史性跨越,就是使人成为自己所创造的财富的主人,成为自己所创造的社会关系的主人,成为自己生活和活动的主人。

在马克思看来,“人”不仅仅是哲学研究的对象,“本”也不仅仅是哲学研究意义上的“本”,“以人为本”也绝不仅仅是一个哲学命题。在马克思人学思想的体系中,“以人为本”是雇佣劳动阶级改变自身的生存状态和现实命

运的口号、旗帜,是工人阶级政党领导革命,改变现实社会的纲领。“以人为本”在马克思的思想理论体系中具有深刻的革命性内涵。

总之,在人学领域的变革是马克思哲学革命的重要组成部分。马克思人学理论使“以人为本”这个哲学思辨命题在科学性、现实性、实践性和革命性相统一的层面上实现了历史性的超越。

(三)实践的升华——从“以人为本”到“以和谐为本”

在马克思时代,“以人为本”是革命的旗帜和口号,是指引劳动者阶级改变旧世界,建设新世界的行动纲领。当今时代,和平与发展越来越成为世界主题,实现现代化是中国共产党执政兴国的既定目标,“以人为本”已经从一个抽象的哲学命题演变成为指导现实社会生活和实践的基本准则,已经从革命党鼓动和发动革命的纲领演变成为执政的中国共产党领导国家现代化建设的核心理念。因此,在新的历史条件下,“以人为本”这个范畴的内涵、外延也必然要发生根本性变化。这就表现在当代中国在发展前进过程中所倡导和追求的和谐目标。从“以人为本”升华到“以和谐为本”,这是“以人为本”这个理念在当今时代的发展和演变的必然结论。

在现实的社会生活和社会发展过程中,以建设和发展为背景,以和谐为目标的“以人为本”,主要涉及三种实践和三种关系。

第一,“以人为本”体现人与自然的关系,涉及人认识和改造自然的实践。因此,“以人为本”应该进一步升华为“以人与自然的和谐为本”。

人与自然的关系是一个古老而又永恒的话题。19世纪以前,人类还没有取得对自然界的绝对统治地位。战胜自然,控制自然,从自然界攫取更多的物质财富,取得对自然的统治地位曾经是人类苦苦追求的目标。因此,在这个时代,人与自然的关系中,一切为了人的需要,一切都以人为中心,以人为世界和社会的根本。在人的心目中,自然界是为人而存在的,是为人类的利益和目的服务的。人的利益和需求是至高无上的。这个时代所倡导、主张的“以人为本”就演变为后来的人类中心主义。然而,20世纪以后,随着人类科学技术的发展和进步,人类对地球的破坏力越来越大。自然界在人类无节制的攫取面前已经不堪重负,脆弱不堪,反过来直接危及人类现实的和长远的发展。人类在与自然界的关系中似乎已经确立了的“本”的地位受到了无情的质疑和最严重的挑战。正是在这样的背景之下,“反人类中心主义”的观点和呼声也越来越产生了很大的影响。关于“人类中心主义”和“反人类中心主义”的争论多少年来始终各执一词,见仁见智。这种争论和分歧的意义在于启发我们意识到在人与自然的关系中,事实上没有哪一方是处于绝对的中心地位的。人与自然的共处与和谐才是最符合人类根本利益的现实和理性的选择。当代中国把现代化的目标定位于建设社会主义和谐社会。因此,在构造人与自然关系的过程中,就必须强调保护自然环境,保护生态平衡,保证各种不可再生资源的合理开发和可持续利用,追求经济和社会的均衡发展和可持续发展。这一切都是“以人为本”在当今时代的具体表现。反之,如果片面理解和阐释“以人为本”的含义,或者仍然固守传统意义上对“以人为本”的理解,把人的欲望和需求置于至高无上的地位,无节制地向自然界索取物质财富和消费资料,满足一些人或者一代人的享乐愿望,那么不仅会破坏了人与自然的和谐,而且还必然危害人类自身的长远利益,破坏子孙后代生存和发展的基础。因此,在人与自然的关系中,“以自然为本”当然是不成立的,而单纯片面地强调人的绝对地位也是不合适的。这个所谓的“本”既不应该是自然,也不应该是人类本身,而只能是人类与自然关系的和谐。在改革开放和现代化建设的实践中把“以人为本”具体阐释为“以人与自然的和谐为本”,这恰恰是抓住和体现了“以人为本”的根本。这样理解和表述“以人为本”的思想理念,既蕴含了古代先人“天人合一”的深邃智慧,也能够代表和体现当代世界人类各民族的普遍共识。实践证明,只有追求人与自然的和谐,才能从根本上体现和彰显“以人为本”思想的科学性、合理性及其对当代人类实践的现实意义。

第二,“以人为本”体现人与社会的关系,涉及人推动社会发展与进步的实践,“以人为本”必须“以人与社会的和谐为本”。

在人与社会的关系领域,一直存在着关于“个体本位”和“群体本位”的争论。在这种见仁见智的争论中,人们逐渐领悟出这样的道理,在处理人与社会关系的理性思考和具体实践过程中,不论在逻辑上还是在事实上,同样都没有一个处于绝对中心地位的“本”的存在。这一点内在于人与社会、个

人与群体在本质上的相互决定、相互依存的悖论关系。

一方面，人是社会的人，离开社会，人就不成其为人，人就会蜕化为一个单纯的动物个体。人的本质是由社会规定的，是由社会所赋予的。从这个意义上，在“以人为本”的关系构建中，人是主体，社会是客体。个人应该和必须“以社会为本”，个体必须“以群体为本”，每个人都必须以社会价值的实现作为个体生命所追求的目标，以社会生活导向作为个人生活的导向。这个所谓的“社会”，我们在通常意义上理解和解释为人类、民族、国家、集体等。然而另一方面，由于社会是由个人所组成的，离开了具体的个人，社会就是一个空洞无物的概念，就没有任何实际意义。社会的一切都是为了人而生成和存在的，社会的发展进步在最终的意义上要体现和落脚于每个社会成员的发展和完善。每一个人自由发展是一切人自由发展的条件。从这个意义上说，在“以人为本”的理念内涵中，社会无疑是主体，而人是客体。“以人为本”就表明社会必须为每个人，为每一个社会成员的发展和完善创造尽可能好的条件。

由此可见，在人与社会的这一对矛盾悖论关系中，固定不变的主客体关系是不存在的，绝对不变的“本”是没有的。这里，如果一定要找到和确定一个“本”，那么这个“本”无疑只能是和谐，“以人为本”，只能是“以人与社会的和谐为本”。只有实现和保持人与社会的和谐，社会才能够不断地发展进步和越来越完善，才能够给社会群体和每个社会成员以更多的实践关怀、人文关怀，才有可能体现出对人的终极关怀。只有和谐，人在社会生活中，在社会发展进程中的地位、价值和尊严才能够更充分地彰显出来。

第三，“以人为本”体现人与人之间的关系，涉及处理人际关系的实践。“以人为本”只能理解为“以人与人之间的和谐为本”。

在具体的社会生活中，“以人为本”更多地、经常性地体现在对人与人之间关系的理解和实践中。对此，有人坚持“自我是他人的地狱”，有人主张“自我是他人的天堂”，这无疑也是一个具有悖论性质的问题。一个简单的事实是，在具体的人际关系中，双方和各方都是“人”，都是真实的、具体的、活生生的“人”。那么“以人为本”，究竟是“谁”以“谁”为“本”？可见，在具体的社会生活实践中，“以人为本”的主客体关系既是确定的，又是不确定的。也就是说,在现实的人际关系实践中,没有什么人会永远是“本”,也没有什么人会永远是“非本”;没有什么人会“永远以别人为本”,也没有什么人有权力要求他人“永远以自己为本”。因此,“以人为本”总是在具体的人际关系中生成、存在和展开理念。离开了具体的社会关系环境,“以人为本”就是无法被人理解和实践的抽象概念。在这里,抽象的、没有具体规定性的、脱离实际关系的“人”和“本”都是没有任何意义的。一方面,在实际生活过程中,每个人所充当的社会角色是大体上确定的,由此构成的人际关系也基本上是确定的,“谁”以“谁”为“本”的答案也是清楚明白的。例如在现实生活中,领导人必须以被领导的下属群众为“本”,“公仆”必须以“主人”为“本”,教育者必须以受教育者为“本”,教师必须以学生为“本”,医护人员必须以患者为“本”,演艺人员必须以观众为“本”,公共交通司乘人员必须以乘客为“本”,等等。这里,所有的人都是以具体的社会角色出现的,都是在具体的人际关系框架中按照既定的规则和惯例行事的,离开了这些角色和关系,抽象的“以人为本”无法确定其主体和客体的关系,肯定要导致观念上和实践上的混乱。另一方面,每个人在社会生活中的角色又是双重的,甚至是多重的。有一种角色,就会形成一个关系体系和规范。例如在现实的市场经济环境中,生产经营者与消费者是具有普遍性意义的社会关系,生产经营者应该和必须以消费者为本,这是天经地义的,是不能颠倒过来的。然而,在实际的社会生活过程中,任何生产经营者在实际上也必然都是消费者;每一个领导者同时也都是被领导者,教育者也必然是受教育者。这样来观察和理解问题,所谓“以人为本”在实际上已经转换成为一种通行的权利义务关系的观念体系。“以人为本”在主体的意义上,主要表现为人对他人的责任义务;“以人为本”在客体的意义上则主要体现为人作为人的权利、地位,以及对人自身的价值、尊严的维护与肯定。因此,在“以人为本”的关系体系中,只有当好“主体”,才能当好“客体”,“客体”的地位和内涵是从主体的自觉意识中生成和发展起来的。当我们时时处处都自觉地“以他人为本”的时候,自己在社会生活中“本”的地位才有可能得以实现。从这个意义上看,在具体的人际关系实践中,倡导“以人为本”就是通过追求主体与客体的统一与一致,进而实现人与人之间关系和谐的问题。在人际关系的实践中,“以

人为本"的理想状态只能是"以人与人之间的和谐为本"。

总之,作为古代人类理性思维和智慧的产物,"以人为本"这个哲学理念经过马克思人学思想的洗礼,成为改变旧世界的旗帜和纲领。在当今中国改革开放和现代化建设的历史进程中,"以人为本"被进一步升华为"以和谐为本",其根本宗旨就是努力追求人与自然关系的和谐,人与社会关系的和谐以及人与人之间关系的和谐。只有坚持"以和谐为本",才能够真正彰显和弘扬"以人为本"的崇高价值理念,才能够实现社会主义和谐社会的美好理想。

四、以人为本的哲学意义

以人为本作为科学发展观和社会经济管理的基本理念,在各个领域里都得到了广泛的认同,甚至受到衷心的拥护。那么,哲学又是什么态度,它是否接受以人为本呢?这个问题现在未必有一致的答案。十几年前,笔者发表了一篇关于马克思的以人为本的文章,就曾引起轩然大波,被认为是对唯物主义哲学的冒犯。现在虽然理论环境进一步好转,但是哲学上关于"本"的问题历来歧见极深,积重难返,看来今天仍有讨论的必要。以人为本的哲学意义主要体现在对"本"的释义上,比起十几年前,笔者对这个问题的认识和观察视角也有进一步的深化和转换。

(一)人是本体论意义上的世界之本

哲学承不承认以人为本,这要从"本"的含义说起。哲学上的本首先具有本体论的意义,指的是世界的基础和本原。在哲学史上,物、心、神都曾被当作"本"并由此而演化为唯物、唯心、神学等各流派。在马克思以前,本体论不仅是一种观点和流派,而且是一种普遍的思维方式,任何一种哲学都必须回答世界的终极本质问题,把本体论作为哲学构成的基本板块。在这个意义上,哲学就是本体论,与形而上学是同义语。但是本体论思维方式具有严重的缺陷,它避开人和人的现实生活抽象地追问世界的始基,得出的答案既不可证实也不可证伪,只是一种思辨的信念,怎么说都行,不具有公认的确定性。因此,马克思的哲学革命变革的矛头一开始就指向本体论,把对世界终极本原的追问回归到人及其实践中。

马克思深刻地意识到，本体论的思维方式是不可取的，但是它所提出的问题是有意义的。人是智慧动物，从不满足于对事物的感性直观，超越感觉经验，达到对事物本质的深层理解是人之为人的本性。本体论对世界本质的终极追问恰恰与人的形上诉求相统一，在这个意义上，不满足于既有的生存状态，追寻世界的理想之“本”，这不仅促进了人在主观与客观、此岸与彼岸、本质与现象、感觉与思想等二元分立领域对立的意识的觉醒，而且具有批判现实的作用。问题在于怎样理解和确认世界之“本”。

马克思以前的一切本体论都是与人无涉的，无论是古代的巴门尼德的存在本体论、德谟克里特的原子本体论、柏拉图的理念本体论、亚里士多德的质料形式本体论，还是近代的笛卡儿的实体本体论、斯宾诺莎的自然本体论、莱布尼兹的单子本体论、康德的物自体本体论、黑格尔的绝对精神本体论，它们形态各异，内容不同，但有其共同点，即不理解世界的属人性质，都是在人的实践和创造之外去设定世界的终极原因和构成。马克思的实践唯物主义开辟了一条崭新的道路，把对世界之本的追寻置于人的生活实践中。马克思首先确定了世界的存在前提，即我们所说的世界是现实的世界，是人的生活世界，而不是离开人的虚妄和抽象的世界，讨论这种世界之本的问题是没有意义的。马克思曾批评费尔巴哈说，“他没有看到，他周围的感性世界决不是某种开天辟地以来就直接存在的、始终如一的东西，而是工业和社会状况的产物，是历史的产物，是世世代代活动的结果”[①]。至于“先于人类历史而存在的那个自然界，不是费尔巴哈生活其中的自然界；这是除去在澳洲新出现的一些珊瑚岛以外今天在任何地方都不存在的、因而对于费尔巴哈来说也是不存在的自然界”[②]。所以，我们必须把人的生活世界作为讨论的基点，去追寻什么是现实世界之本。

当我们把视角移向生活世界，人作为世界之本的意识就立即被召唤出来了。人的生活世界包含三个层面，即自然界、人类社会和精神世界，它们

① 《马克思恩格斯选集》第1卷，第76页。
② 《马克思恩格斯选集》第1卷，第77页。

无一不是人类实践和创造的结果。马克思说过，自然是人化的自然，“被抽象地理解的，自为的，被确定为与人分隔开来的自然界，对人来说也是无”[①]。“在人类历史中……形成的自然界，是真正的、人本学的自然界”[②]。所以人是自然界的奥秘所在，人按照自己的意志、价值、需求重塑了自然界，“作为自然界的自然界……是无意义的，或者只具有应被扬弃的外在性的意义”[③]，只有人才是自然界的真正之本。而人类社会本身就是人的集合，社会之本无疑是人自身，因为人以生产实践而生存自立，而“人本身是他自己的物质生产的基础，也是他进行的其他各种生产的基础”[④]，在生产中形成的生产关系就是社会关系，“社会本身，即处于社会关系中的人本身”[⑤]。所以马克思又说，“人始终是这一切实体性东西的本质”[⑥]，“人就是人的世界，就是国家，社会”，人不仅是自然界而且也是社会之本。至于精神世界不必赘言，精神和意识本身就是人高度进化的产物，是人的思维的结晶，它以人的存在为载体，自然也是以人为本的。

这样，马克思在哲学史上就实现了一次历史性的颠覆，他不仅把旧唯物主义的人是自然界产物的历史传统补充以人化自然和人化世界的崭新结论，从而在历史上第一次真正置人于“本”的地位，而且把对人的理解建立在崭新的实践基础上。在马克思以前，人本思潮并不乏见，费尔巴哈就是一个著名的人本唯物主义者。他把人和自然视为哲学的最高对象，认为人是自然界长期发展的产物，这都无可非议。但是他不理解自然，不理解人，更不理解人和自然的真实关系。他用生物学的自然主义眼光来看人，和 18 世纪旧唯物主义者一样，把人仅仅看成是自然界长期发展的产物，不理解人的实践和感性活动在自然界和人的生成中的决定作用。马克思批评费尔巴哈说，“诚然，费尔巴哈比‘纯粹的’唯物主义者有很大的优点：他承认人也是‘感性对象’。但是，他把人只看作是‘感性对象’，而不是‘感性活动’……

① 《马克思恩格斯全集》第 3 卷，第 335 页。
② 《马克思恩格斯全集》第 3 卷，第 307 页。
③ 《马克思恩格斯全集》第 3 卷，第 336 页。
④ 《马克思恩格斯全集》第 26 卷（第 1 册），1972 年版，第 300 页。
⑤ 《马克思恩格斯全集》第 46 卷（下册），1980 年版，第 226 页。
⑥ 《马克思恩格斯全集》第 3 卷，第 52 页。

他从来没有把感性世界理解为构成这一世界的个人的全部活生生的感性活动"[①]。对于现实世界来说,人是本,而对于人来说,实践和感性活动是本,没有实践就不会生成人,因而也就不会有现实的世界,如马克思所说,"这种活动、这种连续不断的感性劳动和创造、这种生产,正是整个现存的感性世界的基础"[②]。所以,马克思不仅为现实世界找到了真正的人本基础,而且还对人做了科学的解说,指出实践是包括人在内的全部世界的根基所在。马克思的唯物主义不是一般的唯物主义,而是经过划时代哲学革命变革而创生的实践唯物主义。实践是人的实践,人是实践的主体,没有作为生命个体和生命需求而存在的人,也就不会有人的实践。在这个意义上,以人为本是对世界本质的正确认识和如实反映,它对一切时代、一切社会都是天经地义、至高无上的。社会主义要坚持以人为本就是对马克思的实践唯物主义哲学的首肯和认同。

(二)人是价值论意义上之本

以人为本除了具有本体论意义之外还有价值论意义,即指谓人之尊贵和重要,要求本着人的价值和需求来决策和行事,在这个意义上,以人为本与人本主义大抵相近。

人本主义是极其重要的哲学思潮,它像一根红线一样贯穿于近现代哲学发展史中,在一定意义上可以说,人本主义就是以人为本的续文和展开。既然已经确认人是世界之本,那么,如何对待人这个"本"呢?这正是人本主义所要研究的课题,具有显明的价值意义。所以从逻辑上说,如何对待人本主义是探讨以人为本哲学意义的题中应有之义。

人本主义作为人的自我意识的体现,从价值意义上来表征对人的重视和善待,这种思潮也相当普遍。任何时代社会的稳定和发展都倚仗于民生问题的妥善安排和解决,没有对人的起码的关照,任何统治和管理都维持不了。所以,不需要什么崇高境界,只是为了维护自己的统治和社会的长治久

① 《马克思恩格斯选集》第1卷,第77—78页。

② 《马克思恩格斯选集》第1卷,第77页。

安，也会形成和产生价值意义上的以人为本的思想。以人为本原本是战国时代齐国政治家管仲提出的治国术，其意是说，只有把人的问题解决好了，才能“本理国固”，最后达到称王称霸的目的。这里虽有其明显的工具性，但瑕不掩瑜，毕竟是对人的善待和重视意愿的一种表达，中国传统的民本思想基本上就是沿着这个思路传承下来的。因此，儒家倡导的仁者爱人决不仅仅是一种简单的道德说教，同时也具有深厚的人本主义意蕴。但是，比较起来，真正以哲学形态系统阐发的人本主义思想还是产生于西欧。十五六世纪以来，伴随着资本主义的产生，兴起了一场波澜壮阔的人文主义运动，它把斗争矛头直指宗教神学和封建等级制度，反对神道，尊崇人道，批判愚昧，倡导理性，轻蔑信仰和彼岸，重视尘世和此岸，把人从“醉醺醺”的天国梦中拉回到实实在在的现实生活中来。这场运动以其理性和人道主义的内核而成为人本主义思潮的肇始，经过休谟和 18 世纪法国唯物主义者的锤炼和提高，以康德和费尔巴哈为代表，形成了较为完整的近代形态的人本主义思潮。康德重视人的生存和价值，强调人是目的而不是手段，并要人为自然立法，这在他那个时代是难能可贵的。费尔巴哈虽然不理解人和自然的真实关系，但他推崇人，把人看成是至高无上的存在和哲学的最高对象，代表了那个时代人的自我意识的觉醒。尤其是费尔巴哈和他同时代人对宗教的批判，揭示了宗教是人的本质自我异化的实质，不仅把人从宗教那里夺回来，而且确立了人的主导地位，这就使人堂堂正正地站立起来，有资格和自信为争取自己的尊严和权益而斗争。

到了现代，人本主义思潮在形态上发生了很大的变化。面对着资本主义科技理性过度张扬而造成的人高度异化的事实，人本主义开始与理性主义分道扬镳，采取了非理性主义形态。从 19 世纪中叶起，以叔本华和克尔凯郭尔为代表的一些哲学家就开始向传统的理性主义公开挑战，他们不满足于对普遍人性和自由、平等、博爱的一般颂扬，要求转向人的个体生命、本性和本能，认为这是人的本真存在。他们强调人是包括肉体、活动、意志、情感在内的完整的存在，传统哲学的弊病就在于忘记了人，必须使哲学向人和人的交往及全面性回归。20 世纪后在德、法等国出现的一批人本主义思想家继承了先辈们的思想，并在资本主义社会人的异化急剧加深的背景下，把人本主义思潮进一步推向系统化和完整化。特别是以西方马克思主义命名的人本主义马克思主义者,见解深刻,著作众多,影响巨大。无论是以霍克海默、马尔库塞为代表的法兰克福学派,还是以沙特为代表的存在主义等学派,他们之间虽有分歧,但都表现了对人的命运的关切和对人的自由、尊严的追求。他们和其前辈不同,不再简单地拒斥科学和理性,而是企图将理性和非理性结合起来,给人以更大的生存和发展空间。值得注意的是,人本主义马克思主义者把马克思的思想资源运用其学说中,使其人本主义思想更具先进性和深刻性。他们批判自然辩证法是为了突出人的中心和主体地位;他们强调马克思的异化理论是为了揭露资本主义全面异化的事实,从而为消除异化,实现人的解放提供思想武器;他们超越社会发展的"自然历史过程"是为了避免革命的简单化,把人的解放既看作政治经济上的革命,又看作是包括意识、心理、需要、本能、文化等的"总体革命"过程。这样,现代西方哲学,特别是西方马克思主义的人本主义就站在时代的高度,在历史上第一次全面地整合了既有的人学思想,与科学主义思潮共同成为现时代的哲学主流派别之一。

怎样看待现代人本主义思潮?这在中国一直是存有重大争议的问题之一。长期以来由于"左"的思潮的影响,只讲阶级不讲人,谈人尚且色变,自然也就不敢把人和"本"联系在一起了。因此,在"以阶级斗争为纲"的年代,对一切人本思潮概加拒斥是不可避免的。那时就连费尔巴哈的人本学唯物主义也受到批判,被指责为资产阶级人性论的体现。改革开放以后,人们开阔视野,正本清源,不仅认真地研读了马克思的哲学文本,从过去被扭曲的理解中解放出来,而且对西方人本主义思潮的态度也逐渐转向客观公正,开始从理论和现实的两个向度来体验其意义和价值。人作为世界之本,其尊严和价值应不应该受到尊重?他们的生活和境遇比起周边国家来应不应该处于较高的水准?人本主义在这方面的诉求应该说是顺情达理的,这也是马克思和社会主义所追求的。但是,也存在一些理论,干扰和影响对人本主义哲学的认同,所谓的代价论就是一例。马克思当年面对英国对印度殖民侵略所造成的人道主义灾难后果,确曾说过:"的确,英国在印度斯坦造成社会革命完全是受极卑鄙的利益所驱使,而且谋取这些利益的方式也很愚蠢。

但是问题不在这里。问题在于,如果亚洲的社会状态没有一个根本的革命,人类能不能实现自己的命运?如果不能,那么,英国不管干了多少罪行,它造成这个革命毕竟是充当了历史的不自觉的工具。……从历史的观点来看,我们有权同歌德一起高唱:'我们何必因这痛苦而伤心,既然它带给我们更多欢乐?'"[①]像这种情况,即社会进步伴之以人的价值贬损,这几乎成了历史的常例。马克思曾问道:"难道资产阶级做过更多的事情吗?难道它不使个人和整个民族遭受流血与污秽、蒙受苦难与屈辱就实现过什么进步吗?"[②]马克思的这些话语似乎可以为代价论提供论据,可是仔细品味也不难看出,这种代价规律和作用机制只适用于私有制社会,在社会主义社会和向社会主义转变过程中,这个规律并不适用,马克思晚年的跨越"卡夫丁峡谷"设想证实了这一点。1881 年马克思在给俄国女革命家查苏利奇的信及其他手稿中指出,当年为了生产力的发展和社会的进步还可以付出人的价值的代价,现在,当资本主义的"历史今后只是对抗、危机、冲突和灾难的历史"[③]的时候,马克思一改以前人类社会的史前时期以资本主义社会而告终的结论,认为为了"不经受资本主义制度的一切苦难"[④],避免"资本主义生产的一切可怕的波折"[⑤],充分体现和高扬人的价值,东方国家可以跨越资本主义发展阶段,直接跨入社会主义社会。马克思的这个设想揭示了代价论的局限和相对意义,而把人的生存价值置于至高无上的地位,为此才否定"一切民族,不管他们所处的历史环境如何"都必须经历资本主义发展阶段的构想,体现了对人本主义的认同。

人本主义的核心是强调人是哲学的出发点和归宿,要求尊重人的生命、情感、意志、本能的意义和价值,把人当作世界的本真和最高的存在。在这个意义上,中国改革开放以来的实践在基本目标上一直和人本主义相契合。邓小平首先举起人学批判的旗帜,平反冤假错案,恢复人的价值和尊严,从

① 《马克思恩格斯全集》第 1 卷,第 766 页。
② 《马克思恩格斯全集》第 1 卷,第 771 页。
③ 《马克思恩格斯全集》第 19 卷,1963 年版,第 443 页。
④ 《马克思恩格斯全集》第 19 卷,1963 年版,第 129 页。
⑤ 《马克思恩格斯全集》第 19 卷,1963 年版,第 431 页。

思想上彻底否定“文化大革命”对人的侮辱和摧残。紧接着邓小平发动了对“四人帮”散布的贫穷社会主义理论的批判，指出：“贫穷不是社会主义，社会主义要消灭贫穷。不发展生产力，不提高人民的生活水平，不能说是符合社会主义要求的。”①社会主义就是要使人富裕起来，一部分人先富，再带动其他人后富，最后达到全体人民共同富裕，这就是社会主义的本质所在。中国用改革开放和人民富裕起来的事实体现了人本主义的诉求，证实了人本主义理论虽然重要，但是生活之树常青，实践比理论更重要，说到底，人本主义也不过是追求人的生存意义而已。由邓小平开创的旨在重视和高扬人的生存和价值的发展中国特色社会主义之路继续拓展，人本主义不管人们怎样认识和评说它，但它作为人的理想和发展目标在中国深化改革开放的实践中不断地被实现着。“三个代表”重要思想把代表最广大人民群众的根本利益与代表先进的生产力和先进的文化结合起来，站在时代高度去把握和代表人民的利益，这是对人和人的权益理解的细化和深化。党的十六届三中全会正式提出以人为本作为科学发展观的重要内容，并在“三农”“低保”和下岗工人再就业等民生问题上采取一系列切实措施，以崭新的面貌和气势确保人民的根本利益。这就在理论和实践的结合上把人本主义有价值的思想融入以人为本中，从而使以人为本的理念能够承前启后，集中一切人学思想的精华，实现了人学学说的一次历史性的整合。

（三）人是终极追求意义上之本

“本”还有终极追求之意，就这一点来说，以人为本与人的全面发展的理想目标相吻合。人的全面发展和自由个性是马克思人学思想追求的最高殿堂，如果我们把共产主义理解为可以跃上的平台，那么，这就是最基本的实现条件。过去虽然也熟知马克思的一些著名话语，如《共产党宣言》和《资本论》中的“自由人联合体”，《资本论》手稿中的“建立在个人全面发展和他们共同的社会生产能力成为他们的社会财富这一基础上的自由个性”②是人自

① 《邓小平文选》第3卷，1993年版，第116页。

② 《马克思恩格斯全集》第46卷（上册），1979年版，第104页。

身发展的第三阶段,《哥达纲领批判》中的"在随着个人的全面发展……只有在那个时候,才能完全超出资产阶级权利的狭隘眼界,社会才能在自己的旗帜上写上:各尽所能,按需分配!"[①]等等。过去总是觉得这些论述都是关涉遥远未来的事情,没有现实意义,所以一直没有引起应有的关注。当代世界经济、政治、科技发展的事实证明,人是一切发展的关键,世界各国之间的竞争,归根到底是人才的竞争。没有现代化素质的人,就不可能有真正的现代化。严酷的事实迫使各国不得不实施人才发展战略,对于发展中的中国,人才问题尤为迫切。

解决人才问题必须要有一个正确的人才观。马克思针对资本主义社会人被高度异化和肢解的事实,提出了消灭强制性的社会分工和人的全面发展的问题。本来分工是生产力发展和社会进步的条件,没有分工的社会是不可想象的。但是如果分工不是自愿而是强制的,那么分工本身就是对人的自由的剥夺和对兴趣与才能的压抑,这种分工对人当然是一种异化,是只有在私有制社会才会产生和出现的。马克思、恩格斯说:"其实,分工和私有制是相等的表达方式,对同一件事情,一个是就活动而言,另一个是就活动的产品而言。"[②]所以,马克思对分工的批评并不只是针对分工本身,主要着眼于人在分工中所受到的强制和异化。如马克思、恩格斯所说:"只要分工还不是出于自愿,而是自然形成的,那么人本身的活动对人来说就成为一种异己的、同他对立的力量,这种力量压迫着人,而不是人驾驭着这种力量。"[③]处于这种分工中的人是异化的人,是不自由的人,共产主义要消除异化当然要消灭这种强制性的分工,由此马克思才转向人的全面发展问题。

人的全面发展有双重含义。其一是就个人而言,指个人的全面素质,即人人都应该有健康的体魄、广博的知识、专业的技能、道德的涵养和善良的品格,在德智体美等基本方面具备较高的素质,只有这样的人才能体现自身的意义和价值,同时又为社会所需求和接受。其二是指全社会对所需人才的整体布局,全面、协调地培养和配置社会所需要的各方面的人才。不仅自

---

① 《马克思恩格斯选集》第3卷,第305—306页。

② 《马克思恩格斯选集》第1卷,第84页。

③ 《马克思恩格斯选集》第1卷,第85页。

然科学和社会科学人才合理搭配，而且文艺、体育、卫生、工程等各方面人才也不失所需，做到全社会人才的总体也是全面发展的。只有这两方面的有机配合才体现了人的全面发展的全部要义。

中国由于历史和现实等多方面原因，人的全面发展的举措才刚刚起步。以人为本是人的全面发展的思想基础，只有以此为原点才能迈出人的全面发展的坚实步伐。因为人的全面发展首先面临一个合法性的问题，即人为什么要全面发展，有什么资格全面发展。这就涉及以人为本为人的全面发展提供合法性奠基问题。按照马克思的观点，人的全面发展是人消除异化和自由地支配自己的本性要求和不可剥夺的权利，这种权利不仅基于人是世界之本，而且还因为人与人之间存在着相互平等的关系，个体全面发展的理由就是全体人普遍发展的根据。马克思说，“平等是人在实践领域中对自身的意识，也就是人意识到别人是和自己平等的人，人把别人当做和自己平等的人来对待。平等……表明人的本质的统一、人的类意识和类行为、人和人的实际的同一”①。所以，人的全面发展是普遍的权利和总体性概念，以人为本就是人的全面发展的底线和基石，党的十六届三中全会提出以人为本的发展理念才把人的全面发展的问题真正提到议事日程上来。贯彻以人为本是个巨大的实践工程，当前我国正把主要精力集中在解决民生问题上，这个问题解决好了，就为人的德智体美的全面发展奠定了坚实的基础。可以想见，随着以人为本的科学发展观的深入实践和具体落实，我国人民的全面素质必将大大提高，我国的社会发展也必将出现新的腾飞局面。

五、以人为本的世界历史意义

党的十六届三中全会提出的以人为本的科学发展观，展示了以胡锦涛同志为总书记的党中央的博大视野和宽广胸怀。曾几何时，在中国大地上还回荡着以阶级斗争为纲和谈人色变的幽灵，现在，阴霾驱散，艳阳高照，人们对古往今来中国和世界文化宝库中的人本思想资源一揽于以人为本的精妙概括无不感到由衷的理解和欣慰。占世界人口五分之一的中国进入以人

① 《马克思恩格斯全集》第2卷，1957年版，第48页。

为本的高远境界，这是人类发展史上的新的里程碑，今后，中国将以以人为本为起点，通过人的自由个性和全面发展的实际进程揭开人类未来走向的新纪元。目前多角度、深层次地研究以人文本正在全面展开，现仅从人类共同走向这一新视角来探讨以人为本的世界历史意义，权作引玉之砖，为更深入的研讨做一思想铺垫。

（一）以人为本是人类共同的人本思想资源的结晶

以人为本作为科学发展观的核心，在历史上是绝无仅有的，但是与以人为本密切关联的人本思想在中国和世界却是屡见不鲜，以人为本就是从全世界各民族共有的人本思想中提炼和升华出来的。

人作为一个类生活在世界上面临着自然和社会的多方面的压力和挑战，只有不断增强人的类意识，以整体的形象和力量出现在自然面前，人才能在纷扰的世界中得以生存和自立。动植物为了生存和繁衍形成了种间互助规律，人类也只有在团结、联合、协作和互助中才能战胜各种困难，实现自身的发展。所以，从古至今，人类虽然不断争斗，特别是阶级斗争把人类的对抗形式发展到极致的地步，但是与此同时人类从来也没有忘记和中断彼此之间的呵护和帮助。正是因为人间还有真情和爱的一面，才消解了各种仇恨和对立，人类才不致在无休止的内部争斗中同归于尽。历史上曾有书写不尽的人间友爱和互助的动人佳话，同样，人与人之间真诚相处和彼此善待的思想主张也一直在各民族中产生和传扬。尽管这些思想的表现形态和追求的意境不尽相同，但最终都有一个共同的指向，那就是与不同的民族文化结合在一起的人本思想。

人本即以人为本，是人类最高境界的自我意识。在历史上，物、神、思都曾经充当过哲学之“本”，但是只有人本思想才表明人已经把哲学的终极追求从各种支配人的独立实体转向人自身。人能够超越物、神、思，把自身理解为本，表明人的抽象思维水平的提高和自我意识的增强，极具理论的深邃性。人是有缺陷的存在物，人能够正视自身的缺点和不足，依然把人提升到本的地位，表明人本思想的宽容和海涵。人本思想的博大的包容性使它能在“对抗形式”占统治地位的“人类社会的史前时期”，成为唯一摆脱了意识形态束缚的人类共同的思想财富。现实的人本来是各不相同的，但是只要在人这一共同的基点上却往往能取得情感上的认同和认识上的一致，其原因就在于大家都是人，每个人珍惜自己，把自己视为本，同样也把这种认识平等地扩展到别人身上，别人与自己一样也是本。马克思说："平等是人在实践领域中对自身的意识，也就是人意识到别人是和自己平等的人，人把别人当做和自己平等的人来对待。"①这种平等意识对人来说并不玄妙和高深，是人作为一个类生而俱来的，如马克思所说："平等是法国的用语，它表明人的本质的统一、人的类意识和类行为、人和人的实际的同一，也就是说，它表明人对人的社会的关系或人的关系。"②所以，人本思想源远流长，基础极为广阔而深厚。一般来说，越是宏大的东西，其思想来源也必定十分宏大。只有汇集百川，才能聚成汪洋大海，以人为本的高远和宏大决定了它的思想资源绝不是涓涓小溪。我们必须摆脱意识形态的狭隘性和孤立性，用开放的思维和真正人类社会的宽广的胸怀来理解以人为本与人本思想的共同性和继承性。在这一点上，马克思对共产主义的理解为我们做出了表率，他认为，共产主义博大而深远，绝不能作为某种地域性的东西而存在，它"只有作为'世界历史性的'存在才有可能实现"③。以人为本与共产主义同样广阔而精深，它也是汇纳全人类人本思想精华的结晶。具体说来，以人为本是古今中外三大人本思想资源的汇合和提升：

首先，以人为本是对西方人本主义思潮的借鉴。西方哲学自古以来就有人本思想传统，古希腊智者普罗塔哥拉的"人是万物的尺度"开人本思想的先河，把人置于世界万物的中心。中世纪人虽然被神所淹没，但是在神的背后掩映着的仍是人，神所关注的也是人，只不过它采取了虚幻的宗教神学形式而已。自近代起，人开始以自己的本来面目面对世界，人自身的自然性、思维性、实践性、社会性、个体性、审美性等最终绕过神学的屏障，直接走向哲学舞台，成为不同时期不同哲学研究的热点。15 世纪至 16 世纪开始的人文主义运动，高举人道主义大旗，重人道，反神道，强调人的现世生活，批

① 《马克思恩格斯全集》第 2 卷，1957 年版，第 48 页。
② 《马克思恩格斯全集》第 2 卷，1957 年版，第 48 页。
③ 《马克思恩格斯选集》第 1 卷，第 87 页。

判来世幻想，把人的意义、价值、追求推向哲学的新的制高点。德国古典哲学代表了西欧人本思想的最高水准，康德的“人为自然立法”“人是目的而不是手段”，黑格尔以唯心主义扭曲形式反映出的对劳动和实践在人的生成中的意义的高度重视，费尔巴哈把人与自然当作哲学的最高对象并在欧洲哲学史上第一次打出了人本学的旗子……所有这一切都说明，人这个永恒的最高主题已经以人本为坐标在近代欧洲哲学中确立了自己无可争议的地位。与近代西方哲学相比，现代西方哲学在内容和形态上都发生了巨大的变化，但是，以非理性为特征的人本主义思潮仍牢牢地占据哲学发展的主航道，与科学主义思潮并列，成为现代西方哲学的两大主导派别。诚然，人本主义鼓吹的人脱离了具体的社会生活和社会关系，带有明显的抽象性，但它毕竟是对整体人的利益和价值的一种期望和玄思，是对“二战”中和整个资本主义社会摧残人、淡漠人等各种异化现象的一种回击和挑战。正是这种人本主义思潮的传播和深入人心形成了一种重视人和尊重人的总体氛围，无论是民主、法制还是人权都是在这种氛围中确立和完善的。所以，人本主义思潮虽然有诸多缺陷，但就其重视人的价值和意义这一点来说，就足以冲破种种阻隔，迎合十年“文革”积淀起来的人性饥渴，在中国大地广泛传播开来。改革开放后，随着中国在经济和文化上日益与国际接轨，西方的人本主义思潮首先在高校中大举渗入，不仅进入课堂，而且还广泛地出现在各种刊物的评介中。一时间，人本主义其中包括人本主义马克思主义的许多代表人物，如卢卡奇、科尔施、葛兰西、布洛赫、霍克海默、马尔库塞、列菲伏尔、萨特、弗洛伊德等充斥书刊，成为知识界特别是青年一代熟知和景仰的人物，他们的人本主义思想自然也就为人们所接受，成为当今中国哲学和文化的热点和深层背景之一。作为科学发展观的核心，以人为本既是中国共产党对内的指导方针，同时也是向世界发出的宣言和承诺，今后中国将以人为本，彻底告别一切对人的轻慢和冷漠，人的彻底解放和全面发展将是今后中国社会发展的主题。坚持以人为本就要以开放的思维来面对人本主义对人的价值和意义的高度重视，不可抱着狭隘的心态，一面自己坚持以人为本，同时又批判和贬低别人的人本主义。只有从积极方面发掘和吸取二者的共同点，把人本主义作为以人为本的思想资源，才能进一步彰显以人为本的博大的思想基础和深远的世界意义。

其次，以人为本是对马克思实践唯物主义人学思想的继承。在哲学史上，马克思实现了划时代的哲学革命变革，创立了他自己称谓的新唯物主义哲学。马克思所说的新唯物主义也就是实践唯物主义，即"把感性理解为实践活动的唯物主义"①，这种唯物主义有别于旧唯物主义，它凸显的不是抽象的物，而是实践着的人，在它的视野中，只有人及其实践才是现实世界的真正的创造主。因此，对马克思来说，如果这个世界还有什么可以成为本的话，那么，这个本就只能是人及其实践。具体说来，马克思的人本思想有两重含义：第一，人是本体论意义上的世界之本。现实世界，自然、社会、历史和思维无不是人的实践的结晶，社会、历史和思维在人的实践中形成，是人的实践的积淀，这比较好理解。自然界似乎先于人，它何以是人的实践的产物？这个基于日常认识所产生的疑惑往往阻碍对马克思实践哲学的认同和理解。其实，马克思所说的自然是现实的自然，是人在其中生活，并出于人的需要经过实践加以改造了的自然，即马克思所说的"人化自然"，而不是作为纯粹自然科学研究对象的那种排除了人、没有人的干扰的自然，如微观粒子结构、宇宙的演化等。这种"人化自然"当然是人的实践铸就，如马克思所说："在人类历史中即在人类社会的形成过程中生成的自然界，是人的现实的自然界；因此，通过工业——尽管以异化的形式——形成的自然界，是真正的、人本学的自然界。"②如果排除了人，用非人的观点去看待自然界，那就同样如马克思所说："被抽象地理解的，自为的，被确定为与人分隔开来的自然界，对人说来也是无。"③所以，人可以与本连接起来，真正成为现实世界之本。第二，人是价值论意义上的世界之本。在马克思主义之前，除了不同形态的人本哲学之外，几乎所有的哲学流派都带有普遍的轻视人的倾向。旧唯物主义只强调物的本原作用，把人置于派生的地位，马克思曾批判说，在旧唯物主义那里，"物质是一切变化的主体"，"唯物主义变得敌视人了"④。

① 《马克思恩格斯选集》第1卷，第60页。

② 《马克思恩格斯全集》第3卷，第307页。

③ 《马克思恩格斯全集》第3卷，第335页。

④ 《马克思恩格斯全集》第2卷，1957年版，第164页。

唯心主义颠倒了人与意识的关系，当他们把精神和意识视为世界之本并说人和自然一样都是精神和意识派生出来的时候，彻底地表现了对人的轻蔑，唯心主义集大成之黑格尔哲学就被恩格斯称为"已经变得不能容忍的'纯粹思维'的专制"[①]。费尔巴哈重视人，把人和自然看作哲学的最高对象，"但是，在他那里，自然界和人都只是空话。无论关于现实的自然界或关于现实的人，他都不能对我们说出任何确定的东西"[②]。因为"他把人只看作是'感性对象'，而不是'感性活动'……他还从来没有看到现实存在着的、活动的人，而是停留于抽象的'人'，并且仅仅限于在感情范围内承认'现实的、单个的、肉体的人'……可见，他从来没有把感性世界理解为构成这一世界的个人的全部活生生的感性活动"[③]。比较起来，只有马克思从其哲学革命变革的基本立场出发，不仅把人当作本体论意义上的世界之本，而且高度重视人的生存价值，认为人是天地间最可宝贵的价值之最，在马克思的心目中人始终占据突出的地位，并成为一切关系的最终归结。所以，马克思一再地说，"人是全部人类活动和全部人类关系的本质、基础"[④]，"人始终是这一切实体东西的本质"[⑤]，"社会本身，即处于社会关系中的人本身"[⑥]，"历史不过是追求着自己目的的人的活动而已"[⑦]。正是出于人所独具的至高无上的价值，而在资本主义制度下人又处于高度的异化状态，所以马克思才致力于共产主义革命，争取无产阶级和全人类的解放，而"任何解放都是使人的世界和人的关系回归于人自身"[⑧]。马克思主义是中国共产党的指导思想，如果说在改革开放前，马克思的人本思想还受到极"左"思潮的遮蔽，那么，20 多年来思想界的拨乱反正和正本清源收到了极大的成效，马克思的人本思想已经在中国理论界广泛传播，深入人心，成为从理论界到领导层的普遍共识。

① 《马克思恩格斯选集》第 4 卷，1972 年版，第 218 页。
② 《马克思恩格斯选集》第 4 卷，第 240 页。
③ 《马克思恩格斯选集》第 1 卷，第 77—78 页。
④ 《马克思恩格斯全集》第 2 卷，1957 年版，第 118 页。
⑤ 《马克思恩格斯全集》第 3 卷，第 52 页。
⑥ 《马克思恩格斯全集》第 46 卷（下册），1980 年版，第 226 页。
⑦ 《马克思恩格斯全集》第 2 卷，1957 年版，第 118—119 页。
⑧ 《马克思恩格斯全集》第 3 卷，第 189 页。

党的十六届三中全会提出的以人为本的科学发展观显然融汇了马克思的实践人本思想，这也是坚持和发展马克思主义的具体体现。

再次，以人为本是对中国悠久的民本思想的传承。古老的中国文化一直伴随着悠久的民本思想传统，民是古代中国对人的另一种称谓，精确意义上是指与官相对应的被统治、被治理的广大群众。为了社会的稳定和长治久安，历代的统治者都能认识到，不能无限制地剥削和压迫广大民众，必须保证他们的最基本的生活条件，实行与民休养生息的怀柔和让步政策。这个认识被历代统治者和儒家学说进一步提升，概括为“民可载舟亦可覆舟”“为官一任，造福一方”“官为民之父母”等“仁者爱人”的民本思想。春秋战国的管仲说得更直接：“夫霸王之所始也，以人为本，本理则国固。”[①]这里所说的以人为本其实就是以民为本的意思，认为民是国家赖以强固的基础和手段。这种带有工具意义的民本思想，自古以来在官场和思想界广泛流传，成为中国传统文化的一道亮丽的风景线。现在提出以人为本的科学发展观明显地承袭了传统文化中民本思想对黎民百姓的重视和关注，而在表述形式上则直接沿用了古已有之的以人为本。这一切都深刻地表明了以人为本是古今中外民本思想之集大成。

（二）以人为本是全人类殊途同归的必然的历史进程

历史上的民本思想不仅为以人为本的科学发展观提供了思想资源，它同时还不断地被践行着，成为历史演进的一个重要维度。历史事实表明，伴随着人类的进化和文明程度的提高，人的生存的意义和生命的价值总是沿着上行的路线不断地被提升着，这是人作为一个类而不同于动物的自然发展趋势。恩格斯说过：“人来源于动物界这一事实已经决定人永远不能完全摆脱兽性，所以问题永远只能在于摆脱得多些或少些，在于兽性或人性的程度上的差异。”[②]一部人类的历史就是人类兽性和人性彼消此长的历史。在古代，人离开动物界不久，还保留较多的兽性，往往用动物的眼光来看人，视

---

① 转引自夏甄陶：《论以人为本》，《杭州师范学院学报（社会科学版）》2003 年第 3 期，第 63 页。

② 《马克思恩格斯全集》第 20 卷，1973 年版，第 110 页。

人的生命如动物或草芥一样，所以，几乎所有重大的矛盾和冲突都用你死我活的战争手段来解决。在中国，史称春秋无义战，人犯了死罪就满门抄斩，株连九族，而且手段特别残忍。在欧洲也是战事不断，什么三十年战争、百年战争、红白玫瑰战争等充斥历史，就是日常纠纷也经常采用或生或死的决斗方式。人与人之间的这种残忍的以兽性为主导的历史大都发生在近代以前的中世纪和更远古的奴隶制社会或人类社会的原生形态。马克思曾用人自身相互关系的历史演进来区分社会发展阶段，认为人类早期的非人的相互关系源于“最初的社会形态下”的“人的依赖关系”[①]，而这种关系又是与经济发展的落后状况紧密联系在一起的。马克思说，那时，“人的生产能力只是在狭窄的范围内和孤立的地点上发展着”[②]，人与人之间除了“自然发生的”生存和繁殖的关系之外，真正社会意义上的联系很少，而纯粹自然发生的关系就只能是动物性的依赖关系。动物就是为了生存和繁殖而依据先天的自然因素建立起相互依赖的关系，如性活动、协同活动、统领和服从活动等。人若不是凭借后天的努力来确定自己在社会中的地位，而是依据自己的出身、血统和先天的自然条件来确定自己和他人的依赖关系，那么，这正是动物性原则的体现。马克思在《黑格尔法哲学批判》中曾多次谴责封建等级制度，它“使人同自己的普遍本质分离，把人变成直接与其规定性相一致的动物”[③]。因为“主权、君主的尊严会与生俱来。君主的肉体决定了他的尊严。……出生像决定牲畜的特质一样决定君主的特质”[④]。所以马克思最后得出结论：“中世纪是人类史上的动物时期，是人类动物学。”[⑤]马克思在另一处说得更直接：“专制制度的唯一原则就是轻视人类，使人不成其为人”[⑥]，所以，“专制制度必然具有兽性，并且和人性是不相容的”[⑦]。

马克思的这些论述集中说明，一部人类发展史是由低级到高级的进化

① 《马克思恩格斯全集》第46卷(上册)，1979年版，第104页。
② 《马克思恩格斯全集》第46卷(上册)，1979年版，第104页。
③ 《马克思恩格斯全集》第3卷，第102页。
④ 《马克思恩格斯全集》第3卷，第44页。
⑤ 《马克思恩格斯全集》第3卷，第102页。
⑥ 《马克思恩格斯全集》第1卷，1960年版，第411页。
⑦ 《马克思恩格斯全集》第1卷，1960年版，第414页。

史，在人类发端的早期阶段，人还处在自然发生的动物性的相互依赖状态，这个时期人的自我意识还很低下，无论是对自己还是对他人都以生存和繁殖为目的而相互依赖和联系在一起。在这种情况下，人之间虽不排斥真情的存在，但基本都把他人视为工具和手段，与人本目的和人本意识还相距甚远。近代文艺复兴和资产阶级革命开辟了人类历史的新时代，随着自然经济的瓦解和商品经济的产生，人与人之间的关系发生了空前的变化。马克思说过，商品是天生的平等派，等价交换的原则把交换主体置于完全平等的地位。人与人的平等关系是对近代以前人的依赖关系的一种扬弃，商品经济作为基础全面地加强了人在经济、政治、思想、文化等方面的联系，使人极大超越了仅仅以生存和繁衍为目的的纯自然的存在，而“形成普遍的社会物质变换，全面的关系，多方面的需求以及全面的能力的体系”[①]。这种平等关系有两个鲜明特点：其一是人的依赖性仍然保持并发展着，但其基础已不仅是人的生存和繁衍的自然性，而是在经济即物的基础上形成的思想、文化、政治、伦理等“全面的关系”和“多方面的需求”；其二，由于这种关系本身是平等的，已超出自然形成的必然强制性，因而人本身又都是独立的，每个人都有自主支配自己财产和活动的自由和权利。这就是马克思所说的“以物的依赖性为基础的人的独立性，是第二大形态”[②]。《人权宣言》所标榜的自由、平等和博爱反映了西方社会由主奴关系向人本关系的转变，前资本主义制度下的封建主与农奴都在商品经济体制下实现了人的角色的转换，彼此不再是主与奴，而都是生而平等的作为类的人，形成了以独立和平等为基础的新型的人际关系。这种关系最初也是十分残忍的，尤其是在资本原始积累时代，从头到脚都充满了血污，但与从前的动物性的依赖关系相比，它毕竟开辟了以物的依赖性为基础的人的独立性的时代。物的依赖性是以物即钱为本，人不过是金钱的奴隶，正所谓“人为财死，鸟为食亡”。但也要看到，西方的资本主义也不是永远一成不变的，随着经济、科技与文化的发展和马克思所说的“多方面的需求以及全面的能力体系”的形成，人和物的关系也

① 《马克思恩格斯全集》第46卷（上册），1979年版，第104页。
② 《马克思恩格斯全集》第46卷（上册），1979年版，第104页。

在发生改变。首先是人的能力提高了，物和钱都在空前地大幅度地增加，越来越多的人变得富有了，在人与钱的关系中，钱开始贬值，而人在增值，人在各方面都显示了钱所不能买得到的价值和重要性，这和从前的商品拜物教形成鲜明的对照。所以我们看到，从前根本不可能发生的富人资助科研、救危扶困、不留遗产、回报社会等善举今天已经屡见不鲜。其次，西方发达国家和政府作为社会的管理机构，为了其统治的长治久安，也不能不关注社会底层，甚至实行福利主义政策，这也使人的整体生存状况与从前相比逐步得到改善。今天，人权问题是西方社会关注的基本问题，虽然他们在这方面的记录并不光彩，但尊重人权，惩治对人权的侵犯，这已是不争的事实。人权虽然在理论和实践上还不等于今天我们所遵循的以人为本，它们分属于两个不同的思想体系，但在实际追求和具体举措上，人权与以人为本还有大体一致的一面。与西方社会人的发展路径相比，中国作为东方亚细亚生产方式的大国历经了完全不同的发展进程。中国从未经过西方式的五大社会形态，既没有过希腊和罗马式的奴隶制，也没有出现过以领主和农奴的组合为特征的中世纪，因此，中国的人从历史上就与欧洲不同。由于中国长期以来自然经济一直占主导，以平等交换为特征的商品经济处于附属地位，所以在中国也就不可能产生生而平等的作为类的人，人也同西方一样，是二元对立的，但不是主奴的对立，而是官与民的对立。中国的广大基层众生是以民的面貌出现的，他们不是奴，而是处于平民地位的民，不存在与官的固定的人身依附关系，所以在中国从事农业的人口不是农奴而是农民。民在政治和经济上受到官的统治和剥削，高官厚禄，无官不贪，民不聊生，民怨沸腾，官民关系是地主与农民的阶级关系在政治上的集中体现。只要是官，就是民之父母，与官民关系相比，地主与农民在政治上都作为民，在他们的阶级关系中倒有相对平等的一面。所以中国历史变迁的焦点一直集中在官民关系上，官逼民反成为改朝换代的普遍机制，这和西方上层的争斗往往导致社会的更迭明显不同，在西方，下层的民众大起义也比中国少，也很少能起到改朝换代的作用。中国历史的这个特点恰恰说明，民在中国的地位至关重要，远远高于西方的奴隶和农奴，作为这种状况的反映，中国自古以来就高度重视民生问题，有着深厚的民本思想传统也就十分自然了。

但是,自近代开始,中国民的地位与西方的人的地位相比就显得落伍了。随着市场经济体制的建立,西方原有的农奴大部分转化为工人,在法律上取得了平等和独立的自由身份,与其他各社会阶层一起,都成为生而平等的作为类的人。但在同时期的中国,由于社会发展迟缓,依然处于封建统治之下,广大民众的社会身份仍然是官统治之下的民。在西方,人作为一个类,没有官民之分,大家都是人,只有分工和职位的不同,这种区别虽然具有阶级剥削和压迫的性质,但它并不抹杀人的独立和平等地位,大家在权利和义务上都是相同的。而在中国这种独立和平等只存在于民之间,在官民关系上依旧是统治与被统治,根本没有平等可言。就这层意义来说,近代中国的民的地位远不及西方的人。这就是历史的辩证法:中国古代的民优于西方的奴,而近代中国的民又低于西方的人,这恰恰是中国作为东方亚细亚生产方式的国家独有的特征。

历史并没有停止在近代,随着西方的入侵和社会基本矛盾的加剧,中国不仅发生了辛亥革命,推翻了清王朝,而且建立了中国共产党,领导中国开始了由民到人的转换进程。中国共产党作为一个以解放全人类和实现人的全面发展为宗旨的先进的党,当然反对官民对立,反对三座大山对广大民众的压迫,第一步就是通过民主革命实现人的独立和平等。在民主革命过程中,中国共产党当然应该依靠民,但是中国近代以来的民庞大而复杂。地主阶级虽然也是民,但投靠“三座大山”,官僚资产阶级既是民又带有官的属性,它们不能成为革命的动力或盟友,只能是革命的对象。因此共产党所依靠的民已排除了地主和官僚资产阶级,主要是指工农及其他能够联合起来的广大群众。党与这些基本的民众的关系,也较为复杂。一方面他们是革命所依靠和服务的对象,在党的心目中,他们早已上升到西方的人的地位;另一方面,他们接受共产党的领导,存在领导与被领导的关系,同时,在根据地和全国解放后还要把他们当作民来加以治理,在这个意义上,党和政府与他们还有官民的关系的一面。但是这种官民关系绝不同于古代的统治和压迫意义上的官民关系,党对他们的领导和治理的全部含义就是服务和管理。党从其诞生时起,就给自己服务和管理的对象以一个新的称呼,叫作人民。人民概念凝聚了人和民的双重含义,是中国共产党的伟大创造,是由传统的

民向马克思所说的人的过渡和中介。毛泽东说，“人民是什么？在中国，在现阶段，是工人阶级，农民阶级，城市小资产阶级和民族资产阶级。这些阶级在工人阶级和共产党的领导下……向着帝国主义的走狗即地主阶级和官僚资产阶级以及代表这些阶级的国民党反动派及其帮凶们实行专政”①。因此，人民一直是个阶级和政治概念，始终是与对敌人的专政和镇压联系在一起的。中国共产党取得革命和建设的伟大胜利，就是凭借人民的力量与敌对阶级进行坚决斗争的结果。正因为人民概念与敌人概念相对应，反映了革命和建设一定时期的历史状况，所以，与人这个大的类概念相比，它还不是终极的，还有一定的发展和转化空间，人民也必定要随着社会的进步而走向人和以人为本的境界。

改革开放 20 多年来，中国社会发生了巨大变化，集中表现在经济、政治和文化三个方面：经济上，随着改革的深入，一大二公的全民所有制瓦解了，多元的经济结构正在形成，这是对原有僵化的、过分集中的单一所有制弊病的扬弃，它所带来的直接后果是空前高涨的生产积极性和日益增长的经济活力。以此为源头，经济增长速度加快，社会财富增多，全民普遍富裕起来。今日的中国是世界经济发展的奇迹，在长期以每年百分之八九增速的氛围中，人们越来越感到人与人之间共同利益增多，即使存在着适度的剥削，但总体上是互利双赢，在共同的发展中实现自身的发展。这就为消灭阶级和阶级的对立，实现由民到人的转换奠定了经济基础和现实条件。政治上，从改革开放伊始，就彻底废除了以阶级斗争为纲，大力加强社会主义民主和法制建设，有效地保证和发展了社会主义的平等和人权。特别是随着阶级的消灭和原有敌对阶级分子的消失，整个社会已经不存在专门需要进行镇压和专政的阶层与集团，敌人概念已非固定的人群所专属，生而平等的作为类的人已经成为中国社会现实的主流。文化上，随着“三个代表”重要思想的践行，人们的思想境界进一步趋向平等和净化。在“以阶级斗争为纲”的年代，人们把人与人之间的不平等视为天经地义和某些人的特权，改革开放开阔了文化视野，人们逐步认识到，先进的文化首先是平等、民主、法治、文明、

① 《毛泽东选集》第 4 卷，1991 年版，第 1475 页。

开放的文化,欺压、特权、歧视是野蛮的文化,是人类史前时期才可能经常遭遇到的窘境和尴尬。党的十六届四中全会提出的构建和谐社会的构想又把人际关系的和谐提到首位,所有这一切都为实现从人民到人的转换提供了文化支撑。也正是在以上三方面深刻积淀的基础上,党的十六届三中全会适时地提出了以人为本的科学发展观,中国终于融于世界的主流趋势,堂堂正正地进入了以人为本的新时代。

中国从民经过人民再到人和以人为本,这个历史性的转换是在共产党领导的民主革命和社会主义革命基础上,经由改革开放的深刻积淀而实现的。西方经过几百年的发展才借助市场经济的机制,确立和完善了人本主义的社会氛围,而中国则在不到一百年的时间就进入了以人为本的时代。他们走过的道路不同,付出的代价也不一样,但前进的方向总是指向人本或以人为本,不管人们是否充分自觉,这个总的趋势是必然的,也是任何人都阻挡不了的。共产主义的最终目标是全人类的彻底解放和实现人的全面发展,这个终极理想就是以人为本的最大化和彻底化,世界大同的境界将通过以人为本来实现。

(三)以人为本体现当代世界的主流趋势,是呼唤人类发展的最强音

和平和发展是当今时代的主题,而无论是和平或发展最终都观照人的生存和境遇,落实到人的生活状况的改善和提高上。所以和平和发展时代也是全球化背景下加速推进人的解放和发展的新时代,这是人类历史上从未有过的发展机遇,是"二战"以后科技革命和全球化的改革浪潮所带来的积极成果。现在全世界各国不论国情有什么不同,发展阶段有多大差异,但有一点是共同的,那就是大家都在追求进步,谋划发展,抛弃冷战思维,磨合相互关系。现在世界各国都为人类未来的发展提出了许多有益的主张和设想,各国也都根据自己的国情采取了一些实际步骤来解决民生问题,但毋庸置疑,中国提出的以人为本迈出的步子最大,从理论到实际措施都最深刻、最完整,占据了当代人类发展的思想制高点。这主要体现在以下几个方面:

第一,中国的以人为本是作为党和国家今后长远的发展理念和指导思想提出来的,不同于国外的一般的人本主义思潮。西方发达国家不乏人本

思想,但它只是作为学术意义上的存在,与政府无关,虽然也具有思想见解的深刻性,甚至与我们的以人为本大体处于同一水平线上,但它只是多元思潮之一,根本不具有我国的以人为本的权威性,所以,在西方还可以听到不少反对人本主义的声音。

第二,中国的以人为本是指导现实的基本维度,表现为强大的实践力量,这也是西方的人本主义思潮所难以做到的。自从提出以人为本的科学发展观,中国党和政府就立即把它融于当下的现实,落实到关心下岗职工再就业和解决"三农"问题等的工作实践中。所以,中国的以人为本不仅是以马克思主义为指导的汲取欧洲的人本思想和儒家的民本思想的新升华,在思想理论上具有包容性、深刻性、时代性和先进性,而且与现实实践结合在一起,体现为马克思所说的实践唯物主义的"改变世界"和人的全面发展的哲学本性。

第三,中国的以人为本不是孤立的思想存在,前有邓小平理论和"三个代表"重要思想做底蕴,后有构建和谐社会的总体目标做支撑,是承前启后的完美思想体系的关键环节。以人为本的人是和谐社会中的人,以人为本所要构建的是和谐社会,以人为本是和谐社会的基础,和谐社会是以人为本的必然结果。大家都以自己为本同时对别人也像对自己那样也视为本,别人也像自己那样视自己和他人为本,那么,这个人皆为本的社会必定是个和谐社会。

上述三个特点使中国的以人为本一经提出就立即掀起一股强大的关心人、解放人、发展人的浪潮,下岗职工就业问题、"三农"问题、两极分化问题、生产安全问题、贫困学生就学问题、环境污染问题、社会治安问题等,一下子就吸引了决策机构和广大媒体的关注,并在实践中取得了可喜的成就。这就表明,以人为本现阶段彰显奇效,立竿见影,长远看,必然功在千秋,志存高远,是解决中国当前和未来一切问题的强大的思想武器。

中国是世界四大文明古国之一,对于全世界历史的发展曾经做出过巨大的贡献。但是近代中国落伍了,立于世界民族之林,却没有做出自己应有的贡献。中国改革开放的伟大成功,呼唤中国人的自信和良知,应该从自己的东方文明的宝库中发掘出智慧的瑰宝,贡献于人类发展的宏伟事业。今天的以人为本和构建和谐社会是最有价值的选择。

以人为本是中国古代的民本思想和现代的为人民服务的公仆思想相结合的伟大精华，它以马克思主义哲学为指导，与西方人本主义的精粹熔于一炉，是当今时代能够引领世界发展和前进的自主的思想创新。凭借以人为本而提出的构建和谐社会与和谐世界使全人类的大同思想第一次由纸面跃向现实，是对世界全局和各国关系走向的新的规范，与以人为本同样具有不可估量的意义。由十年“文革”的谈人色变到今天的以人为本，从“以阶级斗争为纲”到现在的构建和谐社会，这个陡峭的转变过程足以折射中国共产党思想跃迁之勇气和自信，它已经在中国开花结果，作为新时代引领中国和世界前进的思想发动机，以人为本和构建和谐社会必将为世界带来新的思想启发和震动。

近代以来，几百年间整个世界一直由西方的理性主义思潮来主导和引领，它既取得了划时代的非凡成就，今日世界已非往昔可比，但也尽显强弩之末的疲态，引发了环境污染、两极分化、道德滑坡、种族歧视、宗教纷争、恐怖主义等一系列新问题。近年来，西方学者已发现他们曾执着追求的现代性解决不了当代的世界难题，应运而生的后现代主义也以其过激的主张和不近情理而被学界边缘化。世界在西方思想原有的框架内已经是步履维艰，前景暗淡，相映之下，东方的智慧和文明正在引起人们的关注和兴趣。以儒家文化为指向的所谓的“亚洲四小龙”的崛起已经是小试牛刀，今天已作为儒家文化精粹进一步提升的现代性成果——以人为本和构建和谐社会，将有机会成为解决当代世界难题的思想尝试。我们注意到，胡锦涛总书记几次在重大的国际会议上提出以人为本，大力强调用互利双赢的原则推进国际合作，解决矛盾纷争。他的每一次发言由于积极善意，无懈可击，都受到了与会政要们的拥护和支持，并有逐步成为国际交往中最为普遍认可的主流的趋势。改革开放以来中国扭转了在世界上孤立封闭的被动局面，开始大力推进国家间的经济、政治、文化上的合作与交流。一段时间，从思想领域来说，更多地介绍和传播西方的学术思想是必要的，是可以理解的，舍此就不能知己知彼，就不会有共同语言，难以开展合作和交流。但是任何交流都是双向的，像互学语言一样，应该是相互介绍，增进了解，而不是单向

的,只是一厢情愿地介绍和学习人家。在这个意义上,中国在学术思想交流中应该采取主动姿态,加大学术思想输出的力度,让中国了解世界,也让世界了解中国,这才是学术交流的常态。在这方面一定要增强自信,不可妄自菲薄,光看人家之长,专注自己之短而不敢张扬自己。基于中华文化沃土的滋润而升华出来的以人为本,辅之以构建和谐社会与和谐世界,雄踞当代世界学术思想和文化取向的制高点,发掘它所独具的世界历史意义,对实现中华民族的伟大复兴具有不可估量的意义。

第六章　中国以人为本的生成和实践

一、从民到人的历史切换

随着以人为本的科学发展观的提出，人的概念成为学界研究的热点。在中国，人与民彼此交错，相互包含，有时很难分清。为了更深刻地理解以人为本的科学内涵及其重要意义，有必要考察一下人与民的概念的确切含义，并厘清我国从民到人民再到以人为本的历史演变。

(一)马克思文本中近代的人

人在马克思文本中首先是个类概念，指谓的是以自由自觉活动而与动物相区别的生命实体，生命是马克思理解人的基础和起点。马克思、恩格斯说，"全部人类历史的第一个前提无疑是有生命的个人的存在"[①]，为了满足生命需求，人不是像动物那样依附自然，融于自然，而是通过实践活动，不断地改变自然，生产出自然界本来没有的东西。"一当人开始生产自己的生活资料的时候……人本身就开始把自己和动物区别开来"[②]。正是在长期的生产活动中，形成和完善了人所独有的各方面特性，如自然性、社会性、个体性、普遍性、实践性、思维性、审美性、理性和非理性等。在全部人类特性中，马克思最重视的是人的平等性。在他看来，"平等是人在实践领域中对自身的意识，也就是人意识到别人是和自己平等的人，人把别人当做和自己平等的人来对待"[③]。这种平等意识产生于人的类特性，即"自由的有意识的活动"。在生产力水平很低的情况下，人还没有充分地显示自己的潜能和价值，对自身和他人的意识都很淡薄，人的平等要求也很低。随着商品经济的发展和人的生产和实践水平的提高，人充分显示了自己的意义和价值，人的自我意识增强了，人不仅认识和肯定了自己，也看到了别人的存在和价值。

① 《马克思恩格斯选集》第1卷，第67页。
② 《马克思恩格斯选集》第1卷，第67页。
③ 《马克思恩格斯全集》第2卷，1957年版，第48页。

于是,人在实践中逐渐地形成了自身和他人的平等意识。所以,马克思说,平等一方面"表明人对人的社会的关系或人的关系"[①],另一方面又表明人在实践基础上生成的"人的本质的统一、人的类意识和类行为、人和人的实际的同一"[②]。平等是近代以来社会生活的根本问题和人际关系中的核心理念,马克思从人的类本质的统一和人对自身本质的自我意识的视角来揭示平等的内在逻辑,这是对以欧洲为背景的平等发生史的深刻把握。在中世纪的欧洲,等级制度森严,农奴对领主处于半奴隶式的人身依附状态,整个社会毫无平等可言,这时的人都是等级中相互不平等的人,因而也就不可能形成以平等为基础的一般的人的概念。马克思在《黑格尔法哲学批判》中深刻地揭示了封建等级制度的非人本性,他认为:"等级不仅建立在社会内部的分离这一主导规律上,而且还使人同自己的普遍本质分离,把人变成直接与其规定性相一致的动物。中世纪是人类史上的动物时期,是人类动物学。"[③]人光凭自己的先天的出身和血统就决定自己后天的命运和地位,这是"一种动物学世界观……贵族的秘密是动物学"[④]。正是基于对等级制度的动物本性和机制的分析,马克思多次指出,"专制制度必然具有兽性,并且和人性是不相容的"[⑤],"君主政体的原则总的说来就是轻视人,蔑视人,使人不成其为人"[⑥]。因此按照马克思的逻辑,封建等级制度没有平等,也就不可能造就真正的人,平等是人之为人的必要因素,也是马克思的人作为类概念的具体展开。

近代随着资本主义商品经济的发展,人与物一样,都被推向市场,在等价交换中消灭了一切特权,实现了在法律和真理面前的人人平等。市场经济、民主政治和人道意识三者相互依存、完整配套,构成近代以平等为基石的人的三大基本生存维度。只有实现了经济、政治和思想文化上的平等权,人才能作为完整的人占有整个世界,并在对象世界中体现自己的类本质,这

---

① 《马克思恩格斯全集》第2卷,1957年版,第48页。
② 《马克思恩格斯全集》第2卷,1957年版,第48页。
③ 《马克思恩格斯全集》第3卷,第102页。
④ 《马克思恩格斯全集》第3卷,第132页。
⑤ 《马克思恩格斯全集》第1卷,1960年版,第414页。
⑥ 《马克思恩格斯全集》第1卷,1960年版,第411页。

就像马克思所说的那样："一切对象对他来说也就成为他自身的对象化，成为确证和实现他的个性的对象，成为他的对象，这就是说，对象成为他自身。"①人和对象的这种占有和对象化的关系是人的能动本质的深刻体现，只有存在这种关系，人才能够成为一个类，并以相互平等显示类的内在特性。从资本主义时代起形成的人正是这种具有普遍意义的、作为类的人，如马克思所说，这种人已不像从前那样，"使人的对象性本质作为某种仅仅是外在的、物质的东西同人分离……人的内容是人的真正现实"②，"人就是人的世界，就是国家，社会"③。因此平等并非外在于人的恩赐物，而是内在于人的本质统一中，是人的类意识充分自觉的产物，有了这个前提，才形成近代的大写的人。

但是单纯的类平等是理想性的、虚幻的，只有通过个体的平等才能体现类的平等，人也只有在个体平等中才能表现出作为类的人。个体平等是实实在在的平等，它需要一系列具体保证才能实现。经济平等是个体平等的基础，近代以来，随着市场经济的发展，平等首先作为一种经济必然性而出现。商品经济的原则是等价交换，交换主体双方处于平等地位，只有商品价值相等交换才能成功。交换中的这种平等地位虽然根源于人的类本质的统一，是人与人之间的类的平等关系在经济领域中的体现，但也表现了经济关系在一切社会关系中的基础和决定地位。在资本主义社会中，经济平等是普遍原则，但对每个单独的个体来说，可望而不可即，私有制的存在使整个社会的平等关系只能在观念和理想中实现。所以马克思说："人民的单个成员在他们的政治世界的天国中是平等的，而在社会的尘世存在中却不平等。"④因此，如果说平等是近代以来人之为人的基本要素，那么，马克思所推出的近代的作为类的人也是带引号的理想人，他距人的真正平等境界还需跨越一个时代。

① 《马克思恩格斯全集》第3卷，第304页。
② 《马克思恩格斯全集》第3卷，第102页。
③ 《马克思恩格斯选集》第1卷，第1页。
④ 《马克思恩格斯全集》第3卷，第100页。

马克思认为，资本主义时代真正"现实的人就是现代国家制度的私人"[1]，是在市民社会中生活的"利己的人"。在市民社会中，他们追求个人的利益、财产、权利和安全，"人作为私人进行活动"[2]，因此，马克思又说，近代"人在其最直接的现实中，在市民社会中，是尘世存在物"[3]，他们与作为类的人相统一反映了近代人的普遍本质。

（二）中国自古以来官治下的民

中国自周秦起就是一个亚细亚生产方式占统治地位的国家，国情和民情与西方存在巨大差别。当西方还处在奴隶制和中世纪封建等级制的发展阶段、社会极端缺乏民主和平等时，中国社会人际关系中却闪烁着一丝平等的曙光，格外引人注目。按照马克思的说法，印度、俄国、中国等东方国家都没有经历封建社会发展阶段，他在晚年关于柯瓦列夫斯基《公社土地占有制》一书的摘要中，坚决反对东方国家存在封建制的说法。一个醒目的事实是，马克思在他大量关于中国的论文中，只称中国政府为"天朝帝国""满族王朝""中央政府""古老帝国"等，从不使用"封建"字样。在马克思心目中封建制的最主要标志是存在农奴对领主的人身依附关系，而在中国，广大农民却是自耕农或租种地主土地的自由劳动者，他们虽被捆绑在土地上，但并不依附于某一个固定的地主。农民的这种社会地位使他们大大优越于农奴，无论在农民或他们与地主之间，彼此都保持着独立的人格，存在着法定的（但并非完全事实上的）平等关系，所以许多穷困的农民或读书人经常说，"君子固穷""穷且益坚，不坠青云之志"。

但是当西方由封建制过渡到资本主义以后，中国却落伍了，资本主义的市场经济推出了以平等为基础的人，而中国广大农业劳动者却依旧停留在纸面上的法定平等关系的水平，他们虽然高于农奴，但仍然是官府治理下的民，所以他们有一个恰当的称呼，叫农民。民是个广义的泛称，与官相对立，是指一切官府治理下的民众或百姓。民与人不同，人是个类概念，不仅一切

---

① 《马克思恩格斯全集》第3卷，第102页。
② 《马克思恩格斯全集》第3卷，第173页。
③ 《马克思恩格斯全集》第3卷，第173页。

人之间是平等的，而且人囊括了所有基于类特性而与动物相区别的生命个体。而民仅是人的一部分，是排除了官及其所代表的统治阶级以外的广大平民百姓，其中包括士农工商等各行民众。民的内涵主要不是针对人，而是针对官。在中国由于商品经济滞后，没有产生以平等内涵为基础的人的观念，更不存在把民和官加在一起的虚幻的人，缺少平等机制人就不能构成人这个统一的整体。日常所说的人有两重含义。一是指民，中国古语中的以人为本，其中的人就是民，意即以民为本；二是指理想的伦理规范，大致等同于人性概念，如指责别人没有人格和人性，因而不是人，等等。所以在中国，民是基本人群，它要比人的概念具体而实在得多。中国封建社会的长期性和传统文化的博大精深使官民关系呈现深刻的哲理性，具有鲜明的朴素的辩证法的特点，具体表现为官对民的复杂的认识和关系上：

第一，民就是官的对立面，对官及其所代表的阶级而言，民是管理的对象，也是统治、压迫和剥削的对象，历史上许多王朝统治的末期，官场彻底腐败，统治者失去理性，残酷压榨百姓，敲骨吸髓，必欲置生民于涂炭，其结果是官逼民反，逼上梁山，导致刀兵水火，连年征战，最后统治垮台，改朝换代。

第二，民和官既对立又统一，构成矛盾统一体。民无官不自立，官无民不为官，民和官还能通过科举考试在一定条件下相互转化。历史上，特别是开国初期，统治集团一般都比较开明，表现出充分的理智和清醒，意识到民的生存、安定对维护自己统治的重要，深悟民可载舟亦可覆舟和民贵君轻的道理，因而能够采取明智的政策，大力发展生产，让民休养生息，缓解社会矛盾，让利于民，以求王权长治久安。在这种情况下，统治阶层一般都能较为充分地履行为官的管理职能，不满足于只做民之父母官，统治百姓，而是抱着为官一任，造福一方的信念，勤恳敬业，甘当清官，以“当官不为民做主，不如回家种白薯”自律。

第三，模糊官民界限，实行愚民政策。灌输统治阶级思想，特别是儒家的“和为贵，忍为高”等一整套有利于保持矛盾统一体的忠君思想被奉为至高无上的信条，用以麻痹民众，安分守己，永远地做他们的奴隶，他们笃信“民可使由之，不可使知之”。

不管以上哪种情况，官民的意识和界限都是十分清楚的，民视官为父母

或青天大老爷，官视民为一介草民或小民。在中国漫长的小农经济的历史氛围中，行政权力是日常生活的主宰，官是矛盾的主要方面，如马克思所说，“归根到底，小农的政治影响表现为行政权支配社会”①，因此，官与民的区分是最易产生的十分自然而表象的意识，这也是那个年代哲学抽象意识淡薄和滞后的产物。本来，阶级意识是对人的最高和最深刻的理解，但是阶级已经存在一两千年，而阶级概念产生却不到二百年。这个事实说明，对人的理解依赖一定的经济和社会条件，没有资本主义对人的有产与无产两大阶级的明显区分，就不可能产生阶级与阶级斗争的意识。同理，在中国社会商品经济落后、平等意识欠缺和宗族与家族掩盖了社会阶级区分的情况下，中国既不能产生人的概念，也不会出现阶级意识，唯一可能产生的就是官与民的区分和普遍的官民意识，这也是我们从中国历史中只摘取民而不认同人的概念的主要原因。

（三）人与民的结合：共产党推出的人民概念

共产党是中国现代社会中出现的新鲜事物，在夺取政权以前的相当一个时期内，处于一种十分独特的社会地位：对于反动统治阶级来说，她连民的资格都不够，是必欲消灭的对象；而对于广大民众来说，她虽然不是官，但与他们存在领导与被领导的关系，在根据地内，还存在一个对民众的治理问题，因此他们之间的关系还有官与民的一面。这就决定了共产党必须承袭中国社会传统的民的观念，而不能把它完全抛弃。中华人民共和国成立以后，共产党成为执政党，她坚持为人民服务的宗旨，并自认为是人民的公仆，但执政的地位本身就有为官的一面，既要治理人民，又要管理国家，各级领导干部都是国家的官员。而广大群众虽然是国家的主人，享受各种权利，但对于官员来说，他们仍然是被治理的民众，所有这一切决定了共产党无论是中华人民共和国成立前，还是中华人民共和国成立后，都不能舍弃民这个概念。

但是，共产党理解的民必须与中国历史上的民相区别，否则就无以坚持

---

① 《马克思恩格斯选集》第1卷，第678页。

自己的宗旨和理想,就与历史上的统治阶级毫无二致了。能够给民这个概念注入新质的只有马克思的以平等为基石的人的概念。共产党必须坚持本民族的文化传统,承认民概念的历史遗存,但是同时她也必须秉承马克思的传统,坚持人的原则和理想。人作为一个类概念其核心是人的范围无比广大,突破了经济和政治的种种局限,包括具有类特性的所有人;同时作为类的人,人与人之间在交换、法律和真理面前一律平等,这是资本主义以经济平等为基础而在政治和思想方面的合理延伸。如《共产党宣言》所描述的那样:"资产阶级在它已经取得了统治的地方把一切封建的、宗法的和田园诗般的关系都破坏了。……一切等级的和固定的东西都烟消云散了,一切神圣的东西都被亵渎了。人们终于不得不用冷静的眼光来看他们的生活地位、他们的相互关系。"[①]不管所有这一切多么冷酷、虚伪甚至无耻,他们的地位却都是平等的,他们彼此都是大写的人。共产主义是全人类彻底解放的事业,无产阶级要解放自己就必须解放所有的人,如果没有这种胸襟,他们也就不能获得自身的解放。所以,正像马克思的世界历史思想突破了民族和地域的界限,着眼于全世界,共产主义事业也超越了阶级、信仰、财产等界限,瞩目于所有的人。就这个意义来说,人这个概念非同小可,不是可有可无,它事关宏旨,是共产主义政党必须坚持的概念。

既要承袭民,又要坚持人,到底何去何从?显然,非此即彼,用绝对对立的、排他的思维是不合适的,这样做的结果必然是二者必居其一,舍其一,我们前面已经充分地论证过,民和人都是必需的,是缺谁都不可的。中国共产党正是在这种两难选择中,进行了具有伟大意义的综合,以前无古人的理论勇气,在人类历史上第一次将人和民结合在一起,提出了人民这一崭新的概念。现在无从考据人民概念提出的历史,反正国民党在和共产党斗争的时候,从不使用人民概念,他们更多的是使用民或公民一词,如三民主义、为民先锋、公民课等。而共产党对人民概念的使用几乎达到了铺天盖地的地步,如人民子弟兵、人民大救星、人民英雄、为人民谋幸福、为人民服务等。现在我们还能看到人民概念泛化的踪迹:我们国家名称上有人民,各级政府和法

① 《马克思恩格斯选集》第1卷,第274—275页。

院、检察院都冠以人民，此外还有人民铁路、人民公安、人民大学、人民大街……总之，人民概念已经用到了极致的程度。

如此广泛应用的人民概念其含义有三：

第一，它继承了马克思的人作为类概念的精华，人民既包括全部人口的绝大多数，同时又像毛泽东在《论人民民主专政》一文中所说，在人民内部实行民主和平等。

第二，人民又体现了中国传统文化中民的概念的含义，民既十分重要，是靠山，兵民是胜利之本，又是共产党服务的对象，是党的全部奋斗牺牲换取的成果之寄予所在。

第三，把人和民结合起来的人民概念，在党的长期革命实践中得到了进一步的升华，成为一个鲜明的政治概念。人民和敌人是统一体中相互对立的两个方面，人民是国家的主人，是对敌人实行专政的主体，人民的界定表明政权的性质。不同历史时期，人民和敌人的含义也有所不同，但人民总是指全民中除了敌人以外的所有人，其中包括可以争取的中间阶层。在这个意义上，人民不同于马克思的作为类概念的人，外延比人小，也不同于封建社会中作为工具性理解的民，人民是主人、主体，是目的，而不是手段，在质上与民不同。

人民概念的界定表明了党的性质和纲领，是党的政治路线的集中体现。中国革命艰难曲折的历程一再证实，只有正确地界定了人民概念，明确了敌我友，革命和建设才能走上正轨；反之，一旦人民概念出了差错，就往往扩大打击面，伤害广大的中间阶层和群众。民主革命时期的"左"倾错误和中华人民共和国成立后的反右、"文化大革命"的教训足以发人深省。

（四）人民向人回归：新时代的以人为本

人民按其本意是指与敌对阶级相对立的革命和建设的主体，毛泽东说，"人民是什么？在中国，在现阶段，是工人阶级，农民阶级，城市小资产阶级和民族资产阶级。这些阶级在工人阶级和共产党的领导之下……向着帝国主义的走狗即地主阶级和官僚资产阶级以及代表这些阶级的国民党反动派及其帮凶们实行专政”[1]。因此，人民一直是个阶级和政治概念，始终是与对敌人的专政和镇压联系在一起的。中国共产党取得的革命和建设的伟大胜利，就是凭借人民的力量，与敌对阶级进行坚决的斗争的结果。

中华人民共和国成立后经过半个多世纪的努力和积淀，特别是30多年改革开放的伟大成功，使中国社会面貌发生了翻天覆地的变化。经济上，社会主义公有制的建立和巩固彻底地消灭了阶级和阶级剥削产生的基础，剥削阶级作为一个阶级已经不存在了。政治上，随着经济的发展，共同利益的空间增大，社会矛盾正在日益化解，除了极少数死心塌地的敌对分子和蓄意危害社会的犯罪分子，全社会正以党的领导为核心，更加紧密地团结起来，为祖国美好的明天而奋发努力，锐意进取。由于敌对阶级的消灭和敌对势力的削弱，作为其对立面的人民正在失去原有的存在前提和基础，可以说，人民概念已经完成了自己的历史使命，正在向作为类概念的人回归。其标志性的成果就是党的十六届三中全会提出的以人为本的科学发展观。

以人为本的人指的是谁？显然不是指原来的人民，人民已经排除了“地富反坏右”，只是人口的绝大部分，而不是全部。现在剥削阶级和敌对阶级已经不存在了，人民已经扩展为全体人，失去了敌对阶级作为对立面，人民之称也就失去意义，于是人作为类概念也就浮出水面了。这时虽然还使用人民概念，而且今后还要经常使用甚至永远使用，但这时的人民概念已经和人的概念重合，人民即人，人即人民。之所以只提以人为本而不提以人民为本，就是因为原来的人民是和剥削阶级相对立而存在的，一提人民为本就好似剥削阶级还存在，专门把它们排除在本之外。实际上剥削阶级已经消失，再提以人民为本就无的放矢了，所以，如果我们要确立一个本，那就只能是以人为本。

坏人也是人，难道也以他们为本吗？我们这里说的人是指人民，今天人民就是法律上的公民，即享有公民权的人。坏人只要是没有达到剥夺公民权即政治权利的地步，对于这种人依然要保护他们的合法权益，尊重他们的人格，他们当然在本之列。至于已经被判刑和剥夺了公民权的人，自然就失

① 《毛泽东选集》第4卷，1991年版，第1475页。

去了成为本的资格。有此说明,就可以避免产生歧义,也就可以不再提以好人为本了。这样就排除了以民为本、以人民为本、以好人为本等各种干扰,可以坚定地坚持以人为本了。

现在需要探讨的是以人为本这个本是什么意思,或者说这个本在认识上和实践上要求我们做些什么。从哲学上来说,本有三重含义:

第一,人为世界之本,是本体论意义上创造世界的力量源泉。马克思一向把世界二重化,认为与人无关的纯粹自然界以物质为本,是物理学研究的对象。而人生活在其中的现实世界是人化的世界,人及其实践是现实世界之本,以人为本表明人在世界上的终极意义。

第二,人为人之本,人的本质不是存在于人之外,而是内化于人自身之中,马克思这方面的说法很多,最著名的命题是"人是人的最高本质","人的根本就是人本身"①,意在指明,要从人的类特性和人主客观要素相统一的视角来理解人的本质。

第三,人为价值之本。人作为世界和自身的创造源泉是最高的价值存在,具有至高无上的绝对意义,世界上没有什么比人更尊贵的了。所以必须高度重视人的价值,关爱生命,关心弱势群体,重视民众的冷暖安危,真正把人置于本的位置上。

以人为本的科学发展观的提出,引领中国社会走上健康和谐的发展方向。以人为本是双向互动的,人既要自尊,把自己视为本,又要把别人看成是和自己一样的人,也要把别人视为本。于是整个社会就会形成一种良性的人际关系,使社会呈现和谐状态。马克思在《共产党宣言》中说:代替那存在着阶级和阶级对立的资产阶级旧社会的,将是这样一个联合体,在那里,每个人的自由发展是一切人的自由发展的条件。这样的人皆为本的社会必然就是和谐社会。所以中央提出以人为本的发展理念,意义深远,既在理论上与马克思的思想相接轨,又在现实中极富实践价值,是今后中国社会发展的重要指导方针。

从最早的民,中间经过作为中介的人民,最后走向以人为本的人,这个

---

① 《马克思恩格斯选集》第1卷,第9页。

过程从党诞生至今已90多年，反映了中国社会的巨变，是党的政治路线前后承接和转换的一个缩影。以人为本是这个历程的终点，又是今后中国社会走向和谐发展的起点，在这个意义上，以人为本的发展观的提出具有历史转折的意义。

二、辨析以人为本的人

自从党的十六届三中全会提出以人为本的科学发展观以后，人的概念成了理论界关注的热点。人们不会忘记，在“以阶级斗争为纲”的年代，谈人色变，人是荆棘丛生的研究禁区；今天，人却大行其道，成为科学发展观之本。这个巨大的转折和反差自然引起人们的疑惑：以人为本的人指的是什么人？他们何以跃升为本？与人的概念密切相关的还有民和人民，为什么不能提以民为本或以人民为本？为了深刻理解以人为本的确切含义，有必要对这些问题逐一考察和辨析。

（一）以人为本的人是指生而平等的作为类的人

人字一撇一捺，看似简单，实际上内涵丰富，还有一段颇不平凡的生成史。在近代以前，严格地说，没有人的意识，那时社会等级森严，一切个体的人都是作为某个等级的人而存在的，比如你是贵族领主或是农奴、第三等级等等，根本不存在超越等级的一般人，所以也就没有普遍的人的概念。马克思曾经深刻地揭露过那个时代，指出，当时社会通行的是动物界的法则，只凭出身血统就注定了人的后天的地位，“他的肉体成了他的社会权利”[①]。从哲学上说，这是“使人同自己的普遍本质分离，把人变成直接与其规定性相一致的动物”[②]。所以，马克思断言：“中世纪是人类史上的动物时期，是人类动物学。”[③]马克思在另一处说得更痛切，指出“专制制度的唯一原则就是轻视人类，使人不成其为人”[④]，而成为与其血统和肉体相适应的动物。

① 《马克思恩格斯全集》第3卷，第132页。
② 《马克思恩格斯全集》第3卷，第102页。
③ 《马克思恩格斯全集》第3卷，第102页。
④ 《马克思恩格斯全集》第1卷，1960年版，第411页。

真正结束动物时期，开启人类历史的是资本主义的商品经济。马克思说，商品是天生的平等派，商品生产的目的是交换，而交换只有在商品的价值相等的条件下才能进行。商品交换的等价原则消除了交换双方的一切特权，使买方和卖方处于完全平等的地位，正是这种经济上的平等性彻底摧毁了一切等级壁垒，人开始具有生而平等的普遍价值，真正成为彼此相同的作为类的人。

类是费尔巴哈的哲学用语，是在自然属性基础上对人的本质的一种归结，指的是"内在的、无声的、把许多个人自然地联系起来的普遍性"①。马克思也使用类概念，但是他所理解的类主要是为了区别生命活动的性质，他说："一个种的整体特性、种的类特性就在于生命活动的性质，而自由的有意识的活动恰恰就是人的类特性。"②马克思把自由的、有意识的活动理解为实践，并看成是人所独有的生命活动的特性，而"有意识的生命活动把人同动物的生命活动直接区别开来。正是由于这一点，人才是类存在物"③。所以，类直接相对于动物而言，是指人基于实践而对动物的超越。这里的人是指人类，即"一个种的整体"，个体的人都随着类对动物的超越而价值相同，人格平等，这就由类引申出人与生俱来的最基本的内在特性，即平等性。由于这种平等性源于人的共同本质，即自由自觉活动的类特性，所以马克思又说，"平等是法国的用语，它表明人的本质的统一、人的类意识和类行为、人和人的实际的同一"④。

但是由类推导出的平等只是一种超实践的逻辑平等，只有在类基础上产生的意识平等才开启平等的真实的生成过程。在人类实践水平很低的情况下，人的自我意识也很薄弱，还意识不到自我和他人的价值，人与人之间处在一种天然平等的状态下，平等作为人的觉醒了的意识还没有产生出来。随着生产力水平的提高，人在社会生活中的价值的全面的凸显，人开始意识到自身和他人的价值，逐渐萌生平等意识和平等要求。但是最初出现的平

① 《马克思恩格斯选集》第1卷，第56页。
② 《马克思恩格斯全集》第3卷，第273页。
③ 《马克思恩格斯全集》第3卷，第273页。
④ 《马克思恩格斯全集》第2卷，1957年版，第48页。

等意识只能是一种类意识，即意识到只要作为人，都应该是生而平等的，没有什么真正立得住脚的理由支持人的不平等状态。这种意识最朴实，也是人作为一个类最容易产生的。所以我们看到近代最伟大的平等论思想家卢梭就是从人的自然状态出发来论证人的与生俱来的平等要求的，而与生俱来的自然状态正是类。由此马克思才对平等与自我意识的关系做了两个层次上的区分：一方面“自我意识是人在纯思维中和自身的平等”[①]，即个体抛开实践在纯思维中意识到自身和类的同一；另一方面“平等是人在实践领域中对自身的意识，也就是人意识到别人是和自己平等的人，人把别人当做和自己平等的人来对待”[②]。这种平等意识虽然还不等于人的实际平等，但它开平等的先河，是平等的思想前提，只有有了平等的意识和要求，才可能努力为平等而奋斗，开创出实际的平等来。但是，局限于纯思维领域的平等只能是意识到自身与类的平等，还没有进入到人与人之间的实际领域，真正把平等引领到社会实际领域的不是纯思维和类意识，而是实践，尤其是生产力的发展和商品经济体制的确立为人与人间的实际平等做了最强有力的奠基。所以，近代伴随着商品经济的诞生，也就同时喊出了自由、平等和博爱的口号，这个口号推出的是人与人之间相互关系的平等准则，构成人之为人的基本内涵。与中世纪以其封建等级制不把人当人相比，人的类平等是人自身发展的巨大进步。从此，人摆脱了基于生产力发展滞后而形成的人的依赖关系，而进入历史发展的第二形态，即以物的依赖性为基础的人的独立性阶段。人的独立就意味着人挣脱了等级制造成的人身的依赖关系，既取得了独立身份，又获得了平等地位，人才真正成为类的人。

以人为本的人指谓的就是生而平等和独立的人，这种人摆脱了等级和人身依附关系，是在世界历史中形成的，今天世界上所有处于文明状态的人都立足于人的现代形态，中国的以人为本不能脱离世界文明发展的轨道，它所指谓的人必须与世界相接轨，首先是指以平等和独立为内涵的作为类的人，而这也正是马克思所一再肯定和认可的。

① 《马克思恩格斯全集》第2卷，1957年版，第48页。

② 《马克思恩格斯全集》第2卷，1957年版，第48页。

(二)解说中国的民

就世界历史范围来说,作为类的人是世界普遍必经的阶段,但是中国作为亚细亚生产方式的一个典型,却是一个例外。在马克思心目中,中国和所有的东方国家一样,自原始公社解体以来就一直延续着土地公有、农村公社和专制国家三位一体的生产方式,在这种生产方式下生活的人与西欧的人有着显著不同的特点。西欧自原始公社以后先后经历了奴隶社会、封建社会和资本主义社会,在前两个社会形态中,等级林立,界限森严,人分别以奴隶、奴隶主、自由民和领主、农奴、第三等级的身份出现。进入到资本主义发展阶段以后,等级区分被商品大炮所摧毁,人都是作为以平等和独立为内涵的类而生存在世界中。类的出现是人自身发展的根本转折,它虽然还没有摆脱对物的依赖性,但由于人享有平等和独立的社会权利,这就使它能够为建立在个人全面发展基础上的自由个性创造生成的条件。中国在社会发展形态上与西欧完全不同,它既没有经历西欧历史上那种典型的奴隶社会和封建社会,又没有进入充分发展的资本主义阶段,自从周秦以来一直处于有中国特色的封建制中。中国封建制的最大特点是没有农奴制,而在马克思看来,农奴制虽然不是封建制的唯一因素,但也是重要因素,土地分封连同土地上的直接生产者对领主的人身依附关系是封建制的必备特征,不把直接生产者变为农奴,就等于不存在土地上的封建制。当年马克思曾经为东方存不存在封建制的问题而同柯瓦列夫斯基争论过,柯瓦列夫斯基在肯定印度历史上的封建化过程时就把农奴制抛在一边,孤立地考察土地所有制性质,对此,马克思提醒道:“别的不说,柯瓦列夫斯基忘记了农奴制,这种制度并不存在于印度,而且它是一个基本因素。”[①]中国如同印度一样,也是个不存在农奴制的封建社会,广大的农业生产者虽也经受封建制特有的等级特权的压迫,但他们的基本身份不是农奴,而是农民。奴与民的区别是显而易见的,作为民,农民虽然也被束缚在土地上,但是他们并不存在固定的人身依附关系,要么自己拥有一小块土地,自己耕种,要么租种地主的土地来

---

① 《马克思恩格斯全集》第45卷,1985年版,第284页。

耕种，而租种哪个地主的土地，农民自己拥有选择权。经济上的这种自主的地位决定了农民的自由身份，他们虽然被剥削被压迫，但是他们在人格上并不比地主低下，大家都是民，只不过你富我穷而已。在中国，清贫并不卑下，嫌贫爱富在思想和品格上素来不被看好，所以，中国历史上不仅存在着经济和政治上平等的民，民在思想上也是平等的。

如此说来，中国的民就可以与西欧的作为类的人等同了吗？不能，类是伴随着商品经济的发展而产生的意思，中国直到近代，一直没有产生发达的商品经济，带有超经济强制的自然经济始终占主导地位，在这种情况下就不可能像西欧那样出现以平等和独立为内涵的作为类的人。在中国，民的平等地位完全是由亚细亚生产方式的特殊机制造成的。对于欧洲的中世纪来说，中国的民比之于那时的农奴是一种进步，但对于近代的欧洲来说，中国的民就大大落后于作为类的人了。类具有生而平等的普遍性，它的外延是所有的人，而中国的民仅仅包括士农工商，他们与官相对立，是指官统治、管理下的平头百姓，因此，中国的民不等于西欧的类，而仅仅是类的一部分，民内部是平等和独立的，但他们与官则处于被统治的不平等的地位。中国常用家庭内部的不平等的关系来比照君臣和官民之间的关系，君臣如父子，官民如君臣，把官比之为民的父母，把民称为官的子民，提倡官要爱民如子，在官面前，民也经常以一介草民或小民自谓。中国社会是金字塔形的结构，它的顶尖是君，在君之下的所有人统称为臣民，臣即是官，官之下是民。君毕竟是一人，君臣构成官的总体，面对着广大子民，家庭内部的父子之间的不平等关系就是官民关系的写照。中国社会商品经济发展迟缓，不可能形成作为类的普遍的人的概念，也更谈不到用阶级概念来区分人，唯一可能做到的就是用表象直观，将家庭内部的关系简单地搬到社会上，把全社会的人区分为官与民两部分。

其实，民首先是官的意识，是官在长期的统治和管理的实践中积淀起来的思维理念。在官们的心目中，民首先是对立面，民是官统治和压迫的对象，同时官又与民相互依存，互为前提，并能在一定的条件下相互转化。无数经验证实，官对民的剥削和压迫是绝对的，没商量，无官不贪，官官相护，官逼民反。也正是从改朝换代的历史教训中历代的官们总结出长治久安的

治国术，认识到，既要压迫和剥削民众，又要把压迫和剥削保持在一定的限度内，实行必要的让步政策。历代许多开明的统治者都懂得让民休养生息的重要性，也都通晓民可载舟亦可覆舟的道理，他们作为官既履行统治和压迫的职能，又肩负管理国家、治理百姓的重任。在官场中还通行为官一任造福一方以及当官要为民做主的为官之道，正是从这种开明意识中形成了中国历史上悠久的民本思想传统，并在儒家学说中提升为仁者爱人的统治信条。早在战国时代，齐国政治家管仲就直接把这种思想称为以人为本，这里所说的人就是指民。所以，以民为本在中国早已有之，尽管它有其内在的合理性和不可低估的进步意义，但归根到底没有超出统治阶级的视野，打上了浓重的官的思维的烙印。作为一种思想资源，我们可以从中得到启示和借鉴，连古代的思想家们都有爱民如子和仁者爱人的思想风范，共产党人与之相比自然就更加博大和崇高了。不过作为一个口号和纲领必须与之划清界限，而不能回到以民为本的狭隘的官的境界。

（三）人民：民向人挺进的中介

中国自五四运动后，中国的社会结构和民众的社会身份也逐渐与世界相接轨，五四时期打出的科学和民主的旗帜本身就要求人的地位和称谓的平等化，突破官民界限，使民真正成为人。在中国，由民提升为人的第一步是改变被统治的社会地位，争得民主和平等，获得国家主人应享受的一切权利。这一步在西方经过商品经济的奠基和资产阶级革命的洗礼，一下子就使全体人跃升为生而平等的类，而在中国由于商品经济的缺位和革命进程的复杂性，民还不可能一步到位为人，中间必须经过一个过渡阶段，这个过渡的中介就是人民。

人民是人与民的结合体，兼具人与民的双重特性。一方面，人民在战争时期是革命的主力和依靠对象，在中华人民共和国成立后是国家的主人，享受到西方作为类的人的一切权利，已具有类的基本属性。同时人民作为居民的主体，又是国家力量的主要源泉，他们既要履行各方面的义务，又要接受国家的治理，具有历史上民的一系列特性。但是他们又不同于作为类的人，因为，人民不是指生而平等的所有人，在不同的历史时期，不同的敌人阶层被排除在人民之外，在这个意义上，人民是个政治概念，是指享有基本权利并对敌人实施专政的革命和建设的主导力量。人民也不同于民，民只具有被统治和管理的属性，只尽义务，不享受权利，而人民已跃升为国家的主人，享有一切法定权利。人与民的这种结合而成的人民概念是东方国家特有的历史现象，在中国是在共产党领导的民主主义革命和社会主义革命进程中产生出来的。

近代以来中国特殊的历史环境产生了中国社会复杂的阶级结构，中国社会分化得很不彻底，不像西方社会那样只存在工农与资产阶级两大对立阶级，因而革命的对象、阵线和进程都比较简单。中国原有的封建势力的存在和帝国主义的入侵的后果，造成了革命和反革命的营垒构成的多元化格局。革命一方不仅有工农，还有小资产阶级和民族资产阶级，反革命一方除了帝国主义和封建势力外还有官僚资产阶级。复杂的阶级阵线和多变的革命形势把区分敌我提到革命的首要地位，对共产党来说，一方面要确认敌人阵营的组成，明确主要的打击方向；另一方面要组织革命队伍，形成革命阵线，这也就是确认人民的构成，人民概念就是在历次革命斗争中逐渐形成和明确起来的。

没有确切材料说明人民概念始自何时，但有一点可以认定，即人民一词为共产党所大力推用，而国民党则很少使用。共产党使用的人民概念有三重含义：

1. 人民是原来民的主体，但已排除了地主、富农等反动阶级，是革命和建设的主要依靠力量

革命战争时期依靠的是人民战争和人民子弟兵；对待敌人依靠的是人民民主专政、人民公安、人民警察、人民检察院、人民法院；建设社会主义依靠的是调动人民的积极性，正确处理人民内部矛盾；打败国民党和保卫国家依靠的是人民解放军；等等。

2. 人民是共产党服务的主要对象

共产党的宗旨就是全心全意为人民服务，它的所有的机构和设施都是为人民设立并服务于人民的，人民铁路、人民航空、人民邮政、人民医院、人民教育、人民大学、人民出版社、人民日报等所有这些泛人民的称谓无外是

为了表明人民的至高无上，党的全部工作都是为了造福于人民。

3. 用人民概念表明政权的性质

我们的国家称为人民共和国，我们的政权是人民政权，各级政府都称为人民政府，各级官员都称为人民公仆或人民勤务员，人民二字已尽显我们国家政权彻底为人民服务的初衷。

中国共产党本来是工人阶级的政党，在中国，工人阶级只占全部人口的少数，除了依靠本阶级之外，联合农民，组成工农联盟，这也是马克思主义的原则。可是鉴于中国作为一个东方落后国家的特殊国情，在联合农民的同时还进一步发展统一战线，作为革命的辅助力量，这不能不说是中国共产党在领导革命进程中的独创。正是在对人民概念的全面的理解和实践中，其中包括对民族资产阶级的适度的斗争，体现了中国共产党的纲领、路线和政策的正确性并引导中国革命走向最后的胜利。三代中央领导集体都十分重视人民理念的阐发和发展，先后都做出了历史性的论断。毛泽东留给历史和党的珍贵的历史遗产是全心全意为人民服务。邓小平的独特贡献是社会主义本质论中的人民共同富裕，和以人民拥护不拥护、赞成不赞成、高兴不高兴、答应不答应，作为衡量一切决策的标准。江泽民的"三个代表"重要思想其中之一就是代表最广大人民的根本利益。从人民概念的重要性来说，把以人为本理解为以人民为本也没有什么不可以。但是仔细考究，可以发现，人与人民在内涵与外延上都有区别，人民与敌人相对立，是指排除了敌人之外的人，以人民为本难免产生误解，似乎今天的中国还有敌对阶级的存在，以人为本的人就是排除了他们，专门以人民为本的，显然这种理解没有反映今天中国变化了的现实，也不符合党的十六届三中全会提出的以人为本的本意。

（四）以人为本的人是由人民向作为类的人的回归

中国共产党推出人民概念并领导人民取得革命和建设的辉煌胜利，这是中国和世界历史上的伟大创举，其理论和实践意义是无法估量的。但是在全球化和信息化的今天，中国不能无视人民概念对本来意义上的非人民那部分人所形成的排斥，要充分认识到人民与作为类的人之间的差距，中国要融入世界必须实现由人民到人的历史转换。而这个转换的基础就是改革开放 30 多年来中国社会所发生的巨大变化。

中国的改革开放彻底地结束了“以阶级斗争为纲”,为实现人的类平等奠定了现实基础。本来社会主义制度的建立就已经从经济上消灭了阶级,按照列宁的阶级定义,阶级从根本上就是个经济概念,指谓的是这样一些集团,由于它们在一定的社会经济结构中所处的地位不同,其中一个集团能够占有另一个集团的劳动。我国社会主义改造完成后,就已经消灭了凭借生产资料私有制来占有他人劳动的可能,剥削不存在了,阶级也就自然地消灭了。可是在很长一段时期内,完全是由于人为的主观原因,不但没能顺势地做好消灭阶级以后的社会的和谐建构,反而大力推行“以阶级斗争为纲”,强化原有阶级和新的阶级的区分和认定。一个时期内,血统和出身压倒一切,成为人的现实地位和状况的决定因素,仿佛一下子回到了等级制的王国。相当一部分人背上了沉重的血统负担,不管他们的现实表现如何,他们都是带着原罪而来,必须为他们的出身而赎罪。中国的改革开放以彻底否定“文化大革命”为开端,从政治上清算“以阶级斗争为纲”的极“左”路线是与经济上的开放市场、所有制和分配制度的改革配套进行的,特别是市场经济体制的确立,开辟了人与人之间平等竞争和和谐相处的现实前景,市场经济本身所铸就的民主和平等的氛围就与“以阶级斗争为纲”不相容。所以,随着改革开放的扩展和深化,以阶级和阶级出身来定位人的观念逐渐在弱化,人生而平等和通过后天的努力来展示人的价值的思想和呼声逐渐增强。几乎用不着特殊的努力和批判,伴随着改革开放的进程,阶级和阶级观念很快就从社会舞台上淡出,一个与世界相接轨的生而平等的人的观念开始在人们的头脑中确立和扎根,不仅在国内的交往中人是平等的,在国际的交往中更要以平等的身份出现,要彻底清除“以阶级斗争为纲”对人们的人格和心灵所造成的伤害。这样,随着改革开放的深化和推进,敌对阶级退出了历史舞台,原来的“地富反坏右”等专门需要实行专政的对象消失了,敌人这一与人民相对立的阶级力量也不存在了,这就使人民概念失去了与其相对应的存在前提,人民开始向马克思所说的作为类的人回归。正是基于这种历史性的变化,党的十六届三中全会在表达了党对广大人民群众的无上关切的时

候，不是把自己的这份情感专门洒向某一部分人，而是洒向全体人，才推出以人为本而不是以人民为本的科学发展观。人和人民一字之差，意思也很相近，但不可等同。本来意义上的人民是对敌专政的依靠力量，而人是指作为类的所有人，它们的内涵和外延都不相同。在中国有一个时期是只准讲人民而不许谈人的，由人民到人凝聚了改革开放的深厚的历史积淀，它既是中国近代以来历史发展的必然走向，也反映了中国共产党人的理想追求。马克思虽然重视人的阶级区分，认为阶级是在一定的历史时期不可避免的，但马克思更重视解放全人类，他的未来理想就是建立自由人联合体，在那里，每一个人的自由发展是一切人自由发展的条件，这是一个人人平等的和谐社会，现在提出以人为本正是朝着这个方向迈出了一大步。

当然，人民这个概念今后还要长久使用，但已不是在阶级和政治的意义上使用人民概念，人民即人，在法律上称为公民，是指拥有中国国籍并享有法定权利的所有中国人。在外交上延续使用人民概念显得更庄重一些，所以全世界各国都在使用人民概念，中国也概莫能外。但是，这里所说的人民决不意味着在人民之外还存在被专政的阶级敌人，中国的特殊国情赋予人民概念以独有的政治与阶级含义，在国外人民就是人的整体而庄重的称呼。今日的中国跨越了人民与敌人纠缠在一起的那个历史阶段，现在每一个人都能以平等一员的资格出现在国内和国际的交往中，这是历史的进步，是人迈向自由个性和全面发展历程的起点。从民到人民再到作为类的人是中国历史的一个缩影，这个进程的每一步都凝聚着中国共产党的奋斗和牺牲，回顾这个历史进程也给我们提供一个深刻理解以人为本的新视角，昭示我们以人为本来之不易，要格外珍惜今天的人皆平等的和谐环境，努力奋斗，实现中华民族的伟大复兴。

三、以人为本:社会主义实践探索的归程

社会主义作为千百万人建设新生活的实践已经近百年了。其间历经多方探索，遭遇崎岖坎坷，直至今日才理出基本思路，即社会主义必须以人为本，向人回归，归向人的生存和价值，归向人的全面发展。这不仅是马克思终生的理论旨趣，也是全部社会主义运动经验教训的最终归结。

自从党的十六大提出全面建设小康社会的宏伟目标以来，中国的改革进程明显地向人倾斜：首先是党的十六届三中全会、中央经济工作会议、毛泽东诞辰 110 周年座谈会等都明确提出中国的改革和发展要以人为本，经济工作也要坚持以人为本；其次是出台了一系列人性化的政策法规，大力解决下岗职工再就业和“低保”与“三农”问题，在全国范围内颇有声势地大力清欠高达上千亿元的民工工资；最后，国家和各级领导人也更加关注老百姓的日常生活和安危冷暖。所有这一切都充分显示，中国特色社会主义正在坚定地向人回归，走进以人为本的新时代。敏锐地捕捉时代的信息，把握时代的脉搏，从学理层面揭示以人为本的内涵和意义，是当前理论研究的重大前沿课题。

（一）以人为本的思想源头

以人为本与实事求是一样，都源于中国的古训，是传统文化中的思想珍品。战国时期齐国政治家管仲最早提出以人为本的治国方略，他说：“夫霸王之所始也，以人为本。本理则国固。”[①]这句话的本意十分明确：成就霸业必须从人做起，把人的问题解决好了，国家也就强固了。所以称王树霸是目的和出发点，以人为本不过是达到这一目的工具和手段。对以人为本的这种工具性的理解，后来就演化为系统的民本思想，如当官要为民做主，为官一任造福一方，民可载舟亦可覆舟，等等。

今天，在实施以人为本的实践中，不排除工具性理解的实际意义。一个部门或单位，即使没有崇高的境界做底蕴，单纯出于功利目的而表现出对人的重视和善待，这也应予肯定。但是，以人为本作为我国经济和社会管理的普遍原则，单纯的工具性理解所提供的思想资源是很有限的。就像实事求是早已超越其本初的意义而成为马克思主义的精髓一样，现在以人为本在其思想内涵、理论深度和视角境界上都已超越了工具性理解的局限，成为新时期中国共产党立党为公、执政为民的根本理念。其思想资源主要来自马

① 转引自夏甄陶：《论以人为本》，载《杭州师范学院学报（社会科学版）》2003 年第 3 期，第 63 页。

克思博大精深的人学思想。

马克思继承了欧洲近代以来人文主义和人道主义的优秀思想遗产,并把对人的价值和全面发展的伟大理想置于由他实现了的哲学革命变革的基础之上。马克思科学的人学思想为以人为本的理念提供了不竭的思想源泉,是社会主义转向关注人的生存和价值的不朽的精神动力和理论根基。这主要体现在以下三个方面:

首先,马克思哲学革命变革的伟大成果——实践唯物主义为哲学上的人本思想提供了科学论据和理论证明,在历史上第一次真正把人置于“本”的地位上。在马克思以前,人本思潮并不乏见,费尔巴哈就是一个著名的人本唯物主义者。费尔巴哈重视人,把人和自然视为哲学的最高对象,这并无可非议,但是他不理解自然,不理解人,更不理解人和自然的真实关系。他用生物学的自然主义眼光来看人,和 18 世纪旧唯物主义者一样,把人仅仅看成是自然界长期发展的产物,不理解人的实践和感性活动在自然和人的生成中的本体地位。马克思批评费尔巴哈说,“诚然,费尔巴哈比‘纯粹的’唯物主义者有很大的优点:他承认人也是‘感性对象’。但是,他把人只看作是‘感性对象’,而不是‘感性活动’……他从来没有把感性世界理解为构成这一世界的个人的全部活生生的感性活动”[①],“他没有看到,他周围的感性世界决不是某种开天辟地以来就直接存在的、始终如一的东西,而是工业和社会状况的产物,是历史的产物,是世世代代活动的结果”[②]。对于现实世界来说,人及其实践活动是本,没有实践就不会生成人;反之,没有人也就没有实践,因而也就不会生成现实的世界,无论是自然界或社会历史都是如此。所以马克思说,只有“在人类历史中即在人类社会的形成过程中生成的自然界,是人的现实的自然界;因此,通过工业——尽管以异化的形式——形成的自然界,是真正的、人本学的自然界”[③]。而“整个所谓世界历史不外是人通过人的劳动而诞生的过程,是自然界对人来说的生成过程”[④]。这样,马克

① 《马克思恩格斯选集》第 1 卷,第 77—88 页。

② 《马克思恩格斯选集》第 1 卷,第 76 页。

③ 《马克思恩格斯全集》第 3 卷,第 307 页。

④ 《马克思恩格斯全集》第 3 卷,第 310 页。

思在近代哲学史上就实现了一次历史性的颠覆，他把旧唯物主义重物轻人的传统彻底地更改过来，以实践－人－世界的思维逻辑来重新理解世界、构筑世界。当马克思说“这种活动、这种连续不断的感性劳动和创造、这种生产，正是整个现存的感性世界的基础”[①]的时候，他实际上已经道出了一个最深刻的真理，即人及其实践活动乃是世界之本，“人始终是这一切实体性东西的本质”[②]，因此，以人为本是对世界本质的正确认识和真实反映，它对一切时代、一切社会都是天经地义、至高无上的。社会主义坚持以人为本就是建立在对马克思实践哲学的认同基础上的。

其次，马克思的平等理念奠定了以人为本的思想基础，揭示了以人为本的基本内涵。马克思在《〈黑格尔法哲学批判〉导言》中说出了一句与以人为本字面相近的至理名言：“人是人的最高本质”，“人的根本就是人本身”。[③]这句话长期以来不被人理解，有的说它是同义语的反复，更有甚者指责它是费尔巴哈抽象的人本主义局限性的体现。其实，这句话的真正底蕴是指谓人的类本质的共同性和同一性，为人与人之间平等关系拓展空间。人的根本或最高本质是什么？按照马克思的理解，人的本质表明人与动物相区别的根本特性，而这种特性是多方面的，因而人也就具有多方面的本质，如自然本质、意识本质、社会本质、审美本质等。最高本质相对于人的局部和个别的本质，这些本质虽然也是人与动物相区别的重要特性，但是它们中的每一个单个本质都是片面的，它们的存在和自立都依赖一个更高的本质，即类本质。如马克思所说：“有意识的生命活动把人同动物的生命活动直接区别开来。正是由于这一点，人才是类存在物。”[④]因此，人的类本质即“通过实践创造对象世界，改造无机界”[⑤]的自由自觉活动不仅为人的自然、精神、社会和审美本质提供了根据和依托，而且还把它们整合起来，对于人来说，就是要“以一种全面的方式，就是说，作为一个总体的人，占有自己的全面的本

① 《马克思恩格斯选集》第1卷，第77页。
② 《马克思恩格斯全集》第3卷，第52页。
③ 《马克思恩格斯选集》第1卷，第9页。
④ 《马克思恩格斯全集》第3卷，第273页。
⑤ 《马克思恩格斯全集》第3卷，第273页。

质”[①]。

人的最高本质即类本质是个内在的、自满自足的概念，它无须任何外在的对象来表征。在人之外与人平行的首先有神，但神是虚幻的，它不但不能寄寓人的本质；相反，神倒是人的本质的异化。在人之外还有自然，但它只能说明人有自然属性，而不能从本质上表征人，马克思说，“被抽象地理解的，自为的，被确定为与人分隔开来的自然界，对人来说也是无”[②]，“或者只具有应被扬弃的外在性的意义”[③]。离开人的纯粹的自然界不是现实的自然界，它不能从自身获得意义和理解；相反，只有从它自身的外在方面，即从人那里才能提供对自然界的真正说明。实际上自然是人化的，从人及其实践活动来理解自然是马克思哲学革命的根本点。所以，人的类本质既不是神赋予的，也不是自然界生成的，人通过实践和生产这种“能动的类生活”，才创造出自己的类本质。由此马克思得出结论：人的根本或最高本质不能是什么别的外在物，而只能是人自身。

马克思的“人是人的最高本质”和“人的根本是人本身”的论断与它的实践哲学相呼应，在实践哲学中推出的是人为世界之本，而这里彰显的是人是人之本。人既然是本，那么在本的意义上，人都是相同的，因而人与人之间只能是一种平等关系。马克思在《神圣家庭》中曾对“人是人的最高本质”所蕴含的平等意向做过进一步的阐释。他说：“平等是人在实践领域中对自身的意识，也就是人意识到别人是和自己平等的人，人把别人当做和自己平等的人来对待。平等……表明人的本质的统一、人的类意识和类行为、人和人的实际的同一，也就是说，它表明人对人的社会的关系或人的关系。”[④]因此，只有人与人之间相互平等，像对自己那样去善待别人，尊重别人，才能杜绝以人非本，真正有以人为本可言。平等境界不算崇高，但由于它具有广泛的认同性和实际可操作性，因而成为以人为本的思想根基和主要内容。就是在未来共产主义社会里，人的思想境界提高了，平等也不失为人际关系的基

① 《马克思恩格斯全集》第 3 卷，第 303 页。
② 《马克思恩格斯全集》第 3 卷，第 335 页。
③ 《马克思恩格斯全集》第 3 卷，第 336 页。
④ 《马克思恩格斯全集》第 2 卷，1957 年版，第 48 页。

本准则，如马克思所说，“平等，作为共产主义的基础，是共产主义的政治的论据”①。

最后，马克思的公仆思想为以人为本提供了新境界，实现了思想和理论上的新升华。平等对于实践以人为本固然重要，但也有其局限性，即缺失思想引领和实践推动。谁去实践以人为本呢？这就需要有以身作则的引路人。马克思从巴黎公社经验中总结出的公仆思想不仅是对以人为本的理论提升，而且指出其实践路径，认为社会主义国家的各级官员就是实践以人为本的引路人。马克思说：“无产者在全社会面前负有消灭一切阶级和阶级统治的新的社会使命，只有在这一使命激励下的无产者才能够把国家这个阶级的统治工具，也就是把集权化的、组织起来的、窃据社会主人地位而不是为社会做公仆的政府权力打碎。”②这里，马克思第一次提出了新社会的组织和建构原则，即政府及其工作人员不是凌驾于社会之上的主人，而只能是社会的公仆，是为人民服务的。最能体现这一根本转变的是，巴黎公社“彻底清除了国家等级制，以随时可以罢免的勤务员来代替骑在人民头上作威作福的老爷们，以真正的责任制来代替虚伪的责任制，因为这些勤务员总是在公众监督之下进行工作的。他们所得的报酬只相当于一个熟练工人的收入”③。这样，一种新型的关系诞生了：政府及其工作人员被剥夺了一切特权，而人民群众却成了国家真正的主人。马克思倡导的公仆精神在中国革命和建设的实践中不断被发扬光大，全心全意为人民服务就是公仆思想的当代体现，它将共产党人和马克思主义者为解放全人类而无私献身的博大胸怀和高远境界带到以人为本中，使以人为本在工具性和平等性含义之外又填充了人民至上的内涵。以人为本，既与传统的民本思想相接轨，又具有马克思主义和共产主义深邃的理论底蕴，是以往一切类似思想所不能比拟的。

① 《马克思恩格斯全集》第3卷，第347页。
② 《马克思恩格斯选集》第3卷，第94页。
③ 《马克思恩格斯选集》第3卷，第96页。

(二)社会主义实践对以人为本的疏离和认同的原因和历程

社会主义中国是以马克思主义为指导的国家,按照马克思的学说和中国传统文化的情结,社会主义实践中坚持以人为本应该是不成问题的。但是,实际却大相径庭,几乎所有的社会主义国家在人的问题上都不同程度地走了弯路,不但没有做到以人为本,相反却谈人色变,而且时有贬损人的价值的事情发生。各国情况不同,但是没有处理好以下几个方面的关系是共同的:

首先,不理解发展生产力与增进人的价值之间的关系,生产力发展了,人的生活状况却没有得到改善。社会主义必须而且也能够高速发展生产力,这是社会主义优越性的体现,也是不断提高人民生活水平的条件和根据。不能割裂发展生产与提高人的价值之间的内在关联,以致出现二者背离的尴尬局面。这里,如何安排生产力发展的布局是个重要因素,这方面的失误屡见不鲜。苏联优先发展重工业和军事工业,轻视轻工业和农业,甚至1953 年的农业生产力赶不上俄国 1913 年的水平。结果国力强大了,成为可以和美国抗衡的超级大国,但人民生活水平不高,产品极缺,到处排队,这几乎成为社会主义国家特有的现象。改革开放前的中国大抵也是如此,长时期生产发展的顺序是重、轻、农,后来才改为农、轻、重。那段时期,中国也是供应不足,票证泛滥,一直处于经济短缺状态。其实,只要安排得当,适度提高人民生活水准是可能的,关键在于没有把人的生存和价值问题摆在首要地位上。这种状况十分醒目,和周边国家一比,问题就出来了,这正是苏东解体和剧变的根本原因。

其次,没有处理好生产关系变革与人的承受能力之间的关系,穷过渡对人的生活造成了极大的伤害。社会主义必须变革生产关系,以适应生产力的水平。但是生产关系不仅面对生产力,还要考虑生产关系变革对人的生存状况的影响。适时适度改变所有制有利于发展生产力,也必定有利于提高人民的生活水准。但是过急过快过大的所有制变化必然会对人民生活造成冲击。中国本来要用三个五年计划时间来完成社会主义革命,可是从1954 年起,只用了 3 年时间就迫不及待地实现了对农业、手工业和资本主义工商业的所有制改造。特别是农村所有制的变化急剧,从互助组、初级社、高级社,再到人民公社,中间不喘气,“一大二公”一气呵成,造成“消化不良”,对每一种所有制形式都说具有优越性,可是来不及发挥就急忙过渡到下一种形式。这种急过渡就是穷过渡,不仅破坏了生产力,而且严重地损害了人民的正常生活。1960 年前后的三年自然灾害,既有自然原因,也是所有制穷过渡的结果。改革开放以来发展多种所有制经济和在农村实行联产承包责任制所取得的巨大成果,是对穷过渡的最好的批判和反衬。

再次,扭曲了政治斗争与人的价值之间的关系,以“阶级斗争为纲”严重地损害了人的价值和尊严。在社会主义国家,进行一定的阶级斗争和政治斗争是必然的,也是必要的。但是,这种斗争应有其自然的必要性,而不能是完全主观和人为的。不仅如此,还要充分考虑斗争的适度性,不能用过激的斗争手段伤害干部和群众。斯大林在苏联曾提出社会主义越发展阶级斗争越尖锐的理论,全面推行肃反扩大化,残酷地迫害了大批无辜的公民,几乎每一家庭都有受害者,给社会主义社会的生存和发展造成了严重的后果。中国在改革开放前也推行“以阶级斗争为纲”的理论和政策,1957 年的反右斗争伤害了大批有见地的知识分子,“文化大革命”中又挖地三尺,清理阶级队伍,把大批干部和群众打成“走资派”和“牛鬼蛇神”。这种无尽无休的政治斗争不仅破坏了经济,阻碍了生产力的发展,使人民生活水平长期低下,而且直接迫害人身,贬损人格,这与社会主义高扬人的价值的使命完全是背道而驰的。

物极必反,苏东剧变和中国“文化大革命”的悲剧使人沉思,社会主义再也不能走老路了,必须向以人为本的道路回归。邓小平是率先觉醒的第一人,他深刻理解社会主义的本质,对“四人帮”散布的贫穷社会主义理论深恶痛绝。在他看来,社会主义就是要使人富裕,充分体现人的价值。他说:“我们干革命几十年,搞社会主义三十多年,截至一九七八年,工人的月平均工资只有四五十元,农村的大多数地区仍处于贫困状态。这叫什么社会主义优越性?”[1]为了提高人民的生活水平,他强调以经济建设为中心,大力发展

① 《邓小平文选》第 3 卷,1993 年版,第 10—11 页。

生产力，他说：“毛泽东是伟大领袖，中国革命是在他的领导下取得成功的。然而他又有一个重要缺点，就是忽视发展社会生产力。”①他反复强调：“贫穷不是社会主义，社会主义要消灭贫穷。不发展生产力，不提高人民生活水平，不能说是符合社会主义要求的。”②邓小平拨乱反正，为社会主义回归以人为本的发展道路奠定了思想基础，其功绩是不可磨灭的。

“三个代表”重要思想是以人为本理念形成的重要阶段，它把人放到全球化、信息化的大背景下，与先进的生产力和先进的文化联系起来，赋予人以时代的色彩。它不仅继续坚持代表广大人民群众的根本利益，而且进一步指明，只有同时代表先进生产力的发展要求和先进文化的前进方向，党和政府作为人民的公仆才能拥有切实的手段，真正能够代表人民的根本利益。以胡锦涛同志为总书记的党中央坚持和发展邓小平理论和“三个代表”重要思想，把人民利益从过去虚幻的空论中释放出来，找到可以操作的现实切入点，这就是要关注民生，把人民的衣食住行和冷暖安危作为密切关注的日常话题并放到重要的工作议程上。党的十六届三中全会正式提出以人为本，并把它与全面、协调、可持续发展共同作为新时期社会发展的根本理念和经济与社会管理的基本原则。此后，在中央经济工作会议和毛泽东诞辰 110 周年座谈会上都一再强调，中国社会发展必须坚持以人为本，走一条社会进步与人的全面发展相统一的道路。在实践中，对就业、医疗、保险、救助、“低保”、“三农”问题的关注，以及领导人经常走访贫困地区，等等，这表明以人为本不仅写进中央文件中，而且体现在行动上，得到了全社会的普遍认同。社会主义历史发展呼唤以人为本，而以人为本作为对历史和现实一系列诉求的回应，正在发挥着巨大的实际效应。可以预见，社会主义的中国必将在以人为本的发展道路上阔步前进，跃起腾飞。

（三）以人为本的时代内涵

以人为本作为一个传统理念，源远流长，经历了长时期的历史发展，是

① 《邓小平文选》第 3 卷，1993 年版，第 116 页。

② 《邓小平文选》第 3 卷，1993 年版，第 116 页。

一个历史性概念,不同时期具有不同的内涵。在封建时代,以人为本主要是个工具性概念,带有鲜明的功利性。资本主义的市场经济开了人与人之间相互平等的先河,平等成为以人为本的基本内涵。马克思的公仆思想是对工具性和平等性的扬弃,他以共产主义的无私奉献精神提升了以人为本的思想境界。以人为本的这些思想资源都是十分宝贵的,它们在不同的层次上为社会主义的以人为本提供了构成要素,是必须予以珍视的。但是,在当代中国,把以人为本作为基本的发展理念绝不是对传统以人为本含义的简单继承,当今的时代性和中国的具体国情赋予它以特有的内涵,具体表现在对以什么为本的新的阐释上。

第一,必须转换视角,把以人为本的"人"确立在个体本位基础上。长期以来,人被大化、泛化,人不是首先被看成个人、私人,而是被看成虚幻的类,只着眼于群体和公共生活来看人。马克思、恩格斯在《德意志意识形态》中说:"全部人类历史的第一个前提无疑是有生命的个人的存在。因此,第一个需要确认的事实就是这些个人的肉体组织以及由此产生的个人对其他自然的关系。"[①]在马克思看来,以个人、私人为基础所形成的关系才是真实的社会关系,在这个基础上形成的社会即市民社会,它构成政治社会和国家公共生活的基础。近代社会以来,人本身被二重化,一方面作为类的体现,是政治社会中的公民,享有国家法定的权利,尽应尽的社会义务。另一方面,作为市民社会中的个人,他们"是尘世存在物","即利己的人"[②],只是"作为私人进行活动"[③],"把他们连接起来的惟一纽带是自然的必然性,是需要和私人利益,是对他们的财产和他们的利己的人身的保护"[④]。长期以来,我们只看到了人的公民和公共生活的一面,用政治社会吞没了市民社会,用国家生活淹没了私人生活,看不到人的真实利益和需要,也遮蔽了人的苦难和不幸。还有几千万人的温饱问题没有得到解决,可还以为到处莺歌燕舞。如果我们把视野移到私人和个体上来,就会发现形形色色和千差万别的人的

① 《马克思恩格斯选集》第1卷,第67页。
② 《马克思恩格斯全集》第3卷,第173、187页。
③ 《马克思恩格斯全集》第3卷,第173页。
④ 《马克思恩格斯全集》第3卷,第185页。

真实境遇。只有这样，以人为本才能落到实处，才能有一个正确的基点。

第二，必须以人的生存为本，以人的温饱为底线，在此基础上关照人的利益，扩充人的需求，增进人的收入，改善人的境遇，全面提高人的生活水准，这是社会主义优越性的集中体现。社会主义始终面临一个和资本主义比较和竞争的问题，这是谈论社会主义优越性的前提条件。抛开资本主义，关起门来讲社会主义优越性，那是不能令人信服的。和资本主义相比较，在人的生活和境遇问题上，我们不能理直气壮，那就没有什么优越性可谈。90多年的社会主义实践和现实使人痛感必须在这个问题上认真反思，有所感悟和觉醒。目前在我国，人的生活状况分几个层次：尚有两三千万人需要解决温饱问题，并在此基础上改善和提高生活水平，拉近与其他阶层的人的生活距离；还有一大批城市下岗工人和农村生活水平低下的人群，他们虽不至于衣食无着，但在医疗、教育等方面都存在较大的困难，生活还处于低水平线上，必须加大社会保障力度，增加就业和农村劳动力向城市转移的机会和数量，在此基础上，伴随着生产力的发展，全面增加收入，提高生活质量；此外在中等及其以上生活水平的群体都面临收入和利益的增加和增值的问题，以使他们的生活水准逐步与发达国家相接近。在中国，亿万富翁永远是少数，如何形成和扩大中产阶层是中国社会稳定和富强的重要因素。当然，这与经济的发展和政策的正确密切相关，但是首先使他们增强致富的信心，防止消极地吸取历史上的经验教训，敢富、不怕富也是十分重要的。现在新修改的宪法写进了保护合法私有财产的条文，这表明在当今的社会主义中国，以人为本是全面和兼顾各方利益的，它与世界的发展相接轨，是新时代的以人为本。

第三，必须重视人的文化和素质的提高，以人的全面发展为本。人作为一个类是超越生存的文化存在，这是它与动物相区别的根本要素之一。当今时代的人早已不满足于生存的物质需要，人的吃穿反倒变得越来越简单，需求越来越增添了文化意蕴。对于一般的家庭来说，物质需求支出所占的比重已呈下降趋势，而读书、旅游、娱乐等非物质性支出所占的比重越来越大。不仅如此，精神生产所创造的财富急剧增加，是今后社会财富的主要源泉。所以，从物质需要和精神需要来说，提高人的文化和素质都是贯彻以人为本的时代要求。过去总是把人的全面发展看得十分遥远，认为那是可望而不可即的事情。现实和实践都表明，人的全面发展的目标就摆放在面前，没有人的文化素质的提高，没有时代精神风貌的人，就不可能拥有实现以人为本的手段，也就不会有真正的现时代的以人为本。

第四，要重视人的社会生活和交往，创造发挥人的主动性和积极性的社会条件，以人的自由和权利为本。人不仅是自然和精神的存在，而且是社会存在，人的社会性是人的本质属性。人的自然和精神生活本质上都是社会生活，只有在社会的联系和交往中人的自然生命和精神生活才得以存在。因此，必须创造良好的社会生活条件，使人能在和谐与宽松的环境中发挥自己的积极性和主动性，从而创造更多的物质财富和精神财富，为实现以人为本奠定坚实的基础。自由、人权就是社会主义社会所必需的社会氛围和人应该享有的基本权利。马克思说自由自觉的活动是人的类本质，没有自由，在受到来自自然和社会的种种必然性的束缚下，人不可能发挥自己的积极性和创造性。而自由本身就是一种权利，在现代社会表现为人权。法国大革命时期的《人权宣言》把人权规定为四种，即自由、平等、财产和安全的权利，马克思说，市民社会的成员“就是国家通过人权予以承认的人”[①]。因此，承认和保障人权，并把它视为人之本，这是人的自我觉醒和自我解放，它对建立良好的社会关系，保障人的自由，发挥人的积极性是必要和有益的。正是有鉴于此，新修改的宪法才增添了保障社会主义人权的条文。

总之，以人为本能从传统走向现代，跃向社会生活的表层，并被赋予新的时代的含义，这是社会主义长期实践探索的结果，它既是对实践经验教训的深刻总结和汲取，又是社会主义的自我完善和自我升华。从以人为本的长期酝酿和浮出过程可以看出，它既有其历史的必然性，又体现了社会主义的创新本质。在这个意义上，我国对社会主义发展前途充满信心。我们用过程的观点来看待以人为本，相信随着时代的跃迁，今后还会有更新的理念出现，来保证社会主义永远拥有不竭的鲜活生命力。

① 《马克思恩格斯全集》第3卷，第187—188页。

后　记

呈现在读者面前的这本书，可以说是黑龙江大学人学研究者的集体著作。黑龙江大学很早以来就有人学研究的传统，集结了一批研究人学的学者和教授。他们有感于中国人学理念的缺失及其所造成的严重的后果，十年内乱一结束就着手系统地进行马克思人学思想的研究，发表、出版了一系列论著。特别是近年来，随着以人为本的科学发展观的确立，更激发了他们结合中国实际研究马克思人学思想的热情，在许多著名的刊物上发表了一批有分量的论文。这本书就是在笔者多年来撰写的人学论文的基础上，又吸收了黑龙江大学同人人学研究的精华编辑而成的。全书共 6 章 25 节，其中 9 节是根据全书结构的需要有针对性地吸取了同人的研究成果，补充了我的研究的短项和不足。他们及其成果是：衣俊卿（第二章，一、三），丁立群（第二章，二；第三章，一；第四章，二），李楠明（第二章，四），康渝生（第三章，三），杨彬（第五章，三），张利民（第四章，三）。对于他们为本书所做出的贡献，在此表示深深的感谢。有了他们的成果做补充，本书才能有自己的内在结构和逻辑层次，显示出一定的系统性和完整性。但是本书仍有许多缺点，有的地方重复，论文集的色彩较浓，有些观点能否站得住脚，还有赖于读者的评价和指正。最后衷心感谢韩庆祥教授，没有他的赏识和推荐，也就不会有本书。

唯物史观与历史唯物主义的生成和特点

唯物史观与历史唯物主义是马克思主义哲学两个常用的概念,其重要性几乎关涉全部马克思主义哲学的存在基础。按理说,这种事关全局的根本性概念应该是内涵清晰、界限分明、不可混淆串用的。可是,自从这两个概念被提出后,150 多年来,无论在理论宣传或学术研究中,好像约定俗成似的,大家都不对它们加以区分,长时期等同混用,造成了许多尴尬和疑惑。同一事物,比如马克思对欧洲 1848 年革命经验的总结,有的说是丰富了唯物史观,有的说是发展了历史唯物主义;同是马克思晚年的人类学笔记,有的说是唯物史观的著作,有的说是历史唯物主义的成果。过去对唯物史观与历史唯物主义称谓上的一团糟,人们表现出了异乎寻常的宽宥和容忍,直到现在也未见谁提出过拷问和疑义。试问,奥秘何在?原来每个人心里都有一杆秤,都按照自己的理解来选择自己认为合适的称谓。而不论是选取了唯物史观还是历史唯物主义,都不会遭到任何诟病,大家都可以互不干扰,相安无事。2010 年全国第十届马克思哲学论坛的主题为“历史唯物主义与当代中国”,主办方为什么不用“唯物史观与当代中国”?这里肯定存在他们认为用历史唯物主义比用唯物史观更合适的理由,这就牵涉到对唯物史观与历史唯物主义理解上的差异。这种差异可能是微妙的,但也是肯定存在的,只是这层窗户纸还没有被捅破,大家还缺少公开的交流和沟通。现在我先抛砖,试对唯物史观与历史唯物主义的生成以及应然意义上的各自意蕴和不同特点,谈些粗浅的看法,仅供批评。

一、唯物史观与历史唯物主义概念探源

唯物史观是唯物主义历史观的简称,在马克思主义哲学发展史上,唯物

主义历史观最早出现在1846年的《德意志意识形态》中。不过马克思恩格斯当时并未直接使用唯物主义历史观这个术语,他们只是说“这种历史观和唯心主义历史观不同”①,当然就可以把这种历史观理解为唯物主义历史观了。在《德意志意识形态》中,马克思恩格斯几次提到“这种历史观”,并把它的主要内容简练概括为:“这种历史观就在于:从直接生活的物质生产出发阐述现实的生产过程,把同这种生产方式相联系的、它所产生的交往形式即各个不同阶段上的市民社会理解为整个历史的基础,从市民社会作为国家的活动描述市民社会,同时从市民社会出发阐明意识的所有各种不同理论的产物和形式,如宗教、哲学、道德等等,而且追溯它们产生的过程。”②马克思恩格斯在叙述了唯物主义历史观从经济基础到上层建筑的主要内容以后,还觉得应该对这些内容进一步加以提炼和升华,反映他们哲学革命变革的成果,同时与黑格尔从范畴出发来构造历史的唯心史观划清界限。为此,他们特意强调,这种历史观“不是在每个时代中寻找某种范畴,而是始终站在现实历史的基础上,不是从观念出发来解释实践,而是从物质实践出发来解释观念的形成”③。全部《德意志意识形态》就是站在“把感性理解为实践活动”的崭新高度上,逐次地阐述了人及其实践、分工与所有制、生产力和生产关系、经济基础与上层建筑、共产主义革命和世界历史思想等重要的唯物史观的基本原理。此后,马克思一生,特别是在晚年虽然多次论述过唯物史观的重要思想,但他再也没有回到唯物史观的概念上。至于历史唯物主义与马克思根本不沾边,他一辈子也没有触及过这个在他身后才出现的概念。

只有恩格斯经常在各种场合下提到他和马克思共同提出的唯物史观。从现有的材料看,恩格斯此后所讲的唯物史观大体涉猎以下几方面的内容:其一,唯物史观是马克思主义经济学的基础。1859年恩格斯在《卡尔·马克思〈政治经济学批判·第一分册〉》中说:“德国的经济学本质上是建立在唯物主义历史观的基础上的”④,只有从唯物史观出发去分析资本主义的经济

① 《马克思恩格斯选集》第1卷,人民出版社1995年版,第92页。
② 《马克思恩格斯选集》第1卷,人民出版社1995年版,第92页。
③ 《马克思恩格斯选集》第1卷,人民出版社1995年版,第92页。
④ 《马克思恩格斯选集》第2卷,人民出版社1995年版,第37—38页。

现象,才能创立剩余价值学说和马克思主义政治经济学。其二,唯物史观虽然是马克思和恩格斯共同缔造的,但恩格斯很谦虚,总是把这份功劳归给马克思,认为是马克思首先发现和表述了唯物史观。1870 年他在《德国农民战争》第 2 版序言中特意声明:“这个唯一唯物主义的历史观不是由我,而是由马克思发现的。”①1888 年恩格斯在致考茨基的信中也说,摩尔根发现了马克思的唯物主义历史观。其三,重述《德意志意识形态》中展示的唯物史观的基本思想。1859 年恩格斯在为马克思著名的《〈政治经济学批判〉序言》作序时说,唯物史观的要点“在本书的序言中已经作了扼要的阐述”②。而这篇序言所阐述的恰恰是生产力与生产关系、经济基础与上层建筑的社会基本矛盾运动。1872 年恩格斯在《再论蒲鲁东和住宅问题》中指出:“德国的唯物史观是以一定历史时期的物质经济生活条件来说明一切历史事件和观念、一切政治、哲学和宗教的。”③1876 年恩格斯在《反杜林论》引论中说:“一种唯物主义的历史观被提出来了,用人们的存在说明他们的意识。”④在《反杜林论》的第三编理论部分,恩格斯又重申:“唯物主义历史观从下述原理出发:生产以及随生产而来的产品交换是一切社会制度的基础;在每个历史地出现的社会中,产品分配以及和它相伴随的社会之划分为阶级或等级,是由生产什么、怎样生产以及怎样交换产品来决定的。”⑤

我们详尽地引述了恩格斯关于唯物史观的几乎全部说法和见解,目的就在于证明,恩格斯严格遵守他和马克思共同缔造的唯物史观,他对唯物史观不仅参与创立,而且理解深邃,表述精辟,但从来没有超出《德意志意识形态》的视野,这也是他一再声明唯物史观是由马克思发现所必然做出的承诺。

然而到了 1890 年 8 月 5 日,恩格斯在致康·施米特的信中,却突然地提到了历史唯物主义概念,指责“许许多多年轻的德国人”,“他们只是用历

① 《马克思恩格斯选集》第 2 卷,人民出版社 1995 年版,第 623 页。
② 《马克思恩格斯选集》第 2 卷,人民出版社 1995 年版,第 38 页。
③ 《马克思恩格斯选集》第 3 卷,人民出版社 1995 年版,第 209 页。
④ 《马克思恩格斯选集》第 3 卷,人民出版社 1995 年版,第 739 页。
⑤ 《马克思恩格斯选集》第 3 卷,人民出版社 1995 年版,第 617 页。

史唯物主义的套语来把自己的相当贫乏的历史知识尽速构成体系，于是就自以为非常了不起了”。[1] 这是恩格斯第一次接触到历史唯物主义，那么，这个概念是怎么来的呢？它最初的含义是什么呢？

通过研读恩格斯这时期的来往书信，可以看出，19 世纪八九十年代以来，随着工人运动的发展和马克思主义的振兴，德国思想界唯物主义思潮势头渐长，尤其受到青年们的青睐。但是与此同时，一股曲解唯物主义的思潮也开始抬头，其代表人物就是德国哲学和社会学家、莱比锡大学教授保尔·巴尔特。他著有《黑格尔和包括马克思及哈特曼在内的黑格尔派的历史哲学》一书，肆意歪曲和攻击马克思的唯物史观，如恩格斯所写道：“巴尔特对马克思的批评，真是荒唐可笑。他首先制造一种历史发展的唯物主义理论，说什么这应当是马克思的理论，继而发现，在马克思的著作中根本不是这么回事。但他并未由此得出结论说，是他，巴尔特，把某些不正确的东西塞给了马克思，相反的，却说马克思自相矛盾，不会运用自己的理论！”[2]巴尔特塞给马克思的不正确的历史发展理论就是当时流传甚广的经济唯物主义或经济决定论。巴尔特接过唯物史观的经济对历史发展起决定作用的思想，但把这种决定作用自动化、直线化、绝对化。恩格斯说：“这个人还没有发现，物质生存方式虽然是始因，但是这并不排斥思想领域也反过来对这些物质生存方式起作用，然而是第二性的作用。”[3]巴尔特把这种片面和绝对的经济唯物主义冒充为马克思的历史观，在“近两三年来，许多大学生、著作家和其他没落的年轻资产者纷纷涌入党内”[4]的情况下，一时在党内青年中很有市场。这些人理论底子薄，思想简单化，不懂辩证法，又不愿意付出艰苦努力，就希望找到一种捷径，能够轻而易举地构筑起广泛流行于德国的思想体系来。构筑体系的需要使他们转向唯物主义，并把唯物主义当作构造体系的垫脚石。如恩格斯所讲：“对德国的许多青年著作家来说，‘唯物主义’这个词大体上只是一个套语，他们把这个套语当作标签贴到各种事物上去，再

---

① 《马克思恩格斯选集》第 4 卷，人民出版社 1995 年版，第 692 页。
② 《马克思恩格斯选集》第 4 卷，人民出版社 1995 年版，第 710 页。
③ 《马克思恩格斯选集》第 4 卷，人民出版社 1995 年版，第 691 页。
④ 《马克思恩格斯选集》第 4 卷，人民出版社 1995 年版，第 695 页。

不作进一步的研究，就是说，他们一把这个标签贴上去，就以为问题已经解决了。”①这个标签贴到经济上去，就出现了经济唯物主义，贴到历史上去，就产生了历史唯物主义，历史唯物主义就是被当作构造体系的标签和套语而产生出来的。

恩格斯在致康·施米特的信中虽然提到了历史唯物主义概念，但并没有直接说明历史唯物主义的含义，更多地是指责青年们热衷于构造体系，同时批评他们不了解“我们的历史观首先是进行研究工作的指南，并不是按照黑格尔学派的方式构造体系的诀窍”②。奉劝他们“必须详细研究各种社会形态存在的条件，然后设法从这些条件中找出相应的政治、私法、美学、哲学、宗教等等的观点。在这方面，到现在为止只做了很少的一点工作，因为只有很少的人认真地这样做过”③。但是从恩格斯这封信的话里话外可以推断出，这里作为套语的历史唯物主义大体相当于唯物史观。因为恩格斯在提到历史唯物主义概念的同时并没有放弃唯物史观，他在同一封信中说：“唯物史观现在也有许多朋友，而这些朋友是把它（即唯物史观。——笔者注）当作不研究历史的借口的。”④而历史唯物主义也是一些浅薄的青年用来掩盖自己知识贫乏的套语和借口。由此可见，恩格斯批评的是同一伙人，即类似莫里茨这样只热衷于第二手材料的“讨厌的朋友”⑤。批评的内容都是他们把唯物主义这个流行的标签贴到历史身上，用历史唯物主义的套语去理解唯物史观。这样就一举两得，既逃避了艰苦的第一手资料的搜集和研究工作，又可以满足自己的构造体系欲。所以，历史唯物主义根源于唯物史观，是对唯物史观的简单化标签化的理解。恩格斯在批评中引述了马克思的一句名言：“正像马克思就 70 年代末的法国‘马克思主义者’所曾经说过的：‘我只知道我自己不是马克思主义者。’”⑥这句话更证明，被当作套语来使用的历史唯物主义，并不真正理解唯物史观，就像法国的“马克思主义

① 《马克思恩格斯选集》第 4 卷，人民出版社 1995 年版，第 691—692 页。
② 《马克思恩格斯选集》第 4 卷，人民出版社 1995 年版，第 692 页。
③ 《马克思恩格斯选集》第 4 卷，人民出版社 1995 年版，第 692 页。
④ 《马克思恩格斯选集》第 4 卷，人民出版社 1995 年版，第 691 页。
⑤ 《马克思恩格斯选集》第 4 卷，人民出版社 1995 年版，第 691 页。
⑥ 《马克思恩格斯选集》第 4 卷，人民出版社 1995 年版，第 691 页。

者"并不真正理解马克思主义一样。马克思对法国的"马克思主义者"很无奈,大有"我播下的是龙种,而收获的却是跳蚤"[①]的感叹。恩格斯对被当作套语的历史唯物主义也很无奈,既恨铁不成钢,严厉批评他们的肤浅和懒汉学风,又不能一脚把他们踢出门外,他们毕竟站在唯物史观的旗帜下,是唯物史观的朋友,用历史唯物主义表示了对唯物史观的认同。在这个意义上,历史唯物主义本身并没有错误,不能否定,应该否定的是它不应该成为拒绝研究历史的借口。

二、历史唯物主义的深层意蕴

历史唯物主义从它一产生就和唯物史观纠结在一起。恩格斯在致康·施米特的信中刚刚分析了历史唯物主义一词出现的前因后果,时间还没过一个半月,他在 1890 年 9 月 21 日致约·布洛赫的信中又回头拾起唯物史观概念,说:"根据唯物史观,历史过程中的决定性因素归根到底是现实生活的生产和再生产。无论马克思或我都从来没有肯定过比这更多的东西。"[②]可是就在同一封信中,恩格斯又抛开历史唯物主义作为套语的前嫌,不仅正面肯定,而且还说自己在《反杜林论》和《费尔巴哈论》中"对历史唯物主义作了就我所知是目前最为详尽的阐述"[③]。又过了两年,恩格斯又有机会回到历史唯物主义,他在 1892 年写的《社会主义从空想到科学的发展》英文版导言中,针对英国公众对唯物主义一词的反感,特意声明:"本书所捍卫的是我们称之为'历史唯物主义'的东西"[④],这句话意味深长,把历史唯物主义加上引号隐喻两层意思,一是说这种历史唯物主义正是你们英国公众反感的词汇,二是说这种历史唯物主义就是过去被一些青年当作不研究历史的套语。但是现在必须申明,这种历史唯物主义不仅是"我们"已经采用了的称呼,而且还是我们要捍卫的东西。那么,这种历史唯物主义的主要观点是什么呢?恩格斯紧接着就做了回答。他说:"我在英语中如果也像在其他许多

① 《马克思恩格斯选集》第 4 卷,人民出版社 1995 年版,第 695 页。
② 《马克思恩格斯选集》第 4 卷,人民出版社 1995 年版,第 695—696 页。
③ 《马克思恩格斯选集》第 4 卷,人民出版社 1995 年版,第 698 页。
④ 《马克思恩格斯选集》第 3 卷,人民出版社 1995 年版,第 698 页。

语言中那样用‘历史唯物主义’这个名词来表达一种关于历史过程的观点，我希望英国的体面人物不致于过分感到吃惊。这种观点认为一切重要历史事件的终极原因和伟大动力是社会的经济发展，是生产方式和交换方式的改变，是由此产生的社会之划分为不同的阶级，是这些阶级彼此之间的斗争。”①这是恩格斯第一次也是唯一一次对历史唯物主义的直接表述，这个表述与恩格斯自己说的在《反杜林论》和《费尔巴哈论》中对历史唯物主义做了就我所知是目前最为详尽的阐述综汇在一起，就显示出历史唯物主义有别于唯物史观的最大特点是它对社会划分为阶级和阶级斗争的重视，以及强调从社会政治上层建筑方面来理解一切重大历史事件。这可以从以下两个方面加以说明：

首先，在历史唯物主义出现之前，唯物史观是马克思主义科学史观的唯一表述。遍查马克思恩格斯关于唯物史观的全部解说可以看出，在他们视野中唯物史观的重点与核心是社会生活的生产和再生产，是以一定时期的物质生活条件来说明一切社会历史和政治事件，是以经济为基础来演绎历史的发展进程。它基本上强调的是生产力决定生产关系，生产关系的总和作为经济基础决定上层建筑，人类社会的历史就是社会基本矛盾运动的展开过程。而历史唯物主义除了这些内容以外，还普遍地强调了阶级斗争和社会政治及上层建筑的重要性。恩格斯第一次用四个“是”来表达历史唯物主义关于历史进程的基本观点，后两个“是”就是社会划分为阶级和阶级之间的斗争。详尽表述历史唯物主义的《反杜林论》与《费尔巴哈论》也都对阶级斗争和上层建筑对历史发展的反作用作了充分的展示和说明。

其次，能够印证这一点并与之相契合的是恩格斯的晚年通信。恩格斯的晚年通信是历史唯物主义的重要诞生地，通信的重大使命是批判经济唯物主义，恢复唯物史观的本来面目和辩证实质。经济唯物主义的泛滥是当时德国思想理论界的一段插曲，它虽然没有成大气候，但是对马克思主义的正确传播和发展造成了极大的危害，恩格斯深感痛心和焦虑。他在对经济唯物主义进行尖锐的批评的同时，也主动地承担责任。恩格斯在第一次认

① 《马克思恩格斯选集》第3卷，人民出版社1995年版，第704—705页。

可历史唯物主义的致约·布洛赫的信中曾说，根据唯物史观，历史过程中的决定性因素归根到底是现实生活的生产和再生产，并说他和马克思从来都没有肯定过比这更多的东西。这样来表述唯物史观容易被人歪曲，导致现实生活的生产和再生产的绝对化。恩格斯预见到这一点，所以紧接着又补充说："如果有人在这里加以歪曲，说经济因素是唯一决定性的因素，那么他就是把这个命题变成毫无内容的、抽象的、荒诞无稽的空话。经济状况是基础，但是对历史斗争的进程发生影响并且在许多情况下主要是决定着这一斗争的形式的，还有上层建筑的各种因素：阶级斗争的政治形式及其成果——由胜利了的阶级在获胜以后确立的宪法等等……这里表现出这一切因素间的相互作用。"①这段话很精彩，可这是 1890 年 9 月写的，这时经济唯物主义已经开始泛滥，他们恰恰是利用唯物史观对经济因素的重视来曲解唯物史观的。所以恩格斯不无憾意地解释说："青年们有时过分看重经济方面，这有一部分是马克思和我应当负责的。我们在反驳我们的论敌时，常常不得不强调被他们否认的主要原则，并且不是始终都有时间、地点和机会来给其他参与相互作用的因素以应有的重视。……可惜人们往往以为，只要掌握了主要原理——而且还并不总是掌握得正确，那就算已经充分地理解了新理论并且立刻就能够应用它了。在这方面，我是可以责备许多最新的'马克思主义者'的；而他们也的确造成过惊人的混乱……"②

对过去在唯物史观的表述和宣传方面所出现的偏颇，恩格斯不止一次做过自我批评。他在 1893 年 7 月 14 日致弗·梅林的信中又说："此外，只有一点还没有谈到，这一点在马克思和我的著作中通常也强调得不够，在这方面我们大家都有同样的过错。这就是说，我们大家首先是把重点放在从基本经济事实中引出政治的、法的和其他意识形态的观念以及以这些观念为中介的行动，而且必须这样做。但是我们这样做的时候为了内容方面而忽略了形式方面，即这些观念等等是由什么样的方式和方法产生的。这就给了敌人以称心的理由来进行曲解或歪曲，保尔·巴尔特就是个明显的

---

① 《马克思恩格斯选集》第 4 卷，人民出版社 1995 年版，第 696 页。

② 《马克思恩格斯选集》第 4 卷，人民出版社 1995 年版，第 698 页。

例子。"①

恩格斯的这两封信发出明确信号,恢复唯物史观的全面性,张扬过去强调得不够的阶级斗争和政治上层建筑的重要性,已成为思想理论战线的当务之急,这对于无产阶级的革命斗争具有生死攸关的重大意义。在阶级斗争是历史发展动力和无产阶级夺取政权的年代,只有把阶级斗争和政治革命的意识灌输给人民群众,无产阶级才可能在完成自己历史使命的道路上迈出坚定的一步。有鉴于此,恩格斯才在对历史唯物主义的表达中,不只肯定经济的决定作用,同时向阶级斗争和政治、思想及上层建筑倾斜,把它们整合到一起,使之成为一切重大历史事件的终极原因和伟大动力,这就是恩格斯所要捍卫的历史唯物主义。在恩格斯看来,既然青年们都用历史唯物主义的套语来构筑体系,表达他们对唯物史观的理解,那么我们也可以接过这个术语,不过它的内涵绝不是经济唯物主义,而是在《反杜林论》和《费尔巴哈论》中早已详尽阐述的社会存在决定社会意识基础上的经济、政治和上层建筑的交互作用。把这个思想附之于历史唯物主义名下,既能够使人耳目一新,起到强调重要性的作用,又利于争取广大受经济唯物主义影响下的青年。从此开始,历史唯物主义已经彻底抛掉了最初的套语形态,在马克思主义体系中成为合法性的存在,并正式登堂入室,成为马克思主义哲学的构成部分。

在恩格斯看来,承认历史唯物主义就必须指明其思想来源,这是确立其合法地位的必要条件。恩格斯在 1893 年致弗·雅·施穆伊洛夫的信中就别有创意地探讨了历史唯物主义的起源,指出:"在我看来,您在我的《费尔巴哈》(《路德维希·费尔巴哈和德国古典哲学的终结》)中就可以找到足够的东西——马克思的附录其实就是它的起源!"②马克思的附录就是指马克思的《关于费尔巴哈的提纲》,这个提纲通篇都是论述实践唯物主义的,在批判费尔巴哈直观唯物主义的基础上,反衬出"把感性理解为实践活动的唯物主义"③即实践唯物主义,这就把历史唯物主义与马克思的哲学革命变革

① 《马克思恩格斯选集》第 4 卷,人民出版社 1995 年版,第 726 页。
② 《马克思恩格斯选集》第 4 卷,人民出版社 1995 年版,第 721 页。
③ 《马克思恩格斯选集》第 1 卷,人民出版社 1995 年版,第 60 页。

连接起来。马克思虽然没有直接参与历史唯物主义的创建,但他却为历史唯物主义提供了思想奠基。

三、在科学与逻辑视野内唯物史观与历史唯物主义的各自特点

唯物史观与历史唯物主义虽然长期纠结在一起,从内涵上难以区分,但它们能够共存 100 多年,必定有其存在的理由。从应然意义上人们对它们各自的特点还抱有真诚的预期,这恐怕是人们长期不愿舍弃任何一方的根本原因。这种预期不是恩格斯赋予的,但却是科学与逻辑内蕴或允许的,是在与其他学科的碰撞中滋生出各自的特点的。

首先,唯物史观是全人类的共同财富,而历史唯物主义是无产阶级的意识形态。唯物史观是一种历史观,是用唯物主义观察社会历史得出的总的观点。与唯物史观相平行的历史观还有唯心史观、自然史观、英雄史观、偶然史观等等。这些历史观都抓住了历史发展中的某一方面,并加以放大和膨胀,成为一种系统的历史观点。因此,这些历史观既有其合理之处,也有其先天的偏颇和弱点。在所有的历史观中,唯物史观是唯一正确的科学的历史观,它既克服了黑格尔用范畴构造体系的唯心主义的弊病,又充分重视马克思的哲学革命变革的成果,用人及其生存的实践基础来解说历史,认为历史不过是"追求着自己目的的人的活动而已"①。唯物史观在本质上是马克思的实践唯物主义在历史领域中的展现,但唯物史观的产生绝没有离开人类文明历史发展的轨道,也不单纯是马克思个人的思想成果,历史上的许多先进的思想家都曾在正确认识历史的不懈追求中做出过自己的贡献。恩格斯多次肯定摩尔根的《古代社会》一书的重大意义,称他"在他自己的研究领域内独立地重新发现了马克思的唯物主义历史观"②。还说梯叶里、米涅、基佐以及英国的历史编纂学家们都曾在发现唯物史观方面"做过努力"。恩格斯的这些话传递出一个重要信息:唯物史观不只是无产阶级的阶级意识和阶级真理,它所揭示的是全人类历史发展的机制和规律。因此,唯物史观

① 《马克思恩格斯全集》第 2 卷,人民出版社 1957 年版,第 118—119 页。

② 《马克思恩格斯选集》第 4 卷,人民出版社 1995 年版,第 661 页。

不仅为无产阶级的革命导师马克思恩格斯所发现，其他阶级的先进人物，只要能够认真地梳理材料，如实地反映历史，潜心地从事研究，也可以发现唯物史观或揭示唯物史观的片段和碎片。众所周知，黑格尔承认历史具有不依人的意志为转移的客观规律性，费尔巴哈排除一切外在因素，在人自身中寻求历史演进的真谛，这些也都为唯物史观的产生做出了重要的思想铺垫。正是这一点鲜明地体现了唯物史观视野广阔，海纳百川，具有超意识形态的科学性质，或者说唯物史观本身就是科学，其使命是从宏观视角正确、全面、如实地揭示人类历史的演进及其规律。恩格斯说："在马克思看来，科学是一种在历史上起推动作用的、革命的力量。"[①]历史揭示得越真实，越彻底，越符合无产阶级的利益。马克思所发现的唯物史观继承了人类文明史上的思想精华，是阶级性与科学性相结合的典范，在这个意义上，唯物史观不仅是无产阶级的而且更是全人类的共同的思想财富。

历史唯物主义与以科学形态出现的唯物史观内涵上有差异，这些差异最初在恩格斯1892年写的《社会主义从空想到科学的发展》英文版导言中显现出来。导言说，本书所要捍卫的是我们称之为历史唯物主义的东西。那么，在书的正文中，恩格斯怎样来叙述和捍卫历史唯物主义呢？我们发现，由于正文是在1880年初写的，所以书中出现的社会历史思想一律都称为唯物主义历史观，但是这里所阐发的唯物史观根本不像《德意志意识形态》那样，从人类历史的第一个前提即有生命的个人存在到人类的四种生产，从人的感性存在到人的感性活动，从分工到五种所有制形式，从异化的消除到世界历史思想等全方位展现唯物史观的整体图景；而是从全部的唯物史观中截取了与无产阶级历史使命相关联的一大时段，是对从资本主义产生到共产主义最终实现这一漫长时期历史演进的哲学说明。所以该书开头第一句话就指明现代社会主义的内容，论述历史也从资本主义产生和无产阶级出现讲起。这本书还以当时不成熟的无产阶级思想的代表——空想社会主义为线索，着重论述了它们的历史功绩与空想弊病，而这一切又都是与那个时代的思维方式的特点分不开的。在论述了形而上学思维的得失与黑格尔辩

① 《马克思恩格斯选集》第3卷，人民出版社1995年版，第777页。

证法的贡献和内在矛盾以后，恩格斯转向近代历史，特别是无产阶级与资产阶级斗争的历史，并以这个时期的阶级斗争为背景，着重分析了阶级的存在与生产和交换方式的关系，指出每一个历史时期的上层建筑都应该由经济基础来说明。在对近代以来的历史做深刻透视的基础上，恩格斯得出结论："一种唯物主义的历史观被提出来了，用人们的存在说明他们的意识，而不是像以往那样用人们的意识说明他们的存在这样一条道路已经找到了。"①这些见解本来就是唯物史观中近代历史观的板块，恩格斯在导言中却偏偏把它称为历史唯物主义来加以捍卫，其用意十分明显，就是为了凸显这个特定历史时期无产阶级的利益和使命，使唯物史观的这部分内容独立出来，成为指导无产阶级革命斗争的锐利武器。无产阶级争取解放和建设新社会的斗争是近代历史的主线，随着无产阶级的阶级自觉的提升和无产阶级逐渐成为统治阶级，它的思想也就逐渐成为社会占统治地位的意识形态。历史唯物主义反映这段时期的历史演进趋势和规律，既具有科学性，同时更具有意识形态性。因此，历史唯物主义与唯物史观不同，它只能为马克思恩格斯所发现，任何其他阶级的思想家在根本立场上都与历史唯物主义的性质和使命不相容。由此我们才看到，恩格斯可以说摩尔根、梯叶里、米涅等发现了唯物史观或者为此做了很多工作，但绝不能说他们对历史唯物主义有什么贡献。正是基于这一点，我们才说历史唯物主义作为唯物史观的一部分，是马克思恩格斯的伟大创新，而从不把这个桂冠挂到马克思恩格斯或他们的学生以外的人身上。

其次，唯物史观和历史唯物主义的外延不同。唯物史观作为指导历史科学的总观点，其外延涵盖全部人类历史，是以物质实践决定观念形成、社会存在决定社会意识为统领对历史演进机制和规律的科学说明。而历史唯物主义外延小于唯物史观，是唯物史观的近代部分，是对这个时期无产阶级革命斗争的哲学指引。历史唯物主义必定就是唯物史观，而唯物史观中近代以前的内容不属于历史唯物主义。唯物史观的科学性和全人类性与一切先进的思想家相融通，他们都能在自己的领域内为唯物主义做出贡献。而

① 《马克思恩格斯选集》第3卷，人民出版社1995年版，第739页。

历史唯物主义的阶级性和意识形态性凸显了无产阶级的阶级利益和阶级自觉，只有转变了立场，站到无产阶级方面来的知识分子才可能创立历史唯物主义，或为发展历史唯物主义做出贡献。

其次，唯物史观与历史唯物主义的研究对象和研究路径也不一样。唯物史观的研究对象是全部人类社会历史，在推出历史唯物主义之后，重点转向人类原生形态史、种族史、土地史、家庭史、婚姻史、伦理史、文化史、宗教史等。其使命是发现人类历史演进的深层奥秘，增进对人类历史发展各层面细节的了解，绘制出更加精细的历史演进的图谱来。由于历史的时空早已消失，人们无法再现当年历史的场景，因此，唯物史观的研究途径只能是从无到有，从考古、文物发现、典籍分析和社会调查中获取历史遗存的化石和信息，经过筛选、过滤，去伪存真，从中发现历史的真实画面，填补历史的空白。摩尔根能够独立发现马克思的唯物史观，就是因为他抓住了易洛魁部落这块人类远古社会的活化石，通过 40 年的亲身生活和研究，终于发现了人类原生形态的秘密，揭示出氏族及其内部不通婚就是古代社会相当长一段时期的真谛所在。柯瓦列夫斯基的《公社土地占有制》一书面对东方土地制度的种种疑云，由不知追求真知，通过大量调查和文献分析，最后向全世界推出了东方土地公有制的事实，为认识土地这一人类生存之母的历史和现实贡献了自己的努力。

而历史唯物主义不过是辩证唯物主义、实践唯物主义、自然唯物主义、经济唯物主义、直观唯物主义等诸多唯物主义中的一种唯物主义，其本质不是科学，而是历史领域中的唯物主义哲学，其使命不是发现或揭示近代以来的历史真实，而是要对已经出现或发生的历史和现实事件、人物，用唯物主义观点进行哲学反思和透视，由此及彼，由表及里，发现事物本质联系，揭示内在规律，最后达到对事物的深层次的认识和理解。历史唯物主义的核心是唯物主义，只有唯物主义才能击破唯心史观对历史和现实的歪曲，真正为无产阶级革命斗争提供思想武器。所以，历史唯物主义与唯物史观不同，唯物史观追求的是事实和真实，而历史唯物主义追求的是正确的认识和思想，而且是与无产阶级历史使命相关联的认识和思想。历史唯物主义虽然不具唯物史观的总体性，但由于事关无产阶级的根本利益，所以更显得极端重

要。出于阶级意识和阶级自觉，恩格斯从唯物史观中分离出历史唯物主义，不仅格外重视，而且要加以捍卫，与之相比，历史唯心主义的地位和重要性远不能与历史唯物主义相比拟。所以，毛泽东在1949年写的一篇时事评论的题目叫作《唯心史观的破产》，而不称其为历史唯心主义的破产。历史唯物主义从现实到思想的研究理路体现在马克思恩格斯的一系列著作中，恩格斯在致约·布洛赫的信中十分明确地罗列了历史唯物主义的典型作品，指出，马克思的《路易·波拿巴的雾月十八日》《资本论》和他的《反杜林论》《费尔巴哈论》就是对历史唯物主义最为详尽的阐述。发人深思的是恩格斯不把他在1884年发表的《家庭、私有制和国家的起源》一书列入历史唯物主义行列中，其原因是这本书的副标题为"就路易斯·亨·摩尔根的研究成果而作"，而恩格斯一向称摩尔根独立地发现了马克思的唯物史观，所以在恩格斯眼中，《家庭、私有制和国家的起源》一书属于唯物史观的力作。

最后，关于唯物史观与历史唯物主义的适用范围和常用概念也各有自己的特点。把历史唯物主义与无产阶级历史使命联系在一起，就自然地区分了它们的适用时代，唯物史观涵盖全部历史，历史唯物主义主要适用于近代以来的资这本主义社会和未来共产主义时期。但是这不等于近代只产生历史唯物主义作品而不产生唯物史观的著作。恰恰相反，近代是人类思想文化发展的又一新的高峰期，几乎所有重大的唯物史观成果都产生于资本主义时代。只有这个时代人类才能站在历史的制高点上去俯视已经逝去了的社会历史和组织，提出"人体解剖是猴体解剖的一把钥匙"的著名论断。所以单从时间上区分不了唯物史观与历史唯物主义的归属和定位，倒是从常用概念的特点上可以为唯物史观与历史唯物主义的界定提供某种借鉴和参考。

一般来说，唯物史观蕴含的大多是宏观的、涉及历史全局的、普世性极高的根本性的概念。这些概念外延广大，内涵空虚，具有科学体系的逻辑起点的性质。在发展和演进过程中概念内涵不断充实，外延逐渐缩小，才实现由抽象到具体的转换。黑格尔逻辑学中的"有"，马克思《资本论》中的商品，唯物史观中的人及其实践，就是这类概念。但是在概念演化中随着具体性的增强又导致不断出现第二或第三层级的概念，这些概念的有机交错和组合结成唯物史观的不同层次和系列的网。比如唯物史观的根本原则是从物质实践出发解释观念的形成,与这个原则相适应的观念或概念首先是人,人之为人在于实践和生产劳动,生产必须有自然对象和工具,它们的组合形成生产力和生产关系,生产关系的总和构成经济基础,在这个基础上产生上层建筑的各种形式,观念或概念就是其中的社会意识的体现。这一系列的概念都具总体性,是产生部门概念的总概念,唯物史观的概念一般都具有这种至大无边的特点。同样,比如人类的原生形态一直是唯物史观的重大课题,马克思直到晚年才揭示出它的秘密,从而为唯物史观找到科学的起点。原生形态的概念的第一层级也是人,是刚从动物中分化出来的处于群婚状态的野蛮人,然后是血缘家庭、普那路亚家庭、对偶婚、氏族、部落、部落联盟、自然选择、私有财产、一夫一妻制家庭,总之都是人的各种存在形态,原生形态不过表现为人的早期进化过程而已。唯物史观概念的宏观特点表现它具有历史的贯通性,它所使用的概念大都纵贯古今,为一切社会形态所共用,如实践、生产、生产关系、所有制、分工、交换、消费、异化、阶级、国家、文化等等。

而与此相比,历史唯物主义除了包含一切社会形态通用的私有制、阶级、国家等宏观概念外,最明显的概念特点是具有微观性、特殊性和不通约性,时代性成为概念的硬核。比如历史唯物主义的经典巨著《共产党宣言》,其独具特色的概念是资本主义、资产阶级、无产阶级、工场手工业、大工业、世界市场、经济危机、共产党、共产主义、两个决裂、自由人联合体等等,这些概念正是这个时代精神的凝结。又比如《法兰西内战》这部历史唯物主义的专著,其核心概念是巴黎公社,辅之以公社委员会、梯也尔和公社采取的打碎国家机器、武装人民、普选制等概念,它们的组合就成了这部书的主要思想和贡献。巴黎公社 72 天的惊天壮举及其历史意义就反映在这些概念及其转换中。

以上所述不过是笔者长期关注和思考唯物史观与历史唯物主义关系问题的一得之见,只凭笔者的这些浅见,远不足以把唯物史观与历史唯物主义剥离开,其实从内心深处来说,笔者也无意非把它们拆开不可。笔者这个想法的底线是希望学界先迈出一步,积聚共识,加强交流,首先在某些明显的

问题上不要要犯低级错误：把马克思的《古代社会》一书摘要称为历史唯物主义著作，而把《路易·波拿巴的雾月十八日》称为唯物史观的成果。仅此而已，夫复何求！（原载《马克思主义与现实》2012年第2期）

理解人的本质

——马克思的哲学革命与贡献

人的本质问题是哲学史上一个老生常谈的问题。在马克思主义诞生以前,不同流派的哲学家就曾强调过人的本质的不同方面,把自然、社会、意识和审美等说成是人的本质。马克思把人的本质问题与哲学革命联系起来,在人的实践活动和由此形成的社会关系中揭示人的本质,从而开创了正确理解人的本质的新视角。当前,在我国大力强调“以人为本”和“执政为民”的大背景下,深刻理解马克思关于人的类本质和现实本质的二重规定及其递进关系,尤其是“人的本质是一切社会关系的总和”的科学规定,无疑具有深远的理论意义和实践意义。

由于人是从动物发展来的,因此,人这个类与动物的类的区别就十分自然地成为人认识自己本质的切入口。马克思的唯物主义引路人费尔巴哈就是从“类”入手,介入人与动物相区别的视阈的。“类”是费尔巴哈表述人的本质的用语,他把人所固有的意识、理性、感情、意志和爱等精神性的东西视为人的类本质。这实际上是一种唯心主义的人的本质观。马克思的哲学革命变革直接指向费尔巴哈的直观唯物主义,在强调实践对自然的人化作用的同时,特别把实践活动中人的自由和有意识的特性提升为类本质。马克思说:“自由的有意识的活动恰恰就是人的类特性……正是由于这一点,人才是类存在物。”这里的“自由”是指人的活动以比动物更广阔的自然界为对象;“有意识”则指人的有目的活动与动物的无意识的本能活动的不同。这种特性使人的生产是全面的,不像动物那样只生产自身,而是再生产出整个

世界;使人自由地面对自己的产品,用精神和美的尺度来构造世界。如果人的活动失去了这种全面性、自由性和审美性,仅仅“变成维持他的个人生存的手段”,那么,人的类本质就会异化。

在哲学史上,从人与动物的根本区别来解说人的本质并不少见。但以实践为立足点,用自由的有意识的活动来解说人与动物的根本区别,这是马克思的首创,是“把感性理解为实践活动”的实践唯物主义在人的本质问题上的体现。可是,实践或其内蕴的自由的有意识的活动所划定的人与动物之间的界限,仅仅圈定了人与动物的外延,对于人自身来说,这个本质界定过于宽泛,由此而划界的人也太抽象、模糊。为了人的具体和现实化,还需要再进一步区分人,找出人的二级本质,借以与类本质互补。

在《关于费尔巴哈的提纲》中,马克思对费尔巴哈的类本质说进行了批判。费尔巴哈不理解人的实践及其形成的社会性,他心目中的人都是个体的自然人,他所谓人的类本质不外就是单个人的自然属性的相加。离开实践活动,所有的人都是没有区别的自然人,显露出的都是单个人的自然性。这暴露了费尔巴哈直观唯物主义只重视现象存在而忽视其背后活动的弱点。要区分人,就必须将人进一步现实化。这些社会关系的总和,决定了一个人的社会身份,构成人的类本质之后的二级本质,即社会关系本质。马克思说:“人的本质不是单个人所固有的抽象物,在其现实性上,它是一切社会关系的总和。”这句话既是对费尔巴哈把单个人的自然和意识本性抽象为人的类本质的批评,同时又是对先前自由的有意识活动的类特性的超越,从而进入现实层面,把社会关系的总和作为理解人的本质的新视角。

社会关系本质是马克思提出类本质之后对人的本质学说的革命性的突破。它告诉我们,现实的人都是社会关系中的人,社会关系将人现实化、具体化、个体化、分工化、职能化、责任化。只有在社会关系的交往和链条中各方面均称职尽责,才能成为一个真正有益于他人的人。从此,人的类本质与社会关系的现实本质有机配合,共同成为了解人、把握人的本质和召唤人的有力武器。

历史唯物主义探秘

长期以来,历史唯物主义一直与唯物史观纠结在一起,被认为是同一概念的不同称谓,这就严重地制约了对历史唯物主义的独立研究,以致它深藏的许多秘密直到现在都没有揭示出来。在大力推进马克思主义中国化的今天,历史唯物主义以其和现实的紧密关联而具有特殊重要的意义。这就更有必要从源头上揭示历史唯物主义的秘密,深刻地把握其精髓和实质。

一、历史唯物主义起源探秘

历史唯物主义是马克思主义哲学独具特色的伟大创新。列宁说:“马克思的历史唯物主义是科学思想中的最大成果。人们过去对于历史和政治所持的极其混乱和武断的见解,为一种极其完整严密的科学理论所代替。”[①]哲学界有些人以此为根据或者想当然地认为历史唯物主义必定是马克思、恩格斯首先提出来的。其实,历史唯物主义作为一个概念或术语,其源头并非来自马克思或恩格斯。从恩格斯的信件中可以看出,历史唯物主义一词是19 世纪 90 年代前后在“德国的许多青年著作家”或“许许多多年轻的德国人”[②]中间最先使用的。19 世纪八九十年代以来,随着工人运动的发展和马克思主义的振兴,德国思想界唯物主义思潮势头见涨,受到越来越多的人的青睐,但是它从一开始也受到了以巴尔特为代表的敌视马克思主义思潮的人的曲解和干扰。保尔·巴尔特系哲学社会学家,莱比锡大学教授,曾著《黑格尔和包括马克思及哈特曼在内的黑格尔派的历史哲学》一书,他肆意

① 《列宁选集》第 2 卷,人民出版社 1972 年版,第 443 页。

② 《马克思恩格斯选集》第 4 卷,人民出版社 1995 年版,第 691、692 页。

歪曲、攻击马克思学说，恩格斯在书信中称他为“敌人”①，说他是个“平庸得令人难以置信的家伙”②。巴尔特攻击马克思的惯用手法是歪曲马克思的根本观点和立场，把他自己凭空制造出来的与马克思不相关的东西强加给马克思，然后进行批判，恩格斯说他“简直是跟风车作斗争”③。巴尔特攻击马克思的矛头主要集中在唯物史观特别是经济基础与上层建筑的关系上，把马克思描绘成只注重经济的决定地位而忽视政治和思想作用的“单面人”。恩格斯彻底戳穿了巴尔特的无耻伎俩。他在通信中说：“巴尔特对马克思的批评，真是荒唐可笑。他首先制造一种历史发展的唯物主义理论，说什么这应当是马克思的理论，继而发现，在马克思的著作中根本不是这么回事。但他并未由此得出结论说，是他，巴尔特，把某些不正确的东西塞给了马克思，相反的，却说马克思自相矛盾，不会运用自己的理论！”④巴尔特对唯物史观的曲解工于心计，不是每个人都能一下子看出来的，他的宣传和鼓噪一时俘获了许多青年，特别是他把唯物史观歪曲为经济唯物主义的企图在许多刚入党的青年党员中找到了市场。

恩格斯在描述当时的背景时说：“近两三年来，许多大学生、著作家和其他没落的年轻资产者纷纷涌入党内。”⑤这些人理论基础薄弱，不懂辩证法，听信巴尔特的宣传，以为唯物史观就是经济对社会政治和历史的单向决定作用，根本不了解其相互作用的机理。就是“所有这些先生们”都宣称自己是马克思主义者，都在搞马克思主义。恩格斯揶揄道：“……关于这种马克思主义者，马克思曾经说过：‘我只知道我自己不是马克思主义者。’马克思大概会把海涅对自己的模仿者说的话转送给这些先生们：‘我播下的是龙种，而收获的却是跳蚤。’”⑥“这些老兄”对马克思主义的理解既浅薄又低能，同时又伴之以狂妄和嚣张。他们与“在柏林的新党员”和以保尔·恩斯特为首的党内“青年派”沆瀣一气，极力想以当时颇为流行的经济决定论为

① 《马克思恩格斯选集》第4卷，人民出版社1995年版，第726页。
② 《马克思恩格斯选集》第4卷，人民出版社1995年版，第728页。
③ 《马克思恩格斯选集》第4卷，人民出版社1995年版，第704页。
④ 《马克思恩格斯选集》第4卷，人民出版社1995年版，第710页。
⑤ 《马克思恩格斯选集》第4卷，人民出版社1995年版，第695页。
⑥ 《马克思恩格斯选集》第4卷，人民出版社1995年版，第695页。

基础构筑新的理论体系，并抓住唯物主义充当了建构体系的垫脚石。恩格斯在1890年8月5日致康·施米特的信中描述了当时的具体情景。他写道："对德国的许多青年著作家来说，'唯物主义'这个词大体上只是一个套语，他们把这个套语当作标签贴到各种事物上去，再不作进一步的研究……就以为问题已经解决了。"[①]把唯物主义这个标签贴到经济上去，就出现了经济唯物主义，贴到历史上去就产生了历史唯物主义，他们按照黑格尔派的方式把唯物主义"当作构造体系的诀窍"，而不是"进行研究工作的指南"，不懂得"必须重新研究全部历史，必须详细研究各种社会形态存在的条件，然后设法从这些条件中找出相应的政治、私法、美学、哲学、宗教等等的观点……这个领域无限广阔，谁肯认真地工作，谁就能做出许多成绩，就能超群出众"[②]。但是"许许多多年轻的德国人却不是这样，他们只是用历史唯物主义的套语来把自己的相当贫乏的历史知识尽速构成体系，于是就自以为非常了不起了"[③]。

从恩格斯的这段话可以看出，"历史唯物主义"作为一个术语最初并非马克思恩格斯提出，它是在19世纪八九十年代德国青年运动高涨而理论上又缺乏充分准备的情况下出现的一个词。其内容主要是宣扬历史发展中经济作用的自动性、直线性和绝对性，实际上是企图以经济决定论或经济唯物主义覆盖唯物史观。而它的产生机制与以下两个事实直接相关。其一是与德国作为一个理论民族相连带的构造体系之风。恩格斯早在《反杜林论》中就痛斥"最不起眼的哲学博士，甚至大学生，动辄就要创造一个完整的'体系'"[④]。时过十多年这股构造体系之风并未煞住，反而有愈演愈烈之势，历史唯物主义就是被他们当作标签来构造体系时所使用的一个套语。其二是为了逃避艰苦的史料搜集整理工作，用唯物主义套语来掩饰自己知识的贫乏和不做进一步研究的借口。他们是思想懒汉，只满足于第二手资料，从不对芜杂的历史事实进行深刻的比照和反思，造成了理论上的先天不足和一

① 《马克思恩格斯选集》第4卷，人民出版社1995年版，第691—692页。
② 《马克思恩格斯选集》第4卷，人民出版社1995年版，第692页。
③ 《马克思恩格斯选集》第4卷，人民出版社1995年版，第692页。
④ 《马克思恩格斯选集》第3卷，人民出版社1995年版，第344页。

知半解。恩格斯批判说:"所有这些先生们所缺少的东西就是辩证法。他们总是只在这里看到原因,在那里看到结果。他们从来看不到:这是一种空洞的抽象,这种形而上学的两极对立在现实世界只存在于危机中,而整个伟大的发展过程是在相互作用的形式中进行的,这里没有什么是绝对的,一切都是相对的。"①

由此看来,历史唯物主义刚出现的时候,无论其概念的内涵还是产生的机理都没有什么可值得肯定的地方。但有一点必须肯定,历史唯物主义虽然是在 19 世纪八九十年代德国不成熟的青年中最先使用的,但是作为一个正式概念为理论界所了解却是恩格斯在自己的书信中最先转用的。它与早已辞世的马克思完全无关,后来列宁和第二国际的理论家们所使用的"历史唯物主义"概念都是源于恩格斯,而不是逐渐退出理论前台的德国青年著作家们。

从恩格斯致康·施米特的信中还看不出他对历史唯物主义的肯定态度,但是一个半月之后,即 1890 年 9 月 21 日恩格斯在致约·布洛赫的信中对历史唯物主义的态度却有明显的改变。他不仅接受了历史唯物主义概念,而且认为自己从前的著作就是阐发历史唯物主义思想的:"我也可以向您指出我的《欧根·杜林先生在科学中实行的变革》和《路德维希·费尔巴哈和德国古典哲学的终结》,我在这两部书里对历史唯物主义作了就我所知是目前最为详尽的阐述。"②这样,经过短短的 45 天恩格斯就从概念到思想全盘接受了历史唯物主义,并且把自己的两部最重要的著作归结为历史唯物主义的成果。

1892 年 4 月 20 日恩格斯在《社会主义从空想到科学的发展》导言中将历史唯物主义的地位再次提升,在这里他不仅毫无保留地接受了历史唯物主义,而且宣布"本书所捍卫的是我们称之为'历史唯物主义'的东西"③,这就将历史唯物主义空前地合法化。同年,恩格斯把《社会主义从空想到科学的发展》英文版导言译成德文,发表在《新时代》杂志的第一、二期上,并采用

① 《马克思恩格斯选集》第 4 卷,人民出版社 1995 年版,第 705 页。
② 《马克思恩格斯选集》第 4 卷,人民出版社 1995 年版,第 697—698 页。
③ 《马克思恩格斯选集》第 3 卷,人民出版社 1995 年版,第 698 页。

"论历史唯物主义"为其标题,自此以后,历史唯物主义就正式地登上马克思主义哲学的殿堂,成为马克思主义的重要组成部分。历史唯物主义被恩格斯从德国青年中接手过来,中间经过认同、接受,到最终要加以捍卫的全过程,清楚表明,恩格斯虽然不是历史唯物主义概念的开创者,但他是强有力的确立者。没有恩格斯对历史唯物主义的发现、垂青、确立、捍卫和用"历史唯物主义"作为标题出书,就不会有历史唯物主义辉煌发展的历史和今天。

但是,概念源头与思想源头是两回事,澄清了历史唯物主义概念的源头不等于揭示了历史唯物主义思想起源的秘密。自从列宁提出历史唯物主义是"把它对自然界的认识推广到对人类社会的认识"[①]以后,哲学界都把历史唯物主义的思想源头推向辩证唯物主义,认为历史唯物主义是辩证唯物主义在社会历史领域中的推广和应用。然而,恩格斯自己却不这样认为,他在1893 年致弗·雅·施穆伊洛夫的信中写道:"关于历史唯物主义的起源,在我看来,您在我的《费尔巴哈》(《路德维希·费尔巴哈和德国古典哲学的终结》)中就可以找到足够的东西——马克思的附录其实就是它的起源!"[②]马克思的附录就是著名的《关于费尔巴哈的提纲》,它不仅提出了新唯物主义概念,而且通过对费尔巴哈直观唯物主义的批判,反衬了这种新唯物主义其实就是"把感性理解为实践活动的唯物主义"[③],即实践唯物主义。恩格斯把历史唯物主义与实践唯物主义对接起来,并承认它们的源流关系,这是他真实思想的大"爆料"。哲学界有些人总是对恩格斯与实践唯物主义的关系说三道四,仿佛恩格斯不理解实践的根本性和总体性,只是从实证的角度把实践理解为工业和实验。其实,提出并详尽阐发实践唯物主义的《德意志意识形态》就是恩格斯与马克思的共同成果,很难想象恩格斯会与实践唯物主义保持距离。这封信明确宣布实践唯物主义是恩格斯确立的历史唯物主义的思想源头,这就再现了他与马克思完全一致的实践唯物主义世界观。

1886 年恩格斯写作《费尔巴哈论》的时候,"历史唯物主义"概念还没有出现,作为一种思想,它与唯物史观相一致或蕴含在唯物史观中。恩格斯在

---

① 《列宁专题文集　论马克思主义》,人民出版社 2009 年版,第 68 页。

② 《马克思恩格斯选集》第 4 卷,人民出版社 1995 年版,第 721 页。

③ 《马克思恩格斯选集》第 1 卷,人民出版社 1995 年版,第 60 页。

这本书中对唯物史观有一个与自己当年在《神圣家族》中的表述相一致的说法。在《神圣家族》中，恩格斯曾说，“人是全部人类活动和全部人类关系的本质、基础”，“历史不过是追求着自己目的的人的活动而已”。[①] 而在《费尔巴哈论》中恩格斯又把唯物史观表述为“关于现实的人及其历史发展的科学”[②]。这些对历史的透视和阐发都以人为起点，而人都是在全部的活动和关系中实现自己的目的，展现自己的本质，谱写出人类历史的。而人之所以有自己的追求并进行活动，首先是因为人是有生命的个体，人要生活，维持生命，就需要生活资料。动物融于自然，依附于自然，依靠自然的恩赐维持生命。而对人来说，“自然界，无论是客观的还是主观的，都不是直接同人的存在物相适合地存在着”[③]。人只有改变自然的现成形态，生产出自然界本来没有的东西，才能生存和延续。这就是恩格斯《在马克思墓前的讲话》中说到唯物史观伟大发现时所讲的，人要生活就要生产，“人们首先必须吃、喝、住、穿，然后才能从事政治、科学、艺术、宗教等等；所以，直接的物质的生活资料的生产，从而一个民族或一个时代的一定的经济发展阶段，便构成基础，人们的国家设施、法的观点、艺术以至宗教观念，就是从这个基础上发展起来的，因而，也必须由这个基础来解释，而不是像过去那样做得相反”[④]。这样，恩格斯以人的生命存在为基础，通过生产实践和经济发展阶段，引申出生产力与生产关系、经济基础与上层建筑的矛盾运动，就把全部历史唯物主义的基本范畴都导引出来了。这个过程生动地体现了实践唯物主义处于唯物史观或历史唯物主义的源头地位，而所有这一切并不是恩格斯在 19 世纪 90 年代以后的新发现，他不过是把马克思和他在 40 多年前所达到的认识重提罢了。早在《德意志意识形态》中马克思和恩格斯就深刻地表述过唯物史观的实践内蕴，他们说：“这种历史观和唯心主义历史观不同，它不是在每个时代中寻找某种范畴，而是始终站在现实历史的基础上，不是从观念出发来解释实践，而是从物质实践出发来解释观念的形成，由此还可得出下述

---

① 《马克思恩格斯选集》第 2 卷，人民出版社 1995 年版，第 118—119 页。

② 《马克思恩格斯选集》第 4 卷，人民出版社 1995 年版，第 241 页。

③ 《马克思恩格斯全集》第 3 卷，人民出版社 2002 年版，第 326 页。

④ 《马克思恩格斯选集》第 3 卷，人民出版社 1995 年版，第 776 页。

结论:意识的一切形式和产物不是可以通过精神的批判来消灭的……而只有通过实际地推翻这一切唯心主义谬论所由产生的现实的社会关系,才能把它们消灭;历史的动力以及宗教、哲学和任何其他理论的动力是革命,而不是批判。”[①]这是对“批判的武器”和“武器的批判”以及“解释世界”与“改变世界”关系的进一步的说明,从中可以看出,实践的观点对唯物史观和历史唯物主义的形成所起的举足轻重的作用。

二、历史唯物主义与唯物史观微妙差别探秘

历史已经把唯物史观与历史唯物主义的纠结铸成了铁案,单从其内涵上实在难以找出它们之间的差异,不仅对恩格斯来说是这样,就是对以后的第二国际理论家以及拉布里奥拉、普列汉诺夫、列宁等人来说也是如此。但是,同一思想用两个概念来表述,必有两个概念同时存在的理由,如果他们之间没有任何差别,是所谓真正意义上的“无差别的同一”,那么,这两个概念就不可能在一个多世纪中同时存在下去,其中必有一个混迹其间的被淘汰。之所以没有出现这种情况,归根到底还是因为它们之间存在差别,差别是它们共同存在的理由和价值。这种差别可能是细小的,微妙的,但也是不容忽视的,如果忽视或混淆了就会使人感到别扭,出现不能容忍的常识错误。比如,马克思的《路易·波拿巴的雾月十八日》只能说是历史唯物主义作品,而不能称其为唯物史观的著作。同理,马克思的《古代社会》一书摘要,只能称其为唯物史观的著作,而不能说是历史唯物主义的成果。2009 年中国人民大学主持召开第十届马克思哲学论坛,会议的主题是“历史唯物主义与当代中国”,这个论题很明确,大家也都能理解,都提供了合适的论文。如果主题换成唯物史观与当代中国,那就完全走样,提供的论文也必然七扭八歪,甚至有可能沦为史学界的讨论题目了。实际上,在每个人的心目中都有一杆衡量历史唯物主义与唯物史观的秤,都有自己从文本或直觉中得来的体悟,只不过没有上升到理论和概念的境界,缺乏相互之间的交流罢了。在此,笔者试把历史唯物主义与唯物史观做一分辨,敬请读者批评。

① 《马克思恩格斯选集》第 1 卷,人民出版社 1995 年版,第 92 页。

第一,历史唯物主义是对经济唯物主义曲解的唯物史观的矫正,表现为对政治上层建筑领域的高度重视。在恩格斯关于历史唯物主义和唯物史观的表达中,马克思只与唯物史观相关联,而从不与历史唯物主义有任何瓜葛。这个不成文的规矩恩格斯一向默默地遵守,从没有过例外。在1890年恩格斯推出“历史唯物主义”概念前,这还好理解,因为当时只有“唯物史观”而没有“历史唯物主义”概念。可是当1890年他已逐渐认可甚至要捍卫历史唯物主义以后,他仍然遵守这个规矩,无论是1890年致约·布洛赫的信还是1894年致瓦·博尔吉乌斯的信都是如此。即使恩格斯在自己不断交错使用“唯物史观”与“历史唯物主义”的情况下,他也只说马克思发现了唯物史观,而绝不说马克思发现了历史唯物主义。在恩格斯心目中,“历史唯物主义”最初作为从青年中间接手过来的一个套语,本来就和早已辞世的马克思无关,把它和马克思相联系是不合适的。虽然在与唯物史观同一性的意义上,历史唯物主义离不开马克思的思想奠基,但马克思毕竟没有直接参与创建历史唯物主义。恩格斯一辈子都把创立马克思主义的功劳归功于马克思一个人,历史唯物主义可以说是在没有马克思的情况下,恩格斯独自对马克思主义做出的创造性的发展,这尤其体现在历史唯物主义对政治和上层建筑作用及意义的充分重视上。

19世纪八九十年代以来,经济唯物主义大肆泛滥,引起了恩格斯对以往唯物史观的宣传及效果的反思和焦虑。他在致约·布洛赫的信中说得很清楚:“根据唯物史观,历史过程中的决定性因素归根到底是现实生活的生产和再生产。无论马克思或我都从来没有肯定过比这更多的东西。”过去对唯物史观的这种归结虽然抓住了核心,但还是容易被人歪曲,经济唯物主义就是钻了这个空子,把经济说成是决定历史的唯一力量。所以,恩格斯紧接着就堵住了这个空子,他说:“如果有人在这里加以歪曲,说经济因素是唯一决定性的因素,那他就是把这个命题变成毫无内容的、抽象的、荒诞无稽的空话。经济状况是基础,但是对历史斗争的进程发生影响并且在许多情况下主要是决定着这一斗争的形式的,还有上层建筑的各种因素:阶级斗争的政治形式及其成果——由胜利了的阶级在获胜以后确立的宪法等等……这里表现出这一切因素间的相互作用。”[①]恩格斯的这些话是1890年经济唯物主义已经出现后才说的,此前马克思和恩格斯并没有如此清楚地强调经济以外的各种因素的交互作用,这才给了经济唯物主义以可乘之机。对此,恩格斯主动地承担了责任:“青年们有时过分看重经济方面,这有一部分是马克思和我应当负责的。我们在反驳我们的论敌时,常常不得不强调被他们否认的主要原则,并且不是始终有时间、地点和机会来给其他参与相互作用的因素以应有的重视。”[②]恩格斯的这类自我批评不只做过一次,1893年他在致弗·梅林的信中写道:“此外,只有一点还没有谈到,这一点在马克思和我的著作中通常也强调得不够,在这方面我们大家都有同样的过错。这就是说,我们大家首先是把重点放在从基本经济事实中引出政治、法的和其他意识形态的观念以及以这些观念为中介的行动,而且必须这样做。但是我们这样做的时候为了内容方面而忽略了形式方面,即这些观念等等是由什么样的方式和方法产生的。这就给了敌人以称心的理由来进行曲解或歪曲,保尔·巴尔特就是个明显的例子。”[③]正是鉴于经济唯物主义肆虐所造成的基本理论的扭曲,使恩格斯感到有必要借助历史唯物主义在青年中流行之机,接过历史物主义概念,改造和充实它,恢复政治和上层建筑的应有地位,这就更有助于首先在青年中肃清经济唯物主义的流毒。所以我们看到,凡是恩格斯论及历史唯物主义时,他在肯定经济基础决定意义的同时,总是特别强调政治上层建筑和阶级斗争的作用,把从阶级和政治的视角来理解历史事件提到应有的重要地位。在《社会主义从空想到科学的发展》的序言中,恩格斯把历史唯物主义归结为对重要历史事件所持的正确观点,这种观点认为一切重大历史事件的终极原因和伟大动力是四个“是”,即:是社会经济的发展;是生产力和交换方式的改变;是由此产生的社会之划分为不同的阶级;是这些阶级彼此之间的斗争。正因为《反杜林论》和《费尔巴哈论》集中地展示了这些内容,恩格斯才说他在这两本书中对历史唯物主义做了就我所知是目前最为详尽的论述。因此从政治和阶级斗争的视角来正确理解

① 《马克思恩格斯选集》第4卷,人民出版社1995年版,第696页。
② 《马克思恩格斯选集》第4卷,人民出版社1995年版,第698页。
③ 《马克思恩格斯选集》第4卷,人民出版社1995年版,第726页。

历史和现实事件就成为历史唯物主义的一大特色，而唯物史观的视野显然要比这宏观和广阔得多。由此可以想见，唯物史观指向的是唯心史观，而历史唯物主义针对的是经济唯物主义和经济决定论。

第二，唯物史观是全人类的共同财富，而历史唯物主义具有无产阶级意识形态的特点。从科学和逻辑来推定，唯物史观是一种历史观，是用唯物主义观察社会历史得出的总的观点。与唯物史观相平行的历史观还有唯心史观、自然史观、英雄史观、偶然史观等等。这些历史观都抓住了历史发展中的某一方面，并加以放大和膨胀，成为一种系统的历史观点。因此，这些历史观既有其合理之处，也有其先天的偏颇和弱点。在所有的历史观中，唯物史观是唯一正确的科学的历史观，它既克服了黑格尔用范畴构造体系的唯心主义的弊病，又充分重视马克思的哲学革命变革的成果，用人及其生存的实践基础来解说历史。但唯物史观的产生绝没有离开人类文明历史发展的轨道，也不单纯是马克思个人的思想成果，历史上的许多先进的思想家都曾在正确认识历史的不懈追求中做出过自己的贡献。恩格斯多次肯定摩尔根的《古代社会》一书的重大意义，称他"在他自己的研究领域内独立地重新发现了马克思的唯物主义历史观"①。还说梯叶里、米涅、基佐以及英国的历史编纂学家们都曾在发现唯物史观方面"做过努力"。恩格斯的这些话传递出一个重要信息：唯物史观不只是无产阶级的阶级意识和阶级真理，它所揭示的是全人类历史发展的机制和规律。因此，唯物史观不仅为无产阶级的革命导师马克思、恩格斯所发现，其他阶级的先进人物，只要能够认真地梳理材料，如实地反映历史，潜心地从事研究，也可以发现唯物史观或揭示唯物史观的片段和碎片。众所周知，黑格尔承认历史具有不依人的意志为转移的客观规律性，费尔巴哈排除一切外在因素在人自身中寻求历史演进的真谛，这些也都为唯物史观的产生做出了重要的思想铺垫。正是这一点鲜明地体现了唯物史观视野广阔、海纳百川、具有超意识形态的科学性质，或者说唯物史观本身就是科学，其使命是从宏观视角正确、全面、如实地揭示人类历史的演进及其规律。恩格斯说："在马克思看来，科学是一种在历史上

① 《马克思恩格斯选集》第3卷，人民出版社1995年版，第661页。

起推动作用的、革命的力量。”[①]历史揭示得越真实,越彻底,就越符合无产阶级的利益。马克思所发现的唯物史观继承了人类文明史上的思想精华,是阶级性与科学性相结合的典范,在这个意义上,唯物史观不仅是无产阶级的而且更是全人类的共同的思想财富。

历史唯物主义与以科学形态出现的唯物史观在内涵上有差异,这些差异最初在恩格斯 1892 年写的《社会主义从空想到科学的发展》英文版导言中显现出来。恩格斯说这本书所要捍卫的是我们称为历史唯物主义的东西。那么,在书的正文中,恩格斯怎样来叙说和捍卫历史唯物主义的呢?我们发现,由于正文是在 1880 年初写的,所以书中出现的社会历史思想一律都称为唯物主义历史观,但是这里所阐发的唯物史观根本不像《德意志意识形态》那样,从人类历史的第一个前提即有生命的个人存在到人类的四种生产,从人的感性存在到人的感性活动,从分工到五种所有制形式,从异化的消除到世界历史思想等全方位展现唯物史观的整体图景,而是从全部的唯物史观中截取了与无产阶级历史使命相关联的一大时段,是对从资本主义产生到共产主义最终实现这一漫长历史演进的哲学说明。所以,该书开头第一句话就指明现代社会主义的内容,论述历史也从资本主义产生和无产阶级出现讲起。这本书还以当时不成熟的无产阶级思想的代表——空想社会主义为线索,着重论述了它们的历史功绩与空想弊病,而这一切又都是与那个时代的思维方式的特点分不开的。在论述了形而上学思维的得失与黑格尔辩证法的贡献和内在矛盾以后,恩格斯转向近代历史,特别是无产阶级与资产阶级斗争的历史,并以这个时期的阶级斗争为背景,着重分析了阶级的存在与生产和交换方式的关系,指出,每一个历史时期的上层建筑都应该由经济基础来说明。在对近代以来的历史深刻透视的基础上,恩格斯得出结论:“一种唯物主义的历史观被提出来了,用人们的存在说明他们的意识,而不是像以往那样用人们的意识说明他们的存在这样一条道路已经找到了。”[②]这些见解本来就是唯物史观中近代历史观的板块,恩格斯在导言中却

① 《马克思恩格斯选集》第 3 卷,人民出版社 1995 年版,第 777 页。
② 《马克思恩格斯选集》第 3 卷,人民出版社 1995 年版,第 739 页。

偏偏把它称为历史唯物主义来加以捍卫,其用意就是为了强调近代以来的历史对唯物史观的生成具有特殊重要意义。唯物史观的历史演进机制,尤其是社会明显地分裂为工人阶级和资产阶级,以及阶级斗争成为社会发展动力,只有在近代以来的资本主义社会中才充分体现出来。为了凸显这个特定历史时期无产阶级的利益和使命,有必要把唯物史观的这部分内容独立出来,成为指导无产阶级革命斗争的锐利武器。无产阶级争取解放和建设新社会的斗争是近代历史的主线,随着无产阶级的阶级自觉的提升和无产阶级逐渐成为统治阶级,其思想也就逐渐成为社会占统治地位的意识形态。历史唯物主义反映这段时期的历史演进趋势和规律,既具有科学性,同时更具有意识形态性。因此,历史唯物主义与唯物史观不同,它只能为马克思所奠基和恩格斯所确立,任何其他阶级的思想家在根本立场上都与历史唯物主义的性质和使命不相容。由此我们才看到,恩格斯可以说摩尔根、梯叶里、米涅等发现了唯物史观或者为此做了很多工作,但绝不能说他们对历史唯物主义有什么贡献。正是基于这一点,我们才说历史唯物主义作为唯物史观的一部分,是马克思恩格斯的伟大创新,而从不把这个桂冠挂到马克思、恩格斯或他们的学生以外的人身上。

第三,唯物史观和历史唯物主义的外延不同。唯物史观作为指导历史科学的总观点,其外延涵盖全部人类历史,是以物质实践决定观念形成、社会存在决定社会意识为统领对历史演进机制和规律的科学说明。而历史唯物主义外延小于唯物史观,是唯物史观的近代部分,是对这个时期无产阶级革命斗争的哲学指引。历史唯物主义必定隶属于唯物史观,而唯物史观中近代以前的内容不属于历史唯物主义。唯物史观的科学性和全人类性与一切先进的思想家相融通,他们都能在自己的领域内为唯物主义做出贡献。而历史唯物主义的阶级性和意识形态性凸显了无产阶级的阶级利益和阶级自觉,只有转变了立场,站到无产阶级方面来的知识分子才可能创立历史唯物主义或为发展历史唯物主义做出贡献。

第四,唯物史观与历史唯物主义的研究对象和路径不同。唯物史观的对象是全部人类社会历史,包括人类原生形态史、种族史、土地史、家庭史、婚姻史、伦理史、文化史、宗教史等。其使命是发现人类历史演进的深层奥秘，增进对人类历史发展各层面细节的了解，绘制出更加精细的历史演进的图谱来。由于历史的时空早已消逝，人们无法再现当年历史的场景，因此，唯物史观的研究途径只能是从无到有，从考古、文物发现、典籍分析和社会调查中获取历史遗存的化石和信息，经过筛选、过滤，去伪存真，从中发现历史的真实画面，填补历史的空白。摩尔根能够独立发现马克思的唯物史观，就是因为他抓住了易洛魁部落这块人类远古社会的活化石，通过四十年的亲身生活和研究，终于发现了人类原生形态的秘密，揭示出氏族及其内部不通婚就是古代社会相当长一段时期的真谛所在。柯瓦列夫斯基的《公社土地占有制》一书面对东方土地制度的种种疑云，由不知追求真知，通过大量调查和文献分析，最后向全世界推出了东方土地公有制的事实，为认识土地这一人类生存之母的历史和现实贡献了自己的努力。

而历史唯物主义不过是辩证唯物主义、实践唯物主义、自然唯物主义、经济唯物主义、直观唯物主义等诸多唯物主义中的一种唯物主义，其本质不是科学，而是历史领域中的唯物主义哲学，其使命不是发现或揭示近代以来的历史真实，而是要对已经出现或发生的历史和现实事件、人物用唯物主义观点进行哲学反思和透视，由此及彼，由表及里，发现事物本质联系，揭示内在规律，最后达到对事物的深层次的认识和理解。历史唯物主义的核心是唯物主义，只有唯物主义才能击破唯心史观对历史和现实的歪曲，真正为无产阶级革命斗争提供思想武器。所以，历史唯物主义与唯物史观不同，唯物史观追求的是事实和真实，而历史唯物主义追求的是正确的认识和思想，而且是与无产阶级历史使命相关联的认识和思想。历史唯物主义虽然不具唯物史观的总体性，但由于事关无产阶级的根本利益，所以更显得极端重要。出于阶级意识和阶级自觉，恩格斯从唯物史观中分离出历史唯物主义，不仅格外重视，而且要加以捍卫，与之相比，历史唯心主义的地位和重要性远不能与历史唯物主义相比拟。所以，毛泽东在 1949 年写的一篇时事评论的题目叫作《唯心史观的破产》，而不称其为《历史唯心主义的破产》。历史唯物主义从现实到思想的研究理路体现在马克思、恩格斯的一系列著作中，恩格斯在致约・布洛赫的信中十分明确地把《反杜林论》《费尔巴哈论》列为历史唯物主义的经典作品，发人深省的是恩格斯不把他在 1884 年发表的《家庭、

私有制和国家的起源》一书列入历史唯物主义行列中,其原因是这本书的副标题为“就路易斯·亨·摩尔根的研究成果而作”,而恩格斯一向称摩尔根独立地发现了马克思的唯物史观,所以在恩格斯眼中,《家庭、私有制和国家起源》一书属于唯物史观的力作。

第五,唯物史观与历史唯物主义的适用范围和常用概念不同。把历史唯物主义与无产阶级历史使命联系在一起,就自然地划分了它们的适用时代,唯物史观涵盖全部历史,历史唯物主义主要适用于近代以来的资本主义社会和未来共产主义时期。但是,这不等于近代只产生历史唯物主义作品而不产生唯物史观的著作。恰恰相反,近代是人类思想文化发展的又一新的高峰区,几乎所有重大的唯物史观成果都产生于资本主义时代。只有这个时代人类才能站在历史的制高点上去俯视已经逝去了的社会历史和组织,提出“人体解剖是猴体解剖的一把钥匙”的著名论断。所以单从时间上区分不了唯物史观与历史唯物主义的归属和定位,倒是从常用概念的特点上可以为唯物史观与历史唯物主义的界定提供某种借鉴和参考。

一般来说,唯物史观蕴含的大多是宏观的、涉及历史全局的、普适性极高的根本性的概念。这些概念外延广大,内涵空虚,具有科学体系的逻辑起点的性质。在发展和演进过程中概念内涵不断充实,外延逐渐缩小,才实现由抽象到具体的转换。黑格尔逻辑学中的“存在”和“有”,马克思《资本论》的商品,唯物史观中的人及其实践,就是这类概念。但是,在概念演化中随着具体性的增强又导致不断出现第二或第三层级的概念,这些概念的有机交错和组合结成唯物史观的不同层次和系列的网。比如,唯物史观的根本原则是从物质实践出发解释观念的形成,与这个原则相适应的观念或概念首先是人,人之为人在于实践和生产劳动,生产必须有自然对象和工具,他们的组合形成生产力和生产关系,生产关系的总和构成经济基础,在这个基础上产生上层建筑的各种形式,观念或概念就是其中的社会意识的体现。这一系列的概念都具总体性,是产生部门概念的总概念,唯物史观的概念一般都具有这种至大无边的特点。同样,比如人类的原生形态一直是唯物史观的重大课题,马克思直到晚年才揭示出它的秘密,从而为唯物史观找到科学的起点。原生形态的概念第一层级也是人,是刚从动物中分化出来的处于群婚状态的野蛮人，然后是血缘家庭、普那路亚家庭、对偶婚、氏族、部落、部落联盟、自然选择、私有财产、一夫一妻制家庭等等，总之都是人的各种存在形态，原生形态不过表现为人的早期进化过程而已。唯物史观概念的宏观特点表现为它具有历史的贯通性，它所使用的概念大都纵贯古今，为一切社会形态所共用，如实践、生产、生产关系、所有制、分工、交换、消费、异化、阶级、国家、文化等等。

而与此相比，历史唯物主义除了包含一切社会形态通用的私有制、阶级、国家等宏观概念外，最明显的概念特点是具有微观性、特殊性和不通约性，时代性成为概念的硬核。比如，历史唯物主义的经典巨著《共产党宣言》，其独具特色的概念是资本主义、资产阶级、无产阶级、工场手工业、大工业、世界市场、经济危机、共产党、共产主义、两个决裂、自由人联合体等等，这些概念正是这个时代精神的凝结。又比如，《法兰西内战》这部历史唯物主义的专著，其核心概念是巴黎公社，辅之以公社委员会、梯也尔和公社采取的打碎国家机器、武装人民、普选制等概念，它们的组合就成了这部书的主要思想和贡献。巴黎公社 72 天的惊天壮举及其历史意义就反映在这些概念及其转换中。

结语

以上所述不过是笔者长期关注和思考唯物史观与历史唯物主义关系问题的一点感悟，只凭笔者的这些浅见，远不足以把唯物史观与历史唯物主义剥离开。其实从内心深处来说，笔者也无意非把它们拆开不可，只是觉得通过对历史唯物主义与唯物史观的辨识，能够有机会去探寻迄今尚未揭示的历史唯物主义的秘密，开启新的研究视野，获取以下几点启示：

首先，加深对马克思主义的科学性和海纳百川的广阔胸怀的认识。列宁有句名言："马克思主义同'宗派主义'毫无相似之处，它绝不是离开世界文明发展大道而产生的一种故步自封、僵化不变的学说。恰恰相反，马克思的全部天才正是在于他回答了人类先进思想已经提出的种种问题。"[①]众所

① 《列宁专题文集　论马克思主义》，人民出版社 2009 年版，第 66 页。

周知,马克思主义就是对德国古典哲学、英国古典政治经济学和法国空想社会主义学说的批判继承和发展。现在我们通过思想和概念的探源,不仅揭示了历史唯物主义来源于理论上极不成熟的德国青年著作家们,辩证唯物主义也是为理论造诣不深的德国制革工人约瑟夫·狄慈根所最先提出,他们也能为马克思主义哲学提供思想资源,这更进一步说明马克思主义的无私、高远的品格。正是这种非凡的超越和开放的精神,才使马克思主义能够积淀古往今来人类的一切智慧和思想财富,"给人们提供了绝不同任何迷信、任何反动势力、任何为资产阶级压迫所做的辩护相妥协的世界观",马克思主义之所以"具有无限力量",百战不殆,其原因正在于此。

其次,走出唯物史观与历史唯物主义的纠结,对它们各自都是一种解脱,从今以后可以更明确地各司其职,开展各自的独立研究。唯物史观要保持自己的"宏大叙事"的品格,从宏观视角更多地关注和揭示人类历史的整体和各层画面,在人类学、民族学、民俗学、经济史、政治史、文化史等方面能有更多的开拓和进取。历史唯物主义除了继续深入研究近代以来的重大历史人物、事件和专题外,要特别关注现实,对全球化和建设中国特色社会主义事业进程中的重大课题,给以哲学上的说明、论证和指引。特别是以人为本的科学发展观和构建社会主义和谐社会应当成为重中之重。

最后,纠正学界中存在的对恩格斯的偏见,为他在创立马克思主义伟大勋业中的建树正名。西方马克思主义一向攻击恩格斯的自然辩证法,认为恩格斯只重视自然的本体地位,忽视人的实践本质和主体性。历史唯物主义的生成过程表明,恩格斯对经济唯物主义和经济决定论的批判,就是对他们宣扬的经济自动决定历史发展的观点的否定,同时又通过强调政治和上层建筑的反作用彰显了人的实践和主体的能动作用。特别是恩格斯把历史唯物主义的起源归结为《关于费尔巴哈的提纲》,说明他已经把历史唯物主义与马克思的哲学变革联系起来,在实践唯物主义的生成中来探寻历史唯物主义的起源。恩格斯在没有马克思的参与下独自确立了历史唯物主义,弥补了唯物史观在宣传和表述中出现的过度强调经济决定作用的缺陷,给阶级斗争和政治上层建筑以应有的地位和重视。在阶级斗争是历史发展动力和无产阶级夺取政权斗争的条件下,这是天大的事情,具有极端重要的理论和实践意义。没有恩格斯就没有历史唯物主义,没有历史唯物主义我们的理论和事业就不会像今天这样辉煌。(原载《求是学刊》2012 年第 3 期)

历史唯物主义的政治诉求

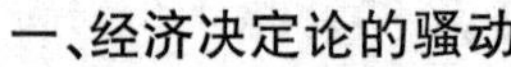

一、经济决定论的骚动

19 世纪 80 年代以来，随着工人运动的发展和马克思主义的振兴，德国思想界中的唯物主义思潮逐渐抬头，为越来越多的人所青睐，但是它从一开始就受到了以保尔·巴尔特为代表的敌视马克思主义的思潮的曲解和干扰。巴尔特是哲学社会学家，莱比锡大学教授，恩格斯称他为“平庸得令人难以置信的家伙”[①]。他曾著有《黑格尔和包括马克思及哈特曼在内的黑格尔派的历史哲学》一书，该书肆意歪曲、攻击马克思学说，其惯用手法是曲解马克思的根本观点和立场，把他自己凭空捏造出来的东西强加给马克思，然后进行批判，所以恩格斯说他“简直是跟风车作斗争”[②]。巴尔特攻击马克思的矛头主要集中在唯物史观特别是经济基础与上层建筑的关系上，把马克思描绘成只注重经济的决定地位而忽视政治和上层建筑反作用的单面人。巴尔特对唯物史观的曲解工于心计，一时俘获了许多青年，特别是他把唯物史观歪曲为经济决定论或经济唯物主义的叫卖，在许多刚入党的青年党员中找到了市场。

恩格斯在描述当时的情景时说：“近两三年来，许多大学生、著作家和其他没落的年轻资产者纷纷涌入党内。”[③]这些人理论基础薄弱，不懂辩证法，听信巴尔特的歪曲宣传，以为唯物史观就是主张经济对社会政治和历史的单向决定作用，根本不了解其相互作用的机理，把政治和上层建筑说成是无

---

① 《马克思恩格斯选集》第 4 卷，人民出版社 1995 年版，第 728 页。

② 同上书，第 704 页。

③ 同上书，第 695 页。

关紧要的东西。然而“所有这些先生们”都宣称自己是马克思主义者，“都在搞马克思主义”。[①] 恩格斯揶揄道：“关于这种马克思主义者，马克思曾经说过：‘我只知道我自己不是马克思主义者。’马克思大概会把海涅对自己的模仿者说的话转送给这些先生们：‘我播下的是龙种，而收获的却是跳蚤。’”[②]“这些老兄”对马克思主义的理解既浅薄又低能，同时又十分狂妄和嚣张。他们与“在柏林的新党员”和以保尔·恩斯特为首的党内“青年派”沆瀣一气，极力想以当时颇为流行的经济决定论为基础构筑新的理论体系，并抓住唯物主义充当建构体系的垫脚石。如恩格斯所说：“对德国的许多青年著作家来说，‘唯物主义’这个词大体上只是一个套语，他们把这个套语当作标签贴到各种事物上去，再不作进一步的研究……就以为问题已经解决了。”[③]把“唯物主义”这个标签贴到经济上去，就出现了经济唯物主义；贴到历史上去，就产生了历史唯物主义。而他们所理解的历史唯物主义，其内核也就是经济唯物主义，即经济决定论，同时又伴之以对政治和上层建筑作用的轻视和贬低。当时这股思潮流传很广，影响极大，就连马克思的女婿拉法格也抵挡不住，他也写了《马克思的经济唯物主义》一书，实际上也是经济决定论的翻版。就这样，在经济决定论的骚动中，“历史唯物主义”作为一个套语，以对政治的拒斥为特征，最先在德国青年中流行开来。

恩格斯在 1890 年 8 月 5 日致康·施米特的信中，才第一次正式接触到历史唯物主义概念。在这封信中，恩格斯批评说，“许许多多年轻的德国人”不理解“我们的历史观首先是进行研究工作的指南，并不是按照黑格尔学派的方式构造体系的诀窍”[④]，这些人醉心于构造体系，而不愿做艰苦细致的收集材料和研究工作，“他们只是用历史唯物主义的套语来把自己的相当贫乏的历史知识尽速构成体系，于是就自以为非常了不起了”[⑤]。

从恩格斯的这段话可以看出，历史唯物主义是适应当时构造体系的需

① 《马克思恩格斯选集》第 4 卷，人民出版社 1995 年版，第 695 页。
② 同上。
③ 同上书，第 691—692 页。
④ 《马克思恩格斯选集》第 4 卷，人民出版社 1995 年版，第 692 页。
⑤ 同上。

要才出现的,而这又与以下两个事实直接相关:其一,是与德国作为一个理论民族相连带的构造体系之风。恩格斯早在《反杜林论》中就痛斥“最不起眼的哲学博士,甚至大学生,动辄就要创造一个完整的‘体系’”①。时过十多年这股构造体系之风并未煞住,反而有愈演愈烈之势,历史唯物主义就是被他们当作标签来构造体系时所使用的一个套语。其二,是逃避艰苦的史料搜集整理工作,用唯物主义套语来掩饰自己知识的贫乏和不做进一步研究的借口。他们是思想懒汉,只满足于第二手资料,从不对芜杂的历史事实进行深刻的研究和反思,造成了理论上的先天不足和一知半解。恩格斯批判说:“所有这些先生们所缺少的东西就是辩证法。他们总是只在这里看到原因,在那里看到结果。他们从来看不到:这是一种空洞的抽象,这种形而上学的两极对立在现实世界只存在于危机中,而整个伟大的发展过程是在相互作用的形式中进行的……这里没有什么是绝对的,一切都是相对的。”②正是这种形而上学的绝对对立的思维方式,使他们只认同历史发展中的经济因素,并把这种因素的作用绝对化、直线化、自动化,带来的结果必然是对政治上层建筑能动作用的贬低。所以,我们从恩格斯致康·施米特的信中看不出他对这种重新建构起来的历史唯物主义体系有任何好感,而总是把它与“套语”“标签”联系在一起,其中不乏批评之意。

二、恩格斯对历史唯物主义的澄清和确立

恩格斯对青年中流行的这种浅薄的历史唯物主义感到很为难:既需要旗帜鲜明地与之划清界限,予以批评和揭露;又不能一棍子打死,因为那样会失去青年的同情和支持。当时欧洲流行的说法是,上帝也会原谅青年们的过失,马克思对巴尔特之流对他的批评也较为宽容和大度。恩格斯在信中曾描述过马克思的无奈:“‘咳,这些人哪怕能读懂也好啊!’遇到这类批评时,马克思总是这样感叹的。”③

马克思恩格斯没有对经济唯物主义思潮针锋相对,大加挞伐,是鉴于它

① 《马克思恩格斯选集》第3卷,人民出版社1995年版,第344页。
② 《马克思恩格斯选集》第4卷,人民出版社1995年版,第705页。
③ 《马克思恩格斯选集》第4卷,人民出版社1995年版,第710页。

所独具的特殊性质。秉持这种思潮的都是一些想当马克思主义者的年轻人，但是他们理论造诣不深，思想绝对化，很容易受到巴尔特的蛊惑，走到经济决定论的歧路上去。因此，马克思恩格斯与他们的分歧属于内部矛盾，主要是理论和认识问题，可以通过正面的批评和教育的方法来解决。在马克思故去之后，这个任务就历史地落到了恩格斯的肩上。

在恩格斯看来，新出现的历史唯物主义的过错不在于这个概念本身，而在于它被当作套语，用来拒绝艰苦的研究工作，掩盖自己的知识贫乏。单就历史唯物主义这个术语来说，它与自《德意志意识形态》以来早已现成存在的唯物主义历史观并没有原则的区别，都是表达对历史进程的唯物主义理解。它们的共性是强调生产力和生产关系以及由生产关系总和构成的经济基础对历史和政治的决定作用。但是现在刚刚冒头的历史唯物主义把这种决定作用绝对化了，否认了政治上层建筑的反作用。在这个意义上，历史唯物主义是对唯物史观的扭曲。因此，只要恢复了政治上层建筑应有的地位和作用，历史唯物主义概念未尝不可以保留和使用。特别是历史唯物主义在青年中比较流行，留住这个概念，给它注入政治上层建筑元素，将更有利于争取巴尔特影响下的广大青年，使他们真正走上马克思主义的正确轨道。正是有此一虑，我们才看到，在致康·施米特的信发出一个半月之后，即1890年9月21日，恩格斯在致约·布洛赫的信中对历史唯物主义的态度有了明显的改变。他不仅接受了此前颇多微词的历史唯物主义概念，而且认为自己从前的某些著作就是阐发历史唯物主义思想的："我也可以向您指出我的《欧根·杜林先生在科学中实行的变革》和《路德维希·费尔巴哈和德国古典哲学的终结》，我在这两部书里对历史唯物主义作了就我所知是目前最为详尽的阐述。"[①]所谓"详尽的阐述"就表现在，既强调了经济的决定作用，又对政治上层建筑的地位和作用给予了应有的肯定。无论是《反杜林论》对阶级斗争和无产阶级历史使命的阐述，还是《费尔巴哈论》对一切阶级斗争都是政治斗争及其与国家和意识形态关系的说明，都凸显了政治和上层建筑在历史发展中的作用。

① 《马克思恩格斯选集》第4卷，人民出版社1995年版，第697—698页。

事实表明,恩格斯以实际行动兑现了确立历史唯物主义的初衷,他接受和确认历史唯物主义的过程也就是不断地批判经济决定论和强调政治上层建筑作用的过程。在致约·布洛赫的信中,恩格斯第一次明确无误地点明主题,阐明了历史唯物主义中经济基础与政治上层建筑的互动关系,他说:"根据唯物史观,历史过程中的决定性因素归根到底是现实生活的生产和再生产。无论马克思或我都从来没有肯定过比这更多的东西。如果有人在这里加以歪曲,说经济因素是唯一决定性的因素,那么他就是把这个命题变成毫无内容的、抽象的、荒诞无稽的空话。经济状况是基础,但是对历史斗争的进程发生影响并且在许多情况下主要是决定着这一斗争的形式的,还有上层建筑的各种因素:阶级斗争的政治形式及其结果……其中经济的前提和条件归根到底是决定性的。但是政治等等的前提和条件,甚至那些萦回于人们头脑中的传统,也起着一定的作用。"①

1892 年 4 月 20 日恩格斯在《社会主义从空想到科学的发展》导言中将历史唯物主义的地位再次提升。在这里他不仅毫无保留地接受了历史唯物主义,而且宣布,"本书所捍卫的是我们称之为'历史唯物主义'的东西"②,这就将历史唯物主义空前地合法化,达到了捍卫的程度。同年恩格斯把《社会主义从空想到科学的发展》英文版导言译成德文,发表在《新时代》杂志第一、二期上,并采用"论历史唯物主义"为其标题。自此以后,历史唯物主义就正式地登上马克思主义哲学的殿堂,成为马克思主义的重要组成部分。那么,恩格斯要加以捍卫的历史唯物主义的主要观点是什么呢?他说:"我在英语中如果也像在其他许多语言中那样用'历史唯物主义'这个名词来表达一种关于历史过程的观点,我希望英国的体面人物不致于过分感到吃惊。这种观点认为一切重要历史事件的终极原因和伟大动力是社会的经济发展,是生产方式和交换方式的改变,是由此产生的社会之划分为不同的阶级,是这些阶级彼此之间的斗争。"③这是恩格斯第一次也是唯一一次对什么是历史唯物主义的直接回答,这个回答与恩格斯在《反杜林论》和《费尔巴哈

① 《马克思恩格斯选集》第 4 卷,人民出版社 1995 年版,第 695—696 页。

② 《马克思恩格斯选集》第 3 卷,人民出版社 1995 年版,第 698 页。

③ 《马克思恩格斯选集》第 3 卷,人民出版社 1995 年版,第 704—705 页。

论》中对历史唯物主义最为详尽的阐述综汇在一起，就凸显出历史唯物主义的一个重要特点，即它对社会划分为阶级和阶级斗争的充分重视。如果说，唯物史观揭示了经济矛盾是一切重大历史和政治事件的终极原因，那么，历史唯物主义在肯定这一结论的同时又把阶级和阶级斗争看作是经济矛盾的政治体现。阶级斗争在最直接和现实的层面上反映了经济冲突，是阶级社会发展的基本规律和动力，无产阶级的解放和社会主义的胜利只有在反对资产阶级的革命斗争中才能实现。同时，恩格斯又认为，"一切阶级斗争都是政治斗争"，都"必然地具有政治形式"①，表现为罢工、议会斗争和武装起义等。超越经济视野，把阶级斗争提高到政治革命高度，是无产阶级充分觉醒和成为自为阶级的重要标志。所以，历史唯物主义比唯物史观更强调树立政治意识，它从无产阶级的根本和全局利益出发来理解现实斗争和一切重大事件，因此具有意识形态的特点。

恩格斯这个认识一直贯彻于 8 封信的始终，一有机会他就反复予以说明和澄清。他在 1890 年 10 月 27 日致康·施米特的信中写道："如果巴尔特认为我们否认经济运动的政治等等的反映对这个运动本身的任何反作用……他只需看看马克思的《雾月十八日》，那里谈到的几乎都是政治斗争和政治事件所起的特殊作用……再说，如果政治权力在经济上是无能为力的，那么我们何必要为无产阶级的政治专政而斗争呢？"②在恩格斯逝世的前一年，他在致瓦·博尔吉乌斯的信中又重申："政治、法、哲学、宗教、文学、艺术等等的发展是以经济发展为基础的。但是，它们又都互相作用并对经济基础发生作用。并非只有经济状况才是原因，才是积极的，其余一切都不过是消极的结果。这是在归根到底总是得到实现的经济必然性的基础上的互相作用。"③

在历史唯物主义出现之前，唯物史观是马克思主义科学史观的唯一表述。遍查马克思恩格斯关于唯物史观的全部解说可以看出，在他们的视野中，唯物史观的重点与核心是社会生活的生产和再生产，是以一定时期的物

① 《马克思恩格斯选集》第 4 卷，人民出版社 1995 年版，第 251 页。
② 《马克思恩格斯选集》第 4 卷，人民出版社 1995 年版，第 704—705 页。
③ 《马克思恩格斯选集》第 4 卷，人民出版社 1995 年版，第 732 页。

质生活条件来说明一切社会历史和政治事件，是以经济为基础来演绎历史的发展进程；基本上强调的是生产力决定生产关系，生产关系的总和作为经济基础决定上层建筑，人类社会的历史就是社会基本矛盾运动的展开过程。所以，唯物史观针对的是唯心史观，强调的是经济必然性；而历史唯物主义针对的是经济唯物主义或经济决定论，它在经济与政治的互动的前提下，强调政治的重要性。经济唯物主义的泛滥是当时德国思想理论界的一段插曲，它虽然没有成大气候，但也阻碍了马克思主义的正确传播和发展，恩格斯说："在这方面，我是可以责备许多最新的'马克思主义者'的；而他们也的确造成过惊人的混乱……"①

但是，恩格斯在批评经济决定论的同时，也看到了唯物史观在宣传和表述过程中出现的一些倾向和问题，特别是还从主观方面承担了责任。恩格斯在致约·布洛赫的信中就不无憾意地解释说："青年们有时过分看重经济方面，这有一部分是马克思和我应当负责的。我们在反驳我们的论敌时，常常不得不强调被他们否认的主要原则，并且不是始终都有时间、地点和机会来给其他参与相互作用的因素以应有的重视。"②他在1893年7月14日致弗·梅林的信中又说："此外，只有一点还没有谈到，这一点在马克思和我的著作中通常也强调得不够，在这方面我们大家都有同样的过错。这就是说，我们大家首先是把重点放在从基本经济事实中引出政治的、法的和其他意识形态的观念以及以这些观念为中介的行动，而且必须这样做。但是我们这样做的时候为了内容方面而忽略了形式方面，即这些观念等等是由什么样的方式和方法产生的。这就给了敌人以称心的理由进行曲解或歪曲，保尔·巴尔特就是个明显的例子。"③

恩格斯在这两封信中所做的自我批评发出的明确信号，是恢复唯物史观的全面性。恩格斯在对历史唯物主义的表达中，不只肯定经济的决定作用，同时还在经济与政治的相互作用的前提下，高度重视政治、思想及上层建筑的反作用，这就是恩格斯所要阐明和捍卫的历史唯物主义。历史唯物

① 《马克思恩格斯选集》第4卷，人民出版社1995年版，第698页。

② 同上书，第698页。

③ 同上书，第726页。

主义能够在唯物史观产生近半个世纪之后应运而生,其原因也正在于此。

三、正确处理经济和政治的关系是无产阶级政党成熟的标志

唯物史观作为人类社会发展一般规律的科学,从《德意志意识形态》中最初创立时起,就具有鲜明的全面性和系统性,但它也有自己特殊的针对性,尤其指向以“神本”和“思本”为主导的英雄史观和唯心史观。唯物史观中的“物”不是自然之物,而是社会历史之物,即基于生产力和生产关系所构成的生产生活和社会关系,其中具有决定意义的是经济关系。把经济关系作为不以人们主观意志为转移的物质关系而与唯心史观相对立,就凸显了唯物史观的伟大创新。但是经济关系对历史发展的决定作用不是绝对的、自动的、唯一的;政治上层建筑作为经济基础的反映,既为经济关系所制约和支配,又反过来对经济基础产生积极的能动作用。忽视政治思想因素在历史发展中的积极意义,就否定了唯物史观的辩证实质,而只能陷入形而上学史观的泥潭。由此可见,正确理解唯物史观不仅要强调它与唯心史观的对立,还要重视经济关系与政治关系的辩证统一。历史唯物主义的生成过程启示我们,如何正确认识和处理经济与政治的关系,始终是无产阶级政党的重大课题和庄严使命。

经济生活和政治生活是人类生存的两大基本领域,它们密切关联,须臾不可分离。唯物史观的开创性贡献在于它揭示了社会物质生活的基础地位,是对人类纷繁复杂的历史演进的科学阐释。

历史经验表明,从马克思恩格斯确立唯物史观和历史唯物主义算起,中间经过列宁反对俄国经济派的斗争,到中国的“文化大革命”和当今的改革开放,在这一百多年间,经济与政治的关系问题始终是无产阶级革命和建设的一道不可逾越的难题。人们在这个问题上走极端、摔跟头,不是因为理论的不健全和不清晰,而是源于思维的惯性:一强调经济就容易忽视政治,一讲起政治就容易忽视经济。这种错误屡反屡犯,屡批屡生,不可能一劳永逸地彻底铲除。无产阶级政党只能面对现实,认真反思,努力学习,千锤百炼,才能真正成熟,自觉地走出经济与政治顾此失彼的怪圈。(原载《哲学研究》2012 年第 10 期)

恩格斯与历史唯物主义

历史唯物主义思想自从诞生时起，就一直和唯物史观纠结在一起，很难从内涵上对它们做出明确的区分。这种状况不仅导致了历史唯物主义和唯物史观称谓上的混乱，而且直接影响了对历史唯物主义的独立研究，以致它深藏的许多秘密直到今天都没有揭示出来。由于历史唯物主义长期以来一直被误读为辩证唯物主义在社会历史领域中的推广和应用，这就遮蔽了一个重大史实：恩格斯是历史唯物主义的真正确立者。恩格斯在世的时候，总是把创立马克思主义归功于马克思一个人，说马克思是天才，他只是个能手，没有他，马克思也能完成创立马克思主义的勋业。实际上，恩格斯不仅是马克思主义的缔造者和阐发者，而且马克思主义的重中之重——历史唯物主义就是在没有马克思参与的情况下，恩格斯独自确立起来的。回顾这段历史，缅怀恩格斯确立历史唯物主义的不朽功绩，不仅可以恢复恩格斯与马克思一起共同创立新的天才世界观的历史真相，而且有助于加深对历史唯物主义精髓和真谛的理解。

一、历史唯物主义的离奇身世

一提起历史唯物主义，人们往往认为是马克思或恩格斯首先提出来的，列宁那句名言也强化了这种认识。列宁说：“马克思的历史唯物主义是科学思想中的最大成果。过去在历史观和政治观方面占支配地位的那种混乱和随意性，被一种极其完整严密的科学理论所代替。”①其实，马克思根本和历史唯物主义无直接联系，这是在他逝世七年之后才出现的一个术语。历史

① 《列宁专题文集　论马克思主义》，人民出版社2009年版，第68页。

唯物主义也不是恩格斯首创，而是恩格斯在十分无奈的情况下从当时“德国青年著作家”手中接收过来的一个“套语”。

19 世纪八九十年代，随着工人运动的发展和马克思主义的振兴，唯物主义思潮在德国青年运动中时兴起来。德国思想界，特别是青年中，一向就有构造“体系”的传统，恩格斯早在《反杜林论》中就痛斥“最不起眼的哲学博士，甚至大学生，动辄就要创造一个完整的‘体系’”[①]。体系一般都博大完整，是知识的系统化，没有深厚的历史积淀和宏大的知识储备，是不可能构筑起来的。而当时“依附于党的青年著作家中间”[②]，很少有人认真收集材料，扎实进行研究，更谈不到“下一番功夫去钻研经济学、经济学史、商业史、工业史、农业史和社会形态发展史”[③]。他们既不想付出努力，又急于构造体系，于是就把唯物主义当作构造体系的垫脚石，如恩格斯在 1890 年 8 月 5 日致康·施密特的信中所言：“对德国的许多青年著作家来说，‘唯物主义’这个词大体上只是一个套语，他们把这个套语当作标签贴到各种事物上去，再不作进一步的研究，就是说，他们一把这个标签贴上去，就以为问题已经解决了。”[④]。他们把唯物主义这个标签贴到经济上去，就产生了经济唯物主义，贴到历史上去，就出现了历史唯物主义。所以，恩格斯说，这些人“只是用历史唯物主义的套语来把自己的相当贫乏的历史知识尽速构成体系，于是就自以为非常了不起了。那时就可能有一个巴尔特冒出来，并攻击在他那一流人中间反正已经退化为空话的问题本身”[⑤]。

恩格斯这段话明确地交代了历史唯物主义的产生，它原是流行于当时德国青年运动中关于历史观的一个套语，这个套语既可以满足他们构造体系的欲望，又可以不花精力，不去认真钻研历史，还可以掩盖自己知识的贫乏，一箭三雕，有了这个套语就可以宣称“问题已经解决了”，就能“自以为非常了不起了”，历史唯物主义就是在这种背景下在德国青年中首先以套语

① 《马克思恩格斯选集》第 3 卷，人民出版社 1995 年版，第 344 页。
② 《马克思恩格斯选集》第 4 卷，人民出版社 1995 年版，第 692 页。
③ 《马克思恩格斯选集》第 4 卷，人民出版社 1995 年版，第 692 页。
④ 《马克思恩格斯选集》第 4 卷，人民出版社 1995 年版，第 691—692 页。
⑤ 《马克思恩格斯选集》第 4 卷，人民出版社 1995 年版，第 692 页。

形态生成了。恩格斯这段话还牵扯出一个重要人物保尔·巴尔特。此人生于1858年,比起同时代一般青年稍长几岁,他勤于研究和写作,是当时颇有名气的哲学家、社会学家,莱比锡大学教授,曾著有《黑格尔和包括马克思及哈特曼在内的黑格尔派的历史哲学》一书。在这本书中,巴尔特对马克思的唯物史观极尽其歪曲攻击之能事,恩格斯写道:"巴尔特对马克思的批评,真是荒唐可笑。他首先制造一种历史发展的唯物主义理论,说什么这应当是马克思的理论,继而发现,在马克思的著作中根本不是这么回事。但他并未由此得出结论说,是他,巴尔特,把某些不正确的东西塞给了马克思,相反的,却说马克思自相矛盾,不会运用自己的理论!"[①]巴尔特制造并塞给马克思的历史发展的唯物主义理论,就是当时颇为流行的经济唯物主义或经济决定论。这种理论打上唯物主义的标签,用简单化和绝对化的思维方式来理解历史,这正好适应了青年著作家不进行深入的历史研究就能构造出体系的心理需要,所以,一时传播很广,影响很大,就连马克思的女婿、法国工人运动的杰出领导人拉法格也写出了《马克思的经济唯物主义》一书,片面夸大经济对政治和历史的单方面的决定作用。巴尔特在大肆宣扬这种理论的同时,又利用青年著作家不深入研究历史而又借助唯物主义标签来构造体系的天生弱点,攻击在青年中已经化为套语和空话的唯物史观和历史唯物主义本身。在巴尔特看来,经济唯物主义应当是马克思的唯物史观的硬核,可是在马克思的著作中他又没有找到经济唯物主义,他不反思自己设立的虚假前提,却去责备马克思,恩格斯说巴尔特"简直是跟风车作斗争了"[②]。对于历史唯物主义,巴尔特也对它的套语形态持批评态度,以显示自己比同时代的青年著作家更高明。

刚刚出现的历史唯物主义的特殊境遇,使恩格斯左右为难,颇费踌躇。首先必须批评历史唯物主义当时所起的标签和套语的作用,尤其是那些把它变成标签和套语的"许多青年著作家"和"许许多多年轻的德国人"[③],他们不了解"我们的历史观首先是进行研究工作的指南,并不是按照黑格尔学

① 《马克思恩格斯选集》第4卷,人民出版社1995年版,第710页。
② 《马克思恩格斯选集》第4卷,人民出版社1995年版,第704页。
③ 《马克思恩格斯选集》第4卷,人民出版社1995年版,第691、692页。

派的方式构造体系的诀窍。必须重新研究全部历史,必须详细研究各种社会形态存在的条件,然后设法从这些条件中找出相应的政治、私法、美学、哲学、宗教等等的观点”①。相反,他们拒绝进行艰苦的搜集材料和研究工作,满足于“自己相当贫乏的历史知识”,企图在这种可怜的知识储备的基础上构建历史唯物主义体系,这“的确造成过惊人的混乱”②。但是,历史唯物主义在当时所起的作用不好并不等于历史唯物主义本身天生就带有“原罪”,要把历史唯物主义与它不幸成为套语这件事分开,就是说,历史唯物主义本身并非注定有错,错在它不应被当作标签而成为“不研究历史的借口”。在青年著作家都普遍认同历史唯物主义的情况下,去掉其套语形态,在最合理的意义上对它加以正确的规范也未尝有什么不好。这正好给恩格斯一个机会,借助对历史唯物主义的全面、正确的表达去消除经济唯物主义对唯物史观的曲解,驱散巴尔特所散播的迷雾。

正是有鉴于此,恩格斯才在致康·施密特的信中提及历史唯物主义概念不过一个半月,即在1890年9月21日致约·布洛赫的信中,对历史唯物主义的态度有了突然的转变。从这时起,恩格斯不仅不再批评历史唯物主义的套语形态,相反他把历史唯物主义揽到了自己的名下,认为自己从前的著作就已经充分地表达了历史唯物主义思想。他在这封信中写道:“我也可以向您指出我的《欧根·杜林先生在科学中实行的变革》和《路德维希·费尔巴哈和德国古典哲学的终结》,我在这两部书里对历史唯物主义作了就我所知是目前最为详尽的阐述。”③由批评历史唯物主义沦为构造体系的标签和不研究历史的借口与套语,到一下子承认其合法地位,认为自己早已详尽地论述了历史唯物主义,这是一个短时间内发生的认识上的重大的变化,这种变化的根本原因与当时的思想战线的形势密切相关。在经济唯物主义时兴的情况下,接过历史唯物主义概念,并对其加以正确的引导和阐发,反倒有利于消除经济唯物主义的影响,恢复唯物史观的本来面目。

正是沿着这个思路,恩格斯在《社会主义从空想到科学的发展》1892年

① 《马克思恩格斯选集》第4卷,人民出版社1995年版,第692页。
② 《马克思恩格斯选集》第4卷,人民出版社1995年版,第692、698页。
③ 《马克思恩格斯选集》第4卷,人民出版社1995年版,第697—698页。

英文版的导言中对历史唯物主义的地位再次加以提升。他说,“本书所捍卫的是我们称之为‘历史唯物主义’的东西”[1],对历史唯物主义不仅过去已有阐释,现在和将来还要加以捍卫,这就更加凸显了它的异乎寻常的重要性。同年,随着恩格斯把《社会主义从空想到科学的发展》英文版导言译成德文,发表在《新时代》杂志的第一、二期上,并采用《论历史唯物主义》为其标题,自此以后,历史唯物主义就正式登上马克思主义哲学的崇高殿堂,成为马克思主义的重要组成部分。

二、历史唯物主义的内涵辨析

历史唯物主义最初作为构建体系的标签和套语,其内涵不甚明晰,当时的青年著作家们,只追求形式上的体系建构,不太注重内涵上的充实和严整,往往用“相当贫乏的历史知识”去滥竽充数。他们所理解的历史唯物主义,都是用贴标签的方式,“尽速”制造出来的,充其量不过是沿袭现成的经济唯物主义的“第二手的东西”[2],是对唯物史观的简单化和绝对化的理解而已。

这些“许许多多年轻的德国人”和唯物史观的“许多朋友”与党内的以保尔·恩斯特为首的“青年派”等沆瀣一气,明明是不学无术,却以党的理论家自居,“这些老兄的无能只能同他们的狂妄相比拟”[3]。而“所有这些先生们都在搞马克思主义”,都声称自己是马克思主义者,恩格斯揶揄道:“关于这种马克思主义者,马克思曾经说过:‘我只知道我自己不是马克思主义者。’”马克思说大概会把海涅对自己的模仿者说的话转送给这些先生们:“我播下的是龙种,而收获的却是跳蚤。”[4]恩格斯没有把包括作为套语在内的历史唯物主义等具体观点进行曝光,但却抓住了它们的要害,指出:“所有这些先生们所缺少的就是辩证法。他们总是只在这里看到原因,在那里看到结果。他们从来看不到:这是一种空洞的抽象,这种形而上学的两极对立

① 《马克思恩格斯选集》第3卷,人民出版社1995年版,第698页。
② 《马克思恩格斯选集》第4卷,人民出版社1995年版,第691页。
③ 《马克思恩格斯选集》第4卷,人民出版社1995年版,第695页。
④ 《马克思恩格斯选集》第4卷,人民出版社1995年版,第695页。

在现实世界只存在于危机中，而整个伟大的发展过程是在相互作用的形式中进行的，这里没有什么是绝对的，一切都是相对的。”①

当恩格斯决意接受历史唯物主义并表示自己从前已经详尽地阐述了历史唯物主义，今后还要加以捍卫的时候，他就开始逐步地赋予和揭示历史唯物主义应有的内涵。恩格斯认为，自己对历史唯物主义的详尽阐述是从《反杜林论》开始并在《费尔巴哈论》中得以继续。恩格斯这句话说在 1890 年，此前恩格斯有过许多历史观方面的著作，最著名的是他和马克思合著的《德意志意识形态》和《家庭、私有制和国家的起源》，恩格斯为什么不说这两本书而单说《反杜林论》和《费尔巴哈论》是对历史唯物主义的详尽阐述呢？这就要考察这几本书的异同点。

众所周知，马克思主义的历史观就是唯物史观，唯物史观形成并经典表述于《德意志意识形态》中。当历史唯物主义出现时，唯物史观已经存在了近半个世纪，处于完全成熟的形态，这就使新出现的历史唯物主义摆脱不了唯物史观的笼罩，两者一直处于纠结的状态中。但细心观察也不难发现，《德意志意识形态》对历史演进的把握是宏观的，从人类生成的实践基础起始，逐次地阐述了人类历史的前提与生产、分工与所有制、生产力与生产关系、经济基础与上层建筑、共产主义革命与世界历史思想等。《家庭、私有制和国家的起源》也是从人类的原生形态氏族讲起，通过家庭形式的历史演化，一直叙述到文明的出现和私有制与阶级及国家的形成，又通过对私有制的自然历史演进过程的分析一直叙述到出现资本主义文明。总体来看，对历史的大尺度的、全景式的描述和分析是这两本书的共同特点。显然这个特点在恩格斯心目中不是历史唯物主义的构成元素，所以他把这两本书排除在对历史唯物主义进行详尽的阐述之外。《反杜林论》和《费尔巴哈论》是论战性和评述性的著作，宗旨根本不是阐发历史，也不存在对历史的大尺度和全景式的描述，它们之所以成为历史唯物主义的著作，其原因不在于它们涉猎了全人类的历史，而在于这两本书对近代以来的历史进行了唯物主义的解说。《反杜林论》只是在社会主义一章的理论部分接触到历史，而且

① 《马克思恩格斯选集》第 4 卷，人民出版社 1995 年版，第 705 页。

也只是近代以来的无产阶级和资产阶级斗争的历史。它指出，近代初期，阶级之间的对立和斗争“还很不发展”，“这种历史情况也决定了社会主义创始人的观点。不成熟的理论，是同不成熟的资本主义生产状况，不成熟的阶级状况相适应的。解决社会问题的办法还隐藏在不发达的经济关系中，所以只有从头脑中产生出来”①。恩格斯在论述了三大空想社会主义者的贡献和局限性之后，才从理论上对近代以来的阶级斗争加以概括，指出：“唯物主义历史观从下述原理出发：生产以及随生产而来的产品交换是一切社会制度的基础；在每个历史地出现的社会中，产品分配以及和它相伴随的社会之划分为阶级或等级，是由生产什么，怎样生产以及怎样交换产品来决定的。”②这是对阶级斗争根源的最深刻的揭示，也只有在近代社会以来才有可能在发展的形态上揭示出这种根源。这部分内容是《反杜林论》较之《德意志意识形态》和《家庭、私有制和国家的起源》所独有的，因此可以认定，《反杜林论》中关于阶级斗争和无产阶级实现其历史使命的思想是对历史唯物主义的内涵的深刻揭示。同样，《费尔巴哈论》特别是第四章，在深刻追问历史活动的动机背后的动因是什么的基础上，进而指出：“只有故意闭起眼睛的人才看不见，这三大阶级（资产阶级、无产阶级、封建势力——笔者注）的斗争和它们的利益冲突是现代历史的动力。”③这一章还详尽分析了阶级斗争的核心是经济利益问题，而国家虽然具有重要作用，但归根结底“是从属的东西，而市民社会，经济关系的领域是决定性的因素”④。《费尔巴哈论》还对国家、法、意识形态、哲学和宗教等上层建筑进行了全面的剖析。可以说，这两本书是对近代以来的历史，特别是对无产阶级与资产阶级在各个领域的斗争的最全面系统的概括和说明。也正因为这个特点，恩格斯才说他在这两本书中对历史唯物主义做了最为详尽的阐述。

当然我们也注意到，论述近代以来的阶级斗争和政治上层建筑的作用，并不是《反杜林论》和《费尔巴哈论》所独有的，马克思、恩格斯在其他的著

---

① 《马克思恩格斯选集》第3卷，人民出版社1995年版，第608页。
② 《马克思恩格斯选集》第3卷，人民出版社1995年版，第617页。
③ 《马克思恩格斯选集》第4卷，人民出版社1995年版，第250页。
④ 《马克思恩格斯选集》第4卷，人民出版社1995年版，第251页。

作如《德意志意识形态》《共产党宣言》《资本论》中也不乏相关论述。问题在于,在当时集中精力批判唯心史观的大背景下,不得不大力强调经济基础的作用,与之相比,对阶级斗争和政治上层建筑的作用强调略显不足。这一点,恩格斯不止一次谈到过。他在 1890 年 9 月 21 日致约·布洛赫的信中说:“根据唯物史观,历史过程中的决定性因素归根到底是现实生活的生产和再生产。无论马克思或我都从来没有肯定过比这更多的东西。如果有人在这里加以歪曲,说经济因素是唯一决定性的因素,那么他就是把这个命题变成毫无内容的、抽象的、荒诞无稽的空话。经济状况是基础,但是对历史斗争的进程发生影响并且在许多情况下主要是决定着这一斗争的形式的,还有上层建筑的各种因素。”①可是,过去长时间人们只看到对这一段话前半部分的强调,当时马克思和恩格斯并没有像后半段话那样明确指出,把历史过程的决定性因素即现实生活的生产和再生产理解为经济因素是唯一决定性因素,这是对唯物史观的极大歪曲。正是由于缺少这个强有力的声明,才给了巴尔特等人以可乘之机,把唯物史观歪曲为经济唯物主义。恩格斯为此做过自我批评:“青年们有时过分看重经济方面,这有一部分是马克思和我应当负责的。我们在反驳我们的论敌时,常常不得不强调被他们否认的主要原则,并且不是始终都有时间、地点和机会来给其他参与相互作用因素以应有的重视。”②因此恩格斯接过历史唯物主义,其目的就是要在对历史唯物主义的澄清中,把被经济唯物主义歪曲了的唯物史观矫正过来,集中体现为对阶级斗争的充分重视和对政治上层建筑反作用的高度认同。

在同一封信中,马克思为了批评经济决定论还深刻地论述了历史发展的合力论问题,并且把马克思的《路易·波拿巴的雾月十八日》和《资本论》都看成是和《反杜林论》与《费尔巴哈论》一样的阐述历史唯物主义的专著。而《路易·波拿巴的雾月十八日》又以专门阐明政治斗争在历史发展中的作用而著称。恩格斯说,巴尔特“只需看看马克思的《雾月十八日》,那里谈到的几乎都是政治斗争和政治事件所起的特殊作用,当然是在它们一般依

① 《马克思恩格斯选集》第 4 卷,人民出版社 1995 年版,第 695—696 页。

② 《马克思恩格斯选集》第 4 卷,人民出版社 1995 年版,第 698 页。

赖于经济条件范围内。……如果政治权利在经济上是无能为力的,那么我们何必要为无产阶级的政治专政而斗争呢?暴力(即国家权力)也是一种经济力量!”①

1892 年的英文版导言是恩格斯唯一一次对历史唯物主义的内涵的直接表述,他说:“我在英语中如果也像在其他许多语言中那样用‘历史唯物主义’这个名词来表达一种关于历史过程的观点,我希望英国的体面人物不致于过分感到吃惊。这种观点认为一切重要历史事件的终极原因和伟大动力是社会的经济发展,是生产方式和交换方式的改变,是由此而产生的社会之划分为不同的阶级,是这些阶级彼此之间的斗争。”②

恩格斯关于历史唯物主义的这种表述既和唯物史观相连接,强调了经济的基础地位,又与《反杜林论》和《费尔巴哈论》相一致,凸显了历史唯物主义对阶级斗争和政治上层建筑反作用的高度重视。

恩格斯晚年并未因为历史唯物主义的确立而放弃唯物史观,他在许多场合下把这两个概念同时并用。比如致约·布洛赫的信,既说明根据唯物史观,历史过程的决定性因素是现实生活的生产和再生产,又说明他在《反杜林论》和《费尔巴哈论》中对历史唯物主义做了当时最为详尽的阐述。在 1894 年致瓦·博尔吉乌斯的信中继续认定“马克思发现了唯物史观”③,等等。但有一点无可怀疑,恩格斯晚年已经更多地转向了历史唯物主义,其目的就是为了消除经济唯物主义的影响,给阶级斗争和政治上层建筑在历史发展中的作用以足够的重视。在阶级斗争是历史发展动力和无产阶级夺取政权的革命时代,政治革命和思想斗争是无产阶级反对资产阶级斗争的前哨,听任经济唯物主义的泛滥,以为经济基础就能自动决定政治和历史的发展,这无疑是放弃革命斗争和思想战线的领导权。恩格斯在经济唯物主义侵蚀党的理论基础的关键时刻,以敏锐的眼光和高度的责任心和使命感,挺身而出,借确立历史唯物主义之机,把被巴尔特和青年著作家们淡化和边缘化了的政治和思想斗争恢复到应有的地位,保持和光大了马克思主义的革

① 《马克思恩格斯选集》第 4 卷,人民出版社 1995 年版,第 704—705 页。

② 《马克思恩格斯选集》第 3 卷,人民出版社 1995 年版,第 704—705 页。

③ 《马克思恩格斯选集》第 4 卷,人民出版社 1995 年版,第 733 页。

命精神和斗争锋芒。在这个意义上,恩格斯对马克思主义和无产阶级革命事业的贡献是无可估量的。恩格斯虽然不是历史唯物主义的提出者,但他却是历史唯物主义的强有力的确立者。没有恩格斯就没有历史唯物主义,没有历史唯物主义,我们的理论和事业就不会像今天这样辉煌。

三、关于历史唯物主义与唯物史观的区别

长期以来,历史唯物主义一直笼罩在唯物史观的光环下,哲学和史学界也一直没有提出要求,将它们适当地加以区分。现在当我们系统地考察了历史唯物主义的身世和内涵以后,已经为开展这一工作提供了必备条件。这里,仅指出历史唯物主义与唯物史观的以下几点不同:

1. 历史唯物主义与唯物史观的研究对象不同。历史唯物主义的锋芒指的是经济唯物主义,主要是强调阶级斗争和政治上层建筑在历史发展中的作用。而这种作用只有从资本主义时代起才开始充分地显示出来,因此历史唯物主义主要以近代以来的历史为研究对象,是对从资本主义起始到未来共产主义历史发展的哲学说明。其中无产阶级反对资产阶级的阶级斗争和政治革命贯穿近代以来的全部历史,正是在波澜壮阔的革命斗争中,才显示出政治和整个上层建筑的巨大作用。政治是经济的集中表现,一切忽视政治而只专注经济的观点都是错误的。

而唯物史观主要是针对唯心史观,它以全部人类历史演进为对象,是从生产方式和经济关系的变革出发对历史发展的唯物主义加以说明。唯物史观也重视阶级斗争和政治上层建筑的反作用,但它时刻不忘记这种反作用是第二性的,是在经济决定性作用的基础上产生的,否定这一点就会走向历史唯心主义。所以唯物史观的最基本的原理就是社会实践决定思想观念,社会存在决定社会意识。

比较起来,唯物史观是历史研究中的总体、一般和全景,而历史唯物主义是局部、个别和特例。实际上,历史唯物主义是唯物史观的近代部分,人体解剖是猴体解剖的一把钥匙,历史唯物主义是全部唯物史观的缩影,能起到透视全部人类历史的作用。自从历史唯物主义产生以后,由于当下我们正处于近代以来的社会发展时段内,所以在现实的应用和实践指导上,历史

唯物主义又成为一般,能起到普遍指导作用。而唯物史观却成为个别和特例,只有前资本主义时期的历史,特别是原始社会史、民族史、宗教史、家庭史、伦理史、文化史等等才是唯物史观的广阔园地。在当今,除了特殊领域,历史唯物主义足以应对指导历史和现实的需要,具有比唯物史观更大的应用空间。

2. 历史唯物主义与唯物史观的学科性质不同,存在着意识形态性和科学性的差别与纠结。历史唯物主义首先是一种哲学,是历史领域中的唯物主义,与它相平行的还有自然唯物主义、经济唯物主义、实践唯物主义、庸俗唯物主义等等。任何哲学都有社会和阶级的背景,都是一定阶级特定时期的世界观,反映他们的利益和愿望。历史唯物主义同样如此,它不仅解释近代以来的历史,而且还要改变近代以来的世界。它寄希望于无产阶级,把无产阶级看成是历史唯物主义的心脏和实践者,历史唯物主义本身就是无产阶级实现自己崇高的历史使命的锐利的思想武器。所以历史唯物主义具有明显的批判性和意识形态性,它像政治经济学一样,它"所研究的材料的特殊性质,把人们心中最激烈、最卑鄙、最恶劣的情感,把代表私人利益的复仇女神召唤到战场上来"①,一直受到资产阶级的思想家们的诟病。所以,历史唯物主义只能为马克思所奠基,为恩格斯所确立,任何站在无产阶级敌对立场上的人都不可能认同历史唯物主义。

唯物史观则相反,它是社会历史领域中的一种观点和看法,与它相平行的还有唯心史观、自然史观、英雄史观、偶然史观等。这些历史观都抓住了历史发展中的某一方面加以放大和膨胀,成为一种系统的历史观点。因此,这些历史观既有其合理之处,也有其先天的偏颇和弱点。在所有的历史观中,唯物史观是唯一正确的科学的历史观,它既克服了黑格尔用范畴构造体系的唯心主义的弊病,又充分重视马克思的哲学革命变革的成果,用人及其生存的实践基础来解说历史。但唯物史观的产生绝没有离开人类文明历史发展的轨道,也不单纯是马克思个人的思想成果,历史上的许多先进的思想家都曾在正确认识历史的不懈追求中做出过自己的贡献。恩格斯多次肯定

① 《马克思恩格斯选集》第2卷,人民出版社1995年版,第102页。

摩尔根的《古代社会》一书的重大意义，称他“在他自己的研究领域内独立地重新发现了马克思的唯物主义历史观”①。恩格斯的这些话传递出一个重要信息：唯物史观不只是无产阶级的阶级意识和阶级真理，它所揭示的是全人类历史发展的机制和规律。因此，唯物史观不仅为无产阶级的革命导师马克思、恩格斯所发现，其他阶级的先进人物，只要能够认真地梳理材料，如实地反映历史，潜心从事研究，也可以发现唯物史观或揭示唯物史观的片段和碎片。众所周知，黑格尔承认历史具有不依人的意志为转移的客观规律性，费尔巴哈排除一切外在因素，在人自身中寻求历史演进的真谛，这些也都为唯物史观的产生做出了重要的思想铺垫。正是这一点鲜明地体现了唯物史观视野广阔，海纳百川，具有超意识形态的科学性质，或者说唯物史观本身就是科学，其使命是从宏观视角正确、全面、如实地揭示人类历史的演进及其规律。恩格斯说：“在马克思看来，科学是一种在历史上起推动作用的、革命的力量。”②历史揭示得越真实、越彻底，就越符合无产阶级的利益。马克思所发现的唯物史观继承了人类文明史上的思想精华，是阶级性与科学性相结合的典范，在这个意义上，唯物史观不仅是无产阶级的，而且更是全人类的共同的思想财富。

3. 历史唯物主义与唯物史观的研究目的和路径不同。历史唯物主义既以近代以来的历史为背景，而我们又生活在近代以来的历史中，这就决定了近代历史同时又是已经或正在发生的事件及其连接。历史唯物主义的使命不是发现或揭示近代以来的历史真实，而是要对已经出现或发生的历史和现实事件、人物用唯物主义观点进行哲学反思和透视，由此及彼，由表及里，发现事物本质联系，揭示内在规律，最后达到对事物的深层次的认识和理解。所以恩格斯在第一次表述历史唯物主义定义的时候，首先指明，历史唯物主义探求的是“一切重要历史事件的终极原因和伟大动力”③，从已经发生的历史事件中寻找经济根源和阶级政治原因。只有唯物主义才能击破唯心史观对历史和现实的歪曲，真正为无产阶级革命斗争提供思想武器。所

① 《马克思恩格斯选集》第4卷，人民出版社1995年版，第661页。

② 《马克思恩格斯选集》第3卷，人民出版社1995年版，第777页。

③ 同上书，第704—705页。

以,历史唯物主义追求的不是事实和真相,而是正确的认识和思想,而且是与无产阶级历史使命相关联的认识和思想。历史唯物主义虽然不具唯物史观的总体性,但由于事关无产阶级的根本利益,所以更显得极端重要。出于阶级意识和阶级自觉,恩格斯从唯物史观中分离出历史唯物主义,不仅格外重视,而且要加以捍卫,其重要原因是历史唯物主义能把历史和现实统一起来,对现实具有更直接的指导意义。历史唯物主义从现实到思想的研究理路,体现在马克思恩格斯的一系列的著作中,《共产党宣言》《1848 年至 1850 年的法兰西阶级斗争》《路易·波拿巴的雾月十八日》,恩格斯的《英国工人阶级状况》《德国的革命和反革命》、列宁的《国家与革命》等都是历史唯物主义的经典作品。现在,马克思主义中国化,建设中国特色社会主义,特别是科学发展观与构建社会主义和谐社会的理论和实践,都呼唤历史唯物主义的出场,而历史唯物主义也只有在中国特色社会主义的伟大实践中才能得到验证、发展和升华。

唯物史观在推出历史唯物主义之后,则显示出不同的特点,它重点已转向人类原生形态以及诸如种族、土地、家庭、伦理、文化、宗教等部门的实证研究。其使命是发现人类历史演进的深层奥秘,增进对人类历史发展各层面细节的了解,绘制出更加广阔和精细的历史演进的图谱来。由于历史的时空早已消逝,人们无法再现当时历史的场景,因此,唯物史观的研究途径只能是从无到有,从考古、文物发现、典籍分析和社会调查中获取历史遗存的化石和信息,经过筛选、过滤,去伪存真,从中发现历史的真实画面,填补历史的空白。摩尔根能够独立发现马克思的唯物史观,就是因为他抓住了易洛魁部落这块人类远古社会的活化石,通过四十年的亲身生活和研究,终于发现了人类原生形态的秘密,揭示出氏族及其内部不通婚就是古代社会相当长一段时期的真谛所在。唯物史观的这种从思想或信息到历史真实的致思理路,经典地体现在马克思、恩格斯的《德意志意识形态》《家庭、私有制和国家的起源》和马克思晚年的人类学笔记中。

综汇历史唯物主义与唯物史观的这些不同的特点,可以看出,今天已经有可能对历史唯物主义与唯物史观做出适当的区分。实际上,每一个人都有从文本或直觉得来的感悟,都能在许多场合下恰当地使用历史唯物主义和唯物史观概念。这里的论述只不过是为了进一步增强区分历史唯物主义与唯物史观的理论自觉而已。(原载《哲学研究》2012 年第 11 期)

中华民族伟大复兴的三大法宝

有感于二十八年正反两方面经验的深刻对比,毛泽东把党的建设、武装斗争和统一战线称为新民主主义革命的三大法宝。同样,三十多年的中国特色社会主义实践,也凝练出中华民族伟大复兴的三大法宝:以人为本、社会和谐和科学发展观。这三大法宝相互连接、相互包容,作为马克思主义中国化的最新成果,既是实践经验的理论升华,又是理论对现实的指引和关照。以崭新的视野和充实的史实来诠释这三大法宝是展示中国特色社会主义理论深刻内涵的重要渠道。

近百年来,中华民族历史地承接着两项艰难而伟大的使命:民族解放和民族复兴。民族解放通过新民主主义革命推翻三座大山,建立中华人民共和国而完成。民族复兴以建设中国特色社会主义为主题,通过建成小康社会来实现。二十八年的新民主主义革命,党领导中国人民前仆后继、英勇斗争,凝聚了极为珍贵的三大法宝:统一战线、武装斗争和党的建设,民主革命的成功和中华人民共和国的建立就是与这三大法宝的引领分不开的。三十多年的中国特色社会主义实践,党率领全国各族人民,悉心探索、努力创新,又一次凝练出中华民族伟大复兴的三大法宝:以人为本、社会和谐和科学发展观。中国能够在短时期走出“文化大革命”的泥潭,并在改革开放中取得举世瞩目的伟大成就,都源于这三大法宝的无穷威力。以人为本、社会和谐和科学发展观作为马克思主义中国化的最新成果,来之不易,既是实践经验的理论升华,又是理论对现实的指引和关照。虽然其表现形态简明通达,但内涵却博大精深,是时代精神的精华与深刻的历史积淀的完美统一。以崭新的视野和充实的史实来诠释新三大法宝是展示中国特色社会主义理论深刻内涵的重要渠道。

一

中华民族的伟大复兴实际上就是推进中国社会又好又快的发展问题。社会发展的根基和动力是人。如何认识人和怎样对待人,这既是历史上历久弥新的问题,也是中华民族伟大复兴必须解开的一个纽结。中国共产党在人的问题上经历了长期的探索和磨合,才占据了以人为本的哲学制高点。

按照马克思的说法,在中世纪以前,森严的等级制度消解了人的一般存在,只有具体身份的人,而没有超越等级划分的一般人。商品经济的发展和资本主义制度的确立,才使等价交换原则从经济延伸到政治和意识领域,出现了商品经济、民主政治和人道意识三位一体的社会格局。只有这时才彻底颠覆了等级制度,生成了以平等为核心的一般人。人生而平等,这是天赋的自然权利,不仅在法律面前人人平等,而且在真理面前、机会面前,人都处于一律平等的地位。尽管资本主义实际做到的不过九牛一毛,但它从法律上推出了平等的人,承认了人的自由、权利和尊严,这就比封建等级制度前进了一大步。

中国作为东方亚细亚生产方式的国家,自古以来虽然没有西欧中世纪典型的等级制度,不存在普遍的奴隶和农奴式的人身依附关系,但它包揽整个社会的官民之分,也排斥人的一般存在。在中国,人是虚幻的,具体的人只存在于官和民的群体中。官分君臣,其余的人都是官治下的子民、草民、小民。民视官为父母,官视民为草芥,只是意识到民既可载舟,又可覆舟,为了统治的长治久安,在中国才产生了民本思想。中国官场中的民本思想骨子里是开明的统治术,说到底,不过是为了长久地保持官对民的统治地位而实行的一种让步政策,目的在于其统治不致因暴政而倾覆。因此在近代以前,由于商品经济发育不健全,中国根本就不可能像西方那样形成平等的人的观念。官与民之分,遮蔽了作为商品交换主体的平等的人的意识,而没有平等的经济人,也就不会有平等的政治人。

中华人民共和国的建立,实现了人民当家做主,社会主义公有制的确立,奠定了政治平等的基础。然而在人的实际的社会身份上,还是有领导与被领导的隔阂。领导的职责是调动广大“被领导”的积极性,“被领导”的天职就是服从领导，发挥最大的积极性，他们之间的这种脆弱的平等关系实际上不过是传统的官民关系的变形。一旦社会发生激变，国家秩序失衡，比如发生“文化大革命”，人的表面的平等地位就会彻底消失，人将非人，被妖魔化，失去做人的尊严和平等。“文化大革命”不过是人的观念缺失的极致化，人处在这种无平等、无尊严的境地，任何主动性和积极性都不可能被调动起来，国家的进步和社会的发展也就无从谈起。所以，确立人的观念，把人置于至高无上的地位，不是单向地调动人的主动性和积极性，而是把这种主动性和积极性还给人之身，让人从内心焕发出创造性和主人翁感，这是中华民族复兴的关键。不解决这个根本性的问题，不仅谈不到发展，甚至不可能从“文革”及“文革”前的衰微破败中走出来。

改革开放的巨大成就充分显示，人是中国特色社会主义事业的发动机和驱动器，千百万农民从农村走出来投入工业化的进程，亿万下岗的工人自谋生路，不仅卸掉了国家的重负，而且还能为社会做贡献，这种积极性不是被调动起来的，而是人们自觉焕发出来的。没有广大人民群众的这种理解和自觉，难以想象如何走出“文革”后的困难境地，又何以能够取得今天这样举世公认的巨大成就。抚今追昔，只能说中国人好，中国人民是支撑改革开放大业的擎天巨柱，论功劳最先应该感恩我们的人民。作为对改革开放以来的经验总结和对人民的回报，2003 年党的十六届三中全会实现了理论上的巨大跃进，在党的历史上第一次提出了以人为本的治国理念。所以，以人为本首先是经验认识的结晶，表现出对人民在改革开放中的巨大贡献的肯定和敬重，折射出对“文革”中人的非人遭遇的深刻的反思和反省。

但是，以人为本绝不仅是摸石头过河的产物，由“文革”及“文革”前的谈人变色一下子提升到以人为本，这是思想理论上的巨大飞跃和突变，是不可能由“摸石头过河”的渐进式经验积累所能实现的。以人为本首先是思想上的拨乱反正，正本清源，是理论向马克思主义原点的回归。文本研究已经无可争辩地证明，马克思哲学就是以人为本的哲学，人不仅以其实践创造改变了现实世界，而且生成了人本身，人的对象化活动使自然人化，形成“人化自然”。如马克思所说：“通过这种生产，自然界才表现为他的作品和他的现实”,“并且自然界对他来说才成为人”。[①] 所以,以人为本反映了人与自然界的真实关系,是人向自己的本体和本原地位的回归。有了本体论意义上的以人为本,相应的也就生成了价值论意义上的以人为本。人及其实践既然是世界之本,对世界和人本身有再造之功,那么无论从任何一个角度都应对人推崇至极,承认人具有至高无上的价值,世界上再也没有比人的价值更伟大和崇高的了。因此,要创造一切条件满足人的生命和价值需求,就成为以人为本的价值论内涵。

以人为本是双刃剑,它从主客体两个方面及其结合中实现了人的价值追求。在社会生活中,人既是主体,又是客体,是主客体的统一。作为主体,人应该理直气壮地面对生活,保持对人生的主导权,敢于表白生活态度,凸显自己的价值,被代表、被调动、被要求的被动角色是与以人为本的精神背道而驰的。人只有充分意识到自己的主体地位,明确自身的真实需求,相信自己内蕴的解决自身问题的能力,才能首先自己把自己调动起来,社会的每一个人都有这种自身为本的主体意识,那么,这个社会就将产生无穷的力量,并为中国特色社会主义事业提供深远的现实奠基。人作为客体生活在群体中,承担特定的责任和使命,是别人要加以组织、安排和协调的对象。这种角色带有客体性,要求每个人自觉地协同配合,努力地完成自己负担的职责。但作为客体同样需要发挥以人为本的主体精神,要明确从时代的大局来说,人都是作为主体的客体,而不是完全被动的消极客体。作为客体的根基依然是以人为本的人,作为主体的具体角色带有客体性,二者统一和结合,凝聚了人的自觉和自信,反映了新时代以人为本的特质。

任何时代民族解放和复兴的目的,归根到底都是为了造福于人,胜利的关键也在于广大民众的积极参与和自觉献身。民主革命时期的三大法宝从不同的层次和侧面最大限度地发动、组织和引领了人,改革开放奠定的雄厚基础又把中华民族复兴的伟业提到当代中国面前。像民主革命时期需要用三大法宝来吸引和组织民众实现民族解放一样,中华民族的伟大复兴更需要有能够鼓舞和动员人自觉参与的响亮口号。以人为本以其鲜明性和直接

① 《马克思恩格斯全集》第3卷,人民出版社2002年版,第274、301页。

性给了中华民族的每一个个体的人以最高的名分和最大的认同。

以人为本首先是以人的生命为本,人活着是天地间最大的真理和正义,就像汶川大地震必须无条件救助每一个生命个体一样,在生命面前没有任何可以迟疑和争议的余地。在我国近年来所发生的多次自然灾害中,救助生命已成为至高无上的绝对命令,生命是人的幸福和发展的载体,失去生命以人为本就毫无任何意义。以人为本的第二层含义是以人的生活为本,人活着就要追求现实的幸福,提高物质生活和精神文化生活的质量,让人过上有尊严的生活。关注民生和人性化的管理就是体现以人的生活为本的具体举措。

现在以人为本作为反映社会发展深层规律的顶层设计和价值原则,已成为党和政府治国理政的鲜明特征,它早已从党的为人民服务的根本宗旨扩展和外化为一种价值共识。从此,人的价值和尊严不再被集体性的意识和概念所遮蔽,人的权利和诉求不再被宏大叙事所忽略,而是落实到每一个生命个体,这是中国从古至今从来没有达到过的真切的崇高境界。无论是国家的强盛和民族的振兴,还是每一个人切近的愿望,提高自己的幸福和尊严指数,都能从以人为本这四字中找到取之不尽的力量源泉。

当前中国还是发展中的国家,虽然经济总量已经上升到世界第二,但人均指数与发达国家还相距甚远,这就决定了我们的以人为本只能是初步的,相对来说还处于较低的水准。但与过去相比已经取得巨大进步,进入了小康的水平。这既源于我国人民的勤奋努力和勤劳勇敢,但更有赖于以人为本的理念设计和相应的制度安排。13 亿以人为本的中国人自觉地投入建设新生活的斗争,这是东方睡狮的真正猛醒,它所迸发的惊人力量已经在过去 30 多年的改革开放进程中,把中国推到世界飞速发展的前沿。今后伴随着以人为本治国理念的更进一步自觉地贯彻实施,中华民族的伟大复兴将以更坚实的步伐向我们走来。

二

如果说以人为本奠定了中华民族伟大复兴的基石,是对社会发展主体和动力的极大地肯定和提升,那么社会和谐就是在以人为本的基础上形成的新的人际关系,其中不乏对从前人与人之间的对抗关系的深刻反思,并以人际和谐为中华民族的伟大复兴铺就了一条黄金之路。

辩证法的定义很多,其中列宁的一个辩证法的定义最为中肯,他说:辩证法是“最完整深刻而无片面性弊病的关于发展的学说”[①]。把辩证法定位于发展,而这种发展又必须是全面而无片面性弊病的,这是对辩证法的真知灼见。中华民族的伟大复兴也定位在发展上,而这种发展也必须在社会全面发展的基础上才能实现,因此,二者密切关联。从对辩证法的正确理解中能够启示我们,中华民族的伟大复兴必须走出一条辩证的、全面发展之路,而这种全面性主要就体现在对立斗争与和谐统一的平衡上。

近代以来,在无产阶级夺取政权的年代,阶级斗争是社会发展动力。时代的需要不可避免地要张扬矛盾的对立斗争方面。无论是十月革命或是中国革命,都是通过对立面的殊死斗争,一方克服另一方而取得胜利的,因此矛盾的天平向对立面斗争倾斜在所难免,这是时代的精神和烙印。马克思主义经典作家在对辩证法的表达中,也反映了这个时代的特点。马克思强调辩证法的批判性和革命性,在对现存事物的肯定理解中包含着对事物必然灭亡的理解,列宁也强调斗争对事物发展的决定性意义,多次表明,发展就是对立面斗争。在生死存亡的阶级搏战中,给斗争以更大的空间就必然相应地遮蔽对立面的和谐与合作。所以,在革命斗争的大背景下,我们对辩证法发展动力的理解中缺失和谐与合作的环节不仅十分自然,而且极其必要,夺取政权斗争的艰巨性和残酷性,在实践中必然要排斥一切和谐与合作的幼稚幻想。

但是,在实践上没有和谐合作的现实空间,不等于在理论上消解和谐合作的可能;在革命斗争中缺少和谐合作的条件,不等于在另一种环境下就会生成和谐合作的条件。所以,列宁即使在无产阶级面临革命危机的形势下,仍然坚持全面的辩证法发展观,坚决否定片面性弊病。在列宁的“发展就是对立面斗争”的认识覆盖下,这实际上等于为后人保留了和谐合作的空间与可能。

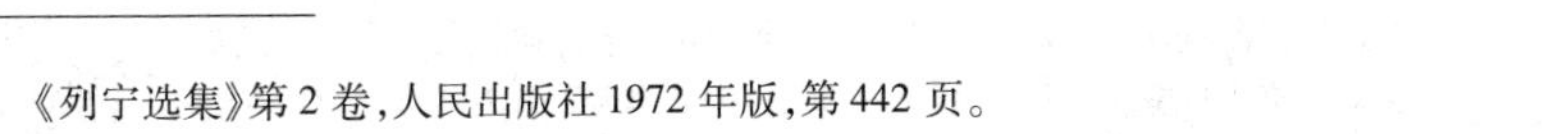

① 《列宁选集》第2卷,人民出版社1972年版,第442页。

从学理的角度来说,对立面的斗争及其转化只是发展的一种机制,对立面之间除了斗争和一方克服另一方外,还有和谐合作的机制,这也是对立面之间的必然关系。两性结合才有传承和发展,原子弹是裂变,而氢弹就是聚变,公有制与私有制相互包容,共处于中国特色社会主义经济结构中,显示了巨大的发展效应,等等。和谐合作的最大优势在于能够降低发展成本,同时保留矛盾双方的各自优势,在合作中形成具有更大发展潜能的新的统一体。实践证明,对香港和澳门实施"一国两制"要比用社会主义一下子将其吞并的效果更好。同样,现在实行的按劳分配与非按劳分配相结合的多元分配制度,更适合中国当下复杂的国情,有利于调动各方面的积极性,促进经济的发展。建设中国特色社会主义事业极大地拓宽了人们的视野,把过去被遮蔽的和谐合作的发展机制释放出来,与斗争性一起共同成为全面而无片面性弊病的发展路径。斗争在打碎旧制度过程中能够起到关键作用,和谐合作能够在建设新社会过程中起到更大的作用。过去社会和谐反映了伦理层面的要求,而现在主要体现了社会主义社会的本质属性。社会和谐的基础不应到伦理道德领域去寻找,以公有制为主体的社会经济制度是社会和谐的深厚的现实基础。一切私有制社会,由于经济利益上的根本对立,社会必然是四分五裂、分崩离析的。所以,马克思在《〈政治经济学批判〉序言》中说"资产阶级的生产关系是社会生产过程的最后一个对抗形式……人类社会的史前时期就以这种社会形态而告终"①。而"代替那存在着阶级和阶级对立的资产阶级旧社会的",必然是一个消灭了对抗的和谐社会,即马克思所说的自由人联合体,其和谐内涵就是"在那里,每个人的自由发展是一切人的自由发展的条件"②。这里每个人和一切人的关系已经消除了对抗,处于和谐的状态。因此,和谐合作不仅是社会主义社会发展的机制和路径,也是社会主义本身的必然形式。在中国哲学和文化中向来不缺少仁爱与和谐的说教,但是与此并行的内耗和"窝里斗"也是社会的常态。仁爱和谐一方面停留在口头上,带有虚伪性,另一方面,如果说它也反映了中国社会血

---

① 《马克思恩格斯选集》第 2 卷,人民出版社 1995 年版,第 33 页。
② 《马克思恩格斯选集》第 1 卷,人民出版社 1995 年版,第 294 页。

缘亲属关系的特点，那么，它顶多也只是从道德伦理视角对人的一种思想规范，远未达到社会本质属性的高度。人非本的低下的社会地位，加之处在不断的对抗和纷争的纠结中，这种状态的人没有活力，缺乏自觉与自信，不能以团结一致的步调来为国家、民族和自身的利益而斗争，这就是近代中国落伍于世界民族之林的根源。

社会和谐是社会主义社会的本质属性，这是马克思主义的根本道理。用无数流血牺牲换来的社会主义的最大成果就是消除了对抗，和谐成为社会的常态，合作成为发展的路径。从此人类在和谐的状态下生活，能够用代价最小的方法，去获得发展的最大成果，这是人类千百年来第一次真正走出史前时期，迈入真正人的社会。可是，过去长期以来我们对社会主义与史前时期的本质区别理解不深，对用巨大代价换来的新的和谐环境和新的发展机遇认识不足，在中华人民共和国建立后，我们的认识没有随着形势的变化而改变，依然从单纯的对立斗争的视角来理解新社会及其建设和发展问题。建设新社会事关全体人民的福祉，需要大家的努力和参与。可是，在相当长的时期里，我们依旧坚持以阶级斗争为纲，一方面，人被人为地分裂为人民和敌人，敌人不仅是指“地富反坏右”，还包括走资派、反动权威等牛鬼蛇神。另一方面又用阶级斗争的思路来领导经济建设，宣扬抓革命促生产，阶级斗争一抓就灵，用大批判为生产开路……实际上是把经济建设简单化、斗争化、军事化、运动化。不断地“斗批改、瞎折腾”，最后将国家引导到经济崩溃的边缘。

以人为本作为治国的核心理念，释放和凝聚了人的巨大的发展潜能，为中华民族的伟大复兴奠定了坚实的人学基础。但是以人为本的人不能空有作为本的内在良好根基，要把人的潜能迸发出来，还必须有人与人之间的和谐的状态。团结就是力量，和气才能生财。人际间如果处于对立、分裂、隔阂、涣散的状态，那么，即使是以人为本的，也照样焕发不出强大的力量。实际上，以人为本的理念本身就内蕴着人的和谐关系。以人为本是个体和类的统一，每个人不仅要庄重、自强，首先要把自己视为本，提升为本，还要把这种心态传递给别人，把自己以外的所有的人视为像自己一样的本，即每一个人成为本是一切人成为本的条件，这样，其结果就将形成人皆为本的和谐

局面。

正是在2003年党的十六届三中全会确立了以人为本的核心理念的基础上,2004年党的十六届四中全会才顺势提出和全面地阐述了构建和谐社会的伟大纲领。

构建和谐社会是中国的理论界惊天的壮举,带来了思想上的极大的震动和冲击。曾几何时,在以阶级斗争为纲和斗争哲学的阴霾下,和平与和谐被视为修正主义或右倾机会主义的货色,而永无休止地批判、斗争,甚至天下大乱被捧为发展的动力和最理想的状态。这种扭曲的心态与“左倾”思潮纠结在一起,成为“文化大革命”的精神支柱之一。构建和谐社会是拨乱反正和正本清源的继续,是告别史前时期的对抗形式,向“每一个人的自由发展是一切人自由发展的条件”——社会主义本真状态的回归。构建和谐社会也连带地发掘出社会进步的新生长点,和谐合作也伴随着和谐社会的构建,成为中华民族伟大复兴的强有力的支撑。

三

发展是中华民族伟大复兴的核心内容,以人为本与社会和谐奠定了我国社会飞速发展的根基,但是如何发展,具体的路径是什么?这是一个历经曲折才谋划好的重大课题。

改革开放前,虽然中国社会发展很慢,但是没有人从理论上否定社会发展的必要和可能。当时社会发展的普遍公式大体归结为两个方面,一是确立发展目标,制定好五年经济发展计划,二是推出发展模式,作为发展的道路和遵循,什么优先发展重工业,以钢为纲,以粮为纲,建立有计划的商品经济,实现宏观调控与市场调节相结合,等等,既包含产业指标,也包括管理机制。但是,当时的发展观的最大特点是只着眼于单纯的经济发展,把社会政治文化尤其是人的发展和素质的提高都排除在外,同时,对经济的发展也并不十分专注,有时甚至是三心二意的。“文化大革命”中把突出政治和政治挂帅摆在首位,政治可以冲击经济,停产闹革命,停课闹革命,只算经济账,不算政治账,宁要社会主义的草,不要资本主义的苗,其结果是把表面上的经济发展目标也抛弃了,实际上是只要革命,不要发展。正是在这段时期内,中国的社会发展被亚洲的“四小龙”大大地甩在后面。

邓小平作为我国改革开放的总设计师，是认真思考中国如何恢复和加快发展的第一人。他对发展的认识和思路，是中国经历的发展观演变的缩影。早在改革开放前，他就提出过著名的“猫论”，即黑猫白猫能抓住耗子就是好猫。这在政治挂帅，一切不计经济后果的年代是难能可贵的，起码它推出了一个效益标准，表现了对国家和人民利益的拳拳之心，是对“左倾”年代瞎折腾的严厉批判。作为对“猫论”合理因素的继承和延伸，在改革开放实践中，邓小平又提出了“发展是硬道理”的著名论断。改革是一场深刻的革命，改革的宗旨就是要通过消除经济和政治上的一切阻碍发展的瓶颈，最终实现经济上的跃进和人民生活福祉的提升。改革面临多方面的矛盾和阻滞力，后退没有出路，只有在发展中才能解决一切矛盾和问题。发展不是可有可无、可抓可不抓的小事，而是事关全局和性命攸关的硬道理。只有发展和不断提高人民的生活质量，才能真正体现以人为本，只有发展才能给社会和谐提供物质基础，没有发展做前提，中华民族的伟大复兴就是一句空话。

但是如何才能实现发展呢？对于刚刚崛起的中国来说没有现成的模式可以借鉴，更没有成功的经验可以照抄照搬。中华民族伟大复兴是前无古人的，为了对历史和人民负责，必须对发展表现出应有的严肃和慎重，绝不可以兴之所至，轻举妄动。为了少走弯路、少付出学费和代价，邓小平又一次抛出“摸论”，即摸石头过河，注重实验，走一步看一步，在探索和比较中选取最佳的发展方式。在这一点上，摸石头过河就明显地超越了“猫论”，不是能抓住耗子就通通是好猫，还要看付出多大的成本，是不是带来了消极效应，“摸石头过河”则树立了高标准，是为了在各方面都达到优秀，所以不可能一蹴而就，要经历长期的探索过程。中国社会主义市场经济体制的形成经历就是对“摸石头过河”的深刻诠释和证明。

1979 年我国第一次提出“计划调节与市场调节相结合，以计划调节为主”的方针，在计划与市场的较量中，市场调节终于在我国经济体制中取得一席之地。1984 年党的十二届三中全会又推出了商品经济的构想，这是重要的发展步骤，但必须受计划制约，叫作有计划的商品经济。1987 年党的十三大进一步拓展了有计划的商品经济的内涵，明确地提出“建立计划与市场

内在统一的经济体制”的主张,市场与计划打了个平手。1989 年党的十三届四中全会题提出“计划经济与市场调节相结合”的方针,再次消解了计划为主的地位。1992 年,邓小平在南方谈话中为中国的经济体制最后定调,认为计划和市场并不反映社会制度的本质,只不过是一种经济手段。他在那次著名的谈话中,十分精辟地指出:“计划经济不等于社会主义,资本主义也有计划;市场经济不等于资本主义,社会主义也有市场,计划和市场都是经济手段。”在邓小平的南方谈话的基础上,1992 年党的十四大报告最后确认:“中国经济体制改革的目标是建立社会主义市场经济体制。”至此,计划与市场作为社会主义与资本主义制度的博弈终于退出了历史舞台,为社会主义市场经济体制所取代。总共用了 13 年的时间才取得这个来之不易的成果,这生动地说明,有了“发展是硬道理”的终极目标,还必须有“摸石头过河”的缜密实践和悉心探索,只有这样,才能找到行之有效的发展路径。

经过 20 多年的摸索奋斗,中华民族的伟大复兴在中国特色社会主义事业的发展中,积淀了经验,理顺了思路,启发了灵感,找到了思想和理论上的归宿,于 2003 年党的十六届三中全会提出以人为本的核心理念的同时,相应地提出并论证了科学发展观。在历史上,单就发展而言,可以有很多模式和方法也能够达到发展的目的。彼得大帝和苏联集中优势力量实现了急功近利式的发展,希特勒二战中支持庞大的战争需求的经济战车,都曾创造过发展奇迹。我们自己在“大跃进”中砸锅卖铁也曾创造过钢铁生产记录,粮食产量也曾跨过“长江”和“黄河”。但这类发展不是真正的发展,严格来说是对发展的亵渎和败坏。积累 20 多年的经验和沉思,我们形成了一整套全新的发展理念,即科学发展观。

科学发展观是中国共产党集体智慧的结晶,是对中华民族伟大复兴所做出的卓越贡献。与以往的“摸石头过河”的经验摸索式的发展观不同,科学发展观不只是事后的经验总结与归纳,它基于 20 多年的实践积淀,又有中国和世界历史发展作参照,更有马克思主义理论的指导。这使它富有发展的预见性和实践的前瞻性,是在马克思主义中国化过程中,通过实践和理论相互作用、相互交融而取得的伟大成果。一方面,实践不断地为理论提供素材,在实践中,一些做法和经验逐渐升华为思想和理论;另一方面,现实在其展开的过程中表现为必然性，体现时代精神的精华，不断地向理论靠拢。实践越具有广度和深度，也就越来越在更大的程度上与理论相契合。科学发展观能够在2003年党的十六届三中全会提出不是偶然的，一方面，这时改革开放已历经25年，积淀了相当深厚的实践经验，凸显了人的状态对发展进程的极端的重要性，另一方面，马克思主义的人学理论及其中国化又不断地外化为中国特色社会主义的指导思想，对改革开放的历史进程发挥巨大的指导作用。以人为本既是实践经验持续不断的凝结，又是理论先导性和预期性在发展进程中的崭新突现。所以，党的十六届三中全会在确认以人为本核心理念的同时，以人为本为核心的科学发展观也就一起应运而生了。在一定意义上可以说，以人为本和科学发展观既是经验的，也是先验的，是固有的思想和理论被时代呼唤出来用以指导实践的科学结晶。科学发展观的提出表明，中华民族的伟大振兴已经走出经验模式，进入真正用头脑来思考和引领行动的新时代。有了科学发展观，就可以在洞悉规律和必然性的基础上，科学地规划未来，避免决策的重大失误，实现从必然王国向自由王国的飞跃。

科学发展观将科学冠之于发展之前，彰显了其内涵的科学性和正确性。科学发展观的第一要义是发展，这是对邓小平发展是硬道理的承接，但又大大地超越了先前的视野。当今时代，光有发展的绝对理念不行，也很不够，必须要科学发展，这就要在发展的总目标下辅以核心是以人为本，基本要求是全面协调可持续，根本方法是统筹兼顾，等等。有了这些方面的交叉和搭配，科学发展观就形成了既有理论支撑和指引，又有实践配套的完备的科学系统。

科学发展观的提出还以铁一般的事实凸显了发展的另一层面，即源于高端的对发展的总体构想，党的十七届五中全会称之为顶层设计概念。科学发展观作为中国社会未来发展的全面系统的构思，不是零散经验的拼凑，而是党对中国社会矛盾和问题认识深化的体现，反映了党对中国社会发展理论越来越趋于成熟，已能够从战略高度把握发展的全局。这一切表明，中国社会的发展取向已经与“摸石头过河”保持距离，进入了一个目标明确、远见卓识、规划具体、战略得当的新的发展时代。

新世纪以来十多年的改革开放的巨大成就证明,中国特色社会主义是引领当代中国一切发展进步的伟大旗帜,是实现中华民族伟大复兴的必由之路。而科学发展观站在历史和时代的高度,围绕坚持和发展中国特色社会主义这一主题,以一系列新思想、新观点和新论断,科学回答了新形势下实现什么样的发展、怎样发展等重大问题,是中国特色社会主义理论体系的最新成果,开辟了中国特色社会主义道路的新境界。所以,科学发展观一经付诸实践就凝聚和释放了前所未有的巨大威力,中国模式、中国道路、中国经验等一下子就成为全世界性的思考和漫议的课题。诚然,西方经历几百年才获得的成就,在改革开放的中国,许多问题几十年内就解决了,这在一些西方人眼中理所当然地会产生迷茫与疑惑。其实,在亲身经历这段历史的中国人眼中,一切都是那么的清晰和自然。中华民族伟大复兴靠的是科学发展,而科学发展的核心是以人为本、基本要求是全面协调可持续,其中社会和谐与以人为本构成科学发展观的两翼。一体两翼,三大法宝相互连接,互相包容,把从亿万中国人内心深处焕发出来的积极性和创造性投放到中华民族伟大复兴的事业中,这个事业必定冲破一切障碍,无往而不胜。(原载《党政干部学刊》2013 年第 2 期)

马克思世界历史思想的深远意义

唯物史观作为马克思创立的科学的社会历史观,是正确把握历史的锐利思想武器。与唯物史观同时提出来的世界历史思想,在马克思对历史的把握中占有十分重要的地位。但是,长期以来马克思的世界历史思想却被淡忘了。由于世界历史思想首次完整地表述于1846年的《德意志意识形态》中,而这本书一直到1932年才得以问世,普列汉诺夫、列宁等许多权威的马克思主义理论家终生都未读到这本书,所以在他们对唯物史观的阐述中,很自然地就出现了世界历史思想的空场。中国改革开放的巨大成就证明,一个国家不走向世界,不融入世界历史,就难以摆脱封闭和僵化的格局,就不能借鉴世界发展的成果,中华民族只有深度地介入世界历史,引领世界历史,才能实现伟大复兴的中国梦。中国共产党十八大提出的道路自信、理论自信和制度自信,在很大程度上也是基于对马克思的世界历史思想的深刻理解。现在,当世界历史思想提出一个半多世纪的今天,有中国改革开放的巨大成就做注脚,我们重温马克思世界历史思想的深刻意蕴,无疑对我们更坚定地走出中国,立足于世界,是一个有力的促进和鞭策。

一、世界历史思想的渊源和沿革

世界历史思想源远流长,是个相当古老的社会思潮,古希腊哲学家柏拉图的"理想国",历史学家希罗多德编纂的《历史》中,都渗透出历史过程具有共同性和世界性的思想。但是只有到了近代,随着资本主义世界市场的形成,冲破民族和地域的局限,历史才逐渐具有世界性。作为对这个历史背景的回应,世界历史观念也逐渐萌发和形成。意大利著名思想家维科是近代世界历史思想的第一位杰出的代表,他的名著《新科学》一书较为深刻地表

述了不同民族历史发展的一致性。维科认为,民族史和地域史不可遏制地融汇了一种世界性趋势,认为世界上一切民族和地区都不可避免地服从循环规律的制约,普遍经历了三个发展阶段:觉醒—繁荣—衰落灭亡。每个民族经历的三个阶段构成了一个封闭的圆圈,各民族依次排列的闭合圆圈构成世界历史的集合体。维科指出,这些圆圈之间互不联系,不能连接构成大圆圈,因此维科的世界历史思想只讲循环,不讲历史的前进和发展。但他提出了历史的共同性和一致性,这在四分五裂的封建割据状态下不能不说是一种进步观念。

1784 年德国思想家赫尔达发表《关于历史哲学的观念》一书,这本书突破了维科的循环论,强调民族史作为世界史的环节,与世界史是协调一致的。世界史本质上是人类的前进和上升的过程,民族史不能脱离这个总的过程,并为这个过程和趋势所制约,所以,世界史与民族史是同一事实的两个侧面,反映了历史演进中同一性与特殊性的统一。

同年,康德也发表了《从世界主义观点出发的世界通史观念》一书,认为以民族和地域为基点来看历史,人类历史就是狂妄、虚伪和残忍的历史。只有开阔视野,走出狭窄的民族圈子,从全世界历史视角探寻历史的进步性和规律性,才能化恶为善,使狂妄、虚荣和残忍转化为历史发展的动力和条件。

在马克思以前,黑格尔的世界历史思想别具一格,他在《法哲学原理》和《历史哲学》中首次深刻地阐发了自己的真知灼见。黑格尔认为,历史并非前人所说的毫无内在联系的大量偶发事件的堆积,历史发展中存在着不可抗拒的必然性和规律性。走出狭窄的民族和地域的局限,由涓涓细流的民族史和地域史汇成浩瀚广阔的世界历史就是其中的规律之一。黑格尔认为,历史是绝对精神的外化,在它外化为历史的过程中,绝对精神表现出内在的能动性,它不断地将地域性的“民族精神”提升为纵贯历史的“世界精神”。黑格尔认定,“世界精神”的“实体或者‘本质’就是‘自由’”①,因此就可以依据“‘自由’意识的各种不同的程度”②,将它们有机连接,就可以勾勒

① 黑格尔,王造时译:《历史哲学》,三联书店 1956 年版,第 55 页。
② 黑格尔,王造时译:《历史哲学》,三联书店 1956 年版,第 57 页。

出世界历史的趋向和行程。黑格尔断言，世界历史的走向和脉络就像太阳的运行一样，"以光明的路线为其特征"，以东方中国这个"不含诗意的帝国"为起点，逐渐向西展开自由意识。他说，东方只知道一个人（即皇帝）是自由的，希腊和罗马知道少数人（奴隶主）是自由的，而日耳曼则知道全体人是自由的。因此，世界历史就从东方开始，经过希腊和罗马，最后到日耳曼终止，于是普鲁士王国也就成为人类历史的顶峰。黑格尔在《历史哲学》中还以法国大革命为例，考察了它和世界历史的关系，进一步揭示了世界历史思想的含义。他说，"这件大事依照它的内容，是'世界历史'性的"①，因为"它的原则差不多灌输到了一切现代国家，或者以军事战胜的方式，或者明白地推行到了各该国的政治生活中"②。可见，黑格尔把他自己杜撰的历史进程所遵循的自由原则当作世界历史的主要动因。

由此可见，在马克思以前，早已存在着深远的世界历史观念，它启迪人们的智慧，传承优秀的文化遗产，它告诉人们，历史有章可循，在丰富多样的民族和地域的溪流中，有着共同性和一致性的主航道。因此，必须站在世界历史的高度来俯瞰历史，在纷繁复杂的民族和地域史中发现世界历史的意蕴。

当然，必须指出，马克思以前的世界历史思想遗产本质上是唯心的，在现成的形态上是不科学的。维科、康德和黑格尔都把世界历史归结为人的共同的一致本性，或者是神秘的绝对精神与世界理性的外在体现。不仅如此，当时的世界历史思想又都带有明显的欧洲中心论的色彩。世界历史思想的缔造者们都生活在欧洲，而欧洲确实是那时世界的中心，他们都很习惯地把欧洲看成是世界的未来，所以，他们把欧洲的一切都标准化，视为裁剪世界及其历史走向的基本尺度。民族史必将走向世界史，这是肯定无疑的，但是硬说世界历史就是重蹈欧洲模式，这就把本来已经拓宽了的世界历史眼界又蒙上了一层狭隘的地域的阴影。与欧洲中心论相对抗，这时，又涌现出一批所谓的法学派历史学家，如卡莱尔、艾赫戈斯、胡戈等，他们打着弘扬

① 黑格尔，王造时译：《历史哲学》，三联书店 1956 年版，第 499 页。

② 黑格尔，王造时译：《历史哲学》，三联书店 1956 年版，第 499 页。

民族个性旗号,极力宣扬多元文化论。于是,世界历史观念又被边缘化了,一时间民族史和地方史几乎取代了世界史。这个事实也说明,欧洲中心论过分地宣扬以自己为中心的历史的一致性也会走向反面,反而助长地方主义和民族主义。

19世纪40年代初期,当马克思登上哲学舞台的时候,面对世界历史思想的两个极端即欧洲中心论和多元文化论。为了正确地继承和把握世界历史思想遗产,在批判欧洲中心论的同时,必须揭露传统的世界历史思想的唯心主义实质,使其成为建立在唯物主义基础上的一株奇葩。同时,还要把世界历史思想进一步升华,使其与实现无产阶级的历史使命和共产主义理论相接轨。

二、马克思对世界历史思想的改造和提升

1846年,以《德意志意识形态》为标志,唯物史观正式诞生。与此同时,作为唯物史观展开的空间向度的世界历史思想,也随之形成。马克思的划时代的伟大功绩在于,他对以黑格尔为代表的传统的世界历史思想进行了新的审视和改造,创立了科学的世界历史思想。这主要表现在以下两个方面:

首先,批判世界历史思想的唯心主义与神秘化弊病,将其改造并置于唯物主义基础之上。马克思像其先驱者那样,确信在人类历史长河中确实奔涌着一条滔滔不息的世界性的洪流,这就是由民族性和地域性汇成具有普遍意义的世界历史性。但是马克思强调,驱动这股洪流的不是什么人的一致性本性或绝对精神的外化,而是两个"普遍",即在生产力普遍发展基础上形成的各民族之间的普遍交往。马克思说:"各民族之间的相互关系取决于每一个民族生产力、分工和内部交往的发展程度。"[①]生产力的发展导致分工的扩大,分工又促进了交换的发展和地区与世界市场的形成,最后各个民族的联系交往成为常态,这就冲破了民族和地域的壁垒,使每个民族只有依赖与其他民族的交往才能维系正常的生产和生活。马克思在《德意志意识形

① 《马克思恩格斯选集》第1卷,人民出版社1995年版,第68页。

态》中具体描述了世界历史形成的机制和情景:“各个相互影响的活动范围在这个发展进程中越是扩大,各民族的原始封闭状态由于日益完善的生产方式、交往以及因交往而自然形成的不同民族之间的分工消灭得越是彻底,历史也就越是成为世界历史。”①马克思还具体举例说明了世界历史的形成和含义:“如果在英国发明了一种机器,它夺走了印度和中国的无数劳动者的饭碗,并引起这些国家的整个生存形式的改变,那么,这个发明便成为一个世界历史性的事实。”② 19 世纪初,由于拿破仑在欧洲推行大陆封锁令,导致砂糖和咖啡急缺,从而激起德国人参加反法战争,于是砂糖和咖啡就成为具有世界历史意义的产品。马克思总结以上事实,得出结论认为:“历史向世界历史的转变,不是‘自我意识’、宇宙精神或者某个形而上学怪影的某种纯粹的抽象行动,而是完全物质的、可以通过经验证明的行动,每一个过着实际生活的、需要吃、喝、穿的个人都可以证明这种行动。”③

由于世界历史反映了在生产力的普遍发展基础上形成的普遍交往,而这种交往又是以社会化大生产为契机的,所以马克思认定,资本主义大工业“首次开创了世界历史,因为它使每个文明国家以及这些国家中的每一个人的需要的满足都依赖于整个世界,因为它消灭了各国以往自然形成的闭关自守的状态”④。马克思还特别强调,随着每一个国家和民族进入世界历史,每一个人也都改变了原有的孤寂的生存状态,和世界市场紧密地联系着。世界市场改变了每一个人的生活,也改变了每一个人,使大家趋向更多的共同性,这就使狭隘的“地域性的个人为世界历史性的、经验上普遍的个人所代替”⑤。

马克思把生产力的普遍发展和在此基础上的普遍交往作为世界历史思想的现实基础,这是对世界历史思想的唯物主义的改造和奠基,反映了客观的历史必然性。而他的前驱者们由于不理解生产和交往对世界历史形成的

① 《马克思恩格斯选集》第 1 卷,人民出版社 1995 年版,第 88 页。
② 《马克思恩格斯选集》第 1 卷,人民出版社 1995 年版,第 88—89 页。
③ 《马克思恩格斯选集》第 1 卷,人民出版社 1995 年版,第 89 页。
④ 《马克思恩格斯选集》第 1 卷,人民出版社 1995 年版,第 114 页。
⑤ 《马克思恩格斯选集》第 1 卷,人民出版社 1995 年版,第 86 页。

决定意义，找不到历史何以带有世界性的原因，转而求助于人的本性和神秘的天意，实际上既带有一厢情愿的主观色彩，也表明他们还没有真正跨入科学的境界。

其次，马克思的突出贡献还在于，他把世界历史思想与无产阶级的历史使命联系起来，架起了通过世界历史实现共产主义之桥，为马克思的共产主义理论增添了新的元素。马克思哲学不仅说明世界，更重要的是改变世界，世界历史思想也是如此，它在说明世界的同时，还肩负着改变世界的使命。马克思认为，个人的世界历史化只是表明个人的需求和活动范围拓宽了，处在经常的相互交往中，但它并不能直接带来个人的解放。相反，“单个人随着自己的活动扩大为世界历史性的活动，越来越受到对他们来说是异己的力量的支配，受到日益扩大的、归根结底表现为世界市场的力量的支配”①，这就是异化，只要这种异化还存在，人们就不能主宰自己的命运，就摆脱不了对自然必然性的动物般的屈从，马克思恩格斯把这种状态称为人的史前史。所以不能过分夸大世界历史作为人类活动的外在空间规模的意义，进入世界历史并不等于进入真正的人类历史，它只不过是以其高度发展的生产力和各民族间的普遍交往为理想社会的实现奠定了物质前提，还不等于实现了理想社会本身。因为共产主义“不仅仅决定于生产力的发展，而且还决定于生产力是否归人民所有”②。“只有在伟大的社会革命支配了资产阶级时代的成果，支配了世界市场和现代生产力，并且使这一切都服从于最先进的民族的共同监督的时候”③，人类才会结束史前史，真正进入人类的历史。这就把世界历史思想与无产阶级革命连接起来，两者互相作用，互为前提，把世界历史推向共产主义的深层次。

共产主义是全人类彻底解放的伟大壮举，它的根本原则就是“每个人的自由发展是一切人的自由发展的条件”④，而每一个人的解放和自由发展不可能在狭窄的范围和孤立的地点真正实现，如马克思所说：“每一个单个人

① 《马克思恩格斯选集》第1卷，人民出版社1995年版，第89页。
② 《马克思恩格斯选集》第1卷，人民出版社1995年版，第771页。
③ 《马克思恩格斯选集》第1卷，人民出版社1995年版，第773页。
④ 《马克思恩格斯选集》第1卷，人民出版社1995年版，第294页。

的解放的程度是与历史完全转变为世界历史的程度一致的。”①只有深度卷入世界历史的进程，个人的解放和共产主义的实现才是可能的。马克思通过消除异化，揭示了个人世界历史化与实现共产主义的内在关联：“各个人的全面的依存关系、他们的这种自然形成的世界历史性的共同活动的最初形式，由于这种共产主义革命而转化为对下述力量的控制和自觉的驾驭，这些力量本来是由人们的相互作用产生的，但是迄今为止对他们来说都作为完全异己的力量威慑和驾驭着他们。”②在这个意义上，共产主义既是真正的人类历史又是深远的世界历史，是两者的有机统一。

世界历史不仅是共产主义的实现机制，还是共产主义的实现途径。实现共产主义是无产阶级肩负的历史使命，而无产阶级就是一个世界历史性的阶级。马克思所说：“当每一民族的资产阶级还保持着它的特殊的民族利益的时候，大工业却创造了这样一个阶级，这个阶级在所有的民族中都具有同样的利益，在它那里民族独特性已经消灭，这是一个真正同整个旧世界脱离而同时又与之对立的阶级。”③无产阶级的世界性决定了它所肩负的共产主义事业的世界性。马克思一再强调，共产主义是世界历史性的事业，决不能把共产主义狭隘化、民族化，理解为孤立的地域性的存在，“交往的任何扩大都会消灭地域性的共产主义。共产主义只有作为占统治地位的各民族‘一下子’同时发生的行动，在经验上才是可能的，而这是以生产力的普遍发展和与此相联系的世界交往为前提的”④。这样，马克思就把他的共产主义思想和世界历史思想统一起来，并寄望于无产阶级在世界范围内同时发动共产主义革命。由此马克思才说：“无产阶级只有在世界历史意义上才能存在，就像共产主义——它的事业——只有作为‘世界历史性的’存在才有可能实现一样。”⑤

马克思对世界历史思想的阐述揭示了世界历史思想与唯物史观的相互

---

① 《马克思恩格斯选集》第1卷，人民出版社1995年版，第89页。
② 《马克思恩格斯选集》第1卷，人民出版社1995年版，第89—90页。
③ 《马克思恩格斯选集》第1卷，人民出版社1995年版，第114—115页。
④ 《马克思恩格斯选集》第1卷，人民出版社1995年版，第86页。
⑤ 《马克思恩格斯选集》第1卷，人民出版社1995年版，第87页。

包容的关系,它们同时说明人类历史发展的两个不可或缺的基本概念,反映了历史演进中人的活动的作为内在的质与其外在表现的空间量度或规模的统一。人类历史演进的根本机制是生产力与生产关系和经济基础与上层建筑的矛盾运动。但是社会基本矛盾运动只是表现为历史发展中的内在的质的方面,它同时还必须伴之以量或空间规模的外在方面。质和量的统一是辩证法的基本要求,没有量的外在规定性,任何内在的质都无从体现。社会基本矛盾运动作为内在的质必须有一定的空间规模作为量相统一才能运行起来。在实践中,随着生产力的发展和交往的增多,人类活动的空间规模也随之不断地扩大,而这就表现为民族史和地域史越来越超出狭隘的空间规模,演变为世界的历史。任何民族只要生产力和交往水平达到一定的高度,都必然会发生这种改变。反之,历史向世界历史的转变,也印证生产力和交往水平的提高,世界化的程度也是衡量社会发展水平的尺度。所以,世界历史思想与唯物史观是外与内、里与表的关系,它们互为前提、彼此配合,共同说明社会历史的发展。

马克思的划时代的贡献还特别表现在他不忘记革命的本色和使命,不满足于单纯地说明历史,还把世界历史与无产阶级的解放和共产主义的实现连接起来,这说明,共产主义与世界历史是相互平行、互为条件的,没有世界历史的深入发展,共产主义就不可能实现。所以,关注世界历史,融入世界历史,推进世界历史是一切共产主义者的神圣责任。

三、世界历史思想的实践旨归

马克思提出世界历史思想的目的绝不限于理论旨趣,仅仅是为了说明历史,更重要的是为了改变世界,推进历史,解决世界历史的实践课题。世界历史思想的核心问题是各民族如何加速走向世界历史,深入推进世界历史。对于西方资本主义国家来说,他们已经开创和走向世界历史,今后的问题是如何发动革命实现社会主义和共产主义,结束史前史,走向真正的人类历史。马克思一方面深化对共产主义的理论研究和阐发,相继写出了《共产党宣言》《资本论》和《哥达纲领批判》等著作,使科学共产主义理论趋于完善。同时加强对工人运动的领导,成立了第一国际,指导了巴黎公社革命,在实践上为推进国际共产主义运动而斗争。

可是，欧洲以外的广大的东方世界如何贯彻世界历史思想呢？这就必须从东方世界的具体国情出发，具体分析，具体对待。当时这些国家都处于前资本主义状态，还没有进入世界历史。为了这些国家和民族的未来，马克思坚定地认为，它们必须结束孤立和封闭状态，走向世界历史。可是根据以往的经验，走向世界历史只有一条路可遵循，那就是“在亚洲为西方式的社会奠定物质基础”①，走西方资本主义发展道路。可是这又与马克思一向追求的消灭资本主义的理想不符，使马克思陷入实现世界历史思想与资本主义现实抉择的两难境地。在19世纪50年代，马克思考察了不列颠在印度的统治，权衡了英国侵略及其带来的后果，认为英国的侵略一方面“破坏了这种小小的半野蛮半文明的公社，因为这摧毁了它们的经济基础”；另一方面又带来了科学、技术和新的交通工具，“结果，就在亚洲造成了一场前所未闻的最大的、老实说也是唯一的一次社会革命”②。接着马克思说了一段名言，表明了他对印度走向世界历史所付出的代价的基本立场：“的确，英国在印度斯坦造成社会革命完全是受极卑鄙的利益所驱使，而且谋取这些利益的方式也很愚蠢。但是问题不在这里。问题在于，如果亚洲的社会状态没有一个根本的革命，人类能不能实现自己的命运？如果不能，那么，英国不管干了多少罪行，它造成的这个革命毕竟是充当了历史的不自觉的工具。总之，无论一个古老世界崩溃的情景对我们个人的感情来说是怎样难过，但是从历史的观点来看，我们有权同歌德一起歌唱。”③马克思的意思很明显，走向世界历史是社会进步的决定性步骤，为此必然要付出代价，但这些代价同时又能为未来的社会奠定物质基础，因而是必要的，也是值得的，当时马克思在社会进步与人的价值选择上，倾向于前者。

但是，到了19世纪70年代中末期，马克思对东方国家进入世界历史的态度又发生了根本的转折。理论是灰色的，生活之树是长青的。当革命来临，人民即将取得政权，在这个关键时刻，理论本身要由实践来权衡取舍。

① 《马克思恩格斯选集》第1卷，人民出版社1995年版，第768页。

② 《马克思恩格斯选集》第1卷，人民出版社1995年版，第765页。

③ 《马克思恩格斯选集》第1卷，人民出版社1995年版，第766页。

马克思一生都追求革命,他不能容忍把革命胜利后的俄国重新投入资本主义的苦海。而当时东方国家进入世界历史就意味着进入资本主义,以这种代价来进入世界历史,这是在马克思的感情上绝对通不过的。马克思理智地意识到,必须修正19世纪50年代的结论,不能以进入资本主义和牺牲、贬损人的价值为代价去实现世界历史和社会进步,这个代价太沉重了。对马克思来说关键是要找到一种新的出路和平衡,既能避免资本主义的痛苦和牺牲,保持人的价值和尊严,又能进入世界历史,实现社会进步。马克思找到了一个两全其美的办法和出路,那就是跨越资本主义卡夫丁峡谷,在东方土地公有制的基础上,借助资本主义的肯定成果,实现社会主义。

俄国和中国都是资本主义没有充分发展的国家,十月革命和中国新民主主义革命都避免了资本主义前途,革命胜利后的主要任务是发展生产力,努力缩小与资本主义在经济上的差距,不管人们主观上自觉与否,从客观上来说,这就是跨越卡夫丁峡谷式的社会主义。这种社会主义本来就蕴含着走向世界历史的宗旨,是在隔断了资本主义的发展趋向的同时所选取的世界历史的新形式。

中国是一个有开放传统的国家,与世界各国平等交往,共享世界共同发展的成果是中国历史的主流。唐、元、明各朝代都很重视国家间的贸易和各民族的交流,并以自己的高度发展的文明成果为世界历史的进步做出过杰出的贡献。只是到了近代,中国落伍了,清朝实行的闭关锁国政策,极大地延误了历史发展的时机,错过了科技发展和交流的关键时刻。清朝各代君王盲目自大、迂腐无知,严重缺乏对西方新事物的敏感,拒先进文明成果于千里之外,不消百年便与先进国家有了很大差距。近代中国先进分子痛感自己国家被世界边缘化,决心融入世界,与发达国家共同驰骋于世界民族之林。康有为的《大同书》是对世界大同的向往,折射了中国人内心的宽广境界。中国革命的先行者孙中山发出感人肺腑的世界历史性的宣言:“世界潮流,浩浩荡荡,顺之者昌,逆之者亡。”这既是他颠沛流离的革命一生的真切感言,也是他对国人的忠告和训导。毛泽东很早就发出过自立于世界民族之林的宏愿,在延安时期,就多次表示,革命胜利后他出访的第一个国家就是美国,要向他们学习如何搞现代化,如何管理现代工业和农业。只是由于

帝国主义的封锁，他的走向世界、融入世界的良好愿望一直受阻。但他在有生之年仍然竭尽努力，打破封锁，率先实现了和日本与美国的邦交正常化，这在当时是很难做到的勇敢壮举。

党的十一届三中全会吹响了改革开放的号角，改革是深刻的社会变革，触及一切束缚生产力发展的旧的机制和旧体制。但是变革内在机制必须同时与对外开放的格局相配套，要在更广阔的世界空间充分上演中国改革和发展的大戏，同时吸取人类一切文明积淀，包括资本主义的文明成果，把对我有用的技术、资金、设备、管理经验吸取过来，为我服务。改革开放一开始，邓小平就以博大的胸怀，提出和平与发展是当代世界的主题，为我国深刻介入世界历史，扩大与各国的交往扫清了思想阻力。近年来中共中央先后提出和谐亚洲、和谐世界的主动性的口号，表明了中国参与世界一体化进程的诚意。在中国成为世界第二大经济体的基础上，中国的和平崛起成为世界性探讨的热门话题，中国经验、中国道路、中国模式一时为人们所热衷，竞相讨论，这意味着中国不仅深深地融入世界历史，而且已开始主导和引领世界历史，中国和平崛起的旷世成就既是在开放中取得的，又是对世界历史的进一步地拓展和推进。

当前，凝聚几代中国人的国家富强、民族振兴、人民幸福的真切愿望和理想，已经编织成美丽的梦想，正在提振民族精神，焕发冲天的干劲去努力实现中国梦。正像马克思所说"交往的任何扩大都会消灭地域性的共产主义"一样，在全球化背景下的中国梦也绝不是狭隘的、孤立的事业，世界需要中国，中国需要世界。只有在广阔的世界空间，参与和引领世界历史潮流，才能以宏大的规模去为世界发展做出贡献，展现中国改革和发展的强大的生命力，真正实现美丽的中国梦。（原载《哲学动态》2013 年第 10 期）